西方传统 经典与解释

Classici et commentarii

HERMES

HERMES

在古希腊神话中，赫耳墨斯是宙斯和迈亚
的儿子，奥林波斯神们的信使，道路与边
界之神，睡眠与梦想之神，亡灵的引导
者，演说者、商人、小偷、旅者和牧人的
保护神……

西方传统 经典与解释

Classici et commentarii

HERMES

卢梭集

刘小枫 ● 主编

论科学和文艺 [笺注本]

Discours sur les sciences et les arts

[法] 卢梭 ● 著

刘小枫 ● 编

刘小枫 冬一 龙卓婷 ● 译

华东师范大学出版社

上海

华东师范大学出版社六点分社　策划

教育部人文社科项目后期资助项目（2014），项目编号：2014010207

出 版 说 明

    法国大革命爆发前十年,卢梭逝世——他没有想到,经大革命后的国民议会表决,他的骨灰移葬先贤祠。在移葬仪式上,国民议会主席高调宣布:

> 我们的道德、风俗、法律、感情和习惯有了有益健康的改造,应该归功于卢梭。

    卢梭更没有想到,在他仙逝百年后,自己亦成了引领中国民权革命的"神人"。黄遵宪初抵日本时,见"民权之说极盛,初闻颇惊怪,既而取卢梭、孟德斯鸠之说读之,心志为之一变,以谓太平世必在民主。然无一人可与言也"(《黄遵宪集》,天津人民出版社,2003,页491)。革命烈士邹容在其《革命军》一开始(第一章,绪论)就说:

> 夫卢梭诸大哲之微言大义,为起死回生之灵药,返魂还魄之宝方。金丹换骨,刀圭奏效,法、美文明之胚胎,皆基于是。我祖国今日病矣,死矣,岂不欲食灵药投宝方而生乎?苟其欲之,则吾请执卢梭诸大哲之宝幡,以招展于我神州土,不宁惟

是，而况又有大儿华盛顿于前，小儿拿破仑欲后，我吾同胞革命独立之表木。

卢梭令好些中国文人如痴如狂地追随，要做"中国的卢梭"（如柳亚子），甚至作小说《卢梭魂》追慕卢梭。卢梭在近代中国的影响力，据说只有马克思可与之相比——可是，我们早就有了马克思全集，却迄今未见卢梭全集。大哲人卢梭的"微言大义"究竟是怎样的，其实我们迄今也还没有看清楚，他出于何种意图以及如何改变了文明人类的一些基本假设，尚需要我国学界志士花费大力去探究。探究的起点，首先在于悉心研读卢梭的作品。"卢梭集"虽计划编译卢梭全部要著的笺注体汉译本，但因译者难觅，仅能勉力从当务之急的卢梭要著的义疏入手，以尚未有汉译的卢梭要著为先，同时注重选译西方学界重要的卢梭研究成果。

愿"卢梭集"伴随我国学界关注人类文明现代巨变的有心之士的努力不断积累、不断完善，终有一日成其所全。

古典文明研究工作坊

西方典籍编译部乙组

2005 年

目　　录

编者前言

刘小枫

一

　　1749年10月，法兰西封建君主治下的第戎研究院在《法兰西信使》刊登启事征集有奖论文，命题为"复兴科学和文艺是否有助纯化道德风尚"。卢梭读到启事后异常兴奋，随即有了撰写应征文的立意。

　　卢梭很快完成征文，按启事规定时间，在次年（1750）4月1日前将文章寄达第戎研究院，时年38岁。同年8月，征文奖评委会宣布：卢梭文从收到的十三篇征文中胜出。五个月后（1751年元月），获奖文以单行本形式出版，随即引发争议，用当时人们的说法，il étonna l'Europe［它震惊了欧洲］。在随后三年里，卢梭写下七篇回应文，篇幅加起来是《论科学和文艺》的近三倍。

　　卢梭撰写最后一篇回应文《致博德斯第二封信的前言》时（1753），第戎研究院又发布征文启事，这次的命题是"论人类不平等的起源"。卢梭在《忏悔录》中回忆说，他"没有想到，这所研究院竟然敢提出这个题目。不过，既然它敢提，我就有勇气探讨它，于是，我就开始动笔了"。[①] 卢梭这样讲，是因为他在《论科学和文

---

　　① 卢梭，《忏悔录》，徐继曾译，北京：人民文学出版社，1983，页388。

艺》中已经谈到这个论题。他随即写下《论人类不平等的起源和基础》，再次角逐征文奖，但名落孙山，两年后（1755）他出版了这篇论文。

二

在接下来的十五年里，卢梭写下了一系列政治哲学作品，引发迄今没有消弭的争议，留给学界的思想困惑直到今天也还没有澄清。可以说，卢梭自《论人类不平等的起源和基础》以后的所有政治作品，都是对《论科学和文艺》引发的持续论争的回应。无论学界对卢梭政治作品的理解有多大分歧，没有分歧的是：卢梭所有引发争议和令人费解的政治哲学作品的主题，都可以在《论科学和文艺》中找到端倪。

令人费解与引发争议是两回事情——基于正确理解的争议才有意义，而卢梭在世时已经多次强调，他的作品并未得到恰当理解。直到今天，各类思想史教科书或卢梭引论一类文章，几乎无不把卢梭说成启蒙志士，因为他"始终拒绝与现存政权作任何哪怕是表面上的妥协"（马克思语）。可是，卢梭在《论科学和文艺》中显得旗帜鲜明地严辞抨击正在走上历史舞台的启蒙运动，甚至建议君主管好启蒙智识人。如果卢梭后来的政治作品没有改变这一立场，那么，把他说成启蒙志士就是错的。

三

1903 年 4 月 27 日，我国江苏籍留日学生同乡会在东京创办的《江苏》报出版了创刊号，其中载有《注释卢骚氏非开化论》（页 77—85，没有译者署名），依据日本民权学者中江笃介（1847—1901，号"兆民"，意为"亿兆之民"）的日译本（1883）迻译——这是

譯篇

注譯盧騷氏非開化論

（盧騷氏草非開化論始末詳法蘭西革命前二世紀事中茲不贅）

非開化論者一千七百五十年法國奇勤翰林院所示之問題也當時盧騷氏見
法國民族之虛浮也故草此論予今者亦是乎我民族之虛浮也故譯此論而加
以注盧騷氏之草此論也寔爲置身於文藝場之始今予之譯此論也亦爲置文
字於報紙中之始予問烏足言盧騷氏也然而予之心則猶乎盧騷氏之心

譯　者　識

翰林院學士曰今者文學技藝遭中興之運其於風俗果善良乎抑頹敗乎嗚呼翰
林院學子諸君而今亦念及風俗耶諸君既念及之而下問之予也不敢以自欺不

江蘇譯篇

七七

1903年《江苏》报载《注释卢骚氏非开化论》

《论科学和文艺》最早的中译（实为摘要编译）。那个时候，中国读书人尚缺乏理解这篇作品所必备的文史知识，能读到它的国人也不会多。

在此之前十天（1903年4月18日），俄国驻华临时代办就俄军继续撤离我国东北一事向清政府提出七项要求，企图终止履行此前签订的《交收东三省条约》。软弱的清廷无力抗拒，将俄方要求泄露给日、英等国使馆。消息传出后（5月中旬），京城及各地新学堂学生立即爆发抗议活动，愚蠢的清廷欲实施压制，引发学生更为强烈的反应——《江苏》报发表时评称：

> 以求媚联俄的异族政府之无术，乃不惜反唇肆其"名为拒俄，实则革命"之狂噬，以自斫其对外之扞御，则异日虽百变其术，百变其言，苟有可以为取媚异族之具者，即概以"名为如何，实则革命"一语冠之无不可也。①

辛亥革命前后，卢梭在中国政界逐渐声名鹊起，尽管极少有人读过卢梭著作。同盟会骨干、国民党元老廖仲恺（1877—1925）在《全民政治论》译序中说：

> 18世纪末期以往，卢梭自然法学说，风靡一时，所著《民约论》中，力排代议政治，以为英国人民虽以自由见夸，然而夷考其实，殊乏根据。纵有自由，亦仅为选举之当时；投票以后，更无所享。真有自由者，唯能直接立法之人民耳。②

---

① 转引自杨天石、王学庄编，《拒俄运动：1901—1905》，北京：中国社会科学出版社，1979，页291。

② 中国科学院广州哲学社会科学研究所编，《廖仲恺集》，北京：中华书局，1963，页30—31。

与在欧洲的情形一样,卢梭在中国成了"革命理论"的代名词。写下《论科学和文艺》以及随后的回应文时,卢梭未必想到自己会有这样的未来。但在回应对《论科学和文艺》的批判时,卢梭的确曾写道:

> 你们即使想让人们返回到最初的平等——那块无知的储存地、那个所有美德的根源之上,同样也是空幻。他们的心灵一旦变质,就会永远如此。不会再有补救方法,除了某场巨大的革命,而革命本身与它自己或许能治好的罪恶之事一样可怕。如果欲望它,则该受指责,同时,要想预见它,也不可能。(《日内瓦人卢梭的几点评析》62)

> 我在别处已说过,我坚决反对推翻现在的社会,烧毁图书馆和所有的书籍,撤销学院和研究院。这里我应该补充一句,我也坚决反对把人类[的需求]简约成满足最简单的需要。我很清楚如下事实,不应该指望这个虚妄的计划,乃至要从他们当中造就出正派人来。但是,我认为自己有义务毫不掩饰地道出人们向我寻求的真相。我看到了恶并努力寻找原因:其他更大胆或更疯狂的人可以去寻找解药。(《日内瓦人卢梭的最后答复》73)

卢梭在中国成了"革命理论"的代名词与《论科学和文艺》无关,而是与中江笃介用汉语翻译的《社会契约论》(《民约论》,1882)有关。日俄战争的爆发以及中国学生的反应表明,若卢梭的"革命理论"在中国真的"风靡一时",显然与帝国主义列强肆意宰割中国有关,而非与"个人自由"有关。廖仲恺发表《全民政治论》译序时,正值巴黎和会欺凌中国引发"五四运动"之际(1919年8月)。而直到今天,卢梭的《社会契约论》与《论科学和文艺》究竟有怎样的关联,对学界来说仍是一道思想史谜题。

四

新中国建立十周年之际(1959 年),依据法文迻译的《论科学和文艺》中译本问世(《论科学与艺术》,北京:商务印书馆,1962 年重印)。译者何兆武先生刚好 38 岁,这是卢梭写下这篇宏文时的年龄——那个时候,我国刚结束一场整饬知识人的运动。

"改革开放"差不多二十年之后(1997),何译本经修订再版。何先生的译笔很好,但译文理解起来仍然有不少困难,有些关键句子的译法未必恰切。2011 年,李平沤先生出版了新译本,与 50 年前的何译本对观,准确性似乎有所不及,注释亦鲜有增进。

完整的《论科学和文艺》译本必须包括七篇回应文,已有的两个中译本均未顾及。本译稿以蓬卡迪(F. Bonchardy)的考订注释本(Rousseau,*Discours sur les sciences et les arts*,Gallimard/Paris,1998/2002/2010)为底本迻译,参考古热维奇(V. Gourevitch)英译本(Rousseau,*The Discourses and other early political Writings*,Uni. Of Cambridge 1986/1997/中国政法大学出版社,2003),里特(H. Ritter)德译本(*Jean-Jacques Rousseau Schriften*,Band I,München,1978,Frankfurt am Main,1988/1995),以及何兆武先生中译本。

古热维奇英译本给自然段落加了序号,便于查找和引用,本稿用方括号[ ]标识。有的自然段落很长,为便于研读,本稿按意群给长自然段重新划分段落,原自然段划分以方括号中的编码为准。为与译注区别,也为了便于研读,卢梭的注释转入正文相关位置,标明[原注],用小五号字排印。

卢梭的七篇回应文,蓬卡迪编本收六篇,未收《〈纳喀索斯或自恋者〉序言》,古热维奇英译本收全七篇。《〈纳喀索斯或自恋者〉序言》中译依据法文版卢梭全集迻译，依据古热维奇英译本校订。

<h1 style="text-align:center">五</h1>

　　哈文思(George R. Havens)的《论科学和文艺》考订笺释本(New York:1946/1966)十分著名，但篇幅很大，有专著规模，未予采译。古热维奇是美国学者，施特劳斯的及门弟子。他的笺注风格与偏重语词考订的蓬卡迪本不同，多涉义理，也不废文史笺释。

　　本稿注释采自蓬卡迪本和古热维奇本(必要时区分 B 本或 G本)，亦吸纳施特劳斯《论卢梭的意图》一文和讲学录《卢梭导读》中的相关解读(注明[施特劳斯疏])。① 个别注释篇幅很长，出于排版方面的原因，也为了阅读方便，挪入正文(标明"笺注")，用小五号字区别。中译者施加的注释一律注明[中译按]。

　　《论科学和文艺》具有演说辞风格，言辞极富修辞色彩。凡语义含混的语词或文句，中译用方括号[]提供选择性译法，为补足省略语式的语义而添加的语词亦然。

　　卢梭基本文献一律采用缩写：

　　OC =《卢梭全集》；

　　OG =《卢梭书信全集》；

　　《卢梭年鉴》= Annales J. -J. Rousseau。

　　常用文献缩写：

　　R(Rey[手稿]) = *Manuscrit adressé à Rey*(Fondation Heineman)；

　　CG = *Correspondance générale*(Th. Dufour 和 P. -P. Plan

---

① 施特劳斯，《论卢梭的意图》，见施特劳斯，《苏格拉底问题与现代性》[增订本]，刘小枫编，刘振、彭磊等译，北京：华夏出版社，2016；施特劳斯，《卢梭导读》，曹聪译，上海：华东师范大学出版社，即出。

版）。

　　为便于深入研读,本编选译了五篇英语学界的相关文献收作附录。戴晓光博士据古热维奇本复校了卢梭文,潘亦婷博士校订了五篇英语文献中的法文引文,谨致谢忱。

2020 年 9 月

古典文明研究工作坊

论科学和文艺

刘小枫　译

征文启事

[编按]《论科学和文艺》是应第戎研究院的有奖征文而作,征文启事出自第戎研究院院士热洛(Gelot)手笔,刊于《法兰西信使》(*Le Mercure de France*)1749 年 10 月号(页 153—155)。

1750 年科学与文学研究院伦理学奖征文启事

由勃艮第议会议长(Doyen du Parlement de Bourgogne)布斐(Hector Bernard Pouffier)创建的本研究院谨此告知所有学者,1750 年伦理学奖之奖品为一金牌,值 30 皮斯托尔(古钱币)。此奖将颁发给对下列问题给出最佳解答者:复兴科学和文艺是否曾有助纯化道德风尚。①

有意参加者可用法文或拉丁文撰写征文,注意文章必须写得清晰可读,且可于半小时内读完。

---

① [施特劳斯疏]第戎研究院提出的这个问题至少开启了这种可能性,即答案或许是否定的,除非这仅仅是个修辞性提问。因此,这个问题绝非卢梭独特的发问,他只是在 1751 年给出答案的那个人。否认文明与道德之间的和谐,并非卢梭的特别题旨,第戎研究院征文题目已经预设了这个观点。有一种传统也早就预设了这一点,它最著名的代表似乎是蒙田和塞涅卡,出于一定程度的公平,尚可追溯至苏格拉底。

　　参赛者须将论文于 4 月 1 日前寄至研究院秘书 Petit 先生,地址为 Rue du Vieux Marché à Dijon,邮费自理(否则不会收取)。

　　由于主办单位不会额外注意对各学者得到其应得的公平尽可能避免所有舞弊及不公正,让选票流向已为人所知的作品,或让这些作品由于其他不正当因素无法获得选票,本研究院宣布,若有参赛者在本院宣布得奖者之前以直接或间接方式让人知道其为某部作品的作者,则取消其参赛资格。

　　为预防此类不便情况发生,每位参赛作者须在其论文稿纸下方写上一句格言或警句,并用另纸密封,密封纸背后写上同一句格言。密封纸内写上作者姓名、身份、住址,以便宣布获奖时通知。密封纸张必须无法透视,在宣布得奖者之前,密封纸不会开启。届时研究院秘书将依照密封纸所示内容给得奖人登记。

　　若参赛者欲收到本院签收邮寄作品的回执,须以另名寄出作品。若得奖者以此方式邮寄作品,得奖者须委托一居住地在第戎者,当公证人的面将委托书及本院签收回执交付受委托人。委托书须经法官公证。①

　　若得奖者不来自第戎,则同样应以上述方式提交委托书。若获奖者来自第戎地区,则于颁奖当天亲自领取奖品。颁奖仪式将在研究院大会上举行,日期定于 1750 年 8 月 23 日(周日)。②

---

　　①　Ruffey 在《第戎研究院秘史》(*Histoire secrète de l'Académie de Dijon*,Paris 1909)中说,启事废话连篇,令人难以忍受。

　　②　第戎研究院征集到十三篇征文,7 月 10 日,研究院评委会得出评选结果。十天之后,卢梭答谢研究院评委(参见 *CG*,卷一,页 304)。卢梭没有亲自去第戎领奖,而是委托一个名叫 Tardy 的税务员代领。

DISCOURS

QUI A REMPORTÉ LE PRIX

A L'ACADEMIE

DE DIJON.

En l'année 1750.

Sur cette question proposée par la même Académie:

Si le rétablissement des Sciences & des Arts a contribué à épurer les Mœurs.

PAR UN CITOYEN DE GENÈVE.

Barbarus hic ego sum, quia non intelligor illis. Ovid.

A GENEVE,

Chez BARILLOT & fils.

《论科学和文艺》1751 年版扉页

本论获第戎研究院 1750 年奖

论该研究院提出的问题：

复兴科学和文艺是否有助纯化道德风尚

Barillot & Son,Geneva①

---

①　最早刊印本文的并非这家日内瓦出版商,而是巴黎出版商 Pissot。第戎研究院评委会决出卢梭的应征文获奖时(1750 年 8 月),卢梭正患重病,获奖文的出版因此一再推迟。1751 年元月 9 日,巴黎出版商 Pissot 应卢梭的请求赶印出几份样本(不算正式出版)。卢梭对获奖文的出版拖延甚久表示抱歉,似乎尽快出版是他的"义务"和"心愿"(参见 *CG*,卷一,页 307)。

一位日内瓦公民 ①

---

① 卢梭后来删掉了扉页上的这一署名。Barillot et fils 的首版(8 开本,55 页)署名卢梭。1750 年 1 月 30 日,卢梭给伏尔泰写信时署名"日内瓦公民 J. J. Rousseau",以便与巴黎的 Jean-Baptiste Rousseau 和图卢兹的 Pierre Rousseau 区别开来。当然,卢梭也可能有这样的意图:与自己出生的城市联系起来。在 1752 年的版本(52 页)中,卢梭用日内瓦人(Genevois)代替了日内瓦公民(Genève)。

卢梭当时并没有日内瓦公民身份,快到 16 岁时(1728 年),卢梭改宗天主教,因此而丧失日内瓦公民权。1754 年 8 月,卢梭重新回归新教,日内瓦公民权才得以恢复。卢梭后来说,他出版书时署名"日内瓦公民",为的是给他的质朴城邦带来荣誉(《新爱洛绮丝》第二版序,*OC*,卷 2,页 27)。

Barbarus hic ego sum quia non intelligor illis.

我在这里是野蛮人，因为这里的人不理解我。

———奥维德

［笺注］出自古罗马诗人奥维德（Ovid，公元前 43—公元 17 年）的《忧伤集》*Les Tristes*，1. 10. 37），卢梭稍微修改了原句。（［中译按］奥维德当时遭流放萨马提亚部落［斯基泰族的一个分支］，他在那里被 Sarmatians［萨马提亚人］称为"野蛮人"。参见 Ovid，*The Poems of Exile：Tristia and the Black Sea Letters*，Peter Green 英译、笺释，University of California Press 2005，页100，286—287。）

卢梭说，自己祖父的藏书中有奥维德的《变形记》（*Les Métamorphoses*）和《忧伤集》，参见卢梭《忏悔录》（*OC*，卷一，页 9）。普芬道夫（Samuel Pufendorf，1632—1694）在其《自然法与国际法》（*Droit de la nature et des gens*，1677—1688）中讨论语言的起源时（4. 1. 6，注释 a），引用过奥维德的这句诗，卢梭熟悉普芬道夫的这部著作。

在早年的一封信（1742 年元月 17 日致 de Conzié，见 *CC*，卷一，页 139，No. 43）的结尾，卢梭引用过这句诗。同年（1742 年）出版的青年时代的作品集 *La Muse allobroge*，也用这句诗作题辞（*OC*，卷二，页 1123 注释）。卢梭晚年在带自我辩护性质的《卢梭审判让-雅克：对话录》（*Dialogues*，中译本：袁树仁译，上海：上海人民出版社，2007）扉页再次引这句诗为题辞。

卢梭最初为这篇论文选用的格言是塞涅卡的名言：postquam docti prodierunt boni desunt［自从有了博学之士，好人就没有了］。

［中译按］卢梭在应征文中化用了这句格言。我们应该注意到,卢梭的这篇应征文与孟德斯鸠两年前(1748)在日内瓦匿名出版且引起轰动的《论法的精神》有直接关系,不妨比较《论法的精神》的扉页题辞(出自奥维德诗句):Prolem sine matre creatam[无母而生的孩子]。在《什么是政治哲学》中,施特劳斯简洁而又深刻地比较了卢梭与孟德斯鸠思想的不同品质:孟德斯鸠"善于弯来绕去的智慧,因其魅力而腐化,因其腐化而生魅力,这种人的降格,激发了卢梭充满激情但仍然是令人难忘的抗议"。见施特劳斯,《什么是政治哲学》,李世祥等译,北京:华夏出版社,2011,页41。

在返回或修订现代原则方面,至少卢梭从一开始就拒绝追随孟德斯鸠。因此,卢梭虽然对德性仍抱持信心,但并未显示出断然拒绝促使孟德斯鸠转向现代性的德性批判。(施特劳斯,《论卢梭的意图》6)

致读者

　　[笺注] 首版中没有这段文字, 十多年后(1762)卢梭编选自己的文集时加了"致读者"(按哈文思笺注本前言的说法)。其实, 1764 的 Duchesne 版也还没有这段文字, 哈文思所说有误。"致读者"首次见于卢梭去世后的 Du Peyrou 版(1781)。

　　什么是出名? 眼下这篇不幸的作品让我出名。可以肯定, 这篇让我获奖且让我出名的作品, 至多不过平平而已, 而且我敢说, 在整部文集中, 这篇作品是最差的几篇之一。① 如果这篇处女作以其值得的方式被接受, 作者该会避免何等的悲惨深渊啊?② 可是, 起初得到的不公正的厚爱逐渐给我带来的艰难越来越多。③

---

　　① 这部卢梭自编文集收有《论观赏》、《新爱洛绮丝》、《爱弥尔》、《社会契约论》等。

　　② "悲惨深渊"指《爱弥儿》出版后(1762)卢梭遭到巴黎神学院和日内瓦大议会指控和通缉, 被迫踏上不愉快的旅行。在后来的生涯中, 他有多次这样的旅行。[中译按] 在王权专制时期, 卢梭承受的压力并非仅仅来自教会当局, 也来自启蒙友人。

　　③ 卢梭在刊印这个版本(66 页)前对"致读者"有几处修改, 写在清样扉页:"让我出名的作品"原为 ouvrage qui me l'a donnée[带给我声名的作品];"不过平平而已"原为 au dessous du médiocre[连平平都算不上];删掉了 n'eût été traité[没有受到对待], 卢梭在行间空白处写下最终定稿。与这里类似的说法, 亦见《忏悔录》, 卷八。

Satyre, tu ne le connois pas. Voy. note pag. 31.

Ch. Baquoy Sculp.

（扉页插图）萨图尔，你不认识它。

[笺注] 卢梭首次发表这篇论文时,在扉页安排了这个插图(版画):普罗米修斯警告萨图尔。古希腊传说普罗米修斯因偷天火给人类,被宙斯锁在山上,参见赫西俄德《神谱》(行 561—616)、《劳作与时日》(行 42—105),以及埃斯库罗斯《被缚的普罗米修斯》。

柏拉图的作品中两次涉及这个传说:《普罗塔戈拉》和《治邦者》(274c—d)。卢梭所引用的另一个版本的说法,来自普鲁塔克的《如何从一个人自己的敌人那里获益》(*How to profit from One's Enemies*)第二节。普鲁塔克说,对于那些学会如何使用火的人来说,火也会有益,这与卢梭文中的观点完全一致。扉页插图忠实地反映了普鲁塔克的观点:在普鲁塔克笔下,普罗米修斯自己警告火的危险。卢梭在晚年重新阅读和思考这篇文章,参见《孤独漫步者的梦》四。

插图说明挑明了卢梭这篇文章的基本观点,正如卢梭在回应文《论第戎研究院某院士对论文的新驳难》中所说:"普罗米修斯的火把是用来激励伟大天才的科学火把;……萨图尔第一次看到火,朝它跑去,想要拥抱它,表现的是受到文字的光彩诱惑的平常人……那个对着平常人大喊并警告他们有危险的普罗米修斯就是这位日内瓦公民。"

卢梭为说明自己的作品动了不少脑筋。这个扉页插图来自当时的名画家比尔(Pierre),由 Bacquoy 刻制。卢梭后来在书信中表示,这个插图"画得不好",但觉得比尔为《论人类不平等的起源和基础》画的插图"非常好",参见1757 年 12 月 26 日书简(*OC*,卷四,页 408,注释 595;*CG*,卷三,页 246)。

前　言

[1] 这兴许是一个重大问题，而且兴许是人们一直在争议的最美的问题之一。本论不会去探究种种形而上学的微妙，这些微妙已然占据了文学的所有部门，研究院的种种研究项目也不总是例外。本文要讨论的毋宁是与人类幸福攸关的诸多真理之一。

[2] 我预见到，人们很难宽宥我敢于持有的一方。既然忤逆人们在今天热衷的一切，我只好等待普遍的非难；何况，并不是为了得到某些个贤哲（quelques sages）的赏识而获得荣誉，①我才有必要指望公众的赏识。② 因此，我的主意已定；我不会费心去讨才子［聪明才智］（beaux esprits）或者风头人物喜欢。

任何时候都会有人天生受自己的时代、国家和社会的意见的

---

① "某些个贤哲"可能指第戎研究院的院士们，也可能指狄德罗（1713—1784）、达朗贝尔（1717—1783）等。［中译按］这时的狄德罗已经发表《哲学随想录》（*Pensées philosophiques*，1746，共 62 则随笔，20 多年后的 1770 年再版时，增补 72 则随笔，中译见《狄德罗哲学选集》，江天骥等译，北京：商务印书馆 1983）、《怀疑论者的漫步》（*La promenade du sceptique*，1747）、《与明眼人论盲人的书简》（*Lettre sur les aveugles à l'usage de ceux qui voient*，1749）和色情小说《泄密的珠宝》（*Les bijoux indiscrets*，1748）等。参见比利，《狄德罗传》，张本译，北京：商务印书馆，1995。

② ［中译按］public［公众］指在报刊上写文章的政论家，如今称"公共知识分子"。

支配。① 这在今天造就了自由思想者（大胆精神）和哲人，出于同样的理由，这类哲人若在同盟时期兴许不过是狂热分子。② 要想超逾自己的时代而活，就得决不为这号读者写作。

[3] 再说一句，我就打住。我对得到荣誉本来没抱多少期望，寄出[论文]后，我重新组织和扩写了这篇论说，就某些方面而言，已经是在写作另一篇作品。今天，我认为自己不得不恢复它得奖时的原貌。我仅添加了几条注释，留下两处很容易看得出来的增补，第戎研究院对此恐怕不会同意。我想，公道、敬意和谢忱都要求我作此说明。

[笺注] 本文原稿在法国大革命后遗失，卢梭所说的增补已无从查考。但有一个注释几乎可以断定是增补的，这就是卢梭审慎地在第二部分的一个注释中提到狄德罗的《哲学随想录》。狄德罗的这部哲学随笔在1746年出版，随即遭到控罪。最有可能的增补段落之一，是第一部分第9自然段谈到"对原初自由的情感"。这两条增补表明，卢梭的修改强化了古代政体的英明和对启蒙的尖锐批判。本文的主导思想，可参考卢梭《山中书简》(1. 25, 2. 12, 3. 12)。

Marcel Françon认为，卢梭增补的是夸耀瑞士人的勇敢和简朴的两个段落："直到我们今天……也还表现如此"（第22段）和"一群穷山民……"（第42段）。在我们看来，比较可能的推测是第9段说到科学、文学和艺术"窒息了人们的原始自由感"一段以及该处关于严厉的共和主义的注释。那里明显有

---

① [中译按]"社会"在本文中多次出现，但文章最后用到了这个语词的另一种含义。在写给马勒塞尔伯的信（1762年元月）中，卢梭说，自己天生喜欢离群索居的孤独生活，因此"渐渐疏远这些人的社会，在想象中构想出另一个社会"（je l'ai peu à peu détaché de la société des hommes, et je m'en suis fait une autre dans mon imagination）。见《卢梭自选书信集》，刘阳译，南京：译林出版社，1998，页63，译文略有改动。

② [中译按]"同盟时期"（du temps de la Ligue）指16世纪下半叶法国的天主教派与新教派之间爆发战争的时期，天主教派组成"神圣同盟"向新教的"胡格诺"派开战；1576年，吉斯（Duc de Guise）公爵为集合天主教势力抵抗胡格诺派势力建立起"同盟"（la Ligue），并推翻了亨利三世（Henry III）的统治。"胡格诺"（Huguenots）原意为"联盟者"，具体指法国加尔文教派中的一个政治集团。

删改痕迹,接下去的观点没有因此中断。第二处增补是第 53 段"如果不是……灾难性的不平等的话,所有这些乌七八糟的东西又是哪里来的呢?"

《法兰西信使》在卢梭出版获奖文的同时(1751 年 1 月)发表评论说,"这篇论文……所含注释内容与文章本身同样大胆,……我们发现,作者的精神及心灵是他的国家的准则哺育出来的"(nourri l'esprit et le coeur des maximes de son pays)。次月,《特莱芜志》(Mémoires de Trévoux)的评论说,"某些特点显明了在一个共和国中所受的初步教育……这些特点没有出现在提交给第戎研究院的手稿本中"。①

这个前言的初稿今存国家图书馆(Bibliothèque nationale;nouv. Acq. 5215,f 531),原文如下。

[1] 本次征文的题目是一个从未被讨论过的伟大的好问题,其重要性使它与其他形而上学的微妙之言极为不同,后者已席卷所有文学领域,研究院的研究项目亦不例外。

[2] 我对得到荣誉本来没抱多少期望,寄出[文章]后,我重新组织和扩写了这篇论说,就某些方面而言,已经是在写作另一篇作品。今天,我认为自己不得不恢复它得奖时的原貌。我仅添加了几条注释,留下两处很容易看得出来的增补,对此第戎研究院恐怕不会同意。这就要求我作此说明。

[3] 我预见到,人们很难宽宥我敢于持有的一方。既然忤逆人们在今天热衷的一切,我只好等待普遍的非难;何况,并不是为了得到某些个贤哲的赏识而获得荣誉,我才有必要指望公众的赏识;因此,我的主意已定;我不会费心去讨才子或者风头人物喜欢。任何时候都会有人天生受自己的时代、国家和社会的意见支配。这在今天造就了自由思想者(大胆精神)和哲人,出于同样的理由,

① 特莱芜(Trévoux)属 Sâone 地区的 Bourg-en-Bresse,15 世纪时为 Dombes 省会。该市于 1603 年创建了一个印刷所,从 1701 年开始刊印耶稣会士主持的《特莱芜日报》(Journal de Trévoux)。1745—1762 年间,该报与当时的百科全书派激烈争辩。当地耶稣会士还编辑了《特莱芜词典》(Dictionnaire de Trévoux,1704—1771)。

这类哲人若在同盟时期兴许不过是狂热分子。要想超逾自己的时代而活,就得决不为这号读者写作。

[笺注]定稿除几处细微修改外,最明显的是第三段与第二自然段的顺序不同。手稿中也有修改痕迹:卢梭删去了"风头人物"之后的一句:"那些人就不用看我的东西了,我也不建议他们看并非为他们而写的作品。"后来卢梭又将这个句子添加回去,但"不例外"(exempts)这几个字没有再添加回去,与修改后在 Favre 版中出现的"致读者"一样。

"有人天生受自己的时代、国家和社会的意见的支配"之后删掉了一句("这伙人的党羽可以给一个作者名声,却无法让他成为一个伟人"),这句没有再添回去。这个前言初稿最早由 M. R. A. Leigh 刊布在《卢梭年鉴》(XXXIV,1956—1958,页 59—61),Pichois 和 Pintard 的《苏格拉底和大卡图之间的卢梭》(*Rousseau entre Socrate et Caton*)用的版本与此相似,但根据一个私人收藏稿。

[中译按]1598 年 4 月 13 日,法国国王亨利四世在南特大教堂颁布敕令,承认胡格诺教徒的信仰自由,在法律上享有和公民同等的权利,史称"南特敕令"。此为欧洲近代史上第一份针对宗教分裂颁布的宗教宽容敕令。亨利四世之孙路易十四于 1685 年颁布《枫丹白露敕令》(Edit de Fontaine-bleau),宣布新教为非法,废除南特敕令。伏尔泰后来将此与康熙颁布通谕(1692 年)允许基督教在中国传教对比,称赞中国皇帝的智慧和宽容。

论　　文

论下列问题：

复兴科学和文艺是否有助纯化道德风尚？

Decipimurspecie recti［我们被表面上的正确欺骗］

——贺拉斯 ①

---

① 题辞出自古罗马诗人贺拉斯（公元前 65—公元 8 年）《书简》5. 25（即《诗艺》25），所谓"我们"在诗中指的是被欺骗的诗人们。卢梭在为《纳喀索斯或自恋者》写的序言中的一个注释说："科学坏就坏在给我们的邪恶披上好看的外表，戴上一副善良的假面具。"

［中译按］比较贺拉斯《致贺仁》(Ad Herenn, 4. 15)：specie grauitatis falluntur nec perspicere possunt orationis tumorem［他们被德高望重者的外表迷惑，也看不清这篇演讲的夸诞］。类似说法亦见瓦罗、朗吉努斯、奥维德。见 Niall Rudd, *Horace Epistles Book II and Epistle to the Pirones (Ars Poetica)*, Cambridge University Press 1989，页153—154。

引　言

[4] 复兴科学和文艺有助纯化还是败坏道德风尚呢?① 这的确是必须审查的问题。在这个问题上我应该站在哪一方?② 当然是适合一个正派人的那一方,先生们,虽然他什么都不知道,而且并不因此认为自己就不怎么样。

[5] 我感到,我对自己到庭所面对的法庭要说的话很难得体。一个人怎敢在欧洲最博学的团体之一面前贬斥科学,③在一所著名的研究院里颂扬无知,而且把蔑视搞研究与崇敬真正的学问人搅和在一起?④ 我看到了这些矛盾,不过,我一点儿没气馁。我绝非是在攻击科学,我对自己说,我这是在有美德的人们面前捍卫美德。好人身上的正直比博学之士身上的博学可贵得多。⑤

---

①　卢梭更改了第戎研究院提出的问题,添加了 ou à corrompre[还是败坏],突显出题目的悖谬。《忏悔录》(*OC*,卷一,页351)中对此有不同解释。

②　卢梭在《社会契约论》(2.7)中赞美伊斯兰法律的立法者之后说:"当然,虚骄的哲学或瞎眼的宗派精神把这些人看成不过是些侥幸的骗子,真正的政治家则会赞美他们的制度所展现出的伟大而强有力的天才,正是这种天才主导着持久的功业。"这里的"宗派精神"(esprit de parti)指伏尔泰,因为他在《穆罕穆德传》中说穆罕穆德是个"侥幸的骗子"。

③　"最博学的团体"(savantes compagnies):"博学"(savant)在词源上与"知识"、"科学"相关,反过来说,所谓 science 指广义的"学问知识",而非如今狭义的"自然科学"。比较培根《学问的进展》的书名 *Advancement of Learning*,卢梭在本文中几乎逐点批判培根的论点。

④　与苏格拉底"赞扬无知"时不同,卢梭"赞扬无知"并没有把矛头指向民主派或共和派政治家或治邦者,他甚至是受到一种共和冲动或民主冲动的激发:他抨击启蒙运动,把它视为专制主义或绝对君主制的基石。

⑤　[施特劳斯疏]卢梭以美德之名攻击科学,但此处的美德却含义不清。他为打击科学而运用科学——运用论证和推理,所以,不仅是美德的意思含混,科学的意思同样含混。有一种科学是美德的敌人,还有一种科学却对美德有益,否则卢梭自己的科学就说不通了。卢梭借苏格拉底之名让我们辨认出对美德有益的科学,当他说自己因无知而骄傲的时候,这只是在简单复述苏格拉底的话。但是,卢梭对科学的批判与一种民主意图相关,而苏格拉底完全没有这种意图。

那么,我还畏惧什么呢? 畏惧倾听我的大会的启蒙心智?①
我承认,但这是由于这篇论文的构成,而非因为演说者的情绪。在
决疑论辩中,公正的至高无上者们在谴责自己的错误时决不会有
任何犹豫;对有正当权利的一方来说,最有利的位置莫过于能在正
派而心明眼亮的[当事人]一方面前为自己辩护,因为这一方在审
判属于自己的案件。②

[6]这个动因给了我勇气,此外,还该加上促使我作出决定的
另一动因:既然我凭靠自己的自然之光捍卫真理,无论我成功与
否,我都不会失去某个奖,我将会在自己内心深处获得某个奖。③

第一部分

[7]看到那人凭适己的(propres)种种努力以某种方式步出虚
无,这确是一幅伟大美丽的景象:④以自己的理性之光驱散自然包
裹住他的阴霾,凭思想攀登直奔诸天之境,以巨人的步伐与太阳一
起(ainsi que le soleil)游历宇宙的无垠辽阔,而更伟大且更艰难的

---

① [中译按]全文关键语词"启蒙心智"这里第一次出现,les lumières的字面含
义有多个义项:光明、心智、启蒙。在不同语境中,这个语词的翻译很难用统一的中文
来表达。

② [施特劳斯疏]卢梭真诚地希望,只向能够投身于科学生活的少数人说话,不
仅《论科学和文艺》如此,他的所有著述皆如是,或许只有为数不多的申辩不在此列。

③ Roger Tisserand 的 *L'Académie de Dijon de 1740 à 1793* (Paris, 1936), Mar-
cel Bouchard 的 *De l'Humanisme à l'Encyclopédie* (Paris, 1929),尤其 Marcel Bouchard
的 *L'Académie de Dijon et le premier discours de Rousseau* (Paris, 1950)明显降低了对
第戎研究院院士们的赞美:"他们的成效显得非常糟糕,而且天资颇为平庸。"(页29)

④ 波舒哀在《论普遍历史》的"第二纪"(诺亚洪水时代之后)部分一开始说:"没
有不带新世界痕迹的古代史……"云云。但卢梭明确说的是"凭适己的种种努
力……"。[中译按]波舒哀(1627—1704)早年在耶稣会学校接受古典教育,因布道和
演说极为出色,43岁那年(1671)被召入王宫,出任国王路易十四(1643—1715在位)太
子的保傅和宫廷布道师,次年又当选法兰西研究院院士。为了给王太子授课,波舒哀
编写了两本教材:《依照圣经的政治学》(1679,1709年出版)和《论普遍历史》(1681)。

是,[看到那人]返回自己,以研究人并认识人的天性、诸种义务和归宿。所有这些奇事,近几代人以来又重新开始了。①

[8] 欧洲曾经退回到太古时代的野蛮状态。世界上这一部分的人民今天虽然被启蒙,但仅仅几个世纪前,他们还生活在比无知更糟的状态。我不知道,还有哪种[无知的]科学行话比这无知更可鄙,这行话竟然僭取知识之名,为知识的复归设下几乎无法克服的障碍。② 为了把人们带回到常识,必须来一场革命;革命终于来自一个最为人预料不到的角落。

正是蒙昧时的穆斯林,正是这文学的永恒灾难在我们中间复兴了文学。君士坦丁宝座的陷落,给意大利带来了古希腊的残片。法兰西也靠这些珍贵战利品富起来。③ 紧接着,科学随文学接踵而至;写作的艺术接上了思考的艺术;这种连续也许显得奇怪,却可能太自然不过。人们开始感觉到与文艺女神们交往的根本利益,这就是,通过靠值得人们互相欣赏的作品来激发人们彼此取悦的欲望,让人们更富于社会性。

[9] 精神有自己的需要,身体同样如此。身体的需要是社会的基础,精神的需要则是使之令人愉悦。统治和法律为群体的人们提供安全和幸福;种种科学、文学和艺术不那么专制,从而也许更有力量,它们把花环缠绕在让人们背负的铁的枷锁上,窒息人们对原初自由的情感,人们似乎是为此自由而生的——使他们喜爱自己的受奴役,④把他们形塑成所谓开化的人民。需要树立起王

---

　　① ［中译按］普鲁克(Pluche)的《自然景象》(*Spectacle de la nature*)动笔于 1732年,完成于 1750 年。

　　② ［施特劳斯疏］卢梭指的是经院哲学,尽管他没用到这个词。

　　③ 君士坦丁堡由君士坦丁大帝(272—337)于公元 326—330 年所建,330 年起成为东罗马帝国首都。1453 年,奥斯曼土耳其人攻占君士坦丁堡,许多精通古典文艺的拜占庭学者逃亡至意大利,刺激了意大利的文艺复兴。1494 年法国侵入意大利,接触到意大利的文艺复兴,刺激了法国的文艺复兴,法国史上称之为"发现意大利"。

　　④ 比较卢梭《社会契约论》(1.1),"人生而自由,却无往不在枷锁之中"。

权宝座,科学和文艺加固王权宝座。地上的权力们啊,爱惜天才们吧,保护那些栽培天才的人物吧。

[原注一] 君主们总乐意看到,在自己的臣民们中蔓生对迎合人心的艺术的趣味和对白白大把花钱的多余之物的趣味。① 因为,且不说这些东西能培养臣民们的卑微心态,以适应奴隶身份,君主们知道得很清楚,臣民们带给自己的所有这些需要都无异于在添加自己所背负的枷锁。亚历山大要食鱼族依附于自己,②就强迫他们放弃捕鱼,和别的民族一样种植普通食物;③美洲的野人光着身子到处走,仅靠猎获为生,从来没谁能让他们臣服。的确,对于什么都不需要的人们,谁能加以羁轭呢?④

开化的人民啊,培育他们吧:幸福的奴隶们哦,你们赖以炫耀自己的那种纤巧而又精致的趣味得归功于他们;还有温软性情以及城市道德风尚(urbanite de moeurs),这些使得你们之间的社交

---

① [中译按]"趣味"(goût)这个语词贯穿全文。孟德斯鸠(1689—1755)写过一篇题为《论自然和艺术的趣味》的文章(写作年代不详),中译见孟德斯鸠,《罗马盛衰原因论》附录,婉玲译,北京:商务印书馆,1962/2004,页138—164。

② 孟德斯鸠在《论法的精神》(21.8)中提到过食鱼族。[中译按]亚历山大里亚时期是如今所谓西方"科学昌明"的时代:随着亚历山大帝国的形成,古希腊文士的"空间视野"大为开阔,涌现出诸多用希腊语写下的各类术书(数学、天象学、医学),比如,著名的欧几里得和阿基米德的数学(几何)书(中文全译本见人民出版社2006版)。希帕库斯(Hipparchos)的天象书基于自己的观测数据首次提出了完整的太阳与月亮运行轨迹的学说(如今仅能看到他的 Commentary to Φαινόμενα of Eudoxus and Aratus 残段),以及 Herophilos 和 Erasistratos 的医学书(均佚)。关于亚历山大里亚时期的自然科学成就,参见陈恒,《希腊化研究》,北京:商务印书馆,2006。

③ 这一说法借自老普林尼的《自然史》(Histoire naturelle),1. 6. 25。卢梭在 Charmettes 时读过老普林尼的书,如果《华伦男爵夫人的果园》(Le Verger de Madame la Baronne de Werens)的记载可信的话(CG,卷一附录,页7;OC,卷二,页1128)。比较《自然史》第10章中 Le Bruyère 的说法:"让人民沉迷于节日、剧院、享受、排场,这是共和国保险而古老的政制……"[中译按]普林尼,《自然史》(节译本),李铁匠译,上海:上海三联书店,2018。

④ [施特劳斯疏]在《孤独漫步者的梦》中(V—VIII),卢梭隐晦提到自己在这里有关社会与身体需求之间联系的论述,任何与其身体利益相关的东西都不曾真正地盘踞在自己心头。

既何其得心应手又何其熨帖。总之,你们才显得具有任何根本就没有的美德。

[10] 正是由于某种类型的文雅——越不彰显自己就越可爱的文雅,昔日的雅典和罗马才能在以其大度和光彩而自豪的岁月里头角峥嵘。毫无疑义,正是由于这种类型的文雅,我们的世纪和我们的国家才会赶过所有的时代和所有的人民。一种毫无学究气的哲学格调,一种自然而又得体的举止,既远离条顿人的粗犷,又远离山南那边的人的矫揉;这些便是一种趣味的结果,这种趣味得靠善于学习来获得,靠与世界交往(le commerce du monde)臻于完美。

[11] 如果外在举止总是灵魂性情的映像,如果文质彬彬就是美德,如果我们的准则切实作为我们[行为]的准则,如果真正的哲学与哲人的名分没有分离;那么,生活在我们中间该会多么甜美啊!然而,如此之多的品质实在太难协调,在如此之多的浮华中,美德几乎寸步难行。一个人打扮华贵可以显示他富有,一个人打扮雅致可以显示他有趣味;但这人的健全和结实却要靠别的标志才看得出来:在一个劳动者粗陋的衣着下面,而非在一个佞幸者的矫饰下面,人们才发现身体的力量和生气。

打扮与美德几乎格格不入,毕竟,美德是灵魂的力量和生气。好人是喜欢光着身子搏斗的竞技家:他鄙弃所有无聊装饰,这些只会妨碍他使用力量;大部分装饰都是为遮掩某些畸形而发明出来的。

[笺注]"灵魂的力量和生气"的说法来自蒙田,尽管蒙田并非用来界定美德,参见《随笔集》1.37"论小卡图"。卢梭早年喜欢读蒙田,本文多次明里暗里引用蒙田。"灵魂的力量和生气"的说法,本文即将结束前(49)有进一步展开。发表本文那年,卢梭还写了《论英雄最为必须的美德》,1768 年未经授权发表于《文学年报》。卢梭在文中说,"灵魂的力量和生气"就是"英雄美德",小卡图(公元前 95—前 46 年)就是这种"英雄美德"的典范(《论英雄最为必要

的美德》,33—39 段;中译见卢梭,《道德与文学论集》,吴雅凌译,北京:华夏出版社,2009)。

"灵魂的力量和生气"的说法最早见于柏拉图的《治邦者》(259c),卢梭引用过这篇对话,亦见色诺芬的《回忆苏格拉底》(4.8)。参见 S. Benardete, *The Being of the Beautiful*, University Of Chicago Press 1984,页 150 注 7。

按照一种观点,卢梭笔下的"美德"一词有三种含义(参见 Alb. Schinz, *La Pensée de J.-J. Rousseau*,页 138 以下)。一,为了幸福的智慧美德(vertu-sagesse pour le bonheur);二,把人带往彼岸的出世美德(vertu-renoncement qui ordonne l'homme à l'au delà);三,清纯的美德(vertu-innocence)。卢梭在这里用的是第二种含义,即基督教的出世美德(signification chrétienne de vertu renoncement),但夹杂了第一种异教的(païenne)含义。

另一种看法更有道理:这里的"美德"观念来自普鲁塔克(参见 G. Pire,《灵魂的力量和生气》,载 *Revue de litrtérature comparée*,1958)。要把握这种观念的含义,首先必须与自然的好(la bonté naturelle)区别开来,因为,自然的好不会涉及冲突和斗争。卢梭一直坚持这一积极的美德观念,比较《爱弥儿》l. 2;《论政治经济学》,supra, pp. 252 以下;《新爱洛伊丝》(*OC*,卷二,页 118);《卢梭审判让-雅克》对话一(*OC*,卷一,页 670);亦参 1764 年 1 月 6 日至 1769年 1 月 15 日期间的书简(*CG*,卷十,页 289;卷十九,页 48)。

卢梭的"美德"观带有斯巴达和古罗马的色彩,几乎看不到新教的出世色彩。比较卢梭的回应文章《日内瓦人卢梭的几点评析》和《致博德斯第二封信的前言》。哈文思(G. R. Havens)转述的 L. Bertrand 的一段话(页 183,注释72)也印证了这一点:"18 世纪作家所讲的美德已经不是基督教意义的苦修(la mortification),而是自然的完善(la perfection de la nature)。"

将基督教美德简化为苦修,以及将基督教美德与自然的完善对立起来,都未必准确。圣奥古斯丁说过,"美德是爱(charité),因为爱的秩序具有自己的正义对象(juste objet)"(Esprit. CLXVII)。他还说,"美德是爱的秩序"(《上帝之城》1.15)。

写作本文十多年前,卢梭在抒情悲剧《发现美洲》(*La Découverte de l'Amérique*)中让 Guanahan 岛上的大祭司感叹,信徒已经失去了自由和清纯。西班牙人在取得胜利时说:"你们的艺术(你们的技术方法)凭借我们的美德才让你们得胜。"哥伦布(Colomb)这位被征服的征服者和妥协者唱道(如果卢梭最后为悲剧谱上曲的话他就会唱):"从今以后向我炫耀你的光芒吧/欧洲啊:在狂野的气候下/我们越有勇气/我们就越有美德。"(OC,卷二,页827、839)在这里,"美德"的含义虽然含混,但比较接近天生的质朴清纯。

[施特劳斯疏]美德是灵魂的力量和生气,属于灵魂而不是属于思想。卢梭在这里没有展开它,但是在其他几乎同一时期的作品中,例如,在《论英雄最为必须的美德》中,他说灵魂的力量就是英雄精神的真正基础。这种灵魂力量显然有别于审慎、正义、节制之类。这正是卢梭的美德概念中的一个原始要素:美德关乎原初自由,它在本质上是前政治的,而且如我们所见,它也是非道德性的。

[12] 在艺术打造我们的举止,教会我们的种种激情(nos passions)讲一种造作的语言之前,我们的道德风尚虽粗朴,却是自然的;从举手投足的差异,一眼就可以看出性格的差异。那时候,人性根本上讲未见得更好,①人们却容易相互深入了解,从而感到自己很安全;这种好处使得他们很好地免除了好些恶行,我们却不再感到这种好处的价值。②

[13] 今天,更精微的研究和更细腻的趣味已经把取悦[他人]的艺术(l'art de plaire)归纳为种种原则,于是,在我们的道德风尚中,占支配地位的是卑鄙而又具有欺骗性的同一副面孔,每个人的精神仿佛都铸自同一个模子:总是文雅在要求,总是得体在吩咐;人们总是遵循这些规矩,从不遵循自己本来的天资。

---

① 卢梭并没有明确说,从根本上讲,人性出自本能(比较回应文章《日内瓦人卢梭的几点评析》)。卢梭在这里仅仅要揭发上流社会的谎言,以及纤巧或繁复的趣味带来的害处,这些趣味无视人的天然性,败坏了人的爱国情怀和宗教虔诚。我们不能认为,卢梭在这里提出了人性本身就败坏的论题,Alb. Schinz 却在他的《18世纪评论》(Revue du XVIII sièle,1913)一书中认为,卢梭主张"人本身就败坏"(页15)。

② [施特劳斯疏]卢梭的字面意思是说,比如,14世纪的法国人未必比18世纪的更好。他们诚实,但不好。如今18世纪的欧洲人既不诚实也不好,但是,在这种不够好的诚实中有一种特殊美德。

[笺注]"文雅"(la politesse)、"仪态"(la décence)以及种种社会行为规矩(les convenances sociales)都与正直相对,一个人面对自己、面对自己的本有个体与面对社会完全是两种相反的姿态。卢梭要追寻的基本对象是一个人的本来面目,他尝试从理论上来确定获得人的本真面目的条件,并给出了实践上的例子。评价卢梭必须考虑到他的历史环境,以及他写作时的时代状况。完全学院式的题目(比如 Bouchard 所引的那些书)并不能说明 18 世纪时的文雅的重要性。

倒是值得提到《论科学和文艺》发表之前的一些同时代的著作,比如 Le Maître de Claville 的《论人的真正优点》(*Le Traité du vrai mérite de l'homme*, 1734), Moncrif 的《论取乐的方式》(*Les Essais sur les moyens de plaire*, 1738), Toussaint 的《道德风尚》(*Les Moeurs*, 1748)等等。Saint-Pierre 神甫的《杜邦夫人的活页》(*Le portefeuille de Madame Dupin*)中有这样的说法:"取乐或许有一些保险的规则。"(页 96)

[施特劳斯疏]这段话非常重要,因为卢梭在那里已经为后来的浪漫派(至少是浪漫派的某些分支)推波助澜的东西提供了起点,即自然的个体观。我们生来都是自然的个体,但我们不得不服从规矩,服从言行举止的规矩、社会的规矩,这些规矩对所有人发布同样的命令。我们被同一个模子铸造,这影响、削弱了我们的个性。一旦这种自然的个体观成了一种神圣的观念,就会导致拒斥任何普遍规矩或标准。特别强调个体的自然性,绝对不能遭受社会或任何法律的铸造,这意味着个体的好不在于按照任何一种卓越的标准变好,而在于做自己。

人们再不敢显露自己的所是;在这种无休止的束缚之下,人们形成了群体(ce troupeau),也就是所谓的社会,置身在同样的环境中,所有人做的是同样的事情,除非各种更强烈的动机让他们产生不同的趋向。人们没法清楚知道自己与之打交道的是个什么人;即便要认识自己的朋友,也得等到种种重大关头,也就是说,等到已经没有更多时间,因为,唯有这些关头才对认识朋友具有本质意义。

[14]伴随这种人心莫测的是怎样的一连串恶行啊!再也没

有诚挚的友谊,再也没有实实在在的敬重,再也没有踏实的信任!在这幅平静而有欺骗性的文雅面纱下边,在这种被大肆夸赞的从我们时代的启蒙中得来的客套背后,总隐藏着猜疑、冒犯、提心吊胆、冷漠、留一手、怨恨、背叛。

人们不再用赌咒来辱没创世主之名,却会以亵渎来侮辱创世主之名,而我们[道德上]精审的耳朵也不会对此感到无法容忍。人们不会夸耀自己的固有优点,却抹杀别人的固有长处。人们不再粗鲁地凌辱自己的敌人,却会巧妙地中伤敌人。民族仇恨将会消退,但随之消失的是对祖国的爱。

无知遭受轻蔑,取而代之的是一种危险的质疑做派。① 有些过分行为会受到禁止,有些恶行臭名远扬,但另一些恶行却被冠以美德之名,人们还不得不具备或者热衷[假装具备](affecter)它们。谁要愿意夸赞当今贤哲之士们的审慎就夸赞吧,至于我,在这里面看到的不过是一种精致的无节制罢了,与他们的那种做出来的单纯一样,<u>丝毫不值得我颂扬</u>。

[原注二]蒙田说:"我爱争辩,爱交谈,但只与少数人,且只为我自己。因为,无论供贵人观赏,还是卖弄自己的才智和饶舌,我认为,都是与一个高尚的人极不相称的行当。"②我们所有的才子们干的就是这[事儿],唯有一个人

_____

① pyrrhonisme[质疑作派]来自古希腊哲人皮戎(Pyrrho,旧译"皮浪",约公元前365—前275年,伯罗奔半岛的厄利斯人),以主张"悬置判断"(epoche)和"不动心"(ataraxia)而著称。参见第欧根尼·拉尔修,《名哲言行录》9. 61—108,9. 69—71,9. 107。这里指学究化的质疑作派,喜好论争,却又不持守恒定的立场,它往往会瓦解忠诚、社会生活和宗教信仰的基础。[中译按]据古人记载,皮戎老说,生或死没差别,于是,有人对他说:"那么你怎么不这会儿就去死呢?"他说,"因为生死没什么差别。"参见 Stobaios(4. 53. 28)。卢梭的说法显得是针对狄德罗,因为狄德罗在《哲学随想录》中大肆推崇质疑论。

② 引文出自蒙田《随笔集》3. 8《论交谈艺术》,卢梭未注明出处。[中译按]比较:"我喜欢争论,喜欢与人交谈,但只限于少数人,而且只为自己,原因在于,我认为,无论是作此表演以引起贵人注意,还是争先恐后卖弄自己的才智和饶舌,这都与一个体面的人极不相称。"蒙田,《蒙田随笔集》,潘丽珍等译,南京:译林出版社,1996,下册,页162。

除外。①

[15] 我们的道德风尚所获得的纯洁便是如此，我们也由此变成了好人。② 文学、科学和艺术于是就得以宣称，一个如此有益健康的作品属于它们［的功劳］。我要补充的仅仅是一点反思（une réflexion），这就是：某个遥远地区的居民想要对欧洲的道德风尚形成观念的话，如果他依据的是我们之中的科学状况，我们文艺的完美，我们剧场的得体，我们举止的文雅，我们谈吐的和蔼，我们持久展示的善意，还有我们这场喧闹的竞争（ce concours tumultueux），各种年龄、各种社会等级（état）的人们参与其中——从晨光初起到太阳睡下，人人看似都在急切地互相强制（s'obliger réciproquement），那么，我要说，这个异邦人所猜想的我们的道德风尚，恐怕恰恰是与其所是相反的样子。③

[16] 凡事没有果，也就无需探求因。但在这里，结果是确凿的，那就是实实在在的败坏，而且，我们的科学和我们的文艺越奔赴完美，④我们的灵魂就变得越坏。能说这是我们时代特有的不幸？不能！先生们，我们虚妄的好奇心惹来的这些败坏（les maux causés）与这世界一样古老。

———————————

① "唯一个人除外"指狄德罗，狄德罗曾为论文的出版一事张罗，这样说显然对狄德罗有好处。卢梭发表这篇论文时，狄德罗仍受到行动限制。但卢梭在后文引到狄德罗的《哲学随想录》。

② ［中译按］柏拉图笔下的苏格拉底在《普罗塔戈拉》中与启蒙智识人普罗塔戈拉有过一场讨论：如何理解新派诗人西蒙尼德的"做好人"与"成为好人"的差异。

③ ［施特劳斯疏］卢梭对文明的攻击，是对有别于美德本身的那个美德表象的攻击。人们彬彬有礼，他们在行为举止上无可挑剔，但他们的心并没有真正的美德。我们必须牢记：在卢梭那里，美德与原初自由存在某种关联。

④ se sont avancés à ……，Lecat 提出这里拼写有错。人们以此用法指"赴战"或"赴死"。按 Corneille 的《庞培》（*Pompée*, II, 2）的写法是：s'avancer au trépas［赴死］。

　　海水每日的涨落有规则地受照亮我们夜晚的那颗星球的运行支配，①也还不及科学和文艺的进步对道德风尚和正直的际遇的支配。可以看到，科学和文艺之光(lumière)在我们的地平线上升起，美德(la vertu)就消逝了，在所有时代和所有地方，都可以观察到同样的现象。

　　[17]看看埃及吧，这个全球的第一所学校，青铜色天空下的环境如此富饶，塞索斯特里斯当初就从这片名闻遐迩的国土出发去征服世界。它成了哲学和美术之母，没过多久就被冈比瑟斯(Cambise)征服，随后是希腊人、罗马人、阿拉伯人，最后是土耳其人。

　　[笺注]塞索斯特里斯(Sésostris)是古埃及法老的通名，塞索斯特里斯一世是传说中的古埃及圣王，公元前 13 世纪在叙利亚、努比亚(Nubia)和利比亚发动一系列战争，建立了古埃及帝国，也正是他实现了雄心勃勃的建立金字塔计划。参见希罗多德《原史》2. 102—110。

　　波舒哀在《论普遍历史》中说，"埃及人最早依照统治规则(les règles du gouvernement)来生活。美德是所有社会的根基，因此，埃及人非常谨慎地培养美德……仅以征服世界者来描绘塞索斯特里斯，并不妥当……毕竟，人的事务并不完美，靠战争的好处赢得和平的完美艺术，实在不易"(3. 3，页 459、479、483，Acquinet 版)。卢梭还是孩子时给父亲朗读的书中就有这本书，参见《忏悔录》(*OC*，卷一，页 9)，亦参 Rollin, *Histoire ancienne*，1817，卷一，页 33。

　　冈比瑟斯是波斯帝国第二位大王(公元前 529—前 521 年在位)，公元前 525 年率大军入侵埃及，推翻埃及法老，开始了长达两个世纪的波斯人统治埃及的时代。

　　希腊人征服埃及人指公元前 332 年亚历山大大帝(公元前 336—前 323 年在位)征服埃及；罗马人征服希腊人指公元前 30 年奥古斯都横扫希腊；阿拉伯人征服罗马指公元 638 年奥玛一世(Caliph Omar I)征服罗马，土耳其人

---

　　①　在 18 世纪，月亮绕地球转的观念第一次得到广泛接受。

征服阿拉伯人在 1517 年。

[18] 看看希腊吧，那里曾居住着两度战胜亚洲的英雄们，一次在特洛伊城下，另一次在他们自己的家园。① 文学初生之时还不曾导致居民们的心灵败坏；可是，艺术的进步、道德风尚的解体和马其顿人的轭接踵而至。② 希腊总是博学，总是好感官享受（toujours voluptueuse），总是被奴役，从自己的种种革命（dans ses révolutions）中，希腊所尝到的不过是频繁更换主人。德摩斯忒涅的全部雄辩，再也不能使被奢侈和文艺耗竭的身体恢复生气。③

[笺注] 批评矛头主要针对奢侈，其次针对文艺。在回应文《致博德斯第二封信的前言》中，卢梭显得对奢侈有所让步，但在《致 Parisot 书》中对奢侈的批评仍然毫不含糊（*OC*，卷二，页 1130—1133）。卢梭承认，在华伦夫人影响下，他已从一个坚定的廊下派和共和主义者转变为世界人（homme du monde）。这里应该考虑卢梭在里昂时环境对他的影响，参见 A. Rüplinger，《法国十七世纪哲学精神的外省代表：博德斯》（*Un représentant provincial de l'esprit philosophique au XVIIe siècle en France：Charles Bordes*）。

这一时期的马博里（Mably）认为，奢侈是无用的东西，参见 P. Grosclaude，《卢梭在里昂》（*J.-J. Rousseau à Lyon*），页 46。卢梭严厉谴责奢侈，既是在恪守古代的传统，也是在回应晚近对奢侈的辩护——伏尔泰在两首打油诗（《尘世》和《捍卫尘世或为奢侈辩护》）中说，任何情况下追求舒适和安逸

---

① 这里的"亚洲"指西亚：一次指荷马史诗所歌咏的特洛伊战争，另一次是公元前 480 年的萨拉米之战，希腊人击败波斯人（参见希罗多德、埃斯库罗斯的作品）。波斯战争是在希腊本土和海上进行的，所以说"是在他们自己的家园"。

② 马其顿王菲力（Philip of Macedon's，公元前 382—前 336 年）在公元前 338 年的 Chaeronea 战役中击败雅典和忒拜联军，终结了希腊的独立。

③ 德摩斯忒涅（Démosthène，公元前 385—前 322 年），雅典城邦晚期的政治家和演说家，他极力主张抵抗马其顿，以维护雅典的独立。在 Chaeronea 战役之前，他就警告马其顿的威胁，当时雅典智识人分为反马其顿的爱国派和联合马其顿派，德摩斯忒涅是爱国派的领袖人物。Chaeronea 战役之后，他的演说煽动针对马其顿统治的起义，最后自杀。

都是正当的,禁止工业和艺术会带来政治和经济上的弊端。伏尔泰抨击古罗马推崇的俭朴和基督教的禁欲,还认为推广奢侈会增加就业,等等。参见 A. Morize 在其《十八世纪对奢侈的辩护》(*L'Apologie du luxe au XVIIIe siecle*,1909)对伏尔泰的打油诗《尘世》(Le Mondain)及其所凭据的法文和英文材料的研究。比如,在《〈纳喀索斯或自恋者〉序言》和《论人类不平等的起源和基础》中,卢梭都提到荷兰的政治经济学家曼德维尔(Mandeville,1670—1733)。在写《论科学和文艺》时,卢梭很可能已读过曼德维尔的《蜜蜂的寓言》(*La Fable des Abeilles*,[中译按]《蜜蜂的寓言:私人的恶德,公众的利益》,肖聿译,北京:中国社会科学出版社,2002)。

《蜜蜂的寓言:私人的恶德,公众的利益》在 1714 年出版后,并未引起学界重视。1723 年,曼德维尔加进《论社会本质之研究》、《论慈善和慈善学派》等论文再版时,突然引起广泛关注,引来"正人君子"们的一致批判。为了进一步阐述自己的思想和为自己的观点辩护,他为此书增加第二卷,包括六个对话(1728)。之后,此书被译为法文、德文,不断再版。除《蜜蜂的寓言》外,曼德维尔还著有《关于宗教、教会和国家幸福的自由思考》(1720)、《关于荣誉起源的研究》(1724)、《为公共烦恼的中肯辩护》(1723)等。

在回应文《致博德斯第二封信的前言》中,卢梭严词抨击墨隆(Melon)的《商业政治论》(*Essai politique sur le commerce*,1734),因为此书第九章为奢侈辩护。格瑞姆(Grimm)在《哲学及批评文学通讯》(*La Corred pondance littéraire phiolosophique et critique*)中大肆夸赞墨隆的书(参见 Tourneaux 版,卷一,页 128)。亦参 Leblanc,*Les Lettres d'un Français à Londres*,1745/1749 年重印。由于伏尔泰在当时占尽风头,卢梭对奢侈的抨击,矛头尤其直接针对伏尔泰。

卢梭对奢侈风的攻击让当时的许多公共知识人不高兴(参见《法兰西信使》,1751 年 6 月号;亦参 *CG*,卷一,页 314),论争已经白热化,不再遮遮掩掩,比如费奈隆(Fénelon)笔下的特勒马科斯(Télémaque)或孟德斯鸠的"穴居人"(Troglodytes)。Streckeisen-Moultou 依据一份当年的文献(ms. 7854 de Neuchâtel)刊布了卢梭写于《论科学和文艺》之后的有关奢侈的一段重要材料:"[卢梭]自己表示,写此文的目的是为了提出某种理论,由于担心离题,我先在其他文章里表达了观点,未加论证。"

卢梭后来多次在涉及国家繁荣问题时提及奢侈。《关于波兰政体的思考》有所不同,卢梭对自己的一贯立场有所让步(*OC*,卷三,页965)。F. Bovet 的《论财富》(*Discours su les Richesses*)应该写于1754年之后(尽管在1853年 才出版),此文坚持反对奢侈风的立场。

[19] 正是在恩尼乌斯和泰伦提乌斯的时代,由一个羊倌奠立、靠农民们得以闻名的罗马才开始堕落。① 奥维德们、卡图卢斯们、马尔提阿尔们,以及一大堆下流作家,仅仅这些名字就让人害臊,②有了他们,昔日的美德殿堂罗马就变成了罪恶的舞台(le théâtre du crime),民族的耻辱,蛮夷的玩物。这个世界首都最终沦落在它曾加给如此之多的民族的羁轭之下,而且,它的沦落之日恰好在一位罗马公民获得"优雅趣味的仲裁者"头衔的前一天。③

[20] 至于东帝国的大都市,我又该说什么呢? 从所处的位置来看,它似乎该当成为整个世界的大都市,却成了在欧洲其他地方遭到禁止的科学和文艺的避难所(asile)——遭到禁止极有可能是出于智慧,而非出于野蛮。凡属无耻至极的荒淫和败坏——最为肮脏的背叛、谋杀、毒药,应有尽有;所有这些邪恶至极的罪行交汇

---

① 恩尼乌斯(Ennius,公元前239—前189年)是希腊人,被老卡图作为奴隶带到罗马教希腊文,成为古罗马文学的先师。泰伦提乌斯(Térence,公元前185—前159年)是最早的拉丁语喜剧诗人。据传说,公元前735年建立罗马的罗慕路斯(Romulus)是一个羊倌。

② 卡图卢斯(Catulle,约公元前84—前54年),古罗马抒情诗人;马尔提阿尔(Martial,约公元40—104年),古罗马铭体讽刺诗人。这里再次提到奥维德,指他写了著名的《爱的艺术》,与扉页所引的铭体诗不同。[施特劳斯疏]标题页引用了奥维德的诗句,而这里又谴责他,卢梭明显刻意呈现出自己的自相矛盾。

③ 指诗人佩忒罗尼乌斯(Petronius),尼禄(Nero,公元14—68年)任罗马皇帝时(公元54—68年)得宠,受命为帝国歌功颂德(参见塔西坨,《编年纪事》16.18;arbiter elegantiarum或elegantiae[优雅的仲裁者])。卢梭在随后的托名法布里基乌斯的演说辞中(见32)严词抨击尼禄。[中译按]尼禄是罗马帝国初期以残酷和渎职著称的皇帝,因引发暴动自杀身亡,后来成为暴君的代名词。参见阿瑟·韦戈尔,《罗马皇帝尼禄》,王以铸译,沈阳:辽宁教育出版社,2003。

在一起,就构成了君士坦丁堡历史的经纬,我们的世纪引以为荣的启蒙竟然来自如此纯洁的源泉。

[21] 何必从遥远的时代去找寻真实的证据,我们眼前就有现存的证明。在亚洲有个幅员辽阔的国土,在那里,文章成名就足以通向国家的最高禄位。如果种种科学纯化道德风尚,如果科学能教人为祖国付出自己的鲜血,如果科学能激发勇气,那么,中国[各族]人民(les peuples de la Chine)本应该是智慧、自由和不可战胜的。然而,如果说从未有邪恶支配过他们,他们也从未沾染过罪行,如果说无论大臣们的启蒙、法律所宣称的睿智,还是这个巨大帝国的杂多居民都没有保障他们免于无知而又粗野的鞑靼人的轭,①那么,所有的博学之士又为这个帝国起到了什么作用呢? 从这些博学之士浑身满载的荣誉中,这个帝国又收获了什么结果呢? 莫非是人民中充斥着奴隶和坏人(peuplé d'esclaves et de méchants)?

[笺注] 伏尔泰对中国人颇有好感,他在《查第格》(Zadig, 1747)中大肆颂扬中国。卢梭似乎比较偏向科举制(sorte de mandarinat)。事实上,针对普及教育和道德败坏,卢梭反对少数聪明头脑的实用科学(la science véritable de rares esprits),而非特权阶级的智慧,因为这些少数聪明头脑乐于给君王当顾问和启蒙人民(qui mériteraient d'accéder aux conseils des princes et d'éclairer les peuples),参见回应文《日内瓦人卢梭的几点评析》。

[中译按]《查第格》中译本最早见于 1927 年。17 世纪初,欧洲传教士陆续进入中国,17 世纪末、18 世纪初,传教士译介儒家经典,在当时的欧洲朝野尤其智识人中掀起 Sinomania[中国热],并引发 1700 年左右的"中国礼仪之争"。1687 年,法国国王路易十四钦命刊印一套以孔子为名的巨型书卷:Confucius Sinarum Philosophus, sive Scientia Sinensis latine exposita(《中国哲人孔夫子,或拉丁文版中国智慧》),这部皇家精装著作对欧洲的启蒙运动产生过直接影响(参见毕诺,《中国对法国哲学思想形成的影响》,耿升译,北京:

---

① 指成吉思汗在 13 世纪初的征战。

商务印书馆,2000;张国刚,《从中西初识到礼仪之争》,北京:人民出版社,2003;谢和耐等,《明清间耶稣会士入华与中西汇通》,耿升译,北京:东方出版社,2011)。

当时的法国新兴知识人对中国的看法大致分为两派:以伏尔泰为代表的拥护派和以孟德斯鸠为代表的反对派。欧洲学界出现"中国是否有哲学"的激烈争论,如今的欧洲汉学界仍然没有止息。18世纪中期,欧洲风行的这股中国热一落千丈,取而代之的是一股"反中国"(Sinophobie),余音不绝。17世纪的哲人(比如莱布尼茨、马勒伯朗士)颂扬中国哲学(参见莱布尼茨,《中国近事:为了照亮我们这个时代的历史》,李文潮、张西平编,郑州:大象出版社,2005),19世纪的哲人(如黑格尔)不承认中国有哲学(参见《世界历史哲学讲演录》)。卢梭写作此文时,"中国热"已过。

[22] 不妨拿为数不多的几个民族的道德风尚来对比一下上述画面,这些人民没有沾染空虚的知识,以自己的美德造就了自己本有的幸福,为其他民族树立了榜样。最初的波斯人就是如此,这个民族的独特之处在于,人们学习美德犹如我们这里的人们学习科学;这个民族征服亚洲如此轻而易举,并且唯有这个民族以自己的制度史获得过光荣,还促成了一部哲学小说。①

斯基泰人(Scythes)就是如此,关于他们,我们至今还流传着何等辉煌的颂词。日耳曼人就是如此,有一支文笔实在厌倦了刻划一个有教养、富裕、骄奢淫逸的民族的种种罪行和丑恶,如释重负地转而描写起日耳曼人的质朴、单纯和种种美德。② 甚至罗马在其贫困和无知的时代也是如此。最后还要提到,直到我们今

---

① "哲学小说"(un roman de philosophie)指色诺芬的《居鲁士的教育》。值得注意的是,卢梭也称自己的《爱弥儿》为小说(*OC*,卷四,页777)。[施特劳斯疏] 关于《论科学和文艺》的一般观点,可比较色诺芬的《居鲁士劝学录》1.2.6,《斯巴达政制》和《回忆苏格拉底》4.7;比较47,9—15与色诺芬的《治家》4.2—3和6.5以下,卢梭对农业和哲学的比较(57,16—19),可对观《治家》的主题。

② 参见罗马帝国初期的纪事作家塔西佗(53—120)的《日耳曼尼亚志》(*Germania*)19.20(中译本,马雍、傅正元译,北京:商务印书馆,1959/1997,页65)。

天,那个乡村民族也还表现如此,①他们受到如此的夸赞,是因为他们的勇气从未被逆境压倒,任何坏榜样都不能败坏他们的忠贞。

[笺注] 如卢梭随后的注释所示,这段论述来自蒙田《随笔集》(1.25)《论学究气》:"下面要谈的教育方法,色诺芬认为是波斯人采用的方法。我们发现,波斯人注重培养孩子们的勇敢精神,正如其他民族重视文化知识教育一样。"在《论学究气》最后,蒙田说:"在尚武的斯巴达国及其他类似的国家里,可以找到许多例子来说明学到知识不仅不能增强和锤炼勇气,反而会削弱勇气,使人变得软弱无力,当今世界最强大的国家是土耳其,那里的人民也受尚武轻文思想的教育。我认为罗马在重视知识后就不如从前骁勇善战了。"(潘丽珍中译本,前揭,上册,页157、160)

斯基泰人和帕提亚人与哥特人和土耳其人一样,都有善战的优点,同时又无知和粗野,缺乏科学和精致文化。

按希罗多德在《原史》中的说法(4.1.143),斯基泰人是个以好战、野蛮闻名的游牧部落民族,生活在如今俄国和巴尔干西南一带。近代作家大多跟从希罗多德的说法,比如,普芬道夫说,斯基泰人喝人血,以宗教为借口杀自己的孩子(参见普芬道夫,《自然法与国际法》2.3.8);亦参莎士比亚《李尔王》第一场第一幕(行116—118)和吉本《罗马帝国衰亡史》第26章的归纳。

卢梭显然清楚,前人关于斯基泰人其实有不同看法,比如蒙田在随笔《论学究气》和《论食人部族》中的说法,卢梭在本文中引用过蒙田的这两篇随笔。在《论人类不平等的起源和基础》中(I.35段),卢梭还引用过一段尤斯丁(Justin)赞颂斯基泰人的文字。卢梭当然也知道希罗多德的记载。

1766年以后,Dom Cajot致力写作《卢梭先生的抄袭》(*Les plagiats de Monsieur J.-J. Rousseau*)一书。人们(克吕格[Krüger]除外)所考证的卢梭使用的"原始材料",无论从性情还是意愿来说都与卢梭不符,通常缺乏分寸或必要的谨慎。这个段落究竟是套用尤斯丁的话(参见Louis Delaruelle文,

---

① 指作者自己的祖国瑞士。瑞士原为神圣罗马帝国的一邦,13世纪末14世纪初已经产生了城区与乡区的联盟,17世纪瑞士在反抗哈斯堡王朝及其他封建领主的斗争中,保卫了自己的独立,形成了联邦国家。在Saint-Preux看来,瑞士是自由、简朴的国家的典范,在那里,"人们在现代看到古人"(《新爱洛绮丝》,*OC*,卷二,页60)。

载于《法国文学史评论》[*Revue d'histoire littéraire de la France*], 1912, 页246), 还是格劳修斯(Grotius)的话(参见 J. E. Morel 文, 载于《卢梭年鉴》, V, 页 162), 或者凭靠的是对柏拉图或贺拉斯的话的模糊记忆(参见 M. Kurt Weigant 的《论科学和文艺》德译本, 1955), 至今仍然没有定论。

[原注三]我不敢说那些幸福的民族, 他们甚至不知道种种恶行的名称, 而我们却实在太难以克制这些恶行, 我不敢说那些美洲野人, 蒙田毫不犹豫地更喜欢他们简单而自然的政体, 不仅甚于喜欢柏拉图的礼法,①甚至甚于喜欢哲学为了统治人民所能设想出来的任何最为完美的东西。蒙田援引大量令人印象深刻的例子, 凡懂得这些例子的人无不夸赞。可是那又怎样!他说, 他们连裤子都不穿!②

[23]他们爱好别的活动而非精神的活动, 绝非由于愚蠢。他们并非不知道, 在别的地方, 有闲暇的人们把自己的一生用来讨论至善, 讨论恶行, 讨论美德, 这些自负的好推理的人对自己称颂得无以复加, 对别的人民则冠以野蛮人这个可鄙的名称。③他们审视过这些人的道德风尚, 而且懂得蔑视这些人的说教。

[原注四]老实说, 我倒希望有谁会告诉我, 既然雅典人极为小心翼翼地

---

① [中译按]古热维奇译本把"柏拉图的礼法"(lois de Platon)译作"柏拉图的《法义》"(Plato's *Laws*)。

② 引文出自蒙田《随笔集》(1. 31)《论食人部族》:"他们怎么不穿裤子"是这篇随笔的最后一句话。覆按蒙田原文, 卢梭的说法明显夸大了蒙田偏好食人部族的政体甚于柏拉图的《法义》。蒙田说, 他觉得遗憾的是, "这些民族的野蛮……极少受到人类思想的熏陶, 仍然十分接近他们原始的淳朴, 自然法则尚未受到我们的影响, 仍对他们起着作用。他们是如此的纯洁, 我们却未能更早地了解他们"。有关美洲印第安人生活方式的知识还不为人所知;"我遗憾的是, 吕库戈斯和柏拉图不知道这种知识, 因为在我看来, 我们在这些部族身上体察到的事实, 不仅胜过充满诗意的美化黄金时代的一切绘画, 胜过一切臆造美好人生的虚言浮语, 而且超越了哲学的构想和追求。"(潘丽珍中译本, 前揭, 上册, 页 232)

③ [施特劳斯疏]卢梭提出"高贵的野蛮人"作为他的"原初自由"的例证, 这些人尚未被文明化, 但恰恰由于这个原因, 他们的道德要高于文明人。这在后来成了一种神话, 尤其在大众文学中, 卢梭或许是这种神话最富文采的倡导者。

把辩才排除在最为廉正的法庭之外,对于这个法庭的判决,甚至诸神们也不申诉,雅典人自己对辩才持有的会是什么看法呢?① 罗马人把医学逐出自己的共和国时,他们对医学是怎样想的呢? 当残存的一点儿仁慈使得西班牙人禁止自己的执法者踏足美洲时,他们对法理学抱有的会是怎样的观念呢? 难道不能说,他们相信,单单凭这一举措就会弥补他们对不幸的印第安人所做的坏事吗?②

[24] 我怎么会忘记,就在同一个希腊母怀,矗立着一个以幸福的无知和法律的智慧名闻遐迩的城邦? 与其说它是人的共和国,还不如说它是诸半神的共和国。他们的美德显得何其远远高于人道(à l'humanité)。啊,斯巴达,你是虚妄学说的永恒羞辱!③正当种种由美术带来的恶行与美术一并引入雅典时,正当有个僭主在煞费苦心蒐集诗人之王的作品时,④你却把文艺和文艺家、科学和博学之士一齐赶出你的城垣。

[笺注]"伟大的吕库戈斯"的说法,见《蒙田随笔集》2. 12,1. 32。斯巴达与雅典比较是一个传统,思想立场不同,得出的结论自然不同。卢梭小时候从 Bousset 的《论普遍历史》(III partie, ch. V)中已经读到这种对比,后来一直

---

① 比较波舒哀《论普遍历史》中的说法:"没有比雅典最高法庭(Aeropage)更为严厉的审判了……没有哪个陪审团可以如此长久地保守自己古代的严厉措施的声誉,蛊惑人心的论辩术完全被排除在外"(参见 3. 5,页 499)。Rollin 的《古代史》(*Histoire ancienne*)也有类似说法。

② 关于罗马人的说法,参见普鲁塔克《大卡图传》12,蒙田随笔《论父子相像》(《随笔集》2. 37):"在接受医学之前,罗马人已存在 600 年,但在尝试过医学之后,罗马人把医生赶出城外……。"关于西班牙人的说法,参见蒙田随笔《论经验》(《随笔集》3. 13):"斐迪南国王(Le Roy Ferdinand)向印度移民时,明智地让人们在那里不搞法学(la jurisprudence)……。"

③ [中译按]斯巴达与雅典的比较,早在古希腊的雅典民主时期就是一个重大的政治哲学问题,涉及这个问题的经典作家有修昔底德、柏拉图、色诺芬。

④ 指佩西斯忒拉特斯(Peisistratos,公元前 605—前 527 年),雅典民主政制发展史上的重要人物。据西塞罗说,正是由于他的领导,荷马的《伊利亚特》和《奥德赛》才得以采集并编成了文本形式,用作雅典城邦公共教育的基础教本(参见西塞罗,《论演说家》3. 34)。狄德罗在为《百科全书》写的词条"图书馆"(Bibliothèque)中,也说到这一古代传说。

坚持对斯巴达政体的赞赏（参见《社会契约论》2.3，《关于波兰政体的思考》2）。关于斯巴达女人及日内瓦人（les Genevoise），参见《论人类不平等的起源和基础》的题辞。

卢梭曾想过要写一部斯巴达史，残篇见 A. Jansen 辑录出版的《未刊残篇、生平研究及文献》（Fragments inédits, recherche biographique et littéraires, Berlin, 1882），亦参《斯巴达和罗马两种共和制对比》（"Parallèle entre les deux républiquesde Sparte et Rome"），见 Windenberger 编，《卢梭论外国政治制度》（Essai dur le systèmes de politique étrangère de J. J. Rousseau, 1900, 页 274）。S. Moultou 辑录的《未刊作品及书信》（Oeuvres et correspondances inédites, 1861, p.231）也刊布了其中几行，但依据的是《洛夏岱尔手稿》（由 Levasseur 誊抄，而非如 Streckeisen Moultou 所说由 Thérèse 誊抄）。

对古代城邦的理想化始于公元前 5 世纪，一直持续到普鲁塔克时期，卢梭及其追随者接受这种理想化，并深为折服，伏尔泰及其启蒙智识人则拒绝这种理想化。对于重农主义来说，斯巴达是"绝对拒绝"的对象，Weulersse 的古典著作就表达了重农主义思想（参见 II, 页 37）。F. Ollier 的《想象的斯巴达》（Le mirage Spartiate, Paris, 2 vol., 1933—1943）并没有超越普鲁塔克。对想象的斯巴达史的概略介绍，参见 Pierre Roussel 的《斯巴达》（Sparte, Paris, 1939）。

在阅读蒙田随笔之前，卢梭小时候最爱读的书是普鲁塔克的《对比名人列传》。卢梭在本文中大量引述蒙田，不足以抹杀他受惠于普鲁塔克。普鲁塔克对卢梭的影响，参见 A. Oltramare 的《杂集》（Mélanges, B. Bouvier, 1920）和 G. Pire 的研究（见 Revue de littérature comparée, 1958）。

[25] 这一事件标志着一种区分。雅典变成了文雅和优雅趣味（bon goût）的居所，演说家和哲人的国土。在这里，建筑的优雅与语言的优雅交相辉映，人们处处可以看到最为精巧的大师们的手笔赋予大理石和画布的生气。从雅典流传下来的这些令人惊异的作品，成了所有堕落世代的楷模。拉克岱蒙的画板就不那么亮丽啦。别处的人民习惯于说，"那里的人生来就有美德，那片国土

的空气似乎也在激发美德。"那里的居民给我们留下的仅仅是对自己的英雄事迹的纪念。对于我们来说,难道这些纪念碑还不及雅典遗留给我们的稀奇大理石可贵?

[26] 还真有那么几个睿哲之士抵制过这个总潮流,在缪斯女神的住所保障自己免于恶行。不妨听听他们中间的第一人且最不幸的人对自己时代的博学之士和艺人们所作的审判吧!

[27]"我审查过诗人",他说,"我曾把他们视为这样一族,那就是才华既盖过他们自己(eux-même)①又盖过别人,自称睿哲之士,人们也这样以为,实际上压根儿没那回事。"②

[28] 苏格拉底继续说:"我从诗人转到艺人(artistes)。没人比我更对技艺无知啦,没人比我深信艺人们掌握着非常美妙的秘密(fort beaux secrets)。可是我发觉,他们的情形也并不比诗人好,他们——也就是诗人和艺人都同样搞错了自己。由于在自己的专长方面技巧最为卓绝,他们便自以为是最智慧的人。在我看来,他们的这种自负(cette présomption)彻底玷污了自己的知识。于是,我把自己带到神谕所,然后问自己,我宁愿像自己这样,还是像他们那样,也就是知道他们所懂得的,还是知道我自己什么都不

---

① 在法语的古典时期,形容词 même 与副词 même 的区别才慢慢出现。18 世纪时,两种词性的用法仍然不确定,卢梭写作时常搞混。参见 F. Brunot 的《法语史》(卷六,18 世纪,第二部分)中的 Alex François 文,页 1611。

② 卢梭不懂希腊文,他在这里对柏拉图原文作了自由翻译。1643 年,《苏格拉底的申辩》和《克力同》法译本(Giry 译)已经问世。卢梭引用的这段苏格拉底的话出自《苏格拉底的申辩》21c—22d,狄德罗被囚禁在万森纳监狱期间曾翻译这一段,参见 Herbert Diekmann 等编,《狄德罗全集》(Œuvres complètes),Herbert Diekmann 等编,Paris,1978,卷四,页 251—253。卢梭将"手艺人/工匠"(artisans),译作"艺人"(artists)是依从狄德罗的译文,参考 Raymond Trousson,《伏尔泰、狄德罗及卢梭的苏格拉底:面对神话的良知》(Socrate devant Voltaire,Diderot et Rousseau:la conscience en face du mythe),Paris,1967。[施特劳斯疏]卢梭提到的仅是苏格拉底对诗人的指控,没有提到苏格拉底对政治人的指控。

知道(savoir ce qu'ils ont appris ou savoir que je ne sais rien)？我
对自己和神回答说,我愿意仍然是我自己。"

[29]"我们,无论智术师、诗人、演说家、艺人还是我自己,其
实都不知道什么是真、善、美。不过,我们之间却有这样的差别:这
帮人(ces gens)什么都不知道,却个个相信自己知道些什么。而我
呢,如果我什么都不知道,至少我对此没有丝毫怀疑。因此,神谕
分派给我的那种智慧的全部优越性仅仅归结为:我充分确信,我对
自己不知道的东西无知。"

[30]这就是苏格拉底——诸神判定的最智慧的人,也是整个
希腊都认为雅典最有学问的人对无知的赞颂!有谁会相信,如果
他在我们中间复活,我们的博学之士和艺人们会让他改变自己的
看法吗?不会,先生们,这个正义之人(cet homme juste)仍然会鄙
视我们虚妄的科学,绝不会助长从四面八方淹没我们的大量书籍;
他愿意留下的唯一告诫,也是他确曾留给自己的弟子们以及我们
这些后人的告诫,不过就是他的美德榜样和对他的美德的纪念。
这种对世人的训导多美好啊!

[31]苏格拉底在雅典开了头,在罗马,大卡图继续激烈反对
那些机巧而又狡猾的希腊人,①这些人诱拐自己同胞的美德,削弱
自己同胞的勇敢。然而,科学、文艺和论辩术(dialectique)还是流
行起来:罗马充斥着哲人和演说家;人们忽略军事训练,瞧不起农
业,结成小宗派(embrassa des Sectes),忘却自己的祖国。② 伊壁

---

① 参见普鲁塔克《大卡图传》,见《对比名人列传》。[中译按]参见普鲁塔克,《希
腊罗马名人传》,陆永庭、吴彭鹏等译,北京:商务印书馆,1990,页 344 以下。大卡图
(Marcus Porcius Cato,公元前 234—前 149 年)是古罗马著名政治家,他反对模仿希腊
人,也是拉丁语写作的开创者,著有《论农业》、《语源》(已佚)。在罗马共和国晚期,大
卡图已经成为共和国美德的典范。

② [中译按]"结成小宗派"既有拉帮结派的意思,也指形成哲学学派。哲人的哲
学信念超逾国家,就像如今的自由派智识人所感叹的那样:"啊,国家,多少罪恶假汝之
名而行!"

鸠鲁、芝诺、阿克希拉斯的名字，取代了自由、大公无私和安分守法这些神圣的名称。① 连他们的哲人们自己都说：自从我们中间开始出现学人，好人就消失啦。② 在此之前，罗马人一心一意践行美德，一旦他们开始研究美德，一切都失去啦。

[32] 啊，法布里基乌斯！要是你不幸被召回人世，看到罗马的豪华面目，你那伟大的心灵会作何感想？你曾亲手挽救过罗马，你那可敬的名字要比罗马所征服的一切都更为闻名遐迩。

[笺注] 法布里基乌斯（Gaius Fabricius Luscinus，生卒年不详，大约生活于公元前 3 世纪），古罗马军事统帅和政治家，公元前 282 年任罗马执政官、军事统帅，因廉洁和有尊严地面对不幸而获得"公正者"美誉（参维吉尔，《埃涅阿斯纪》卷六，843 行以下），塞涅卡在《论天意》（De Providentia，3）中把法布里乌斯视为道德典范。但卢梭的灵感主要来自普鲁塔克的《皮鲁斯传》（Vie de Pyrrhus，XVIII，20 以下）。法布里基乌斯与老卡图齐名，但西塞罗说，他们两人具有的都仅仅是普通美德，而非美德本身（参见《论义务》，3. 4. 16）。

1740 年出版的《罗马人与法兰西人》（Romains et des Français）对比列传在当时广为流传，卢梭停留里昂期间，博德斯（Bordes）或马博里（Mably）与卢梭讨论过这本书，此书把法布里乌斯塑造成品德高尚的人（参见 Rüplinger，《法国十七世纪哲学精神的外省代表：博德斯》，前揭，页 22；P. Grosclaude,

---

　① 古希腊哲人伊壁鸠鲁（公元前 342—前 270 年）以主张享乐论著称，在西方思想史上影响深远［中译按］参见罗晓颖选编，《菜园哲人伊壁鸠鲁》，罗晓颖、吴小锋等译，北京：华夏出版社，2010）。古希腊有两个名叫芝诺（Zénon）的哲人，卢梭在此可能指小芝诺。老芝诺（约公元前 488—前 425 年）生于希腊西部（今意大利）地区，后移居雅典，以提出四十条悖论闻名后世。小芝诺（公元前 336—前 264 年）出生于 Citium，史称廊下派始祖。阿克西拉斯（Arcésilas，公元前 315—前 240 年），学园派怀疑论的创始人。卢梭提到的这些古希腊哲人大致生活在同一时代，共同代表了柏拉图-亚里士多德之后的哲学选择，在后来的著名回应文章《日内瓦人卢梭的几点评析》中（39），卢梭再次提到这些哲人的选择。

　② 此言出自古罗马哲人塞涅卡的《道德书简》（95. 13）：Postquam docti prodierunt boni desunt。参加征文赛的一位作者 Grosley 用此作为封面格言。蒙田在随笔《论学究气》引用过这句话，卢梭在后文（51）引用了这篇随笔中的一大段文辞。

《卢梭在里昂》[J.-J. Rousseau à Lyon]，前揭，页 46 以下）。

有人认为，卢梭的此番激烈言论来自 Chevalier d'Argens 的《犹太人书》(*Lettres Juives*)（参见 Lion 发表在 *Revue d'histoire littéraire* 上的文章，Juillet 1926）——这不太可能。卢梭的这番言论倒是让人们想起维吉尔《埃涅阿斯纪》中（6. 848 以下）安奇塞斯（Anchise）的一段话："这里还有其他一些人，我相信有的将铸造出充满生机的铜像，造得比我们高明，有的将用大理石雕出宛如真人的头像，有的在法庭上将比我们更加雄辩，有的将擅长用尺绘制出天体的运行图，并预言星宿的升降。但是，罗马人，你记住，你应当用你的权威统治万国，这将是你的专长，你应当确立和平的秩序，对臣服的人要宽大，对傲慢的人，通过战争征服他们。"（维吉尔，《埃涅阿斯纪》，杨周翰译，南京：译林出版社，1999，页 170）

你一定会说："诸神啊，那些茅屋和乡村的炉火都变成什么啦，那里不是一直居住着节制和美德吗？富丽堂皇取代简朴对罗马是怎样的不祥啊？这外国话是什么东西？这些女里女气的道德风尚是些什么东西？这些雕像、大画贴和高楼大厦究竟意指什么呢？

"荒谬啊，你们都干了些什么？你们是万邦之主，怎么让自己蜕变成了你们所打败的那些浅薄之人的奴隶？统治你们的怎么是些能说会道的家伙？你们在希腊和亚洲洒下鲜血，就是为了用来养肥建筑师、画师、雕刻师和优伶吗？迦太基的战利品怎么成了弄笛者的猎物？①

"罗马人啊，赶快推倒这些圆形剧场吧！捣毁这些大理石像，焚烧这些大画帖，赶走这些征服你们的奴隶吧，他们正在用致命的文艺败坏你们。让别人靠虚妄的天资去让自己出名吧；唯有征服世界并让美德施行统治的天资才配得上罗马。

"鞠涅阿斯把我们的元老院当作王者们的议会，无论虚妄的盛

---

① "弄笛者"指尼禄皇帝。参见苏维托尼乌斯（Suétone），《尼禄传》(*Nero*)，10。

况还是精致的优雅的确都没有迷惑住他;他压根儿就没去听那里浅薄的论辩、无聊之人的研究和魅力。① 鞠涅阿斯当初所看到的如此庄严的东西是什么呢? 哦,公民们! 他所看到的景象,你们的财富和所有文艺永远都做不出来;这是苍天之下曾经出现过的最美丽的景象:两百个美德高妙的人的议会,这议会才配得上[理当]统领罗马和治理大地。"②

[33] 可是,不妨跨越地点和时间的距离,看看发生在我们的国土和我们眼前的事情吧,或干脆撇开那些可憎的画面吧,它们会伤及我们的敏感,不必用别的名称来重述同一件事让我们自寻苦恼吧。我呼唤法布里基乌斯的在天之灵,并非毫无意义;我让那位伟人说的话,难道我就不能放进路易十二或亨利四世嘴里吗?③ 在我们之中,的确,苏格拉底也许不会饮鸩而死;但是,他会从一个更苦得多的酒杯里尝到侮辱性的冷嘲热讽和比死还坏百倍的鄙夷。

[34] 可见,在任何时代,只要我们所做的自大努力让我们脱离了永恒的智慧为我们安排的幸福的无知,奢侈、腐化和奴役就会成为一种惩罚。永恒的智慧用厚厚的面纱掩盖自己的所有运筹,似乎足以告诫我们,我们命中注定不得从事虚妄的探究。可是,我们懂得怎样从永恒的智慧的教导中获益吗? 罔顾这些教导难道我

---

① 鞠涅阿斯(Cynéas,公元前 330 —前 270 年)出生于忒萨里(Thessaly),公元前3 世纪初,皮鲁斯国王派他出使罗马。鞠涅阿斯关于罗马元老院的说法,见普鲁塔克的《皮鲁斯传》(*Life of Pyrrhus*)XIX 结尾处。

② 这一段法模仿布里基乌斯的演说辞,据卢梭自己说,是他在去万森纳看望被囚禁的狄德罗的路上读征文题目一时情绪激动写下的。[施特劳斯疏]卢梭让法布里基乌斯赞美美好的旧时代,罗马那时异常卓越,战无不胜,征服世界在那里被视为正当的目标。换言之,卢梭这里的美德百分之百是政治性的,尤其是民主性的,而且绝对不反对共和帝国主义(republican imperialism)。就本质而言,政治社会是一个必须跟其他国家对抗以保卫自己的社会,它必须培养武德,这通常会形成尚武精神,而哲学对这种尚武精神具有破坏作用。

③ 路易十二(1498—1515 年在位)和亨利四世(1589—1610 年在位)都是法国史上有名的国王,前者有"人民之父"美誉,后者有"伟人"美誉,1598 年,他签署南特敕令(Edit de Nantes),保障新教徒的宗教和政治权利。

们未受惩罚?

人民啊,彻底明白吧,自然要你们别碰科学,就像母亲从孩子手里夺下危险的武器;永恒的智慧对你们藏起来的所有秘密,正是她要你们别惹上的灾祸;你们培训自己时所经历的种种艰难,可绝不是永恒智慧[对你们] 最微小的恩惠。这些人就是坏,倘若他们不幸生来就有学识的话,就会更坏。①

[35] 对于人道(l'humanité)来说,这些反思多丢脸! 我们的自负该会遭受怎样的羞辱! 岂有此理! 正直难道会是无知的女儿? 科学与美德难道互不相容? 有这样的偏见还有什么结论不能得出来?

然而,既然这些自负的名分让我们着迷,我们如此大方地把这些名分赠给人的知识,要化解这些显而易见的对立,只需进一步审查那些名分的虚安和无聊就够啦。因此,就让我们来仔细考虑一下科学和文艺本身吧。让我们来看看科学和文艺的进步该会有怎样的结果;我们的推理与历史的归纳相符的所有论点,都要毫不迟疑地接受。

第二部分

[36] 有一个古老传说从埃及流传到希腊,说的是一个与人的安宁为敌的神发明了科学。②

---

① 这是能很好解释卢梭"拒绝历史"(le refus de l'histoire)说法的段落之一,指倾向于拒绝后悔。比较卢梭在《给圣马里先生(M. De Sainte-Marie)的构想》中的说法:如果心灵已经败坏,"科学的作用就与武器落在疯子手里没有两样"。

② 这个埃及传说见于柏拉图的《斐德若》(274c—275b),卢梭在回应文《日内瓦人卢梭致格瑞姆先生书》中说,他从柏拉图的作品中读到古埃及王对科学的看法时十分震惊。Louis Delaruelle 发表在《文学史评论》(*Revue d'histoire littéraire*,1912)上的文章认为,卢梭曲解了柏拉图的记叙。柏拉图仅仅说,忒伍特神发明了诸多技艺,尤其是发明了书写,并向埃及国王塔穆斯解释技艺的用处。国王塔穆斯却发现,人拥有了关于文字的知识(pourvus de la science des lettres)就会疏于思考,智慧反而不如从前。

[**原注五**] 很容易看到,这就是普罗米修斯故事的寓意;希腊人把普罗米修斯锁在高加索山,埃及人把普罗米修斯视为他们的忒伍特神,可见,希腊人并不显得比埃及人对普罗米修斯更具好感。一个古代故事说,"萨图尔初次见到火时想拥抱它、吻它;但是,普罗米修斯向他喊道:萨图尔,你会为你下颚的胡须哭泣,因为你一旦碰火,它就会燃烧。"这就是卷首插图的主题。

[笺注] 卢梭把普罗米修斯说的话当成萨图尔说的,这段话出自普罗塔克《伦语》中的 Aymot。卢梭压缩了原文,并改变了原话的意思。按照 Jean Thomas 发表在《文学史评论》(*Revue d'histoire litteraire*,1932,页 426)上的文章的观点,Aymot 对普鲁塔克的解释没有忠于原文。Aymot 认为,普罗米修斯说了:因为……等等。但这些话在普鲁塔克笔下是萨图尔说的。

Dom Cajot 和后来的 Krüger(参见其《卢梭的〈论科学和文艺〉中的外来思想》[*Fremde Gedanken in J. J. Rousseaus erstem Discours*],Halle 1899)将这段说法与 Giraldi 的《反对文学和文学家宣言》(*Progymnama adversus litteras et litteratos*,1551) 和 Agrippa 的《论科学的不确定和虚妄》(*De Incertitudine et Vanitate scientiarum*,1530) 比较,但这是成问题的。Giraldi 提到蒙田(《随笔集》1.35)的一个例子:"我们的政体的缺陷"——但卢梭从未提到这个例子。

卢梭曾从国王的图书馆借过 Agrippa 的一份材料,但仅在 1751 年 6 月。洛夏岱尔图书馆(La Bibliotheque de Neuchatel)藏有一份卢梭摘抄《论不确定性》(*De Incertitudine*)的手稿(ms. 7842),日期不详(参见 Havens,页 72)。

[施特劳斯疏] 卢梭认为,大自然向人们隐瞒的全部秘密是使人们免于如此多的恶,易让人接触的科学犹如孩童手里的一件危险武器。卢梭自己后来承认,他在《论科学和文艺》中没有明示隐藏在这部作品下面的原理:该书的主旨是警告人民切莫碰触科学,因此当然不可能强调科学有着更高的尊严,如此行事无异于鼓励读者研习科学。卢梭坚持认为,科学或哲学的真理(关于整全的真理)并非只对人民而言不可接触,而是根本就不能接触,所以他阐明探求知识的危险性,而非已然获得知识的危险性。

　　埃及人自己对诞生于他们之中的科学持有过怎样的见解呢?他们亲眼目睹产生科学的源头。事实上,即便人们翻遍(feuillette)世界的纪年史,即便人们以哲学探索来补充无法确定的编年史，人们也不会发现，属人的知识（connaissances humaines）具有一种与人们喜欢为之设想的那种观念相符的起源。

天文学诞生于迷信；雄辩术诞生于野心、仇恨、谄媚和撒谎；几何学诞生于贪婪；物理学诞生于虚荣的好奇心；所有的一切，甚至道德本身都诞生于人的自负。① 因此，科学和文艺的诞生得归于我们的恶行；如果它们的诞生归于我们的美德，我们兴许会对它们的益处少几分怀疑。

[37] 对我们来说，仅仅科学和文艺的对象就清楚地刻划出它们在起源上的欠缺。离了滋养艺术的奢侈，我们又拿文艺来做什么呢？若是没有人世的不义，法理学又有什么用呢？如果既没有暴君，又没有战争，也没有阴谋家，史学会成个什么东西呢？

一言以蔽之，如果人人考虑的都仅是人的义务和自然的需要，只有时间为祖国、为不幸者、为自己的朋友着想，谁会把自己的一生用于毫无结果的沉思？真理在井（puits）里藏匿，我们是否注定至死都要被缚在这口井的边缘？单单这个考虑就应该从一开始让每一个严肃地要以研究哲学来教育自己的人却步。

[笺注] 卢梭在回应文《日内瓦人卢梭致格瑞姆先生书》中(28)提到，这种说法与哲学本身一样古老。德谟克利特说：quasi in puteo quodam, veritatem jacere[真理仿佛躺在某口井里]（德谟克利特《辑语》117）。拉丁教父 Lactantius(250—325)在《基督教要义》（Institutions）中引用过这句格言。但卢梭读过《基督教要义》吗（参见《新爱洛伊丝》，OC，卷二，页 384）？相反，Saint-Aubin 在《论观念史》（Traité historique de l'Opinion）中（卷一，页 9 的注释）写到西塞罗的《论学园派》的一个句子时补充说，"按照德谟克利特熟悉的表达，真理沉入井的底部"。可以肯定，卢梭读过 Saint-Aubin 这本书，参见《华伦夫人的果园》（OC，卷二，页 1124）。其实，蒙田在随笔（3.8）《论交谈艺术》中提到这个说法并指出其来源，卢梭在上文引用过这篇随笔。

---

　　① Morale 意指伦理或道德上的对错，但卢梭也经常在与"生理的"（physical）对照的意义上用这个语词。

[施特劳斯疏]"只有时间为祖国、为不幸者、为自己的朋友着想",显然是一种政治的道德主义:这里的关键是祖国。如果人们在这个意义上才是真正道德的,他们将无暇用于沉思活动。

[38] 多么危险啊! 科学探究中有多少歧途? 人们为了抵达真理,要经过多少错误啊! 这些错误难道不是比真理的用处更加危险上千倍? [科学探究的]不利是明摆着的,因为,错误会有无穷的结合方式,真理却只有一种存在方式。① 何况,谁在极为真诚地寻求呢? 即使[探究者]抱有最良好的意愿,他又凭什么标志才能够必定认出真理呢? 在这一大堆不同的情感中,要正确地判断真理,我们的标准会是什么呢?②

[原注六]人们知道得越少,就越相信[自己]知道得越多。漫游学派不是无所不疑吗? 笛卡儿不是用空间坐标和漩涡说构造宇宙吗? 即便在今天的欧洲,不是还有浅薄的物理学家在大起胆子解释电的深邃奥秘,而这深邃奥秘也许会一直让真正的哲人绝望?③

---

① 蒙田在随笔(1.9)《论说谎》中说:"毕达哥拉斯信徒的善恶观认为,善是有限的和可定的,恶是无限的和不定的。千条路都背离目标,只有一条通往那里。当然,如果用无耻的一本正经的谎言来避开一个明显的极其严重的危险,我无法保证自己能坚持到底。"(潘丽珍中译本,前揭,页 37)

② Investigation 和 criterium 是生造的语词,Lecat 的《卢梭发表〈论科学和文艺〉时的所有文章总汇》(*Recueil de toutes les piéces qui ont été publiées à l'occasion du dis-cours de J. -J. Rousseau*,卷二,页 76)首先指出这一点:"卢梭回复说,我想引入一个宽和且谐调的术语,以便有助于言语表达。人们其实都已知道这个术语的含义,只是在法语中还没有同义词。"研究院在 1798 年才记录这个语词。

③ 漫游学派是亚里士多德后学的一个派别。"笛卡尔用骰子来构造天空和大地",参见《爱弥儿》1.4。笛卡儿(1596—1650)提出了延展的实体论和漩涡论,以便提供一种严格数学化和机械化的物理学,参见《论世界》(*Le Monde*)Charles Adam/Paul Tannery 编,Paris, 1897—1910, 卷 XI,页 43—47;《哲学原理》,II,页 33—35,III,页 45—53,IV,页 2。笛卡尔的这一理论被牛顿推翻了。

从《法兰西信使》上可以看到,电在当时是个热门话题。1749 年 12 月号上,在一篇谈奢侈的文章和一篇论文雅的文章之后,就是一篇由第戎研究院撰写的关于电及闪电的文章(参见 Bouchard, *L'Académie de Dijon et le Premier Discours*, 页 34)。

更难的是，即便我们有幸最终发现了真理，我们又有谁会懂得怎样好好应用呢？

[39] 如果我们的科学就其为自己所设立的对象来说是虚妄的，那么，就其所产生的效果而言，科学就更危险得多。科学诞生于闲暇，反过来又滋养闲暇。① 因此，科学对社会必然造成的第一种损害，就是无可弥补的时间损失。正如在道德方面一样，在政治方面，一点好事不做，就是一桩大恶，因此，凡无用的公民也许可以被视为一个有害的人。

那么，请回答我吧，大名鼎鼎的哲人们，靠了你们，我们才知道物体在真空(le vide)中按照怎样的比例互相吸引，行星运行在相等时间内经历的空间关系又怎样，什么样的曲线具有共轭点、拐点和极点，人怎样在上帝之中看到万物；灵魂和身体如果能够恰如两只时钟，可以互不相通却彼此相应，哪个星球上可能有人居住，哪种昆虫以奇特的方式在繁殖。

[笺注]"物体在空间中按照怎样的比例互相吸引"指牛顿的万有引力定律：物体之间的引力与其质量乘积成正比，与其距离的平方成反比。"行星运行在相等时间内经历的空间关系"指开普勒的第二定律(行星运动定律)：由太阳到行星的连线在相等时间内扫过相等面积。"曲线具有共轭点、拐点(points d'inflexion)和极点"指笛卡儿发明的解析几何。"在上帝之中看到万物"指马勒伯朗士(Nicolas Malebranche, 1638—1715)在《探究真理》(Recherche de la vérité)中提出的学说。

"灵魂和身体彼此呼应"指笛卡儿的身心平行二元论，"两只时钟"的比喻出自莱布尼茨(1646—1716)的《新系统的第二篇阐释》(Second Eclaircissement

① Th. Dufour 将这段与卢梭口述给 Madame Levasseur 的两段中的一段作了对比(见《卢梭年鉴》，卷一，页180)。这两段先后由 Matile 和 Sandoz 出版，但抄录时有些错(Bibliothèque universelle, 1861, XII, 页256)："对文学的趣味源于闲暇，并滋养闲暇，因此，文字教化的开始即是宣告了一个民族败坏的开始，这个民族很快会彻底败坏。"……"至于那些为了消除我们的所有不便而发明的机械性技艺，只会使人的身体软弱无力，使灵魂变得女性化(effémininent)"……

du Nouveau Système），用来描述他的前定和谐学说（亦参 Bayle 的《哲学词典》
中的词条 Rorarius，注释 H 的结尾）。"哪个星球上可能会有人居住"可能指丰
特奈尔（1657—1757）的科普读物《关于世界多样性的谈话》（*Entretiens sur la
pluralité des mondes*）；"哪种昆虫以奇特的方式在繁殖"指雷莫（Ferchaud de
Réaumur，1683—1757）和博内（Charles Bonnet，1720—1793）一直在研究的题
目，参见雷莫，《昆虫史漫忆》（Les mémoires pour servir à l'histoire des in-
sectes，1734—1742）。卢梭认识这两人，博内后来以假名 Philopolis（希腊文意
为"爱城邦"）撰文反驳卢梭的《论人类不平等的起源和基础》，卢梭对此写了答
复的公开信（*OC*，III，页 230 以下）。［中译按］关于这里提到的哲学新论，参
见卡西勒，《启蒙哲学》，顾伟铭译，山东人民出版社，1988/1996，页 35—89。

　　卢梭隐射伏尔泰对当时的热门科学话题感兴趣，他堆砌令人费解的专门
术语，连同所用的褒义修饰词形成讽刺效果。在《法兰西研究院词典》（*Dic-
tionnaire de l'Académie française*）中没有记录这些专有名词，参见《里特大词
典》（*Littré*）。在《华伦夫人的果园》中，卢梭把牛顿、马勒伯朗士、莱布尼茨统
合在同一首诗里。

　　从你们那里，我们的确得到了如此崇高的知识，然而，我要说，请
回答我：如果你们从未教会我们任何这类事情时，我们是否就会人口
少些，①治理差些，不那么厉害，不那么昌盛，或者更坏得多了呢？②

　　回到你们的作品的重要性上来吧：如果我们那些最为启蒙的
学者和我们最好的公民的劳作对于我们竟然一丁点儿用处都没
有，那么，请告诉我，对于那一大堆白吃国家实体的不入流的作家
们和游手好闲的文人们，我们又该作何想法呢？

　　［40］我说的是悠闲之人？但愿上帝能让他们真的悠闲！我

---

　　①　后来卢梭提出，人口多少乃是政治好坏最重要的标志，参见《社会契约论》3.9。
　　②　关于科学的局限性，参见尼古拉·马勒伯朗士《探究真理》（*La Recherche de
la vérité*，IV，ch. VI）："的确，大部分科学都不牢靠，而且完全没用。有谁要是认为，科
学包含的真理用处很少，并不算错。应当永远也别学习科学，要鄙视科学，而非陶醉于
科学，被科学迷惑。"［中译按］比较尼古拉·马勒伯朗士，《有关神的存在和性质的对
话》，陈乐民译，北京：生活·读书·新知三联书店，1998。

们的道德风尚将健康得多,社会将太平得多。可是,这些自负而又一无用处的演说家们从四面八方走来,以致命的吊诡之论为武器,挖信仰基础的墙角,诋毁美德。他们鄙夷地讪笑祖国、宗教这些老派字眼(ces vieux mots),用自己的天资(talents)和哲学来诋毁和贬抑人世间所有神圣的东西。

　　这倒不见得是他们从心底里仇恨美德或者我们的信条;毋宁说,他们与之为敌的是公共意见(l'opinion publique),要想使他们回到神坛脚下,只需打发他们到无神论者们中间就够啦。哦,一门心思标奇立异,你还有什么事情做不出来?

　　[笺注]蒙田在随笔(3.9)《论虚空》(De la Vanité)中说:"流俗文学作品是时代放荡的征兆……"([中译按]参见潘丽珍中译本,下册,页189—262。中译本把标题译作"论虚妄",但此篇一开始即影射《圣经·传道书》中的名句:"虚空呵虚空,凡事皆是虚空……")。比较 Streckeisen-Moultou 据《洛夏岱尔手稿》(ms. De Neuchatel,编号7867)出版的关于奢侈的残篇(页239)。那些宣称奢侈会带来不良后果的人,出于虚荣心才这样说,"基于犯错的经验,也就是制造似是而非的名称来证明真理,我很高兴能抽掉这些人的底薪,没有了这些,他们就无法对抗我要证明的东西"。

　　波兰国王质问道:"他[卢梭]捉弄公众(public)难道不有违常理吗?"卢梭认为,他依据的经验适用于所有时代,但他的批评却只考虑到主流观点。当然,正如有人所说,卢梭承认,他的"似是而非的作家"称号给他带来荣誉。卢梭以转述那些说他自相矛盾的批评为乐;喜欢似是而非之论和抄袭。参见1766年5月4日《致布勒伯爵夫人书》(à la comtesse de Boufflers),CG,卷六,页148;亦参 Dom Cajot,《卢梭的抄袭》(Les plagiats de J. J. Rousseau,前揭)。

　　[41]浪费时间是一桩大恶。然而,文学和艺术带来的恶还要坏得多。奢侈就是这样的恶,与文学和艺术一样,奢侈产生于人们的闲暇和虚荣。奢侈很少不伴随科学和文艺而行,而科学与文艺的发展则绝离不了奢侈。我当然知道,我们的哲学总富有单一的准则,不顾世世代代的经验,硬说奢侈造就国家的辉煌;可是,纵令

把禁止奢侈的法律(lois somptuaires)的必要性置诸脑后,难道我们的哲学也敢于否认,对于种种统治的长治久安来说,好的道德风尚才是根本,而奢侈全然与好的道德风尚背道而驰?

[笺注]在整个文艺复兴时期,英格兰和法兰西都通行禁止奢侈法,这项法律禁止购买和陈列某些物品,对购买奢侈品课以重税,以限制和控制奢侈品的流通。

正如曼德维尔的《蜜蜂的寓言:私人的恶德,公众的利益》的书名所示,鼓励追求个人致富和奢侈生活有助于共同福祉。当时,英国的一些经济学家提出的类似说教引起了法兰西王国知识界人士的关注,比如卢梭在回应文《最后答复》中(71)提到的墨隆(J.-F. Melon)。伏尔泰写了两首臭名昭著的诗为奢侈生活辩护:《尘世》(Le Mondaine, 1736)和《捍卫尘世或为奢侈辩护》(Défense du Mondain, ou l'apologie du luxe, 1737)。因此,奢侈这一观念在当时已经广为人知。卢梭在这里没有提到两首诗及其作者,显然是出于批评的策略。下面的三段间接引述,指的都是伏尔泰在诗中的说法。

费奈隆(1651—1715)已经提议,将限制奢侈的立法引入法国君主政体,参见 Fénelon, *Plans de Gouvernement*(《治理规划》,1711,《全集》,1850,卷六,页 183)。孟德斯鸠《论法的精神》将禁止奢侈法的问题与奢侈问题联系起来,自然也将这两者与国家的政治制度问题联系起来,即便追求平等的民主政体,也需要一些限制财富和花费的法律(《论法的精神》7.2)。Leblanc 神甫同样反对日内瓦和法国的奢侈风,参见《一个在伦敦的法国人的信》(*Lettres d'un Français à Londres*,1745,卷二,页 212)。

卢梭支持施行禁止奢侈法,为的是坚持道德所要求的美德。在回应文《致隐修院长雷奈尔先生书》(7)中卢梭说,奢侈风一旦兴起,法律就没用了。在《日内瓦人卢梭的几点评析》(51)中,卢梭再次申说这个题目。更直接的说法见《论政治经济学》(24,76)以及《关于波兰政体的思考》(3.14):"靠限制奢侈法并不能完全禁除奢侈,必须从内心深处拔除奢侈,灌输较为健康、高尚的趣味"……"道德风尚和衣着打扮的俭朴不是法律制约的结果,而是教育的结果"([中译按]见卢梭,《政治制度论》,刘小枫编,崇明等译,北京:华夏出版社,2013)。

[施特劳斯疏]卢梭不是反对所有哲学,而是反对现代哲学。卢梭重提他之前数代人一度提出的那场"古今之争":古代政治家不厌其烦地讲风尚和美

德，我们的政治家只讲生意。这是一场著名的论战——尤其在法国，当然，也在英格兰，卢梭从一种反现代的视角重提这场争论。在当今的社会科学中，伦理学没地位。贸易和商业取代美德，在17、18世纪就已生根发芽，这是卢梭要反对的事情。［中译按］参见刘小枫，《古典学与古今之争》（增订本），北京：华夏出版社，2018。

的确，奢侈是财富的确实标志，甚至乎能使财富倍增，如果你愿意的话。可是，从如此配我们当今之世产生的这种诡辩当中，我们会得出什么结论呢？一旦人们不惜任何代价只求发财致富，美德会变成什么样子呢？

古代政治家不厌其烦地讲道德风尚和美德，我们的政治家只讲生意和赚钱。① 这个政治家会对你说，② 一个男人在某个国家的价钱恰等于其在阿尔及尔卖出的身价；另一个政治家照样这个估计发现，在某个国家里一个男人一钱不值，在另外一些国度，则竟至于比一钱不值还不值。③ 他们估价人就好像估价家畜牲口。④ 按照他

① 孟德斯鸠用几乎同样的语词表达过同样的看法，参《论法的精神》（3.3）："生活在平民政治中的希腊政治家知道，支持这一政体的惟一力量来自美德。今天的政治家只向我们谈工艺、贸易、财政、财富，乃至奢华。"

② "这个政治家"指英国古典政治经济学之父，统计学创始人配第（Sir William Petty，1623—1687），史称最早的宏观经济学家。孟德斯鸠提到他的《政治算术》（*Essay on Political Arthmetick*，1680），"配第骑士根据自己的计算推论，一个人在英国的价值等同于他在阿尔及尔被出售的价值。这只能对英国有利。在有些国家，人的价值一文不值，也有的国家，人的价值尚不及一文不值"（《论法的精神》23.17，比较3.13）。［中译按］参见威廉·配第，《政治算术》，陈冬野译，北京：商务印书馆，1978；威廉·配第，《配第经济著作选集》，陈冬野等译，北京：商务印书馆，1997；约瑟夫·马西，《论决定自然利息率的原因：对威廉·配第爵士和洛克先生关于这个问题的见解的考察》，胡企林译，北京：商务印书馆，1996；弗·谢·阿法纳西耶夫，《资产阶级古典政治经济学的产生：威廉·配第》，张奇方、黄连璧译，北京：商务印书馆，1983。

③ 摩尔人（Moorish）海盗在阿尔及尔把基督徒囚犯出售为奴隶。［施特劳斯疏］卢梭在此偏离了作为一个整体的孟德斯鸠的教诲，或者说批判了孟德斯鸠的观点。

④ 影射墨隆（Melon）支持的配第《政治算术》，参见 Havens 的笺注（页220—221），《卢梭年鉴》XXVIII，页142。在《日内瓦人卢梭的最后答复》中，卢梭点了墨隆的名。墨隆在其《论奢侈》（前揭）第九章为奢侈辩护。

们的说法,一个人对于国家的价值,不过等于他在那里的消费。按此说来,一个西坝里人(Sybarite)抵得上三十个拉克岱蒙人。① 那么,不妨猜猜,斯巴达和西坝里这两个共和国,被一小撮农民征服的是哪个,让整个亚洲都发抖的又是哪个。

[42]一位君王用三万人征服了居鲁士的君主制(la mon-archie de Cyrus),这个君主穷得来还比不上波斯最小的行省总督(satrapes);②在所有民族中,斯基泰人最赤贫,却抵挡住了全球最强有力的君主。③ 两个著名的共和国争夺对世界的统治时,④一个非常富庶,另一个一无所有,摧毁前者的必将是后者。

罗马帝国吞噬全球财富之后,就轮到自己成为对财富甚至一无所知的一族人的猎物。⑤ 法兰克人征服高卢人,撒克逊人征服英格兰,⑥凭靠的不是任何财宝,而是勇武和贫穷。一群本来仅仅奢望几张羊皮的穷山民,在挫败奥地利王朝的锐气之后,居然又战胜既豪富又强大的勃艮第家族,这个家族曾使得欧洲的王侯

---

① 西坝里(Sybaris)是意大利南部(塔伦托湾靠近今 Corigliano 一带)的古希腊城邦,当地人的生活以奢侈闲逸著称,后来成为放浪无节制的同义词。公元前 515 年,克罗顿人(Crotoniats)吞灭西坝里,西坝里人说,克罗顿人得到了斯巴达人(拉克岱蒙人是斯巴达人的正式名称)的帮助,克罗顿人予以否认。希罗多德记叙了西坝里人与克罗顿人的这场争执,并邀请读者评判,哪方说得有理(参见《原史》5.44)。显然,卢梭相信克罗顿人的说法。

② 公元前 550—前 530 年,居鲁士征服美狄亚、吕底亚和巴比伦,建立波斯帝国。公元前 334 年,马其顿王亚历山大的三万大军征服波斯。

③ 公元前 512 年,波斯王大流士率军进攻斯基泰人,遭到顽强抵抗,无功而返。后来,斯基泰人还抵抗住了亚历山大军队的进攻。

④ "两个著名的共和国"指罗马和迦太基。公元前 3 世纪,罗马人为取得对地中海地区的控制权,与迦太基人打了三场布匿战争(公元前 264—前 241 年,公元前 218—前 201 年,公元前 149—前 146 年)。击败迦太基人后,罗马从此崛起。孟德斯鸠在《罗马盛衰原因论》卷四中对此做过比较,所用术语与卢梭在这里的用法比较相同。

⑤ 指哥特人、汪达尔人、匈奴人(Huns)入侵罗马帝国。

⑥ 法兰克人在 5 世纪时征服高卢人,撒克逊人在公元 5—6 世纪征服英格兰。

们战栗。①

最后,查理五世(Charles Quint)后裔的全部势力和全部智慧,虽然有印度群岛的全部财富垫底,竟被一小撮捕青鱼(harang)的渔夫捏得粉碎。② 我们的政治家们该放下架子,搁下自己的嫉妒,好好想想这些例子;他们最终应该懂得,用金钱可以获得一切,唯有道德风尚和公民除外。

[43] 那么,确切来讲,奢侈这个问题涉及的究竟是什么呢?涉及的是懂得对统治来说更重要的东西是什么:显赫而短促,还是富有美德而持久? 我说是显赫,但那有什么光彩呢? 在同一个心灵中,对炫耀的趣味与对正派的趣味很难结合。不,一旦被大量无益的心机败坏,精神就绝不可能上升到丝毫伟大的程度;即便有此力量,也会缺乏勇气。

[44] 每个艺术家都想要得到赞赏。自己的同时代人的赞誉乃是艺术家的报酬中最珍贵的部分。要是一个艺术家不幸生在这样一个人民和这样一个时代之中,为了博得赞誉他会做什么呢?[在这个时代]读书人已成为时尚,他们让浅薄轻浮的年轻人自称表率,为了压制他们的自由的专制君主,他们牺牲掉自己的趣味。

[原注七] 我远不认为女性地位上升本身是一桩坏事。那是大自

---

① 指瑞士联盟获得政治独立的过程:1315 年和 1386 年,瑞士人两次击败奥地利哈布斯王朝军队,1476—1477 年击败勃艮第王朝勇者查理(Charles the Bold)的军队。Havens 认为,这段关于瑞士人的描写是卢梭在发表这篇论文时增补的,这一推测的可能性不大。

② 查理五世(1516—1566)身兼西班牙国王和神圣罗马帝国皇帝,他的后裔指菲利普二世(Philip II,1529—1598),1568 年,荷兰人雇佣"一小撮捕青鱼的渔夫"(Herring-Fishery)击败西班牙人,推翻西班牙人的统治,十年后独立建国。Kurt Weigand 认为,这里影射 1588 年英国人击败西班牙的无敌舰队(L'Armada),是否如此尚不确定。比较卢梭的《圣皮埃尔神甫的〈永久和平方案〉摘要》(*Jugement sur la paix perpétuelle*):"荷兰的反抗,武装抗击英国人,法兰西内战,所有这些耗尽了西班牙的力量及印度的财富"(OC,卷三,页 596)。

然为了人类的幸福给予女人们的赠礼。如果引导得好,女性地位的上升所产生的好处会像它今天产生的坏处一样多。人们还没有充分觉察到,给予统治着人类另一半的这一半更好的教育,社会中会滋生出怎样的好处。① 男人总是做让女人喜欢的事情:如果你想要让男人们变得高尚和富有美德,你就得教女人[懂得],什么是心灵的高尚和美德。这个话题所引发的思考,柏拉图早就谈论过,实在值得一支配得上跟随这样一位大师的文笔来好好发挥一番,为这样一个如此伟大的理由辩护。

　　[笺注]卢梭很可能指柏拉图《王制》卷五的 451c—464b,后来卢梭多次重提这个话题,比如《论人类不平等的基础和起源》(献辞 20 段,1.42),《致达朗贝尔的信》的题辞以及《爱弥儿》卷五,整部《新爱洛绮丝》。在 Th. Dufour 刊布的一个残篇中(《卢梭年鉴》,卷一,页 204)有下列描述:“相对而言,如果我们的不公正没有剥夺女人身上所有可向世人自由展示这些优秀品质的机会的话,她们更可以成为崇高灵魂和热爱美德的伟大范例,而且为数远比男人多。”

　　卢梭的观点明显与当时的主流观点以及专制权力对立,在专制权力支配下,女人受到不公正的对待,即便是那些可爱而又美德杰出的日内瓦女公民也如此,“她们仅有在婚姻关系上行使的贞洁权力,让人觉得只是为了国家的光荣和公共福祉而活”。圣皮埃尔(Saint-Pierre)神甫甚至呼吁让女性参加政治和军事生活,参见 G. De Villeneuve-Guibert, *Le portefeuille de Madame Dupin*,页 269 以下。

　　戏剧体诗艺的大师之作遭到鄙弃,神奇无比的音乐受到拒斥,原因在于男女一方只敢赞赏与另一方的怯弱相配的东西。艺术家会做什么呢,先生们? 他就会把自己的天资降低到自己的时代水平,宁愿写些生前为人称道的平庸作品,也不愿写出唯有死后很久才会为人赞美的优秀作品。告诉我们吧,大名鼎鼎

---

　　① 在普鲁塔克的《大卡图传》(8.2)中可以读到,大卡图说,“所有的男人都统治自己的女人,我们统治所有的人,而我们的女人却统治着我们。”

的阿鲁厄,①为了迎合我们矫揉造作的精巧,你牺牲了多少雄浑强健的美哦! 你的谄媚造出多少精巧的小玩意儿,却使你失去了多少伟大的东西哦!

[45] 因此,奢侈必然导致道德风尚的解体,道德解体反过来又引致趣味的败坏。如果天资卓越的人中碰巧有人灵魂坚毅,拒绝向自己时代的天才(génie de son siècle)让步,用幼稚的作品来贬低自己,那他可就惨啦! 他会死于贫困,被人遗忘。但愿这不过是我的一种妄自揣测,并非得自我的经验之谈! 卡尔和比尔啊,②这样的时刻已经来啦:你们的画笔本来命定要以崇高而神圣的画像去恢宏我们神殿的庄严,如今,你们得扔掉画笔,不然的话就会被用来给小马车的车厢装饰淫画。③还有你,与普拉刻希忒勒斯和斐狄阿斯一争高下的匹伽尔啊,④古人们

---

① 伏尔泰(1694—1778)原名弗朗索瓦-玛丽·阿鲁厄(François-Marie Arouet),早年发表剧作时(1718 年以后),他就不再用 Arouet 这个平民的名字,而是用 Mr. De Voltaire[伏尔泰先生]这个显得有贵族血统的笔名(参见,G. Lanson,*Voltaire*,页 17)。卢梭为何要提到这个已经不使用的名字? 也许他想要把伏尔泰带回到自己的起源处,进而揭示这个原本是天才的人物已经被当时的流行思想改变了? 据哈文思说,1749 年,这个作家由于改名而受到攻击,参见 G. R. Havens,*Le Premier Discours*,页 226。卢梭在 1750 年 1 月 30 日写给伏尔泰的信中还向伏尔泰显示出他的敬佩:"我永远不会停止对您的作品的钦佩"……"这些文字绝不会出自一位不在乎美德的人之手。"

② 卡尔·汪罗(Charles-Andre Vanloo,1705—1765)和比尔·汪罗(Jean-Baptiste-Marie Pierre,1714—1789)都是当时法国的新锐画家。卡尔在 1749 年被任命为优质生学校校长(directeur de l'Ecole des élèves privilégiés)。在格瑞姆的《文学通讯》(*La Correspondance litteraire*,前揭,卷一,页 356)的一个注释中也提到这事,虽然没有注明日期,但应该在 1750 年之前,他评论道,卡尔"在故事方面游刃有余,色彩及大手笔胜过 Restout"。比尔"画得不俗,但他太放任自己的才能,而且表现不太稳定。在色彩方面,他超过 Restout,甚至也许还超过卡尔"。格瑞姆还说,1762 年,卡尔被委任为国王的首席宫廷画家(同上,卷三,页 144)。

③ Vis à vis[小马车]是一种外形有如四轮小客车的马车,只有一个座位(参见《法兰西研究院词典》[*Dict. Acad.*],1740,页 1762)。在《新爱洛绮丝》中,卢梭描绘过此类马车上的伤风败俗的装饰画(*OC*,卷二,页 531)

④ 普拉刻希忒勒斯(Praxitèle)和斐狄阿斯(Phidias)都是公元前 5 世纪最著名的古希腊雕刻家。匹伽尔(Jean-Baptiste Pigalle,1714—1785),法国著名雕刻家。1745 至 1750 年间,匹伽尔受到的追捧逐年上升,1750 年时,他已可以称得上"官方雕刻家"(sculptuer officiel),参见 Samuel Rocheblave,*Revue du XVIIIᵉ siecle*,1913,fasc. 1.

用凿子来雕制他们的诸神，这足以让我们原谅他们的偶像崇拜（idolâtrie）；没谁可比的匹伽尔哦，你的手只得去捏制矮胖瓷人的肚皮，不然就得闲置啦。①

[46] 一旦思考道德风尚，我们就没法不愉快地回想起太古时代（premiers temps）的质朴景象。那是仅由自然之手装点出来的美丽湖岸啊，我们的目光流连忘返，离开它我们就感到遗憾不已。那个时候的人们清纯而有品德，喜欢让诸神见证他们的行为，与诸神同住一个茅屋。可是，他们变坏之后，就逐渐讨厌起这些碍手碍脚的明鉴者来，把诸神打发进华丽的神殿。最后，他们干脆撵走诸神，自己住进神殿，或者说，至少诸神的神殿与公民的住所已不再有什么两样。堕落在这时已达极点；当人们看到，神们被撑在大牌人物豪宅入口的大理石柱子上，嵌进哥林多式的柱头时，可以说，邪门歪道简直无以复加。

[47] 一旦生活用品丰富起来，工艺日臻完美，奢侈流行起来，真正的勇敢就会萎靡，武德（la vertu militaire）就会消失，这些同样也是在阴暗的密室中搞出来的科学和种种文艺的杰作。哥特人劫掠希腊时，②所有的图书馆得以幸免付之一炬，不过是因为有个哥特人散播了一种看法：他们得给敌人留下那些最合适的家产，好使他们荒废军事操练，沉溺于成天坐着的悠闲职业。

查理八世几乎兵不血刃就让自己成了托斯卡和那不勒斯王国的主人，③他的所有朝臣都把这次意外的轻而易举归功于意大利王

---

① 形象古怪可笑的矮胖瓷人（Magot）是 18 世纪法国流行的一种摆设品，不过，在 1740 年的《法兰西研究院词典》中以及 Richelet《词典》和 Furetiere《词典》中，都没有这个释义。

② 公元 5 世纪初，哥特人在西哥特国王阿拉里克一世（Alaric I）率领下劫掠希腊（395 年）。

③ 托斯卡（Toscane）位于意大利中北部，那不勒斯位于意大利南部；查理八世（Charles VIII，1483—1498 为法兰西国王）于 1495—1496 年远征意大利，1495 年征服托斯卡和那不勒斯。提到这两个史例从字面上几乎都出自蒙田随笔《论学究气》（《蒙田随笔集》1.25），但在蒙田笔下，提到这两个事件为的是说明研究军事政体的影响，在卢梭笔下，这两个史例则是用作推论的结论。

侯贵族们乐于让自己成为机巧之士和博学之士(ingénieux et sa-
vants),而非把自己训练成尚力者和战士。那位有头脑的人
(l'homme de sens)在描绘这两种人的特征时就说,事实上,所有先
例都教导我们,在这个以及所有其他类似的军事政体(martiale po-
lice),科学研究都更会软化和削弱勇气,而非强化和激励勇气。①

[48] 罗马人承认,自从他们开始知道种种关于绘画、雕刻和
金银器皿的事情并开始培植美术,②武德就在他们中间消逝。这
个闻名遐迩的地区似乎注定要不断地成为其他民族的前车之鉴,
美迪奇家族的兴起以及文学复兴,再度甚至也许永远毁了意大利
几个世纪前似乎才得以恢复的武士英名。③

[49] 希腊的古代共和国(les anciennes républiques de la Grèce)
的制度大多闪耀着这样一种智慧,这些共和国禁止自己的公民从事一
切安静且深居简出的职业,这种职业拖垮、搞坏身体,很快消磨掉灵魂
的生气。的确,一丁点儿匮乏都忍受不了,一丁点儿痛苦也吃不消,不
妨设想,这样的人会怎样面对饥饿、焦渴、疲累、危险和死亡呢? 兵士从
未经过刻苦训练,④他又会以什么勇气来承受艰苦的工作? 指挥官连

---

① "那位有头脑的人"指蒙田。蒙田在《论学究气》(《蒙田随笔集》1.25)结尾处
写道:"在尚武的斯巴达国及其他类似的国家里,可以找到许多例子来说明,学习知识
不仅不能增强和锤炼勇气,反而会削弱勇气,使人变得软弱无力。"(潘丽珍译本,上册,
页160)蒙田已经说到斯巴达是最早的"军事政体",但在卢梭的这段说法中,"军事政
体"是现代的例子。这篇随笔与卢梭在这里接下来三个段落的论证直接相关。

② 比较孟德斯鸠《罗马盛衰原因论》第十章、第十三章,以及撒路斯提乌斯,《喀
提林阴谋》(Catilina, XI,5):"苏拉为了赢得他带到亚细亚去的军队的忠诚,他竟然违
反我们祖宗的惯例,允许他们过骄奢淫逸的生活,放松了纪律对他们的约束。在温柔
乡一般的、可以纵欲的国土上所过的无所事事的日子,很快便使他的士兵们好战的灵
魂变得柔软。"([中译按]见撒路斯提乌斯,《喀提林阴谋/朱古达战争》,王以铸、崔妙因
译,北京:商务印书馆,1995,页101—102)。

③ 美迪奇是15世纪以来意大利政治舞台上最重要的贵族世家,在这个家族统
治下,佛罗伦萨成为意大利文艺复兴运动的中心。

④ 比较孟德斯鸠《罗马盛衰原因论》第二章(译文据婉玲中译本,前揭,页8):"罗
马人为了能够使用比其他人的武器更重的武器,他们就得更多的锻炼:他们做到这
一点,是由于他们不断地努力劳动以增强自己的体力……反之,我们的军队在连续一
段时期极度的劳动之后,却又整天闲着什么都不做……"

骑马赶路都有气无力,士兵们又会有怎样的热情急行军呢?

　　人们称赞的现代战士的优点也反驳不了我,即便他们都受过那些科学的训练。人们对我大肆夸耀现代战士在一天的战斗中如何无畏,却没谁告诉我,他们怎样承受过度劳作,怎样忍受季节的严酷和恶劣的天气。只要有点儿烈日或霜雪,只要缺乏些许身边琐物,不消几天就足以瓦解并摧毁我们最优良的军队。①

　　无畏的战士们啊,还是正视一下你们很少听到过的真理吧:你们勇敢,这我知道,你们会与汉尼拔一起在坎尼之战和特拉西美诺之战中凯旋;②同你们一起,凯撒会渡过卢比孔河,奴役自己的同胞(asservi son pays);然而,决不是与你们一起,汉尼拔才越过阿尔卑斯山,凯撒才征服了你们的祖先。③

　　[50]战斗[的胜利]并不总是能带来战争的胜利,将军们也需要有一种比赢得战斗更加高明的技艺。在火线上英勇无畏的人,不见得是个好的指挥官;士兵同样如此,多点儿毅力[力量]和

----

　　①　[中译按]比较柏拉图《会饮》中,阿尔喀比亚德对苏格拉底在军中的表现的描述。

　　②　汉尼拔(Annibal,公元前247—前183年),幼年随父渡海去西班牙,立誓向"罗马复仇",公元前221年出任西班牙的迦太基军统帅,公元前218年率约5万步兵和9千骑兵穿过高卢(今法国一带),翻越阿尔卑斯山,经历巨大艰辛终于进入意大利北部。公元前217年6月21日,汉尼拔采取迂回战术,在意大利中部的特拉西美诺(Trasimène)湖畔设伏,把罗马4个军团近3万人引进三面环山一面临湖的峡谷,不到三小时结束战斗。公元前216年,汉尼拔又在坎尼(Cannes)大败罗马军队。[中译按]比较罗伯特·欧康奈尔,《坎尼的幽灵:汉尼拔与罗马共和国最黑暗的时刻》,葛晓虎译,北京:社会科学文献出版社,2018。

　　③　凯撒(公元前102—前44年),罗马大将,公元前58—前51年征服高卢,公元前49年率军渡过卢比孔河回到意大利,在罗马施行紧急专政权,终结了罗马共和制。高卢人所居住的地区当年被罗马人征服,后来这一地区成了法兰克人的定居点。卢梭把高卢人说成近代法国人的祖先,称高卢人为"你们的先辈",用意深远。[B本注]Dom Cajot反对把Tite-Live关于高卢人的一个语词用在他同时代的法国人身上。蒙田在随笔《帕提亚人的盔甲》(《随笔集》2.9)中说:Intolerantisme laboris corpora vix arma bumeris gerebant[由于不能承受劳累,他们几乎拿不起武器]。Lecat提到的一个事实其实仅仅是个假设:Conti国王承认,在意大利的最后一场战争中跨过阿尔卑斯山时,他的人太过疏忽身体锻炼(参见Recueil⋯,Mevius,卷二,页87—88)。

生气(de force et de vigueur)，也许要比无畏更必要，英勇并不能保障他们不死。① 灭掉国家军队的是酷热严寒还是敌人的刀刃，对国家(l'État)来说又有什么要紧呢？

[51] 如果说科学教化对于战士品质有害，对于道德品质那就更有害。从我们的最初年龄起，愚蠢的教育就在矫饰我们的心灵、败坏我们的判断。我看到，到处都有大型教学机构在耗费巨资教育年轻人，教他种种事情，惟独不教他们懂得自己的义务(ses devoirs)。②

你们的孩子对自己的语言一无所知，却会讲根本用不上的别人的语言；他们将学会作诗，但作出来的诗几乎连他们自己也看不懂；他们不会分辨谬误和真理，却拥有一种技艺，这就是靠古怪的论辩(arguments spécieux)让别人搞不清对错。

当然喽，至于大器、节制、仁慈(humanité)、勇敢这些语词，他们压根儿不知道是什么；他们耳边从来不会响起祖国这个充满感情的名字；③如果他们也听人讲上帝，与其说是由于敬畏上帝，不

---

① 类似说法见西塞罗《论义务》(I. 61—92)。吉本《罗马帝国衰亡史》第一章提到："罗马人非常清楚，缺乏技艺和练习的勇敢并不完美，所以，在他们的语言中，'军队(exercitus)'这个名称来自'练习(exercito)'这个语词(exercitus ab exercitando)。"卢梭在前文(11)说到灵魂的力量和生气。

② 《蒙田随笔集》1.26："我赞成普鲁塔克的看法。他说，亚里士多德在教他的大弟子亚历山大时，不大注重三段论或几何定律，而更热衷于教他有关勇敢、大胆、宽容、节欲以及无所畏惧的训诫。"([中译按]潘丽珍译本，上册，页182)。在《蒙田随笔集》(2.17)中，蒙田控诉"目的不是要让我们变得贤明善良，而是要让我们博学"的教育。关于大学，参见卢梭的回应文《日内瓦人卢梭致格瑞姆先生书》。关于圣皮埃尔神甫的一个残篇与杜邦(Dupin)手稿中的几页出自同一个灵感，卢梭对此应不陌生。这个残篇见 Streckeisen-Moultou 前揭书，页 308(亦参《杜邦夫人的活页》，前揭，页 103)。1742 年，卢梭在 Chenonceaux 见过圣皮埃尔神甫。

③ 卢梭在 1751 年 5 月 25 日给 Marcet de Meziere 的信中说："您的确没有搞错，您相信看到以我自己的方式提到祖国这个词时的深厚情感。对于您这个评论，我由衷感谢"……"生活在奴隶之中才让我感到自由的价值"(CG，卷一，页 312)。对孟德斯鸠来说，对法律和祖国的爱"尤其表现于对民主政制的追求"(《论法的精神》4.5)。比较《论法的精神》5.2："对祖国的热爱使道德风尚变好，好的道德风尚使人热爱祖国。"

(转下页注)

如说是由于对上帝心怀恐惧。

[**原注八**] 参见《哲学随想录》。

[B本注] 狄德罗《哲学随想录》(8):"有些人,不应该说他们敬畏(crain-dre)上帝,但是,很可以说他们害怕(avoir peur)上帝。""害怕"显然没有"敬畏"的意思。Fréron 在《关于当代作家的通信》中反驳说:"凡在好学校念过书的人都会作出对卢梭不利的证明,他们将作证,在这里他们学会认识神、爱神、敬畏神,而非害怕神。"见 Fréron, *Lettres sur quelques ecrits de ce temps*,1751 年 10 月 5 日,卷五,页 73 以下。Havens 猜测,卢梭在这里插入狄德罗的话是为了加深读者的印象,这种解释既无根据也没有用。即便这两位朋友交恶后,卢梭仍然引用狄德罗。

[G本注] 狄德罗是在讨论"上帝宣判某些人堕入地狱"这一教义的语境中提出了这则评论。卢梭的引证很谨慎,但也足够大胆,因为狄德罗的《哲学随想录》已在 1746 年遭到公开谴责和查禁。

[中译按] 狄德罗《哲学随想录》中译见《狄德罗哲学选集》(江天骥等译,北京:商务印书馆,1959),比较狄德罗,《哲学随想录》,柳书琴译,南昌:江西美术出版社,2019;狄德罗,《哲学随想录》,罗芃、章文译,上海:上海译文出版社,2021。

有位贤哲之士(un sage)说过,①我宁愿自己的学生打网球消磨时间,这至少还可以锻炼身体。我知道,必须让孩子们有事可做,对于孩子们来说,最可怕的危险是闲暇(l'oisiveté)。可是,他

(接上页注)卢梭多次提到爱国情感,在他看来,只有在自由状态中,爱国情感才会完全发挥(参阅应文《日内瓦人卢梭致格瑞姆先生书》和《政治经济学》)。卢梭在《爱弥儿》第一卷开头说说:"不存在公共制度,也不可能存在,因为没有祖国(patrie)也就不会有公民。应该从现代语言中删除'祖国'和'公民'这两个词。我很清楚理由,但我不愿意谈,因为同我的主题没关系。"([中译按]李平沤中译本把"祖国"误译作"国家")其实,在 1749 年,卢梭的确想要唤起爱国情感。几年后,Coyer 发表了以祖国这个旧语词为题的博士论文(参见格瑞姆,《文学通讯》,前揭,卷二,页 445[1754 年 12 月]):"我们为国王和国家效劳,而非为祖国效劳,正如我们的作家所要求的那样。"

① 指蒙田在随笔《论学究气》(《蒙田随笔集》1.25)的说法,卢梭接下来的长注也摘自这篇随笔。

们应该学习什么呢？当然，这确是个好问题(une belle question)。
但愿他们学的是做人应该做的事，别去学他们应该忘掉的事。

[原注九] 按照他们最伟大的国王的观点，斯巴达人的教育就是如
此。① 蒙田说，"有件事特别值得深思，这就是吕库戈斯[设立]的优异政体
(excellente police de Lycurgue)，他本人真堪称完美得难以置信，因为他非
常重视孩子的培育(nourriture)，仿佛这才是基本职责，何况就在缪斯本家，
他也极少提到学说，似乎，这些高贵的年轻人鄙夷所有别的羁轭，就用不着
给他们提供我们的科学老师了，仅仅提供教勇敢、审慎和正义的老师就
够了。"②

现在不妨看看这位作者怎样谈古代波斯人。他说，柏拉图写道："波斯人
教育继承王位的长子的方式是这样的：孩子呱呱落地之后，不是交给女人们，
而是交给国王左右最有权威的宦者，因为他们有美德。这些人负责使他的身
体美丽而健康，七岁之后，就教他骑马射猎；到了十四岁，就把他交给四个人，
即这个民族[国家](nation)最智慧、最正义、最节制和最勇敢的人。第一个人
教他宗教，第二个人教他永做真诚的人，第三个人教他克制自己的欲念，第四
个人教他无所畏惧。"③我要补充说，他们全都是要教他好，没一个是要教他
有学问(savant)。

色诺芬的书中说："阿斯提阿格斯(Astyage)要居鲁士(Cyrus)叙述一下他
的上一次课。居鲁士说，我们学校里有个大孩子，他穿的是件小外套(saye)，
就把它给了一个小个子同学，把这小个子同学身上比较大的外套扒下来穿
上。我们的先生要我裁断这场纠纷，我说，这事就让它这样吧，因为这样对双
方似乎都更合适。可是，先生说我错了，因为我只考虑合适，但首先考虑的应
该是正义，正义就是要使每个人在属于自己的事情上不受任何强制；他还说
自己因此挨了鞭挞，就像我们在乡下念书忘了τύπτω[打]的不定过去时第一

① 指阿格西劳斯(Agesilaus，约公元前 9 世纪早期)，参见普鲁塔克，《斯巴达人
的传说》67。
② 卢梭这里及随后引用的是《蒙田随笔集》1.25 中的一段(潘丽珍译本，上册，页
157—158)。[中译按]卢梭改变了原文顺序：首先引用的这段关于斯巴达人的说法在
原文中间，随后所引的柏拉图和色诺芬的说法分别在这段话的前后。
③ 这段说法来自柏拉图的《阿尔喀比亚德前篇》(121d—122a)；柏拉图《法义》
694a—698a。

人称时受罚一样。我的先生在说服我相信他的学校与这里的同样好之前,用褒贬法给我作了一番美好的训导。"

[笺注]"褒贬法"指修辞学用语,亚里士多德称为 epideictic(参见亚里士多德《修辞术》1.3;亦参昆体良,《修辞术原理》2.20.23)。蒙田引的这段文字出自色诺芬的《居鲁士的教育》(1.3.16—17),阿斯提阿格斯是居鲁士的外公,色诺芬记叙的这段关于"正义"的对话,是居鲁士与母亲而非与外公的对话。居鲁士的老师的原话是:"必须判定长衣属于谁,也就是说,必须搞清楚,师傅说,什么是正义的拥有,凭强力夺走抑或本来拥有或花钱买才是[正义的拥有]? 因此,师傅说,合法的才是正义的,非法是暴力;师傅吩咐说,法官的裁定始终得与法相一致。"(中译依据 Wayne Ambler 英译本:*The Education of Cyrus*,Cornell University Press 2001)——这段说法的观点把正义等同于守法。

[中译按]《蒙田随笔集》1.25《论学究气》(潘丽珍译本,上册):"居鲁士还说,他为此挨了鞭打,就像我们在乡下读书忘了希腊文中'我打'的不定过去时的变位形式时挨打的那样。我的老师在让我相信他的学校可与居鲁士的学校相提并论之前,可能会用'褒贬法'给我一顿训斥。"

[52] 我们的公园装饰着雕像,我们的走廊装饰着绘画。你想想看,这些陈列出来以博公共赞赏(l'admiration publique)的艺术杰作表现的是些什么呢? 祖国的保卫者? 或者那些用自己的美德来丰饶祖国的更为伟大的人物? 才不是呐。都是些从古代神话学(l'ancienne mythologie)里悉心拣出来的心灵和理智的种种迷乱形象(les égarements du coeur et de la raison),以便早早地迎合我们孩子们的好奇,而且,毫无疑问,甚至在懂得阅读之前,孩子们眼前就已经会有种种恶劣行为的榜样啦。①

━━━━━━━━━━

① 参见 Schiefenbusch,《卢梭对美术的影响》(载《卢梭年鉴》,XIX)。卢梭夸赞古代更多指美德典范,而非古代的诗或艺术。[中译按]比较狄德罗,《狄德罗论绘画:最高尚的思考到最粗鲁的描述》,陈占元译,北京:中信出版集团,2019;迈克尔·弗雷德,《专注性与剧场性:狄德罗时代的绘画与观众》,张晓剑译,南京:江苏凤凰美术出版社,2019。

[53] 如果不是天资的差异和种种美德的堕落在人们中间引出灾难性的不平等(l'inégalité funeste)的话,所有这些乌七八糟的东西又是哪里来的呢?① 我们所有的学术研究最显著的后果就在于此,而且是所有结果中最危险的后果。人们不再问一个人是否正直,只问他有没有天资;不再问一本书是否有益,只问是否写得好。对聪明才智[才子](bel esprit)滥加犒赏,美德却得不到荣誉。漂亮的论说有成千的奖赏,美好的行为分文不值。可是,对我说说看,这个研究院授予的最佳论文所得到的光荣,难道能和设立这个奖的美意相比吗?②

[54] 贤哲之士不追求财富,但对光荣不会无动于衷;而且,当他看到对光荣的分配如此之糟,他的美德虽然稍有鼓励就能激发出来并会对社会(société)有益,也会变得懒心无肠,消沉在悲苦和遗忘中。久而久之,必定会到处产生的结果是,人们更偏爱迎合人心的天资而非有益的天资;而且,自复兴科学和文艺以来,经验已经再充分不过地确认了这一点。

我们有的是物理学家、几何学家、化学家、天文学家、诗人、音

---

① 这个句子加在第戎手稿中难道是为了给人加深印象? 1745 年,法兰西研究院在《法兰西信使》上刊登过征文题目"财富分配不平等中的上帝智慧"。从写作《论科学和文艺》时起,卢梭就表现出捍卫平等(参见 *Études Carmelitaines*,1939,页 128 以下)。[施特劳斯疏]卢梭认为,科学与文艺都需要人类才智的发展,这会让人比他们天生的更加不平等。不平等不仅见于制度层面,关键在于自然天性的差异。众所周知,高贵者有之,不高贵者亦有之。进一步说,培养自然天分尤其会加剧这种不平等。因此,出于民主的旨趣,卢梭反科学既有美德的理由,也有平等的理由,两个理由完全达成一致。

② 《杜邦夫人的活页》(前揭),页 103:"不崇敬某些表面有着惩罚标识的美德(les vertus de quelques marques exterieurs de recompense),是我们的教育和政治的过错。不论在学校还是在世上,人们几乎不曾学习尊敬头衔和财富之外的东西:这样不会带来有美德的抱负,只会让我们将等级和职位摆在欲望的第一位,并对达到目的的手段不加选择。"在关于圣皮埃尔神甫的笔记里,卢梭写到,神甫曾写信给王国的大部分学校,希望它们设立美德奖,由全体学生评选。但是,圣皮埃尔神甫的这个提议没人理睬(参见 *OC*,卷三,页 659)。

乐家和画家,但我们不再有公民(citoyens)。① 或者说,如果在我们被遗弃的乡下还有那么零星几个的话,他们也正在贫困和轻蔑中趋于消亡。这就是这些人的沦落状况(l'état où sont réduits),这就是他们所能从我们身上获得的情感——他们为我们做面包、为我们的孩子提供牛奶。②

[55] 当然,我得承认,事情还没坏到会坏到的那么大地步。永恒的预见(prévoyance éternelle)在各种毒草旁摆下了简单的解毒草药,在那些个有害动物的体内设下了解除受它们伤害时的救治剂,永恒的预见也指点自己的大臣们——也就是[地上的]主权者们(souverains)模仿自己的智慧。以此为榜样,那位大君主的荣光将会世世代代增添新的光辉,因为,他从科学和文艺这一成千上万的祸乱之源的母怀中拉扯出这些著名的社会(ces sociétés célèbres),它们是属人知识的危险储藏所,同时也是道德风尚的神圣储藏所,这些社会要关切的是,得在自身中完全保持知识和道德风尚的纯洁,并以此要求它们所

---

① 卢梭后来说,“只有法国人到处滥用‘公民’这个语词,因为他们对这个语词并没有任何真正的观念,这从他们的词典里就可以看得出来,不然的话,他们就要犯大逆不道的谋篡罪了。这个名词在法国人仅表示一种德行,而不是一种权利。”([中译按]卢梭,《社会契约论》,何兆武译,北京:商务印书馆,1963/2005,页 21 注 4)。卢梭注意到,达朗贝尔为《百科全书》写的“日内瓦”词条就如此。卢梭的这篇应征文力图重振美德,以便随之为美德要求权利。

② 17 世纪的法国作家拉布腊鲁耶(Jean de La Bruyere,1645—1696)将古希腊作家泰奥弗拉斯托斯的《人物素描》译成法文时,附有《人物素描或本世纪的道德风尚》(*Les Caractères de Theophraste traduits du Grec avec les Caractères ou les moeurs de ce siècle*),其中写道,农夫“让其他人免于播种、劳作、收割的生存艰辛,因此应当得到自己播种所得的面包”(《人物素描》11,比较回应文《日内瓦人卢梭的最后答复》)。卢梭祖父的藏书中有拉布腊鲁耶。卢梭担心看到田地荒芜,是出于对道德和社会的担忧,这种不安的含义有细微的差别。参见 M. Bouchard,《从人文主义到百科全书派》,前揭,页 693、762。这些段落反映了当时的资产者情感。

[施特劳斯疏]普通人的穷困潦倒与科学文艺的虚假繁盛形成对照,这个问题可以归纳或统摄在一个统一主题之下——民主共和美德。

接受的成员。①

[56] 那位大君主威严的继承者们巩固了这些贤哲人士的机构（sages institutions），②欧洲的君主们无不仿效，③至少，这些机构可以成为文人学士们的一种约束；他们个个渴望进研究院以获得荣誉，就会洁身自好，努力以有益的著作和无可非议的道德风尚让自己配得上荣誉。这些小团体会以有奖竞赛褒奖文学功绩，借适己的主题（sujets propres）激发公民内心对美德的热爱。这些小团体将表明，这种爱（cet amour）在公民中占有支配地位，并带给人民一种如此罕见、如此美妙的愉悦，那就是让人民看到，这些学人社会（des sociétés savantes）不仅投身于在人类散播怡人的启蒙（lumières agréables），而且散播健康的教导。

[57] 但愿人们不要用我只会视为一番新的证明的东西来反驳我。[君主们] 如此多的操心（soins）仅仅表明，操心实在太有必要，对于根本没有的疾病，人们不会去寻找救治[药方]。可是，为

---

① "大君主"指法国国王路易十四（1643—1715 年在位），在他之前，法兰西研究院（Académie Française）已经创建（1635 年）。路易十四治下建立的研究院有：铭文与文学研究院（Académie des inscriptions et Belles-Lettres），亦称"皇家科学研究院"（Académie royale des sciences，建于 1663 年），科学研究院（Académie des sciences，建于 1666 年）。这些研究院受到伏尔泰的推崇（参见伏尔泰，《哲学通信》24，[中译按] 见伏尔泰，《哲学书简》，闻素伟译，北京：商务印书馆，2016，页 119—124）。关于外省的研究院，参见 D. Mornet，《法国大革命的思想根源》（Les origines intellectuelles de la Révolution française；[中译按] 见达尼埃尔·莫尔内，《法国革命的思想起源：1715—1787》，黄艳红译，上海：上海三联书店，2011）。

这里无需怀疑作者赞美路易十四的真诚，参见《致达朗贝尔论剧院的信》V。但是，卢梭的赞赏和敬佩并非毫无保留。与圣皮埃尔神甫一样，虽然光荣的统治已经一去不复返，"在涉及国家利益，也就是统治利益和自己的利益时"（l'Intérêt de l'Etat, celui du gouvernement et le sien）仍然需要智慧对以上利益中的某些信念缄口不言（参见 OC，卷三，页 635）。

[施特劳斯疏]卢梭对路易十四的赞美，只要看一眼前面一段（28，11—22），其真诚便值得怀疑。

② 指法国国王路易十五（1715—1774 年在位）。

③ 比如波兰国王斯塔尼斯拉斯一世，他后来撰文批评卢梭的这篇文章。

什么这些药方不管用,却依然带有普通寻常的药方的外表呢?为了学人利益而设立的这么多机构,只会极尽能事地强制推行科学的对象,用研究院的文化去转化心智。

从人们的种种操心来看,仿佛农夫已经太多,担心哲人太少。我不想在这里贸然来比较农业与哲学,没谁会容忍这种比较。我仅仅要问,什么是哲学?[如今]最有名的哲人所写的东西究竟是些什么?这些个智慧的朋友们(ces amis de la sagesse)教诲的是些什么?听听他们说的,谁不会把他们当一群江湖骗子?他们个个站在自己的角落,对着公共广场激奋呼喊:来我这儿呵,唯有我绝不骗人。一个硬说,根本就没有物体,所有的东西都是表象;另一个说,除了物质没别的实体,只有世界,没有上帝。这一个宣称,既没有美德也没有凶德,道德的善恶全是吐火女妖(chimères);①那一个说,人与人是豺狼,都会凭着良心相互吞噬。

[G本注]"根本就没有物体"指英国哲人贝克莱(1682—1753)的学说;"除了物质没别的实体"指荷兰哲人斯宾诺莎(1632—1677)的教诲,因为,"除了物质没别的实体"与"只有世界,没有上帝"在这里是同一个教诲,而在物质世界与上帝之间划等号的,正是斯宾诺莎。按照这里的说法,卢梭似乎把斯宾诺莎视为一个唯物论者,这是一个大胆但站得住脚的解释。参见斯宾诺莎《伦理学》卷一,15(边注)和书简56,培尔《哲学词典》中的"斯宾诺莎"条,注释N,II。

[B本注]"一个硬说"指贝克莱。1750年3月份的《特莱芜志》(Les Mémoires de Trévoux,前揭)预告了科斯特(Coste)翻译的《希洛斯》(Hylos)与斐洛诺斯(Philonoüs)反驳怀疑论者和无神论者的《三篇对话》(Dialogues)即将出版,此前已经有D'Alciphron译本。《新爱洛绮丝》引用过贝克莱,但卢

---

① [中译按]参见柏拉图《斐德若》229d5:"斐德若,我啊倒是认为,这样一类说法固然在某些方面漂亮,其实,这种男人虽然非常厉害,非常勤奋,却未必十分幸运,原因没别的,就因为在此之后,他必然会去纠正人面马形相,接下来又纠正吐火女妖形相于是,一群蛇发女妖、双翼飞马以及其他什么生物——遑论别的大量不可思议的生物,关于它们的八卦说法稀奇古怪——就会淹没他。"

梭很可能在几年前就已经读过贝克莱。"另一个说"指《心灵的自然史》(*Histoire naturelle de l'Ame*,1745)的作者霍尔巴赫(D'Holbach)或《人是机器》(*L'Homme machine*,1748[中译按]中译本见拉·梅特里,《人是机器》,顾寿观译,北京:商务印书馆,1959/1979)的作者拉美特利(La Mettrie)。

[中译按]关于贝克莱的学说,参见伯林,《启蒙的时代:十八世纪哲人》,孙尚扬、杨深译,南京:译林出版社,2005,页106—154。关于霍尔巴赫和拉美特利的学说,参见卡西勒,《启蒙哲学》,前揭,页62—70。据詹姆斯·施密特编《启蒙运动与现代性:18世纪与20世纪的对话》(徐向东、卢华萍译,上海:上海人民出版社,2005,页67,注10),《心灵的自然史》的作者是拉美特利,此书在巴黎出版后即遭非议,拉美特利逃到荷兰的莱顿,但他的《人是机器》的唯物论和无神论又在当地引来麻烦。后来,普鲁士国王弗里德里希二世(1740—1786)邀请拉美特利到柏林任皇家科学研究院院士,直到去世(1751)。霍尔巴赫著作的中译有:《健全的思想:或和超自然观念对立的自然观念》(1966)、《袖珍神学》(1972)、《自然政治论》(1994)、《自然的体系》(上下,1998)、《给欧仁妮的十二封信》(2012)等,均为商务印书馆出品。

[G本注]"既没有美德也没有凶德,道德的善和恶全是吐火女妖"是狄德罗"这位哲人"的"对内说教"(参见1756年6月26日写给Landois的信),狄德罗的粉丝格瑞姆把这一教诲变成了实践原则(参见格瑞姆《文学通信》,1756年7月1日和15日);亦参卢梭《卢梭审判让-雅克》对话二(*OC*,卷一,页841以下)和对话一(*OC*,卷一,页695)、《忏悔录》卷九(*OC*,卷一,页468)、《孤独漫步者的梦想》(*OC*,卷一,页1022以下)。"人与人是狼"是英国哲人霍布斯的著名说法,见《论公民》(1651)的书信体献辞的开头:"两种说法都是真实的:'人与人是上帝的孩子;人与人是凶恶的豺狼'。"亦参古罗马戏剧诗人普劳图斯(Plautus)的《赶驴》(*Asinaria*)II,iv,行88([中译按]参见普劳图斯等,《古罗马戏剧全集》,上卷,王焕生译,长春:吉林出版集团股份有限公司,2015)。

[B本注]"这一个宣称",卢梭对各种细微差异的相对主义的含糊影射,指曼德维尔的《蜜蜂的寓言》(卷二,页149—150等处),或指Saint-Aubin的*Traité*(页212):"赫拉克利特认为,好与坏本质是相同的:塞涅卡这样描绘伊壁鸠鲁的教诲,认为根本就没有什么正义,也没有任何正义或不正义的行为"云云……"那一个说"指的是霍布斯。

大哲人们啊！你们为什么不把这些有利的教诲留给自己的朋友和自己的孩子们呢？那样的话，你们很快就会获得报答（en recevriez bientôt le prix 或译[付出代价]），而我们也就不用担心在我们[自己的朋友和孩子]中间找到你们的信徒啦。

[58] 这就是那些了不起的人，他们在世期间，同时代人对他们的称赞无以复加，死后留下的是不朽！我们从他们那儿接受的就是这样的睿智准则，我们又一代一代传给自己的子孙后代！既然已听任人的理性的种种精神迷乱支配，异教留给后世的东西有什么足以与福音书治下的印刷术为它建立的可耻纪念物相比呢？① 留基波斯和狄阿戈拉斯写下的不敬神明的东西随着他们一起灰飞烟灭，②那时，人们还没发明这种让人的心智恣肆（extravagances）不死的技术。可是，由于有了活字印刷符号和我们使用这些符号的方式，霍布斯和斯宾诺莎的危险梦想就永久留下来啦。③

[原注十] 考虑到印刷术在欧洲已经引发的可怕失序，并从进步使得坏东西与日俱增来判断未来，人们很容易预见到，主权者们会毫不迟疑想方设法从自己的国家（leurs États）逐出这种可怕的技术，正如他们过去曾想方设法引进这种技术。由于对某些自称有趣味的人们的胡搅蛮缠让步，苏丹艾哈迈德竟允许在君士坦丁堡设了一座印刷所（imprimerie）。④ 然而，印刷机（la

---

① "异教"（paganisme）指希腊罗马的古典文明。

② 留基波斯（Leucippus，公元前 500—前 440 年），古希腊哲学家，原子论创始者，狄阿戈拉斯（Diagoras）是其门徒，别号"无神论者"，公元前 411 年因不敬神罪遭雅典人指控并放逐。

③ 霍布斯《论公民》的法译本（1649）译者 Sorbière 在译序中说，就"霍布斯、伽桑迪（Gassendi）、笛卡尔的梦想"而言，他更为偏爱别的一些哲人更为严肃的思考。卢梭用的《论公民》就是这个法译本。把哲学思考称为"梦想"（rêverie），卢梭晚年的《孤独漫步者的梦想》是一个例证。[中译按] 狄德罗写的对话《达朗贝尔的梦》（见《狄德罗哲学选集》，前揭，页 137 以下）可以看到另一种性质的梦想。

④ 奥斯曼帝国苏丹艾哈迈德（Le sultan Achmet）三世，1703—1730 年在位，在他的治下（1727 年）建立了一个印刷所。

presse)刚刚装好,就被强制销毁,把设备丢进井里。据说,当请示哈里发奥玛
该如何处置亚历山大城图书馆时,①奥玛的回答是这样的:"如果图书馆里的
书包含违反古兰经的东西,就是坏书,必须烧掉;如果包含的仅仅是古兰经的
教义,也烧掉,因为这些书是多余的。"我们的读书人引述这番道理时,认为它
荒谬绝伦。然而,假设教宗大格雷高里处于奥玛的位置,代替古兰经的是福
音书,图书馆恐怕还是要被烧掉,而且或许还会是这位负有盛名的大主教一
生中最漂亮的举动哩。

[笺注]格雷高里一世(Grégoire le Grand)是中世纪最有名的教宗(590—
604 年在位),他焚毁了梵蒂冈图书馆中的所有异教图籍。狄德罗在《哲学随
想录》(44)中评价这位教宗时说,"这些书的某些论述,对基督教真理毫发无
损,却令当时某些基督徒如芒刺在背,所以他们接受了教父们的影响,对敌人
的书必毁之而后快。伟大的圣格利高里(saint Gregoire le Grand)显然承继了
这些先行者的野蛮热情,对文学和艺术大加挞伐。如果什么都依了这位教
宗,那么我们就会像伊斯兰教徒,除了《古兰经》别无书读。"([中译按]狄德
罗,《狄德罗精选集》,罗芃编选,北京:北京燕山出版社,2008,页 663)显然,卢
梭的这个注释又在影射狄德罗……卢梭在《论语言的起源》中谈到格雷高里
素歌。培尔关于圣格雷高里的文章在评论到伊斯兰教徒时说,伊斯兰教蔑视
文法和人文学。在 Chambéry 时,卢梭要 Barrilot 带给他几本书,包括培尔的
《哲学词典》(参见 CG,卷一,页 37;亦参回应文《日内瓦人卢梭致格瑞姆先生
书》)。

去吧,你们这些有名的著述呵,我们的父辈们无知而质朴,决
写不出这等名著,去吧,让这些名著传给我们的后代吧,与那些个
发散着我们世纪的道德风尚腐气的更为危险的著作一起传世,成
为后世里我们科学与文艺的进步和益处的信史(histoire fidèle)
吧! 如果我们的后代读到你们,你们就不会让他们对今天我们论

---

① 　奥玛(le calife Omar,634—641 年在位),传说他在征服埃及时焚毁了亚历山
大城的图书馆。狄德罗在为《百科全书》写的词条"图书馆"(Bibliothèque)中描述过这
一传说。

争的这个问题再有任何困惑啦；除非他们比我们还糊涂(insensés)，他们会举手向天，满心悲苦地说："全能的上帝啊，人的心智在您手里，请把我们从我们父辈们的那些启蒙和灾难性的艺术(lumières et des funestes arts)中解救出来吧，请把无知、清纯(l'innocence)和贫困(la pauvreté)还给我们吧，唯有这些好东西才会给我们带来好运，唯有这些好东西在你眼里才珍贵。"

[59] 可是，如果科学和文艺的进步并没有给我们真实的幸福(véritable félicité)增加任何东西，如果它败坏我们的道德风尚，如果道德风尚的败坏玷污了趣味的纯洁，我们对这群发蒙作家(cette foule d'auteurs élémentaires)又会作何感想？自然设下了种种障碍来守护缪斯女神的神殿，不让人靠近，以此考验(épreuve)有意求知者的毅力，发蒙作家们却挪走了这些障碍。

那些著作的编辑者们轻率地砸破科学的大门，把不配接近科学的平常人(une populace indigne d'en approcher)带进科学圣堂，对于这些人我们该作何想法啊。本来人们应该期望的是，把所有在文学生涯上没前途的人从[学问]入口处拽回来，让他们投身于对社会有益的技艺。一辈子也只会是个臭诗人或蹩脚几何家的人，说不定会成为一个了不起的纺织工匠哩。

自然命定(la nature destinait)要谁做学生的话，这些人根本无需教书先生。佛鲁冷、①笛卡尔、牛顿这些人类的导师们自己何曾有过导师，②他们的巨大天赋(vaste génie)把他们带到的地方，哪有什么指导能把他们引到那里去呵？庸常的教师(maîtres ordinaries)只能限制他们的智力，用自己的狭隘能力束缚他们。正是由于这些最初的障碍，他们才学会了努力，锻炼自己跨越他们要

---

① 佛鲁冷(Vérulam)勋爵即培根(1561—1626)。

② 达朗贝尔在《百科全书导言》第二部分靠近开头的地方提到这三位人物，这篇启蒙运动的重要宣言书与卢梭的这篇文章在同一年内问世。[中译按]中译见达朗贝尔，《启蒙运动的纲领：〈百科全书〉序言》，徐前进译，上海：上海人民出版社，2020。

走过的无垠空间。如果一定得允许某些人献身科学和文艺研究，就只能是这样一些人，他们自己感觉到有力量循着自己的足迹独步(marcher seuls sur leurs traces)，而且超越自己的足迹；①只有这些少数人才配去为人的才智的光荣竖起纪念碑。

［施特劳斯疏］卢梭在这里推进了一种思想，它关系到前文针对现代哲人的批判。现代哲人忽略美德，把商业贸易、做生意赚钱当作主要任务，这些现代哲人也正是那些鼓励科学大众化的人。科学有可能是坏的，把科学大众化则必定是坏的，我们必须记住这个要点。然而，这些生来要做科学家、做哲人的极少数人也应该启蒙大众，这是他们的职责所在——这也是卢梭后来继续关注的方向。

换言之，卢梭在这里指这样一种科学，它严格地保存在一个极小的圈子内。但是，这种科学以我们如今冠以"科学伦理学"的学科告终。科学伦理学最终不再那么科学，它被传授给大众。不再科学是因为科学不容易影响大众。我们从霍布斯那里可以找到一种思想的清晰表述，他曾经希望他的《利维坦》可以代替牛津、剑桥的传统典籍，那里富有的英国绅士和乡绅尤其成为了把这种学说带给英国大众的传播者，并由此引发方向上的激进转变。卢梭也想做类似的事情，但比起霍布斯，他对大众科学持有更大的不信任。

然而，人们如果不想让自己的天赋(leur génie)有任何限制，就必须让自己的企望没有任何限制。这就是他们所需要的唯一鼓舞。灵魂下意识地与让它倾注的对象相称；造就伟人的是伟大的时机(les grandes occasions)。倘若雄辩之王是古罗马的执政官，

① 笛卡尔在《方法谈》第二部分曾如此描绘自己。科学是留给没有老师的天才们的，他们才有创造力。比较回应文《日内瓦人卢梭的最后答复》。《华伦夫人的果园》提到笛卡尔和牛顿的大名(参见 OC，卷二，页 1128)。狄德罗在万森纳蹲监时，他的书单上与布丰(Buffon)一起的还有培根。培根在其《论学问的尊严和论证》(De Dignitate et augmentis scientiarum)中回答了针对艺术的批评。M. J. Pommier 推测，卢梭所说的万森纳恍悟，应该指他探访狄德罗后回来的路上得到的灵感。Essai sur les Règnes de Claude et de Néron 一文的作者就"万森纳之前的狄德罗"所做的解释也证实了此点，参见 Revue des Cours et Conférences，1938。

那么,哲人中最伟大的,也许当是英格兰的财政大臣。①

人们会相信吗,如果他们中的一位不过在某所大学里有一教席,另一位不过从学园得到一笔微薄年金,我要说,人们会相信,他们的劳作会不受自己的地位影响吗? 所以,国王们别不屑于把那帮最有能力出好主意的人请进自己的议事会;他们最好放弃那种大人物的骄傲带来的陈腐偏见,以为领导人民的技艺(l'art de conduire les peuples)远比启蒙人民的技艺(celui de les éclairer)难得多;好像引导人们自愿地做好事比用强力强制他们做好事要容易得多似的。

但愿一流的读书人在君主们的宫廷中找到体面的庇护所吧,但愿他们在那里得到与自己相称的唯一报酬,这可是他们做出贡献的报酬啊,因为,他们把智慧传授给人民,增进了人民的幸福。唯有在这样的时候,人们才有可能看到,高贵的好胜心所激发出来的美德、科学和权威,在为了人类的幸福而通力合作时能够取得何等的成就。不过,只要权力独处一边,光明和智慧(les lumières et la sagesse)独处另一边,读书人就会很少想到伟大的事情,君主们就会更少做出美好的事情,而人民就会继续卑劣、败坏和不幸。

[60] 对于我们,平常的人们啊,上天绝没分配如此伟大的天资,也没命定[给我们]如此多的光荣,待在我们的蒙昧(notre obscurité)中吧。别去追求名声,它会从我们身边溜走,何况,就事情的当前状况而言,名声决不会偿还我们为之付出的代价,即便我们有获得名声的所有资格。如果我们可以在自己身上找到幸福,

---

① 古罗马的执政官指西塞罗(公元前 106—前 43 年),于公元前 63 年担任执政官。英格兰的财政大臣指培根(1618 年担任财政大臣)。西塞罗和培根都曾担任国家要职,关于这一点,卢梭的看法与同时代人一致。在此之前,他反驳说:"所有人[文人、哲人]都想被重用,出任能为君王出谋划策的职务。"相反,Leblanc 虽然宣称偏爱文人族,但也认为,经验表明文人很少有能力做(政治)大事。参见《一个在伦敦的法国人的信》,前揭,III,页 80。

从别人的意见中去寻求我们的幸福有什么好处呢？让别人去操心教诲人民关于他们的义务吧，我们只管履行我们的义务，我们压根儿不需要知道更多的东西。

[61] 哦，美德！淳朴灵魂的崇高科学啊，为了认识你，难道非得花那么多艰辛和摆设？你的原则不就铭刻在所有人心里？要认识你的法则（tes lois），难道不是返求诸己，在感情沉静下来时谛听自己良知的声音就够了吗？① 真正的哲学（la véritable philosophie）就在于此，让我们学会满足于此吧；不必嫉妒那些在文学共和国中不朽的名人们的光荣；在他们和我们之间划出那条光荣的区分吧，从前，人们就在两个伟大的人民之间划出了这一区分：一个懂得如何善于言说，另一个懂得如何善于作为。②

[施特劳斯疏] 最后一节清楚表明，作为一个常人，卢梭只能对常人说话。但在前言中他却宣称：他只为那些不屈从于他们的时代、国家或社会的意见的人们写作，也就是说，只为真正的学者写作。可以说，《论科学和文艺》有两类不同的作者，同样也可以说，它在向两类不同的读者说话。当卢梭拒绝科学，说它多余或有害时，他是以常人的身份向常人说话，以这种身份说话时，他对科学的彻底否定根本不是夸张之词。但他远不是常人，他只是个装扮成常人的哲人，作为对哲人说话的哲人，他当然要站在科学一边。

卢梭希望超越自己的时代而生活并且预见到一场革命，他为一个健康社会的需要而写作，他认为有望在革命之后建立起的健康社会必须以斯巴达而

---

① 在马勒伯朗士的《探究真理》的前言有一段类似文字，但仅仅是这一段："如果一个人在评断事物时只凭精神所接受的观点，并小心避免世人混乱的噪音，回归自我，在自己的感觉和感情的沉静下来时谛听自己至高无上的主人，他就不会陷入谬误"（Garnier 版，卷一，页7）。亦参《爱弥儿》(1.2)："良知是灵魂的声音，感情是身体的声音"，但是"良知从不会骗我们"。《卢梭审判让-雅克》"对话一"大致采用了《论科学和文艺》中的说法（[中译按] 中译本见让-雅克·卢梭，《卢梭评判让-雅克：对话录》，袁树仁译，上海：上海人民出版社，2007）。

② 这话分别指雅典人与斯巴达人，语出普鲁塔克，《大卡图传》22.4。蒙田在随笔《论学究气》结尾时引用过这一说法："有人说，要我修辞家、画家和音乐家，得去希腊的其他城市，如要找立法者、法官和将领，那就去斯巴达。在雅典，人们学习如何说得好，在斯巴达，人们学习如何做得好。"（[中译按] 潘丽珍译本，上册，页159）

不是雅典作为楷模。卢梭以赞美斯巴达人的美德结束,但他其实指的是共和国的民主美德,即爱国主义和平等主义的美德。这种美德不需要哲学,反过来,只有哲学才能毁掉它。这种美德的基本含义固然是作为灵魂之力量与生气或者说良知,但这层含义不具有特殊的道德意义,它关系到原初自由。这里首先要注意的是个体性诉求:做自己而不是做这样或那样的好人。或者说,如果你想谈论好,你就必须说,好就意味着做自己。

引导卢梭的有三种美德观,它们各不相同。必须强调,美德的这三种含义是现在才有的,因为这当然不是一个传统观念,旧观念是传统的。尽管打着这三种美德观的名号对科学进行这种攻击,卢梭依然承认,在某种意义上需要科学,只不过不是那种大众化的或可被大众化的科学。卢梭攻击我们必须称之为启蒙的那个东西:试图通过传播科学和科学知识提升人的现状。但卢梭也反对我们简单地可以称之为自律的科学(autonomous science),他接受另一种我们可以称之为从属性的科学(ministerial science),这种科学服务于美德的三种含义。

卢梭对科学的攻击有些含混,他经常说得好像自己简单地反对科学,好些段落又显得并非如此。但有一点确实很明确:他当然攻击科学至上。在前现代视角下该如何看待这一点? 按照苏格拉底传统,过沉思生活是人的完满状态。对苏格拉底而言,美德即知识。这把两个方向都切断了。有人说,廊下派激进地改变了这一点,因为廊下派特地强调不同于知识的道德——这种说法并不确切。对廊下派而言,美德是关键词,但至少美德与知识密不可分,廊下派称这类东西为逻辑的或自然的美德,我们不能把 18 世纪的道德理解强加给廊下派。

关键在于,在卢梭那里我们首先注意到的是对美德至上的断言:最终极重要的东西不是认识,而是有道德地行动。这个论断的独特之处(我不是说对卢梭而言独特,但这是他的时代所特有的)在于:道德是唯一有用的东西,道德而不是科学或宗教(实定宗教:基督教、犹太教)才是唯一合适的社会纽带。

尽管如此,比起后来的思想家(比如康德),卢梭更加保护理论科学的可能性。我们必须看到并理解,这种理论科学是卢梭的道德与政治学说的基础——关于这一点的两个主要来源正是《论人类不平等的起源和基础》和《爱弥儿》。

《论科学和文艺》最有趣也最原创的概念是：好就意味着做自己。这就是个人主义（individualism）这个含混的术语所指称的东西。个人主义可以有很多层含义，例如，个体应该拥有相当大的自由去做自己喜欢的事情，或是按照他的天性发展，但并不是关键。关键在于做自己。卢梭的含义是，这个词与原初自由有关：一种未被任何人法或神法沾染的自由。没有任何东西限制原初自由，对人而言的难题毋宁说是他们如此轻易就失去它，向一种低级的普遍规则或者甚至高级的普遍规则缴械投降。做自己的意思恰恰不是按照原初意义上的修养（即按一个并非由自己设立的榜样，而是被发现而非发明出来的榜样）来培育自己、塑造自己。

在《忏悔录》的开篇卢梭说，"在我被造之后，上帝一定打破了模具"。如果人是绝对的个体，那么最重要的讨论就是培养这种个体性。它会导致的结果的关键在于：卢梭想的这种个人主义与理论、与理论知识的观念不相容，不再有任何一种普遍的东西能够在决定性的层面上为我们指引方向。在更古老的古典观念中，变好就意味着让自己去符合或模仿一种榜样，这个榜样不是个体性的。模仿一种不变的模本，而最著名也最伟大的表述当然就是模仿上帝。因此，我们不该关注原创，而要关注模仿，这就是整个传统的要旨。

卢梭追求的是一种极其高贵的野蛮人，这种人是个艺术家，而不是哲人。如果说道德方向的这个深刻转变被卢梭更进一步地深化，可以在所谓的"美学"领域找到这个转变的最著名的形式。什么取代了模仿？——创造。创造当然在本质上是个体性的，因为有创造性的艺术家必须是他自己。我们可以轻易看到，自由的意义在这个背景下如何受到激进的影响：一方面是模仿，另一方面是创造。这在实践上当然导致非常滑稽的结果，人人都被要求去完成这个现代概念——原创。正如当前这个国家许多学校发生的那样——很难令人置信，但却不可否认——孩子们甚至还没有学会掌握字母和简单的数学运算就被要求写出一篇创造性的作文。这让人难以置信，但确实如此。

卢梭并没有把自己局限于教导全体人民明白自己的义务；他还教导全体人民要明白自己的权利。他的政治教诲并非通俗的或全民的教诲，毋庸置疑，这是一种哲学的或科学的教诲。卢梭试图以某种方式在三种美德之间制造一种完美的和谐，但我们有充分的证据表明，他没有成功，而且，他也知道自己没有成功。最简单的证据就是《社会契约论》第一章的第一句话："人生而自由，却无往不在枷锁中。"如果人在文明社会是在枷锁中，那么至少作为个人主义的美德与作为爱国主义的美德就不兼容。社会生活中任何形式的义务都是一种劳动形式，个体的自然自由则超越社会、超越义务。卢梭的后果一端是康德和黑格尔，在道德和国家之间制作出完美和谐的德国人，另一端是无政府主义，那些人走向丛林，拒绝和社会有任何瓜葛。

　　卢梭在写作生涯之初提出的观点最令人难忘，他坚持着自己的观点，直到最后。这个观点大意是：社会的要求与哲学或科学的要求之间有着根本的不和。这个观点与启蒙运动的观点针锋相对，依照启蒙运动的观点，哲学或科学知识的传播无条件地于社会有益，或更通俗地说，在社会要求和科学要求之间有着天然的和谐关系。对卢梭而言，社会本质上是一种束缚，科学与社会的敌对是自然的自由与人为束缚这一对立最重要的例证。人的自然独立性与社会的对抗，决定着政治问题最佳解决方案的一般性质：最佳方案是一个使人尽可能自由的社会。不存在没有自我矛盾的国家，而这个矛盾必然与如下事实有关：即文明社会奠基于私有财产原则——这一点在《论人类不平等的起源和基础》中将变得非常清晰。卢梭的公意说遭遇的真正难题体现在这样两个问题上：公意总是以社会的好为取向，从而总是有着良好意图，何以才能假定，公意总是被启蒙为社会的好？马克思试图解决卢梭问题，如果你理解了卢梭问题，就能更好地理解马克思（［中译按］比较德拉-沃尔佩，《卢梭和马克思》，重庆：重庆出版社，1993）。

　　卢梭本人要求接下来的纪元是建立或恢复真正的社会——即忘掉"个人主义"的前提，让所有个人的思想和愿望保持在人的社会生活的圆规之中。

卢梭对批评的回应

冬一　译

一 致隐修院长雷奈尔先生书

[题解] 雷奈尔(Guillaume-Thomas-François Raynal，1713—1796)早年是耶稣会神父，大约1740年底还俗，1750年任《法兰西信使》编辑。卢梭的获奖文出版后不到半年(1751年6月)，《信使》上就刊发了一篇题为《评析》(*Observations*)的文章，该文在形式上是对几位匿名评论者的评论所做的概述，文笔简洁，态度友善，很可能出自雷奈尔之手。

《论科学和文艺》出版之前，卢梭就与刚接手《法兰西信使》编辑的雷奈尔相熟。《评析》付印之前，雷奈尔曾请卢梭审阅，并邀请卢梭撰写"答复"。因此，卢梭的"答复"和《评析》文在同一期《法兰西信使》上刊出。

卢梭很看重自己的这篇答复，12年后，Duchesne编辑卢梭的作品集时，卢梭两次致函Duchesne(1763、1764，见*CG*，卷九，页73；卷十一，页194)，叮嘱他不要漏掉这篇答复。卢梭很小心地誊写了一份副本，正本已佚。

雷奈尔以《欧洲人在两个印度群岛定居及从事贸易的哲学和政治史》(*Histoire philosophique et politique des établissements et du commerce des Européens dans les deux Indes*，1770)留名思想史，该书由于持反殖民和反教权的政治观点而遭禁。

[1] 先生，我对把《评析》交托给您的诸君感激不尽，您又一片好心，将之转交于我，我将尝试从中获益。不过，我必须向您坦言，我发现，我的批评者们有些苛究我的逻辑。我也怀疑，如果我曾顺从了他们的观点，他们大概不会表现得这般苛刻。至少，在我看来，如果他们自己但凡展现了一些他们曾强求于我的那种严格的精确，我也就没有任何必要请他们作进一步澄清了。

[2] 他们说，"作者似乎更偏好欧洲在科学复兴之前的状况；由于受虚假的知识和盛行的行话支配，这种状态比无知还糟糕。"这一评论的作者似乎让我宣称，"虚假的知识"或经院行话（jargon scholastique）比科学更可取，可我亲口所说的乃是，它比无知更糟糕。① 但他是如何理解"状况"（situation）一词的呢？指启蒙还是道德风尚？抑或混淆了我如此费力区分的两者？然而，由于这正是问题的核心所在，那么我承认，由于我仅仅是显得对这个问题站在一种立场上，这让我极为难堪。

[3] 他们补充说，"作者更偏好乡土气（rusticité），而非文雅（politesse）。"

[4] 的确，比之于我们时代傲慢虚伪的文雅，作者更偏好乡土气，而且，他也已说明了这种偏好的原因。"他还倾向于除掉②所有学问人和艺术家。"好吧，既然你们坚持，我也只好同意，删去我对此作出的所有区分。

[5] 他们接着说，"作者还应指出他所称作败坏时代的根据。"我所做的远不止这些，我把自己的论点阐述成为普遍论题的形式：我把道德风尚败坏的这一最初阶段归于学识在世界上任何国家中

---

① 见《论科学和文艺》8。

② 《法兰西研究院词典》1740、1762 版：faire main basse［杀掉，刭击］。仅 1798 年版才补充了一个词项："无保留地批评"。17 和 18 世纪的辞典均未见该表达的现代含义"拿"或"抄"，仅 Regnard 在这个含义上使用过该词，参见 Regnard，《全部财产受赠人》（*Légataire universel*）3. 2。

获得培养之时,而且我发现,这两者的发展总是直接相应。"[作者]通过回到那个原始时期,将我们的道德风尚与那时相比较。"对此,我甚至还愿意用一整本书的篇幅来更加详细地阐述呢。

[6]"除了那个时期以外,我们根本不知道应该回溯到多远,除非回溯到使徒时代。"我本人倒是没看到这么做有何不可。但是,我要向我的审查官讨个公道:他难道本想要我说,使徒时代是最无知的时代?①

[7]他们又说,"说到奢侈,人们明白,在小国中,可靠的政策会提倡禁止奢侈。但在一个比如法兰西这样的王国中,情况就完全不同了。原因嘛,谁都知道。"就此,我难道没有理由抱怨了?这些"原因",恰恰就是我自己曾努力解答的原因所在。无论回答得好坏,我都已对之作了回答。现在,除了这么做以外,人们很难向一位作者展示一种更大的轻蔑了:在回应他的时候,无非只是用他已经驳斥过的那些同样的论据再来要求他回答。可是,对于他们需要解决的难题,是否还必须再为他们指出来呢?这也就是下面这个难题:"一旦人们不惜任何代价只求发财致富,美德会变成什么样子呢?"②

[原注]《论科学和文艺》,41。

这是我曾经问过他们的问题,而且还要继续问他们。

[8]随后的两条评析,第一条以这样的言辞开始:"这就是人们最终要反对的",另一条的开头是"然而,更加直接攸关的是"。③

---

① 在答复斯塔尼斯拉斯的驳难中,卢梭明确了自己的宗教立场。他把使徒与有太多"学问"的神父相对比。

② 完成《论科学和文艺》之后,卢梭写过一篇关于"财富"的文章,由 F. Bovet 于1853 年出版。

③ 为防止学人、艺术家过剩而农夫过少引起的混乱,该提出怎样的有效方法和措施?该准备和支持怎样的个人改革?卢梭在答复波兰国王的回应文中给出了满意的解答。

我请求读者免除我眷写它们的痛苦。① 研究院曾经问我的论题是,科学和文艺的复兴是否有助纯化道德风尚。这是我要解答的问题,然而,在这里,人们却指责我没有解答另一个问题。

当然,这少说也是一个很奇怪的批评。我几乎快处于这样的境地了——我几乎要请求读者宽恕自己已经提前回答了那个问题,因为,如果读者读了我的论文最后五六页,他便有可能相信,情况确是如此。

[9] 最后,如果我的审查官们继续希望得到实际的结论的话,我保证会在第一次答复中为他们提供清晰的结论。

[10] 禁止奢侈的法律对于根除已经牢固确立的奢侈毫无作用,就这一点,他们说,"作者不是不知道,在这个主题上可以说些什么。"的确。我不是不知道这个事实:人死了,就完全没必要再看医生。

[11] "对于与普遍趣味针锋相对的真理,怎么强调都不为过,而且,重要的是尽力阻止欺骗。"这点我并不完全同意。我相信,应该给小孩留一些玩具。②

[12] "比之于研究院要求的客套样式,很多读者更愿意这些论文写成平实的文体。"我非常认同这些读者的品味。在这点上,我能够认同我的审查官们的态度,也是我今后所要做的。

[13] 我并不知道,附言(Post-Scriptum)中提到的那位会威胁到我的敌手是谁。③ 无论他是谁,④我都没法在没有阅读一部作

---

① 两条"评析"所提的问题都是,卢梭的主张对国家和个体的实际影响是什么。

② Osselets:羊骨玩具,儿童游戏。

③ 敌人显然是戈蒂埃(Gautier),见《日内瓦人卢梭致格瑞姆先生书》。雷奈尔曾说,据传闻,一篇反驳《论科学和文艺》的文章即将问世,来自"某个更杰出城市"的研究院院士之手。他大概是在提醒卢梭,斯塔尼斯拉斯将有"回应"。

④ Vaugelas指责 Tel qu'il puisse être 这一用法。然而,在 17 和 18 世纪,这种用法的例子很多(参见 Haase,《17 世纪法语句法》[Syntaxe française du XVIIᵉ siècle],节 45;F. Brunot,《法语史》[Histoire de la langue française],卷六,页 1441)。

品之前就回答,也不会在受到攻击之前就自认已被打败。

[14]此外,对于我据悉随后将要提出来的那些批评,无论我会当时作答,还是留待我在受邀出版的扩充版中再回答,我都要警告我的审查官们,他们不会[在我的那些回答中]发现他们所期望的改变。我预计,当涉及我不得不为自己辩护的状况时,我会毫不迟疑地接受从我的诸原理(mes principes)①所得出的一切结果。

[15]我早就知道人们会以怎样的伟大语词来攻击我。启蒙,知识,法律,道德,理性,礼节,敬重,精致,客套,文雅,教养等等。对所有这些,我仅用另外两个词来回答,它们在我耳边震撼,比以前更响亮。美德,真理! 我会不停地呼唤:美德,真理! 如果谁就此看到的仅是些语词,那我对他也没什么好说的啦。

---

① [中译按]在回应对《论科学和文艺》驳难时(尤其最后两篇即《纳喀索斯或自恋者〉序言》和《致博德斯第二封信的前言》),卢梭多次提到自己的"诸原理"(mes principes)或"体系"(mon système)。

二 日内瓦人卢梭的几点评析

——关于对他的论文的回应

　　[题解]此篇回应文通常简称《答波兰国王书》。1751年9月，《法兰西信使》登载了一篇批评《论科学和文艺》的匿名文章，卢梭随即写了这篇回应，刊于《法兰西信使》10月号。

　　卢梭知道匿名文的作者是斯塔尼斯拉斯一世。手稿R.89在衬页上加了"给波兰国王，洛林公爵"。第一页上有这样一个注："波兰国王的作品起先匿名，作者不愿被公开，我也就随他自己的选择，任由其隐姓埋名。但是，自从这位国王向公众承认这篇作品以来，我也就不能继续闭口不谈他给我带来的荣誉了。"另一个注释补充说，这部作品将在卢梭先生作品集的附录第一卷中刊印。

　　斯塔尼斯拉斯一世（Stanislas I Leszczyński 或 Leczinski，1677—1766），两次在位的波兰国王（1704—1709年和1733—1736年），他是当时的法国王后玛利亚（Marie Leczinski，1735年与路易十五[1710—1774]成亲）的父亲。1736年，斯塔尼斯拉斯一世迫于俄国的压力逊位，1738年，按《维也纳条约》，他成为洛林及巴尔（Bar）地区公爵。在他过世（1766）后，路易十五将这两地收为法国领土，巴尔行政区并入洛林。斯塔尼斯拉斯一世批评卢梭的文章，作于他任洛林及巴尔公爵之时。

　　斯塔尼斯拉斯一世生前有"好人"之称，他喜欢哲学，希望自己

有"哲人"头衔。① 其子也即波兰最后的国王斯塔尼斯拉斯二世
(Stanislas II Auguste Poniatowski,1732—1798;1764—1795 年在
位)也深受启蒙哲人的影响,曾推动波兰的教育改革。

　　刊发斯塔尼斯拉斯一世的匿名文章时,雷奈尔加了颇为奉承
的编者说明,并暗示匿名作者是谁:"我们没有获准公开下面这部
作品的作者名字,对此,我们颇为恼火。他能够英明地治理人民。
他操心给人民带来生活必需的物质,也关注养成美德的学问和知
识。他还亲自来捍卫科学。"雷奈尔是否曾告诉过卢梭匿名作者是
谁呢?

　　一份手稿上的几行铅笔字(见《洛夏岱尔手稿》)表明,卢梭知
道这篇批评文章的作者是谁。"我知道,这一[答复](划掉换成
'小作品')语调将激起读者们的好奇。[那么](划掉)[人们](裂
缝)会对[这位敌手]说些什么呢? 人们谈论到他时,多么尊敬和
庄重;人们对他如此敬重,毫不担心会得罪他。读了那篇驳难后,
人们肯定会说:这位日内瓦公民敢于说出真相,这对人民来说很不
幸。这篇论文带来的最高荣誉不属于我。"

　　据 Lenieps 说,卢梭"收到匿名人对论文的答复","本可因此
扬名",但他保持沉默,仅对几个朋友提及。在刊印之前,卢梭曾把
自己的回应文寄给斯塔尼斯拉斯一世,这位前波兰国王对此"十分
满意",并"对作者表示认可"。

　　按 Lenieps 所说,卢梭在发表自己的回应之前曾寄给斯塔尼
斯拉斯一世看过。若干年后,卢梭在给 Perdriau 的信(1754 年 11
月 28 日,参见 CG,卷二,页 134)中写道:"在我回应波兰国王时,
必须根据他们[审阅者]的要求寄去手稿,未得允许不准刊出。他
们声称,对王后的父亲进行公开讨伐,是缺乏敬重。他们在我的答
复中看到的更多是傲慢。他们甚至威胁我的人身安全。对此我未

---

① 　参见 J. Vier, *Revue d'histoire littéraire*,1926 年 7 月。

加理会,我没有把手稿寄给国王。我对公开的诚实感到骄傲,如同我今天所做的一样,而且事实证明我是对的,……我没有把手稿寄给国王。"

按卢梭在《忏悔录》中的说法,并没有匿名作者这回事,而斯塔尼斯拉斯一世也没有在卢梭的回应文刊出之前读到它。① 卢梭说,斯塔尼斯拉斯一世读过回应文后说,"我不愿再讨论了,我不会再碰它(《论科学和文艺》)。"斯塔尼斯拉斯一世是否说过这话,值得怀疑。

据说,斯塔尼斯拉斯一世的法语说和写都不佳。② 他的告解神父 P. de Menoux 很可能参与了这篇批评文章的写作,卢梭对此很确定。据文史家推测,公爵秘书 Solignac 曾为此文润色。③ 斯坦尼斯拉斯一世的亲笔手稿由他的女儿(即法国王后)保存。④

[1] 对那位用驳难文为我的论文添光的匿名作者,我更应致谢,而不是反驳。但致谢归致谢,这丝毫不会让我忘却对真理的责任。我也不会忘却,无论何时,只要涉及理性的问题,人们就恢复到自然权利(le droit de la Nature)上来,并恢复了他们最初的平等。

[2] 我需要辩驳的论文有许多极为真实并确凿证明的东西,就此我没什么好回应的。因为尽管我被人称作博士,被人认为是无所不知的人中的一员,我却为此很遗憾。

---

① *Confessions*,参见 *OC*,Pleiade,卷一,页 365—366。

② 参见 Selon Maugras,*Les dernières années du roi Stanislas*,Paris,1906,页 201 注。

③ 参见 *Correspondance littéraire*,卷二,页 105—106。

④ 见 Lenieps 在其中一份《评析》(Observations, Bibliothèque de Genève, E 1829)上的注释。

[3] 我的辩护决不会更容易。我需要将自己的感受和人们用于反对我的种种真理对比。如果我能证明后者且不反对前者，我相信，我便已经充分为之作了辩护。

[4] 敌手的所有观点，我可以概括为两个要点。一个涉及对科学的赞颂；另一个讨论的是对科学的滥用。对此，我将分别考察。

[5] 从其语调来看，驳难文似乎希望，与我事实上所说的相比，我远远更多地诋毁了科学。驳难文认为，我的论文在起始处对科学的称赞对我很不利。据[驳难]作者，真理让我吐出[对科学的]认可，我却很快将之撤回。

[6] 如果这是真理让我吐出的一句赞颂，那么实情看起来就会是，有关科学的好处，我实际的想法和我所说出的想法相互一致。那么，作者自己所说的[科学]的好处便并不与我的感受相悖。他说，我是被迫吐出这一认可的：这不是对我有利嘛，因为这就表明在我这儿，真理比习性有力。

但是，凭什么判定这一赞颂是被迫的呢？因为称赞得不好？如果用这个新标准来评判，那将是对作者真诚心的可怕审判。因为称赞太短了？在我看来，我本能轻而易举地用更多的篇幅来叙述更少的内容。他说，这是因为我很快变卦了。我看不到我在何处犯了这样一个错误。我仅能作答：这并非我的本愿。

[7] 显然，科学在其自身极好；人们不得不丧失理智才能持相反的观点。造物者是真理的源头，认识万物是他的神圣属性之一。所以，获得知识和扩展学问在某种意义上参与了至高的智性。在这个含义上，我赞扬知识，我的敌手也是在这个意义上赞颂它。①

---

① 神学角度的这一让步加上哲学参与的简要影射，有一种思辨的旨趣。卢梭试图根据历史或事实来证明，人类有限的心性和热情妨碍人类对自我和自身义务认识的超越。

他还继续以很长篇幅提到人类可以从科学和文艺中获取的种种用处;如果这是我的论题的话,我也会说出这么多。因此,在这一点上,我们彼此一致。

[8]但是,源头如此纯澈、目的如此令人赞叹的科学,何以孕育了如此之多的不虔敬、邪说、谬误、荒诞体系、自相矛盾、愚蠢,如此多的尖刻讽刺诗、恶劣小说、放荡诗句和下流书籍?在那些发展科学的人们中间,何以有如此之多的傲慢、贪婪、邪恶、诡计、嫉妒、谎言、阴险、毁谤、无耻可卑的谄媚?

我已说过,这是因为,科学无论多么美妙、多么崇高,它根本就不是为了人而造的。人的心智过于狭隘,不能从之获得提升;人的心中有着过多的激情,没法克制人不去误用它。对人来说,研习自己的义务就足够了,而每个人都拥有研习义务所需的全部光照。我的敌手那方也承认,当人们滥用科学的时候,科学就会变得有害;他也承认许多人确实滥用科学。就这些,我相信,我们所说的没有太多分歧。的确,我还补充说,科学已被极大滥用了,且一直在被滥用着。在我看来,驳难文没有对此提出异议。

[9]从而,我有信心认为,我们的原理及能够随之推出的所有提议,都无任何对立,而这也正是我当时必须证明的。然而,当我们准备总结时,才发现两个结论彼此对立。我的结论是:既然科学对道德风尚的害处多于对社会的益处,就更值得让人们对科学的热情有所收敛。我敌手的结论是:尽管科学很有害,但鉴于科学带来的好处,还是应该培育科学。这两个结论哪个更可取,我留给少数几个真正的哲人而不是公众来抉择。

[10]对这篇驳难文中的某些地方,我还要作出几条简要评论。在我看来,它们或多或少缺乏[文中]在别处我十分钦佩的公正。正是由于这些地方,才使得作者推断出错误的结论。

[11]驳难文以几处个人性的评论开篇,对此,我仅提及与问题有关的内容。承蒙驳难文作者的诸多夸奖,这当然让我可以有

很多话可说。不过,在这些问题上,我们之间的共通之处甚少:①
对歆慕之物的敬默,通常比轻率的称赞更合适。

[**原注一**] 所有的君王,无论好坏,只要有朝臣与文人的存在,通常都会受
到奉承、不加区别的颂扬。君主如果确实是伟大的人物,他们会要求更为适
度、明智的称赞。诡谀会冒犯他们的美德,夸赞甚至会玷污他们的荣耀。我
至少知道,如果普林尼②从来未曾写作,图拉真(Trajan)在我眼中要更伟大。
如果亚历山大大帝真如他自己佯装显现的那样,他便丝毫不会考虑[制作]自
己的肖像或雕塑了。至于说到他的颂词,亚历山大大帝本应该除了让一位拉
克岱蒙人发表颂扬外,不允许其他任何人颂扬他,即便因此要冒着始终无人
颂扬的危险。③ 与国王相称的唯一颂辞,不应从演说家被雇佣的嘴巴里道
出,而应来自一群自由人民的呼声。④

[12] 据说,我的论文让人意外。

[**原注二**] 问题本身可能也让人意外:这是一个重要的好问题⑤——如果此
前曾经提出过这样的问题的话,而且,这个问题可能也不会很快就再次提出。
法兰西研究院(Académie Française)刚刚公布了1752年度雄辩奖的论题,与我
们的问题极为类似。它要求证明“热爱学问激发了热爱美德”。⑥ 研究院没有认
为,适宜把这样一个论题遗留为一个问题的形式。为此之故,这个睿智的[研究

----

　① 在一位国王赞扬一位平民与一位平民赞扬一位国王之间,共通之处甚少。

　② 小普林尼(61—113)曾写过一篇国王图拉真的颂词,在《论人类不平等的起源
和基础》(37)中,卢梭再次提到这件事。

　③ 据 Quinte Curce, *Histoire d'Alexandre*, Freinsheim, 1696,页121—122,以弗
所人(les Ephésiens)拒绝以捐赠者的名义把亚历山大的名字记在他们的神庙,并向他
指出,由于亚历山大自己也是神,他向神明奉献不适当。但他们在里面放了阿培勒
(Apelle)的一幅亚历山大图来代替,图中亚历山大手持霹雳。参见《蒙田随笔集》1.42,
Villey, t. I,页334及普鲁塔克的 *Les Apophtegmes*,15,页294(1802版)。

　④ 《蒙田随笔集》1.42:“有一天尤利安(Julien)大帝的臣子赞美他做出公正的裁
决。大帝说,‘对这些美言,我自然感到自豪。[前提是]这些赞美之言属实,并出自那
些敢于批评或贬责我错误言行的人处’。”(Villey版,卷一,页340)

　⑤ [中译按]引《论科学和文艺》1。

　⑥ 在1752年的《论第戎科学院某院士对论文的新驳难》5中,卢梭再次提到
此点。

院〕团体把通常哪怕在涉及最难的论题时给予作者们的时间延长到了两倍。①

　　在我看来，这个说法需要解释。同样，看到这篇论文竟然获奖，评论者也表达了意外。然而，平庸的作品得奖，本来也没什么好奇怪的。言外之意是，这个意外对第戎科学研究院来说是荣耀，对所有科学院来说，则是对其廉正的羞辱。而我为了我的事业而从这件事中得到的益处不言而喻。

　　［13］通过委婉至极的言辞，我被指责，在我的行为与我的原则之间存在一个矛盾。我受到了如下责备：我本人培养了那些我所谴责的学问。

　　［原注三］我不会如其他许多人一样，通过认为我们的教育并不取决于我们自身、我们在被下毒时没有被征求意见来证明我自己：我当时极为愿意投身学问之中，并且更是全心全意地放弃了学问，因为我看到，它给我的灵魂带来的只有困惑，于我的理性毫无益处。我不想与这骗人的行业再有什么关联，在这行业中，人们自认为了寻求智慧而做了很多事，但所做的一切其实都是虚荣。

　　既然——正如我被认为尽力要证明的那样——科学和美德互不兼容，那么，我便被以一种坚持不懈的语气追问，我何以胆敢使用其中的一个来为其中的另一个发声。

　　［14］以这样的方式使我卷入这个问题中，这很聪明。这样一种个人性的引证不会不让我在答复或者多篇答复中陷于尴尬之地，因为不幸的是，我要做的不止一番答复。② 让我们至少尝试，让他们在准确性方面弥补其在优雅得体方面欠缺的地方。

----

　　① 此次征文得奖者为第戎的葛德兰学院(Collège des Godrans à Dijon)的修辞学教授 P. Courtois，他的论断与卢梭的针锋相对，有意批评第戎研究院。见 M. Bouchard，*De l'humanisme à l'Encyclopédie*，1929，页 617。1750 年末，Bissy 受任公爵职位以来，以《那人卑劣的演讲》(*sa harangue misérable*，刊于 Coll 日报，页 330)一文影射卢梭的《论科学和文艺》，见《信使》1751 年 2 月刊。

　　② 卢梭想同时回答斯塔尼斯拉斯一世和戈蒂埃。

[15] 第一，培育科学败坏一个民族的道德风尚，这是我敢于持有的观点，我也敢于相信自己已给出论证。但是，我怎么可能说过，在每个特殊个体那里，科学和美德都互不兼容呢？——正是我曾劝说君王们为他们的朝廷召集真正的有学识之人（les vrais Savants），信任这些人，好让我们终于能看到，科学和美德的合一能够为人类的幸福做些什么。我承认，真正的有学识之人为数极少。因为要想很好地运用科学，必须把伟大的禀赋和伟大的美德汇集一处。对此，我们几乎（à peine）①只能寄希望于少数几个优秀灵魂，绝不应当期待全部人民。所以，人们不能从我的准则得出结论，认为一个人不能既有学问又具美德。

[16] 第二，人们更是不能用这个所谓的矛盾来给我个人施压，即使它确实存在。我向往美德，我心为证。我的心也太过清楚地告诉我，这种爱与造就一个有美德的人的践履之间有着多大的差距。另外，我远没有掌握科学，更不会假装掌握它。我本应认为，我在论文开头的坦白承认会让我免受这份指责，但我曾担心的毋宁是，人们会批评我对自己并不知晓的东西乱加评判。早已足够显然的是，我不太可能同时免除这两份指责。我如果不及时反驳这一个无甚价值的所谓矛盾，谁又知道，是否有人甚至会决定把这两个指责一并结合起来？

[17] 第三，就这个论题，我可以借用教会神父们对他们所蔑视的俗世科学的评论，神父们恰恰借此与异教的哲人相争。我可以引用神父们经常在俗世科学与被以色列人窃取的埃及金银珠宝之间所做的比较。② 但是，作为最后的答复，我愿意将之转为

---

① 手稿 R. 89 删去 à peine。

② 参见圣奥古斯丁，*De Doctrina Christiana*，1. 2. 40，受《出埃及记》（*Exode*）3：22 及 12：35 的启发，奥古斯丁要求基督教作家用异教（希腊）智慧的真理为基督教服务，就好比以色列人抢夺埃及人的金器、银器和华美衣服以作神圣用途。奥古斯丁还说，人们若不事先庆祝耶稣复活节，就不能平安无事地霸取埃及人的金银，亦即异教"通行天下的科学"（*De Doctrina Christiana*，2. 41）。

下面这个问题。如果有人要杀我，我有幸夺过了他的武器，在扔掉武器之前，我是否被禁止用它来把那人从我家里赶走以自卫呢？

[18] 人们指责我的那个矛盾若不存在，就没必要认为我仅想以一个浮祧的悖论来取乐。在我看来，我也更没必要这么做，因为，我采取的语调尽管可能糟糕，但至少不是那种说俏皮话的语调。

[19] 那些与我个人有关的批评该结束了。谈论自己永远不会有好处，即使被迫谈到，这个冒失也很难被公众宽恕。无论是攻击还是防卫真理的人，真理都不取决于他们。相互为真理而争论的作者们应该彼此相忘，这会省下很多纸墨。但是，这个规则，我乐于采纳，我的敌手却很难接受。[我与敌手之间的]这一差别，不利于我的回应。

[20] 作者看到，我用科学和文艺对道德风尚造成的后果来反驳它们本身。于是，作者就用所有国家能从科学和文艺得到的数不尽的用处来反诘我。好比为了证明被告者无罪，人们所要做的一切，就是证明这个被告者是个大好人，特能干，或十分富有。既然人们同意我说的——文艺和科学使我们变为坏人，那么，我也不会否认它们给我们带来了极大的方便；这是它们与大多数罪恶之事的又一个类似之处。

[21] 作者走得更远，还宣称，我们必须研习，才能仰慕宇宙之美。作者还称，甚至在所有人眼前呈现的大自然的景观，似乎也是为了教化未开化之人，景观若要被观察者看到，就要求后者接受过很多教育。坦白说，这个提议让我惊讶。这是要所有人成为哲人？还是仅仅命令哲人相信上帝？圣经在成千上万个地方让我们在上帝作品的美妙之中景仰他的伟大和至善。我不认为圣经有哪处要求我们去研习物理/自然，同样，比之于那个既知道雪松、牛膝草，

也知道苍蝇的吻管和大象的长鼻的人,①我虽然一无所知,但是,从我这里,大自然的作者受到的景仰不会更少些。

[22] 人们总认为,当他们说诸科学应当做什么之时,自己已说出了科学实际在做什么。可是,这两者在我看来极为不同。对宇宙的研习应把那人提升到他的创造者那里去,这个我知道。但是,它提升的仅是人类的虚妄。自认为识破上帝秘密的哲人,竟敢把自己自诩的智慧与永恒的智慧挂上钩;他赞许、谴责、矫正,他为自然定法则,为神性划定边界;他为自己虚妄的体系忙个不停,为修理世界之器无比辛劳。②

农夫看到雨水和阳光轮流浇灌他的田地,他便崇拜、赞叹、感谢赐予这些恩惠的那只手,而不去管这些恩惠如何来。他不会用自己的怀疑去证明自己的无知或罪恶本属正当。他从不埋怨上帝的作品,从不为了显示自我的重要去指责自己的主人。阿尔丰沙十世(Alphonse X)③这个不敬神的语词永远不会出现在一个乡下人脑中;对神明的此般亵渎,为有学问的嘴巴而留。④

---

①　手稿 R. 89 加入"上帝不想让我们认识这些我们使用着的事物"。《蒙田随笔集》1. 2. 12 赞同西塞罗《论预言》(De Divinatione)中的这段话(1. 18),这一漫不经心而值得信任的怀疑主义并未抹去卢梭的强烈拒绝态度。西塞罗曾说,神向我们昭示自然奥秘(万事之因),乃是要我们从中获利;他捍卫卜占卜术(art des devins)这一有用而神秘的技艺(Villey 版,卷二,页 374)。

②　影射笛卡尔主义。

③　阿尔丰沙十世(Alphonse X),西班牙国王(1252—1284),热衷天体研究。莫来里(Moreri)《词典》"Alphonse X"一条:"阿尔丰沙十世竟敢说,如果上帝给他面子[在创世之初] 把他叫上,他肯定会为上帝提出更好的建议。"培尔(Bayle),《词典》Castille 一条(注 H)对这个不虔敬的说法作了长篇论述,并引用了卢梭知道的一些著作。莱布尼茨的《神义论》(Theodicy)段 193 也曾提到这位国王。卢梭对这一说法的引用到底出自何处,难以确定。

④　手稿 R. 89 该页下端被剪刀剪去一段内容;文字以 le mot impie d'Al 结束。注释中 C'est une mauvaise marque 也被剪去。据 1782 版,在 était réservé[为……而留]之后加入了:"学识渊博的希腊则到处是不信神者,埃里安(Elien)说(Var. Hist., 2. 31),无知的民族从来不曾怀疑神的存在。我们可以说,今天的亚洲只有一个学识渊博的民族,这个民族中一半以上的人都不信神,它也是亚洲唯一一个以无 (转下页注)

[23] 他们继续说，"人天然的好奇心，启发了好学的愿望。"他因此更应努力克制这一好奇心，好比其他所有自然习性。"[生活]需求让他感受到这样做的必要性。"从许多方面来看，学识有用；野蛮人也是人，而他们根本不觉得有这种必要性。"他的职务强迫他如此去做。"职务更多时候却强迫他放弃研习，去完成义务。

[原注四] 引领社会的人必须具备很多学问（Science），对社会来说，这是一个坏标记。若人们真如必须所是的那样，那么，为了得知他们必须做的事情，人们几乎完全不需要研习。

"他的进步让他尝到快乐。"他需要警惕的恰是此点。"他最初的发现增长了他对知识的渴欲。"有天分的人确实如此。"他懂得越多，就越感到还有更多的知识要掌握。"也就是说，他浪费时间的所有结果是激发他再去浪费更多的时间。然而，仅有极少一部分天才在获得知识的同时，也增长了对自己无知的洞察，研习仅仅对他们来说才可能是好事。心智狭小的人，刚学会点东西，就认为自己无所不通啦。有了这种信念，就没有哪种蠢事是他们说不出来或做不出来的。"获得的知识越多，做事就越容易。"很明显，当作者这么说的时候，他咨询自己的本心远远超过了考察世人。

[24] 他进一步说，认识恶是好事，因此可以学会避免恶。他的言下之意是：我们只有验证了美德之后才能保证自己的美德。这些箴言至少令人怀疑，值得好好讨论一番。要学会做好事，并不一定必须知道有多少种做坏事的方式。我们内里有一个向导，比所有书本更可靠，而且从来不会在需要的时候离开我们。① 如果

（接上页注）神论著称的民族。"

[中译按] 此处指中华民族。18 世纪中叶，经由在华传教的耶稣会传教士的介绍，欧洲知识界对中国文化和政制已经有所了解，也各有其"想象中的中国"。

① 波兰国王批评《论科学和文艺》的文章认为，意识必须服从欲念，比如激情。卢梭把败坏强力从内（个体）转外（社会）。《爱弥儿》则强调了教育的负面、原始层面，以便有助于孩童和少年自发的天真。激情自身作为扰乱行为的施动者，仅由社会的反常发展而来。

我们愿意总是倾听它的话,它已经足以指引我们处于天真无邪的状态。而且,如果有一种对美德的操练便是避免犯罪,那么,我们为何必须通过考验自己的力量,来确信自己的美德呢?

[25] 智者一直都很谨慎,总是怀疑自己的力量。他全部的勇气为所需的时刻保存,从来不会去冒不必要的危险。爱吹牛的人总是不停地夸耀自己其实做不了的事,在藐视和侮辱了所有人之后,他又允许自己刚一交战就被击败。我想知道,这两幅画像中,哪个更像能够掌控自己激情的哲人。

[26] 他们批评我热衷于到古人那儿汲取美德的例子。如果能上溯得更远的话,我很可能还会找到更多的例子。我也提到了一个现代民族,我只找到了一个,这不是我的错。① 我还进一步被批评用千篇一律的教条来作可憎的比较。② 据说,推动我作此比较的,不是对热情和公道,而更多是对自己同胞的嫉妒和对同时代人的反对情绪。然而,或许没有人像我这般热爱自己的国家和同胞。在此之外,我仅以一个词作答。我已说明我的理由,必须权衡的便是这些理由。至于我的动机,只能让唯一胜任的人评判。③

[27] 对于如下这个重要的反驳,④我可不能置之不理,而且

---

① 指瑞士民族,见《论科学和文艺》22。1752 年 6 月,伊瑟林(Iselin)在格瑞姆家中遇到卢梭。卢梭向伊瑟林提到瑞士政制的平等。在格瑞姆和伊瑟林的解释或详述之下,"流亡"日内瓦人的热情有所缓和。见伊瑟林,《日记》(Tagebuch),页 128。[中译按] 伊瑟林(1728—1782),瑞士巴塞尔的年轻哲学家,1764 年撰文反驳卢梭的《论人类不平等的起源和基础》。

② 这里将古代或野蛮民族与现代欧洲社会相比。

③ [中译按] 比较《论科学和文艺》2。

④ 达朗贝尔在 1751 年写下的《百科全书导言》(Discours préliminaire à l'Encyclopédie)中激烈抨击了卢梭的观点(CG,卷二,页 11)。达朗贝尔有意写道:"我们请求他[卢梭]考察他赋予科学和文艺的多数恶行难道不是由于完全不同的原因;这里要列举出这些原因,既冗长又棘手。学人们所做的,肯定使得社会变得更可爱;很难证明人们更好,美德更普遍,但这是我们可以谈论道德本身的一个有利条件。更有甚者,仅因为法律是一两个罪行的庇护所,就要废除法律?制法者将在野蛮共和国中接受惩罚?最后,我们承认人类认知的弊处,但这些弊处离我们很远,而且我（转下页注)

有个哲人也曾如此指责我。我被问道：

[**原注五**]《百科全书》序。

难道不是气候、性情、机会的缺乏、物品的短缺、政府的经济、风俗、法律以及其他种种原因，而并非科学，造成了有时我们在不同国家和不同时代的道德风尚中看到的区别？①

[28] 这个问题涉及广泛的观点，详述起来过于宽泛，本文不宜展开。然而，政府特性与天才、道德风尚及公民认知之间深深隐匿但极为真实的关系，则需要考察。这些把我卷入一个颇为棘手的讨论之中，这个讨论会让我离题。况且，对我来说，很难做到在谈论政府的同时，不让我的敌手占据过多优势。上文提到的所有这些问题，在日内瓦都得到了很好的研究，而且背景也有所不同。②

[29] 下面来谈谈比上面谈到的批评严重许多的一条指责。我按原句誊抄，把原文忠实地公布于读者眼前很重要。

[30] 基督徒越是考察自身名分的公正性，就越是保证了自身的信仰。他越是研究启示，就越是巩固了自己的信仰。从那些神圣的圣经文本，他发现了其信仰根源和卓越性。他在教会教父们富有学识的著作中，追循着他的信仰从一个世纪到下一个世纪的发展。从道德典籍和神圣编年史中，他找

（接上页注）们确信人们正在努力摧毁这些弊处：只要恶行仍在，我们就更为无知"（Picavet 版，页 125）。卢梭应该借用了最后几行文字表达的观点。参见 R. Hubert, *Rousseau et l'Encyclopédie*, Paris, 1928, 页 75—76。

　　① 出自斯塔尼斯拉斯国王的批评文，下同。

　　② "这是卢梭第一次略微影射政治体制"……"也是第一次——留下'日内瓦公民'这一标签——日内瓦的名字被抛向公众政治舞台。"见 A. François，《卢梭年鉴》，卷 30，页 56。

到榜样并付与实践。

[31]什么！难道要用无知来剥夺宗教和美德的这些如此强大的支撑物吗！难道要一个日内瓦的博士来高高在上地评头论足，说道德风尚的无序由它[指宗教]来负责！听到如此奇怪的悖论，我们肯定本会更为惊恐，如果如下事实并非为人们所熟知的话：对于除了个人的心智来说别无其他准则的人们来说，一个体系的独特性——不管多么危险——都是[支持这个体系]的一条更多的理由。

[32]我斗胆问问作者：他如何能够对我建立的原理作出如此解读？我指责的主要是对我们虚妄科学的研究，因为它使我们背离了对自己的义务的研究。那么，他如何能够指责我批评宗教研究呢？那么，什么是对基督徒义务的研究呢，如果不是研究他的宗教本身的话？①

[33]无疑，我本应狠狠批评所有那些经院行话的繁琐无味，他们自称澄清了宗教原理，实际上却用科学傲气取代了基督教的谦卑，使得人们的宗教精神变得虚空。我本应更有力地抨击那些冒失的大臣，他们居然胆敢最先去动约柜，想用自己微薄的学问去支撑由上帝双手扶持的大厦。我本应愤慨地攻击那些轻佻之士，他们微不足道的吹毛求疵，侮辱了《福音书》卓然的璞真，把耶稣基督的教导约化为三段论。但是，今天我要做的乃是自卫，而不是攻击。

[34]我看到，最好由历史和事实来结束这场争辩。如果我能

---

①　斯塔尼斯拉斯一世要求卢梭明确自己的宗教立场。如阿格里帕（Agrippa），蒙田也认为基督教和科学存在对立："基督徒们有着一种特殊的认知，好奇是人多么自然而本有的恶啊。"见《蒙田随笔集》1.2.12，页227（Villey版，第二卷）。在写作回应文之前，卢梭曾誊抄了阿格里帕的《科学的不定性和虚妄》（*Incertitudine et vanitate scienticrum*，1643）共27段的内容（见手稿Neuchâtel n° 7842），参见Havens前言，页72。

用少数几句话说明科学和宗教在起源处有何关联,或许有助于解决当前的问题。

[35] 被上帝拣选的民众,从来就不曾培植科学。他们也从来不曾被建议去研究科学。而且,如果这种研究确实曾经有益的话,它就本应该比其他东西更需要。相反,这些民众的首领,总是竭全力且尽一切可能保护他们的民众远离那些有知识的崇偶民族。前一民众需要比后一民族更多的警惕,因为这群脆弱而没有教养的民众,更容易被巴哈尔(Bahal)祭司的诡计而不是哲人的智术所迷惑。

[36] 甚至当科学在埃及人和希腊人中频繁散播之后,科学想在希伯来人脑中生根也极为艰难。约瑟夫斯和斐洛,①这两个从各方面来看均平庸的男子,成为他们中的奇才。因不虔敬而为人知的撒都该人成了耶路撒冷的哲人,伪善者(Hipocrites)法利赛人成了博士。②

[**原注六**] 可以看到,支配着这两个派别(ces deux partis)的憎恨和彼此鄙视,就是在任何时代都支配着博士们和哲人们的那种同样的憎恨和彼此鄙视——也就是说,一派人使自己的脑袋成为他人学问(la Science d'autrui)的仓库,另一派人则宣称拥有自己的头脑。让中产绅士(Bourgeois Gentilhomme)③的音乐老师和舞蹈老师相互争斗,你们就会得到古董商和聪明才子。至于化学家和文人、法学家和医生、几何学家和作诗者、神学家和哲人,要想很好地评判上面这些人,只需请教他们就可以了,去听听他们中每个人会对你说些什么——当然了,不是听他们关于自己,而是关于其他人会说些什么。

_____

① 约瑟夫斯(Flavius Josephus,公元 37—约 95 年)即《古犹太史》和《犹太战争》的作者;斐洛(Judaeus Philo,公元前 20—公元 45 年),著名柏拉图主义者,希望融合柏拉图教义和希伯来圣经。

② 约瑟夫斯是法利赛人,他说(见《犹太战争》,2.18,ii—xiv),犹太人中出现了哲学派别:法利赛人承认摩西在西奈山上获得的口头戒律是成文律法的补充,而撒都该人加以否定;另外,法利赛人承认灵魂的不朽,而撒都该人则不承认。耶稣认为法利赛人自私,撒都该人不虔诚(见《马可福音》12:18—27;《马太福音》22:23;《路加福音》20:27—39)。

③ 指 1670 首演的莫里哀剧作《中产绅士》。

这些人虽然多少把学识限定于研究法律，带来的完全是教义上的显耀和自负。他们也极费耐心考察宗教的所有实践。但是，福音书已教会我们这一精神的准绳，告诉我们，这种情况下应该如何判断。而这些人只有极微薄的学识，却极度狂妄。那么，他们与我们今天的博士们最大的差别，可并不在这个方面。

[37] 在建立新法律的时候，耶稣基督没有把他的教导和神职工作交付给学人。在选择时，耶稣基督所遵从的乃是他在所有场合表现出的对底层人、淳朴人的特别偏爱。在他对自己使徒的教导中，我们看不到任何学问性、科学性的词，好像为了表明他对这些东西的警惕。

[38] 耶稣基督离世后，十二位贫穷的渔夫和手艺人接手布道传教。他们的方法很简单，他们布道没有任何技巧（Art），仅有一颗充满感情的心灵。在上帝用于荣耀他们的信仰的所有奇迹之中，最让人震撼的便是他们生命的圣洁。[他们的]门徒们也追随了这一榜样，获得巨大的成功。恐慌的异教祭司们①告诉君王们，供奉品的减少是国家失败的原因。迫害开始，迫害者仅是加快了他们想镇压的这一宗教的发展。所有的基督徒奔赴殉道之路，全部民族都聚涌受礼。最初的这段历史是一件始终持续的奇观。

[39] 与此同时，崇偶教的祭司们，无法满足对基督徒的镇压，开始诽谤他们。哲人们在这一布讲谦卑精神的宗教中看不到回报，便与他们的祭司们结成一伙。② 嘲笑和侮辱从各方向新教派

---

① 卢梭对（恐慌的祭司们所执行的）迫害的解释，起先与伏尔泰的说法相似，但是，以下的看法不同。卢梭在童年时代就熟知教会史。《忏悔录》（OC，卷一，页9和65）对此的说法有些离谱。勒索尔（Le Sueur）的著作共八卷，八卷都严格按照编年组构和编撰，很难让人记住。卢梭又如何能够熟记于心？何以通过对该书的援引置圣灵（San Spirito）的修士们于不义呢？

② 手稿 R. 89 加入："淳朴的人自称基督徒，这是真的，但是学人们却取笑他们。我们知道圣保罗曾以怎样的警惕对待那些雅典人。嘲笑……"

袭来。他们不得不执笔自卫。殉道者圣尤斯丁(Saint Justin)①写下了第一篇信仰申辩。

[原注七] 这些最初的写作者,以自己的鲜血肯定了笔下的见证。在今天看来,他们则是些揭发丑闻的作者。因为这些作者恰恰表达了与我一样的感受。圣尤斯丁在与特里丰(Triphon)的一场对话中,谈到了他自己曾经尝试过的各种哲学派别,这些派别在他的谈话中显得那样可笑,以致人们会认为读到的是一篇路吉阿诺斯的对话(un dialogue de Lucien)。② 在德尔图良(Tertullien)③的《护教篇》中,我们看到第一批基督徒对自己被当成哲人非常不满。④

实际上,对于哲学来说,把各类学派的那些有害健康的条规和亵渎宗教的教义展览出来,这是一种耻辱。伊壁鸠鲁派否定所有神启,学园派怀疑神的存在,廊下派怀疑灵魂的不朽。⑤ 那些不太有名的学派也好不到哪里去。我们来看看拉尔修(Diogène Laerce)讲述的关于居勒尼派(Cyrenaïques)⑥两个分支之一的领袖忒俄多若斯(Théodore)的一段话。

> 他赶走友谊,因为它对无知者和有学识者来说不可靠……他说,审慎之人不会因为爱国去冒风险,这很明智;因为他不会为了无知者的利益而放弃这一审慎。他教导人说,智者在恰当的时候,可以去行窃、通奸和渎圣。这是人的天性,没什么可害臊的。他认为必须免除于俗众的流行观点,因为这些观点产生于蠢人和无知者……智者可以公开嫖妓而不受指责。⑦

---

① 殉道者圣尤斯丁,基督教护教者,于大约公元165年在罗马殉难。

② 路吉阿诺斯(125—190),罗马帝国时期的希腊语作家。

③ 德尔图良(155—220),基督教早期教父作家。

④ 在洛夏岱尔手稿(Neuchâtel n°7872)的注释中卢梭曾写道:"尤斯丁,激情多于雄辩……德尔图良,辛辣又充满激情的演说家。"

⑤ 西塞罗在《论诸神本性》(*On the Nature of the Gods*)中充分讨论了这些主要的哲学派别,卢梭借用了西塞罗的观点。

⑥ 居勒尼派(Cyrenaïques)是北非居勒尼的阿里斯提珀(Aristippus)创建的崇尚享乐的哲学派别,他曾与苏格拉底交往(见柏拉图《斐多》59c)。

⑦ 见拉尔修《名哲言行录》2.8"阿里斯提珀"。卢梭通过拉丁译本或法文译本阅读古希腊经典。[中译按]原文为拉丁文。

我知道这些观点极为特殊。但是,这些哲学学派中可曾有一派不曾堕入到危险的谬误中去呢? 所有哲人显然都接受的两种教义[内传和外传]的不同,我们有何可说? 他们暗地里教授的情操与他们在公共场合教授的相反。毕达哥拉斯第一个采用了隐微[内传]教义(la doctrine intérieure),①他仅以最为隐晦的方式教导那些经过长久训练的门徒。他暗地里讲授无神论,同时又庄重地向朱庇特供奉百牲大祭(Hécatombes)。哲人们发现这一方法非常好,迅速就在希腊传播开来,一直传到罗马。如同我们在西塞罗的作品中看到的:西塞罗在讲坛上坚定呼召不朽诸神,但和友人一起时,他便对诸神加以嘲讽。隐微教义并非从欧洲传到中国,但在中国,隐微教义依然随哲学而生。由此,中国人里也有着一大堆无神论者或哲人。② 如果一个有学问并真诚的人写下这一致命教义的历史,那么,这无论对古代还是现代哲学来说,都会是一个可怕的打击。然而,哲学依然藐视理智、真理甚至时间本身,因为人类傲慢是它的根基,这比任何它物都强大。③

---

①　[中译按]关于"内传"和"外传"的讨论,参见刘小枫,《设计共和》,前揭,页197—198。

②　巴贝拉克(Jean Baptiste Barbeyrac)在为普芬道夫(Pufendorf)《自然法与国际法》(Le Droit de la nature et des gens)法译本所写的前言中说,有位中国哲人[应指孔子]的"观点在今天很风靡":"他的弟子们拥有一套治理人民的'外部教义',教导人们善恶、是非之别,根据个人所行实施奖惩。但'隐微教义',仅针对教导者本身,是某种'斯宾诺莎主义',不再是宗教或道德。"(页lxxv)卢梭对该书非常熟悉。洛克(1632—1704)也说:"作为中国人的伟大颂扬者的耶稣会士们,竭力想让我们承认,根据中国古老宗教,作为执政派的文人或学士派[指儒家],都是些无神论者"(《论人类理解力》,1690,1.4.8);也可见培尔,《词典》(Dictionary),"斯宾诺莎"条,注B。

③　对哲人的这一讽刺与《论科学和文艺》中的一个普遍观点不可分割:正直与内在的统一,情感与表达的一致。卢梭在《忏悔录》中多次提及"隐微教义"(OC,卷一,页468),他曾说:"追随内心的所有习性是人的惟一职责"。M. Delaruelle的文章(前揭)认为,把"隐微教义"归于毕达哥拉斯,一点都不合适。普鲁塔克的文献提到的是哲人的虔敬,而不是哲人的无神信仰。

或许应该提到普鲁塔克的《伊希斯与俄赛里斯》(D'Isis et d'Osiris)一文,在强调毕达哥拉斯和埃及人的关系之前,普鲁塔克明确说,埃及国王们,在被选举之后,受女祭司的训令,接受隐秘哲学,还有寓言"以隐晦言辞暗示出的需透过真理看到的东西"的神秘面纱(普鲁塔克,1575年版,f° 319 G和320 A)。狄德罗认为"隐微教义"很虚伪,并给出例子,见J. Fabre的研究,载于《狄德罗研究》(Diderot Studies),卷三,日内瓦,1961。

异教徒反过来也受到了攻击，攻击是为了使他们信服。最先的成功鼓舞了其他作者。以揭露异教的卑劣为借口，他们投入到神话和博学之中。①

[原注八] 人们对亚历山大的克莱蒙（Clément d'Alexandrie）②的批评很正确，克莱蒙的作品有近乎渎神的渊博，对于一个基督徒来说，这很不合适。不过，那个时候，为了反对对方以自卫而学习其教义，似乎可以原谅。可是看到我们今天的智者费尽辛劳想要阐明神话的幻梦，怎能不令人发笑？

人们热衷于展现科学和才智，书籍泛滥，道德风尚由此松弛。

[40] 人们很快不再满足于福音书和使徒信仰的淳朴，总想要证明自己比前人更聪明。任何教义都成了条分缕析的机会，每个人都想持有自己的观点，没一个肯听从别人。想成为派别首领的野心日趋膨胀，异端邪说四处蔓生。

[41] 狂怒和暴力随即蜂拥而至。这些曾经如此柔和的基督徒们，以前只知道把脖子送到刀口之下，现在变成比那些崇偶派更坏的可怕的迫害者。所有人都参与到同样的极端之中，对真理一方的支持绝不比谬误一方获得的支持更宽和适度。

[42] 另一种更危险的恶在同一根源中诞生——古代哲学被纳入基督教义中。过于用功地研究希腊哲学，人们相信在其中看到了它与基督宗教的联系。人们竟然相信，披上哲学的权威，宗教将更有威信。有一段时间，要成为东正教徒，必须首先是柏拉图主义者。起先还仅是柏拉图，亚里士多德后来居然也被摆在祭台上，与耶稣基督并列。

---

① 卢梭抄了阿格里帕著作中的这一句子："亚里士多德自己忏悔说，哲人们也天生喜欢神话，也就是说，对寓言好奇"（Ipse Aristotelis fatetur etiam Philosophos natura philomythos hoc est fabularum studiosos esse），见《洛夏岱尔手稿》n°7842。

② 亚历山大的克莱蒙（150—215），早期教父作家，代表作有《劝勉希腊人》（Hortatory Address to the Greeks）等。

[G本注] 卢梭抄写了阿格里帕的这段话："异教的所有教义,实际上[如同圣耶柔米所说],想在亚里士多德和克里斯普的精巧之间找到一个可靠的基础。"阿格里帕的这段话(页 40—43)虽然与《论科学和文艺》并无任何关联,但对于确定卢梭这一阶段的宗教立场事关重大。当时,卢梭所关心的是找到未曾被所有哲学和神学"污垢"的纯洁的福音源头。卢梭的另一个较少受到谴责的努力——与理性道德主义(或理性主义)划清界限:"所有的奇迹……最震撼的是他们[十二使徒]生活的圣洁＝他们的美德。"

在《与特里丰的谈话》(*L'Entretien avec Tryphon*)的头几页,圣尤斯丁用圣经智慧反对世人的智慧;后来他又劝说犹太人信仰基督为上帝的化身。在其他作品如《申辩》(*Apologies*)中,圣尤斯丁承认哲人们的"美妙箴言",公开表示苏格拉底是一位令人敬仰的修行者。

卢梭在德尔图良那里找到更多对哲人的不屑,他引用了《护教篇》(*Apologétique*)第 39、46、47 章中的一些段落,这或多或少支撑了卢梭的论断,比如第 47 章:"从哲人学园中出来的人,用他们自己特殊的哲学教义来解释基督徒们的新书,败坏了这些书籍。"《论异端》(*Praescriptionibus haeretico-rum*)第 4 到 7 章也对此有专门论述。《论女德》(*De Cultu Feminarum*)(1.6;2.7.10)批评了奢侈,崇尚淳朴、自然,还有其他不少不会让卢梭失望的说法——如果卢梭读过的话。

卢梭对古代(或现代)的形而上学并不持有特别的兴趣,整个《论科学和文艺》都说明了这一点,他更器重古代的道德论者,特别是普鲁塔克和塞涅卡,推举他们的美德。他指责教会神父们对异教美德的蔑视,指责他们对苏格拉底、弗基昂(Phocion)、阿那克萨戈拉、阿里斯提德(Aristide)、卡图、法布里基乌斯的无理谴责(见 Streckeisen-Moultou,《卢梭未刊作品及书信》[*Œuvres et Correspondance inédites*],页 239)。遗憾的是,这一残篇和其他残篇——特别是《天启寓言》(*Allégorie de la Révélation*)都没有明确标明日期。柏拉图主义者(或新柏拉图主义者)、亚里士多德主义者(这里不曾提到廊下派)代表了福音被哲学思想审判的两个历史时刻。

[43] 教会不止一次站出来反对这些弊端。他们那些最杰出的捍卫者们频繁用充满力量、极富感染力的文字表达悲痛。他们

总努力想把这一污染了教会纯洁的俗世学问（Science mondaine）赶出门外。其中最有名的一位教父甚至走到这股热情的极端，认为把上帝之言和语法规则联系起来，很不体面。①

[44] 但他们的呼喊归于徒劳。席卷于激流之中，他们也被迫顺从自己曾谴责过的做法。他们中的大多数人义愤填膺地反对科学的进步，采用的却是最有学识的方式。

[45] 历经周折之后，最终有了一个比较固定的局势。大约 10 世纪时，科学的火炬不再照亮大地。教士们从此处于无知的状态，对这种无知，我不想证明其正当。因为，它伤及了应该知道的东西，不亚于摒除了没用的东西。不过，教会至少借此获得了至此不曾有过的少许安宁。

[46] 文艺复兴以来，出现了比以往都可怕的新的分裂。有学识的人引发了争斗，又让争斗延续不休，最有能力的人总是表现得最为固执。组织不同派别的博士召开会议简直枉费力气。没有一个怀着对协调和睦的爱，甚至也没有对真理之爱。所有人只愿讪笑对方。每个人都想获胜，没一个甘愿问学。强者迫使弱者沉默。争论总是以侮辱告终，迫害总是最后的结果。这些罪恶之事何时终了，上帝才知道。

[47] 今天科学繁荣，文学和艺术在我们中间闪耀，宗教由此获得了什么益处呢？让我们去问问那些以没有信仰而自豪的哲人吧。我们的图书馆塞满了神学书籍，我们中间挤满了道德决疑者（Casuistes）。从前，我们只有圣徒，没有道德决疑者。学问渐长，

---

① 见培尔，《词典》"格里高利一世"（圣者大格里高利）词条。注意，教宗先生（M. Le pape）强烈指责维也纳总主教狄蒂耶（Didier）"花时间教几个朋友语法学和俗世文学（les lettres humaines），并与他们谈及诗人，简直是极大的罪过"。狄德罗在《哲学沉思录》(44)中抨击这位反对文学和艺术的教宗的无知虔诚；这位教宗认为，"研习语法，等于让耶稣基督低于多纳特"（Niklaus 版，页 29—30）。卢梭和狄德罗所持的论调并不相同！《论科学和文艺》(58)也提到过格里高利一世。[中译按] 多纳特（Aelius Donatus），公元前 4 世纪人，拉丁语法学家，曾是圣耶柔米的家庭教师。

信仰消弭。所有人都想教导如何行事，没人虚心问学。我们都成为博士，却都不再是基督徒。

[48] 不，绝不是因为那么多技艺（Art）和有利环境，福音书才弥扩天下，福音书的至美才渗透众人心灵。这本神圣的书（ce divin Livre），是基督徒的唯一所需，而即使对非基督徒来说，也是所有书籍中最有用的。对于这本神圣的书，仅需如此沉思就足够了：要向灵魂揭示的，只是对其作者的爱和遵循其诫命的意志。①

美德从来不曾以如此柔美的语言道出，最高深的智慧从来不曾以如此这般的力量和淳朴表达。人们永远不会在掩卷之时，不自感已变成了比从前更好的人。噢，你们这些批评我的执法大臣们（Ministres de la Loi），不要为了教导我这些没用的东西而枉费力气啦！把那些博学之书置于一旁吧，它们既不能说服我，也不能打动我。俯伏于这一你们想让我认识和爱慕的仁慈上帝的脚下吧！求他把你们劝诫我的那深沉的谦卑赐给你们吧！别用这傲慢的学问，这让你们蒙羞、让我愤慨的可耻奢侈，遮蔽了我的双眼！你们想打动我的话，先打动你们自己吧！首要的是，让我看看，你们如何践行这一千方百计想要我遵循的法律！除此之外，你们无需知道，也不用费心教导我更多的东西，你们的任务便完成了。这里完全不关文学和哲学的事。这就是福音书应当追随和遵循的方式，也正是教会的第一批捍卫者用它说服了所有民族的方式。教父们曾说，"用的不是亚里士多德的方式，而是渔夫的方式"（Non Aristotelico more, sed Piscato-

---

① 卢梭从来不曾否认过对《福音书》的敬慕和热爱。在《山中书简》第四书中，卢梭把《答波兰国王书》与《致达朗贝尔的信》、《新爱洛绮丝》和《爱弥儿》相并引用，似乎这些作品都出于他对福音书和耶稣基督的热爱（见 OC，前揭，卷三，页 768）。句中 divin 一词不能解释得过于苛刻。卢梭并不熟悉客观启示（révélation objective）这个概念，虽然文中稍前部分，他曾用过"上帝拣选的民众"（见 35）这一说法。

rio)。①

[49] 我知道自己有些啰嗦了,但是我相信,在这个如此重要的问题上,不可避免要深入某些细节。况且,没有耐心的读者们应该认识到,做一位批评者很占优势:要攻击别人,用一个词就可以,为了自卫,却要写上好几页。

[50] 下面谈谈驳难文的第二部分。我希望谈得简要些,尽管我也有不少评论想说。

[51] 我被告知,"不是科学,而是财富滋生了所有时代的疏懒和奢侈。"我没说过科学滋生了奢侈。我说的毋宁是,它们两个一起出现,彼此不可分离。

下面我来展示一下这幅谱系图。罪恶之事的最初源泉是不平等,不平等产生了财富。因为"贫穷"和"富有"这两个词是相对而言的,当人人平等时,就既没有富人也没有穷人。财富滋生了奢侈和闲暇无事:奢侈滋生了文艺,闲暇无事滋生了科学。

"任何时代,财富都不曾是学人的特权。"正因如此,其罪恶才更为强大。财富和学人只能让双方彼此堕落。如果富人更有学识,或者学人更为富有的话,学人就不会成为那么懦弱的谄谀者,富人也不会那么喜欢低劣的奉承话,所有人就都会好很多。这是我们在那些为数极少的既有学识又富有的人之中看到的情形。

　　每有一位生活富足的柏拉图,每有一位受宫廷器重的阿里斯提普(Aristippe),会有多少哲人沦落成乞丐,只能以自己

---

① 手稿 R. 89 加了一条注释:"蒙田说,我们的信仰不是我们的财产,而是他者慷慨的纯然赠品。我们不是通过言论或我们的理解接受我们的宗教,而是经由权威和外在的指令。这里,我们判断力的脆弱大于我们的力量,我们的盲目大于我们的明智。因为无知的撮合,我们才有学问。如果我们天生属地的能力不能体会到这一超自然的属天认知,这并不美好。因为,如同他写下的:我要摧毁智者们的 sapience[智慧],我要与审慎者们的审慎相抗争。"该段见《蒙田随笔集》1. 2. 12,《为雷蒙·塞邦申辩》(*Apologie de Raymond Sebond*),卷二,页 230。

的美德蔽体,在孤寂中被人遗忘?

我并不否认,有一部分哲人非常穷,多数肯定还对此很烦恼。我也不怀疑,他们中大多数人的哲学正归功于他们的贫穷。可是,就算我假定哲人们都有美德,那么,人民难道要以他们所看不见的哲人们的道德风尚为标准,来学着改善自己的道德风尚吗?

"学人既没有兴趣也没有闲暇积聚财富。"我认为学人更多是没有闲暇。"他们喜欢研习。"只有疯子或潦倒者才不会喜欢自己的行业。"他们的生活一般般",一个人需要付出极大努力才有巨大的收获。"在避隐的宁静,在阅读和研究中度过的勤劳稳重的一生,绝对不是暴戾而有罪的一生。"至少在人们看来不会:一切要取决于内部。一个人可能被迫过着这样的生活,却拥有极为败坏的灵魂。而且,如果他从事的工作滋生了闲暇,败坏了同胞们的心性,他自身是否有美德、是否谦逊,难道还很重要吗?

"生活的舒适通常是文艺的果实,艺术家和文人却并不享受这份舒适。"在我看来,他们也绝不会拒绝这份享受,特别是那些从事无所用处却极有利益可图的文艺的人,他们更多是想为自己谋得一切所欲之物。"他们仅为富人干活。"从这种态势看,如果哪天富人为他们干活,则不足为怪啦。"闲暇的富人,摘取了他们的劳动果实,并从中得利。"又一次,我一点都不觉得,我们的艺术家和文人是如此天真和谦逊的一群人。奢侈不会只在公民们的一个部分盛行,同时却不以种种伪装的变样迅速滑到所有其他人中间,并从中造成同样的毁坏。

[52] 奢侈败坏一切。既败坏享受它的富人,也败坏垂涎于此的穷人。腰挎镶花砍刀(manchetes de point),身着绣花衣,怀揣带釉的鼻烟壶,不能说就是一种罪恶。但是,重视这些破烂小玩意儿,认为如此穿戴的人民活得幸福,并竭力要获得类似的东西,这却是很大的罪恶。每个人为此浪费时间和精力,而本应有更高贵

的追求。我无需知道关心这些事的人操什么行业，就能知道，我该如何评判他。

[53] 对于此处展现给我们的学人们的精致肖像，我原本将其略去了，我相信，我如此体贴，本应得到嘉许。我的敌手却是不太宽容，他不仅不会把任何他可以拒绝我的东西赠予我，相反，他不是指责我把那虚妄、虚假的文雅视为罪恶之事，反倒倾向于宽恕虚伪。他问我，可希望罪恶之事公开呈现？我当然希望。这样，信任和尊重就会在好人当中重生，人们将学会不信任恶人，社会才能更安定。我更愿我的敌人从正面攻击我，而不是不守信用，从背后打击我。

什么！暴露丑事（le scandale）非要与罪恶绑在一起吗？我不知道，但是我倒希望，不是非要把欺诈与罪恶绑在一起。对于长久以来发布给我们的这些"不可揭丑"的准则，干坏事的人倒是会舒心得很——人们要是严守这些准则，自己就不得不忍受被窃、被背叛、被冤杀，而不能处罚任何人。因为，让一个无赖备受折磨正是最暴露丑事的景象。但是，虚伪难道不是罪恶献给对美德的赠品吗？[①]

是的，就好比谋杀凯撒的人，跪在凯撒的脚下，以便更有把握地杀掉他。这一想法看起来很出色，作者的卓著名声或许可以给它[这一想法]权利。[②] 这看起来很美，却不正确。一个骗子为了更方便行窃，去人家里当仆从，可曾有谁说这是骗子对被窃人家的主人的馈赠？不，为他的罪恶披上危险的虚伪外衣，根本不是对美

----

① 卢梭在华伦夫人家读过拉罗什福科（La Rochefoucauld），并重读过拉布吕耶（La Bruyère），（见《忏悔录》，OC，前揭，卷一，页 111—112）。第 CCXVIII（218）条格言"虚伪是罪恶献给美德的赠品"有没有特别打动卢梭呢？卢梭对此的解释有些过度。在为 Alceste 的申辩中，卢梭具体提到学识（见《致达朗贝尔论剧院的信》）。他是不是想到高乃依作品中的人物……

② 手稿 R. 89 加注"拉罗什福科公爵"。

德的尊重。那是以玷污美德的准则来侵犯它，那是在其他所有罪恶之上，再增加卑鄙和诡诈，那是自我封闭、永不回头重新做人。

有些有教养的人物（caractères élevés），对于罪行甚至都要加上某种尊严和大度，让人看到他们内里还有那点燃美好灵魂①的天际之火（ce feu céleste）的几点火花。但是，伪善者卑劣而谄谀（rempante）的灵魂如同死尸，在那里，人们找不到火光、温暖，也没有剩下什么生机。请看看经验的实例。人们曾见过有些犯大罪者回归于自己，健康地度过余生，安然离开世间。可是，从来没人看到过一个伪善者会成为好人。人们想尝试说服卡尔图池（Cartouche）或许有些道理，②但是智者从不会想说服克伦威尔。③

［54］我认为文学和艺术的复兴促成了我们行为方式的精巧和文雅。驳难文的作者竟在这点上与我争论，这让我惊讶。因为，他如此重视文雅，如此重视科学，却要将产生了前者的这一荣耀从后者身上否定掉，我一点都看不到他能从此得到什么好处。来看看作者提出的证据：二者的关系最终是这样的，"人们一点都看不出学人比其他人更文雅，相反，学人通常不太文雅。所以，我们的文雅不是科学的产物。"

［55］我首先要指出，这里涉及的不仅是科学，还有文学、艺术

---

① 按上下文理解，"美好灵魂"（belles âmes）指那些充满激情的爽直人，他们犯下的错误并非有意。这类人与那类精打细算的虚伪之士相对立，后者甚至认为自己所做的一切都应该。《新爱洛绮丝》中的男女主人公都是"美好灵魂"（见 I, x; I, xiii; IV, xii; OC 卷二，页 52, 459）；朱莉（Julie）的先生——德沃玛先生（M. de Wolmar），则是"高贵灵魂"（nobles âmes）（II, vi; OC 卷二，页 209）。卢梭用"美好灵魂"作为小说第七幅插图的副题，该图描绘了朱莉和她先生在家中招待朱莉情人的场景（OC 卷二，页 766 以下）。卢梭特别提醒读者注意这个副题，并在小说的第二序言中对此加以说明（OC 卷二，页 13）；这一用语和概念在浪漫主义流派中变得很重要，尤其在德国浪漫主义流派中。

② Louis-Dominiaue Bourguignon，即 Cartouche（1693—1721），强盗头儿。

③ 卢梭这里指的应是英国革命时期的护国公克伦威尔（Oliver Cromwell，1599—1658），他以宗教的名义为自己到处捞权势。比较《社会契约论》4. 8. 26。

和那些趣味作品(ouvrages de goût)。我们的风雅,没什么学问,却如此文雅,如此受欢迎,如此引人注目,如此自命不凡(petits-maîtres),①不具有驳难文作者想赋予他们的沉郁和学究气。不过,让我们暂且同意作者的这个首要的假定;若有必要,让我们且同意——学人、诗人、风雅人物个个都可笑;文学研究院(Académie des Belles-Lettres)、科学研究院(Académie des Sciences)、法兰西研究院(Académie Française)的那些先生们,个个都是朴野之人,不懂得世间的风俗和习惯,被国家排除于上流圈子之外。即使我们承认了这点,也不能让作者得到什么好处,也不会让他更有权利否认,我们中间通行的礼貌和城市品味(urbanité)乃是高雅趣味的结果。这趣味先流行于古人间,后来又通过人们于整个欧陆所刊印的讨人喜欢的书籍而流行于欧洲各民族。

　　[原注九]倘涉及一个民族的道德风尚、行为举止等普遍问题,需保持警惕;不能总是目光狭隘,盯着几个特例。这种方式永远发现不了事物根源。要想知道我所认为的文雅由学问教化而来的观点是否合理,不能仅看某位或另一位学人是不是文雅的人,而是应该考察文学和文雅之间可能有的关联,然后看看在哪些民众中这些东西连在一起,在哪些民众那里这些东西彼此分离。同样,也要看看奢侈、自由和其他所有影响了一个民族的道德风尚的东西,对于这些,我每天都听到众多无聊的辩护。只是狭窄地、只通过很少一些个体的例子来检查所有这些问题,这根本不是哲学思考,而纯粹是浪费时间和头脑。因为人们能够深知皮埃尔(Pierre)和雅克(Jacques),然而在关于人的知识上却没有多少进步。②

　　好比那些最优秀的舞蹈教师,并不总是在别人面前表现得最杰出的人。人们可以教授别人关于文雅的出色课程,而自己却不想或不能做到极为文雅。我们被作者告知,这些呆板乏味的注释者们熟

---

　　①　"petits-maîtres 一词今天指那些自命不凡但教养不良的年轻人",伏尔泰认为该词出现于叛乱时代(La Fronde),见 Moland 版,卷一 4,页 193。
　　②　卢梭的这种从一般转至个例的论辩术的特征是,以事实为据,加以对自我的回溯。

悉古人的一切,就是不知道古人的优雅(la grace)和精巧(la finesse)。然而,凭借他们那些有用却受到蔑视的书籍,他们却教导我们认识到了那些美,尽管他们自己对这些美毫不敏感。同样,人们用行为举止的可爱和道德风尚的雅致取代了道德风尚的纯洁,这在雅典、罗马、中国那些文人受尊重的民族中都可以看到。在每处,人们都看到,言辞和举止的文雅不是与学人或艺人相伴,而是与科学和艺术相伴。

[56] 作者接下来指责我对无知的赞叹:他虽然批评我说话更像演说家而不像哲人,可他自己也随后对无知作了描绘。我们可以怀疑,他并没有给无知涂上漂亮的色彩。

[57] 我完全不否认他说得对,但是,我不相信自己错了。为了让我们协调起来,所需要的只是一个恰切、真正的区分。

[58] 从丑恶心灵和好欺骗的头脑中诞生出一种残忍而粗暴的无知;

[原注十]如果我的某些批评者不利用我对几个无知而有美德的民族的称赞,借机用污染了大地的所有强盗名单来反对我——那些强盗通常不是特别有知识的人——我将感到很意外。我要提前劝告他们,不要费力做这份调查,除非他们认为有必要向我显示他们的渊博学识。如果我曾说过,要想有美德,只需无知就够了,那么,就完全没必要费劲回答我。出于同样的原因,我也认为自己有自由不去回答那些浪费时间证明相反观点的人。①

这甚至是一种对人道义务的罪恶的无知:它使罪恶之事加倍

---

① 手稿 R.89 在一段可辨读的文字之后加入了:"1775 年,我就预言了会发生的事。"在边缘处:"参考伏尔泰先生的《提蒙》(Timon)。"《提蒙》为仅有两页篇幅的戏谑文;1756 年以《论科学污染了道德风尚的悖论》(Sur le paradoxe que les sciences ont nui aux mœurs)为题首刊于《文史哲汇编》(Mélanges de Littérature, d'Histoire et de Philosophie)。Louis Ducros 在他的《卢梭》一书第三卷第 89 页认为,伏尔泰的这篇文章写于 Frédéric 二世家中进宴时期。有人认为,《赵氏孤儿》(Orphelin de la Chine,1754 年)中隐含有对卢梭的批评,见 Gonzague de Reynold, "Rousseau et ses contradicteurs",刊于 Revue de Fribourg,1904。

繁衍,毁坏理智,腐败灵魂,使人变得如同畜牲。这是作者所谴责的无知,作者还对此作了极可憎又极相像的描绘。还有另外一种合理的无知,它努力把好奇心限定在自己所受的功能界域之内。这是从爱慕美德中诞生的一种谦逊的无知,启发人们对那些不配充弥人的心灵的东西保持漠然,因为这些东西一点都不能助他变得更好。这是一种宽和可贵的无知,是纯洁且对自身满足的灵魂的宝物,它欣然满足于回到自身,在无知中确认自己,不需要去流行观点中寻找错误和虚幻的幸福,而其他人则可能要从这种观点中获得启蒙。这些才是我所称赞的无知;就此,我需要请求上天的惩罚,因为我公然提倡对人类科学保持警惕,给那些博学之士带来了耻辱。①

[59] 作者说,"要把那些无知和野蛮的时代,与科学在各地带来秩序和公正精神的幸福时代作个比较。"这些幸福时代很难找到。但是,更容易找到的是这样的时代:由于科学的原因,秩序(Ordre)和公正(Justice)只是加在民众头上的空幻名词,那时,它们的表象虽然被精心保存,实际却是为了更无后患地将其消灭[指秩序和公正]。"我们看到,今天战争虽少却更为公正。"无论什么时代,战争怎么可能在对一方更公正的同时,而不对对方更不公正呢? 我真是无法设想!

"行为虽然不再那么惊人,却更英雄化。"当然了,没人会质疑我的敌手有评判英雄主义的权利,但是,作者是否认为,对他来说不太惊人的东西,对我们来说便也是如此呢?

胜利不再血腥,却更荣耀。征服不再迅捷,而更有保证。

---

①　卢梭对问题的评判并不夸张,因为直到 18 世纪末甚至往后对此一直都有回音。1817 年,l'abbé Pierre-Toussaint Aillaud 曾刊印了一本小册子:《揭秘卢梭或驳〈论科学和文艺〉》(*Jean-Jacques Rousseau dévoilé ou Réfutation de son Discours contre les sciences et les lettres*),Montauban 版,供 54 页。

战士们不再暴力，而更受畏惧。懂得以适度获得胜利，以仁道
对待战俘。幸福是他们的引领，荣耀是他们的奖赏。

我一点都不反对作者所说的，①在我们中间有着伟大的人物，
要给出证据太容易了。但是，这丝毫不能阻止民众变得极端腐败。
而且，这些都谈得太泛，几乎对每个时代都可以这么说。于是，对
此便不可能作答，因为，无论想提出赞成还是反对的证据，都需要
翻遍整个图书馆，写下长篇巨著才行。

［60］在我看来，当苏格拉底严厉批评学识（les Sciences）的时
候，他不可能见识过廊下派的自负，伊壁鸠鲁派的怠惰，或者怀疑
派（phyrrhonisme）的抽象晦语，因为这些人在苏格拉底那个时候
还不存在。但是，这一轻微的时代错位对我的敌手来说也没什么
不得体。② 他一直在用比查证历史时间更好的事情度过生命；他
不需要像我一样必须熟记拉尔修，而是已经近距离观察过在战争
中所发生的事。

［61］所以，我认为，苏格拉底只是意在批评他同时代哲人们
的不良习气。然而，除此之外，我不知道还能从中得出什么别的结
论：即便在那个时候，哪里有哲人们，哪里就充满恶行。对此，我被
告知说，那是因为哲学受到了滥用，可我也不认为自己曾说过与此
相反的话。什么！那么，所有被滥用的东西是否都有必要除去？
是的，当然，我会毫不犹豫地作答：所有没用的东西，所有那些其滥
用带来的害处超出其使用带来的益处的东西，都应清除。

────────────

① 手稿 R. 89：Je ne nie pas à l'Auteur q'il n'y ait⋯ 对研究院来说，point 比 pas
否定得更为强烈。卢梭修改了双重否定，可能怯于研究院规矩的语法学者的压力。参
Brunot，《法语史》（前揭），卷四，页 1032、1040 及卷五，页 1856—1862。
② "我知道有个叫 P. de Menou 的耶稣会修士参与了［驳文的］书写。我凭直觉
判断出哪些是国王的话、哪些是修士的话。我毫不含糊地认出哪些是耶稣会修士的
话。用过时的观点加以强调，我相信，这肯定是尊敬的修士先生的主意。"

[62] 让我们在最后一条结论上稍作停留,我们需要提防从它会得出这样的结论——今天需要烧毁所有的图书馆,销毁大学和研究院。这样的话,我们只会把欧洲重置于野蛮之中,从中也不会给道德风尚带来任何好处。①

[原注十一] 我上文引述过的哲人②说,"邪恶还是会留给我们,我们同时也还会拥有无知。"在这位作者所写的讨论这个伟大论题的几行话中,我们看到,他从这一角度来看问题,而且看得很深远。

要揭示这个巨大而致命的真相,我满心悲伤。从博学到无知只有一步之遥,许多民族经常从一边走到另一边。但是,我们从未看到一个腐败的民族有朝一日会回归美德。你们想要摧毁罪恶之事的根源,你们想除去虚妄、闲暇和奢侈的来源,这些都落于空幻。你们即使想让人们返回到最初的平等——那块无知的储存地、那个所有美德的根源之上,同样也是空幻。他们的心灵一旦变质,就会永远如此。不会再有补救方法,除了某场巨大的革命,而革命本身与它自己或许能治好的罪恶之事一样可怕。如果欲望它,则该受指责,同时,要想预见它,也不可能。

[63] 那么,让我们使科学和文艺以某种方式驯化它们所腐化的人的残暴吧。让我们试着明智地转化它们,试着欺骗它们的激情吧。给这些老虎喂些食物,好让它们不吞噬我们的孩子。一位恶人的启蒙远没有他粗暴的愚蠢可怕,这些启蒙至少使得恶人对自己会做的罪恶之事有所审慎,认识到他自己也会尝到罪恶的后果。

[64] 我赞扬了研究院和它们有名的创建者们,我愿意再一次这样做。当疾病无法治愈的时候,医生会采取缓解的办法,调整药

---

① 　参考稍前处达朗贝尔的文字,也可参见《纳喀索斯或自恋者》序言。卢梭和达朗贝尔观点一致,但彼此的敏锐度不一,他们的看法由此有了分歧和对立。

② 　指达朗贝尔,参见本文 27 段。

方,不再按照实际需要的剂量,而是适应病人的体质。明智的立法者也需要效法这位医生的审慎;如果在患病的民族身上已不能施行最出色的政体,那么,这些立法者们便应当像梭伦(Solon)①那样,至少为他们提供能够忍受的最好的东西。

[65]欧洲有一位伟大的君王,②他更是一位有美德的公民,最近在他治理有方的幸福国度中,为文人建立了好几所研究院。他的这种做法,与他的睿智和美德极为匹配。当涉及政治机构的问题时,时间和地点至关重要。君王们总需为了自身的利益去支持科学和文艺,对于此点,我已道出理由。而在当前的事态之下,他们甚至还需要为了民众的利益而支持它们。

当前,如果在我们中间竟会有某位君主如此蠢笨,而不如此思考和行事,那么,他的臣民将处于贫困和无知中,其邪恶也不会因此变得更少些。我的敌手没能好好利用一个如此让人震撼,并且对他的事业明显如此有利的例子,也许只有他一个人没有注意到,或者没有想到过它。那么,请他允许我们提醒他这一点;请他不要剥夺伟大事物应享的称赞;请他像我们一样来仰慕这些伟大之物吧,同时,也请他不要认为,在他所指责的真理面前,他因此已经变得更为强大。

---

① 梭伦(公元前639—前559年),古希腊法律的伟大改革者,他为雅典人创建了可能最完美的律法。见普鲁塔克,《梭伦》14.2。

② 卢梭知道斯塔尼斯拉斯一世是该文的作者。似乎彼此的尊慕在某种程度上结合了卢梭和他的对手。斯塔尼斯拉斯一世还可以再对卢梭的《论人类不平等的起源和基础》有所反驳。斯氏甚至还曾有意让卢梭加入他所建立的研究院(《忏悔录》,OC,前揭,卷一,页366、520)。他曾抨击帕里索(Palissot)以嘲讽卢梭为主题的喜剧《圈子》(Le Cercle)。卢梭致信帕里索让他不要捣乱,让斯塔尼斯拉斯一世"感动"。参见这一时期特来桑先生(M. de Tressan)与卢梭的通信,CG,卷二,页224以下,从1755年10月至1756年元月。

三 日内瓦人卢梭致格瑞姆先生书
——关于数学和史学教授及南锡王室文学研究院院士戈蒂埃先生对他的论文的驳难

[题解]戈蒂埃是吕奈维勒(Lunéville)大学教授,斯塔尼斯拉斯一世创建的南锡王室文学研究院院士,并在文学研究院有相当的声望(见 *Mémoires de Trévoux* ,1752 年 1 月,页 137)。他反驳卢梭《论科学和文艺》的文章刊于《信使》1751 年 10 月号,附有这样一条声明:"本篇驳文经南锡王室团体的会议审读通过。"

圣-阿勒丙(Saint-Albine)认为,卢梭的这篇回应文章写于10 月 23 日,而落款日期是 11 月 1 日(可能是修改稿)。或许因为时间紧迫,卢梭没有过多注意这一矛盾之处。与对斯塔尼斯拉斯的答复相比,这篇答复显得仓促、草率。戈蒂埃说,"卢梭说不作答的时候,已经作出答复了"(*Recueil*…Mevius,卷一,页182)。

格瑞姆(Baron Friedrich-Melchior Grimm,1723—1807)是德意志人,与狄德罗圈子过从甚密。1749 年夏,卢梭与格瑞姆相识。在卢梭写这封信的时候,由于雷奈尔的加入,卢梭与格瑞姆的关系更加亲密(见《忏悔录》,*OC*,卷一,页 370)。1753 年,格瑞姆接手雷奈尔编辑《文学通讯》,在巴黎文人圈颇有影响。若干年后,格瑞姆与卢梭的关系交恶,彼此猜疑甚至怨恨。1763 年 2 月 6 日卢梭给编辑他的文集的 Duchesne 写信(*CG*,卷九,页 74)说,删去这篇信函中格瑞姆的名字。①

　　戈蒂埃的驳文与斯塔尼斯拉斯一世持大致相同的观点。在《答波兰国王书》中，卢梭试图劝说斯塔尼斯拉斯一世采纳与其狭隘利益相反的立场，像他在《论科学和文艺》中劝说第戎研究院时所做的那样。卢梭指出，戈蒂埃在驳文的起首和结尾都奉承地援引自己的王室主子，体现了他作为自由国家公民和所代表团体私利发言人之间的矛盾。

　　[1] 先生，现寄还您好心借给我的《信使》10月号。戈蒂埃先生苦心写就的反驳我论文的文章，我满怀兴致地读过了。但是，我不像您认为的那样，觉得有给予回答的必要。理由如下。

　　[2] 第一，我无法说服自己相信，要想正确，就必须掌握最后的发言。

　　[3] 第二，越读反驳，我就越认为，没有比戈蒂埃先生所反驳的论文本身更好的辩驳了。拜托您，先去读读这些讨论奢侈、战争、研究院、教育的文字中的每一段吧；去读读以伟大的路易（Louis le Grand）②和法布里基乌斯（Fabricius）的口气所写的拟文（Prosopopée）吧；最后，再来读读戈蒂埃和我的结论，您就会明白我的意思。③

---

　　①　在手稿 R. 89 中，格瑞姆的名字被＊＊＊代替。

　　②　"啊，路易大人！您会惊讶……?"（O Louis le Grand！Quel seroit votre étonnement…)（戈蒂埃，*Mevius*，前揭，卷一，页 148）。此处模仿卢梭的语气，以资戏谑。卢梭曾写道，"啊，法布里基乌斯！[要是你不幸被召回人世，看到罗马的豪华面目，]你那伟大的心灵会做何感想?"（见《论科学和文艺》32)

　　③　《洛夏岱尔手稿》(7872ᵇ de Neuchâtel) 中收有一份尚未成型的草稿，涂改很厉害。将这份草稿与成文相比，可以看出作者的写作方式。卢梭首先记下灵感、断句或断章，不成逻辑、也不连续的论述。在修改过程中，过于挑衅或不太客气的冲动话语变得更为宽和，当然这并非仅为了让他的友人 Lenieps 有所顾虑或做出批评。

我们在这里给出几个比较有特征的例子，可看出两处语气很不同。比如《洛夏岱尔手稿》中的 j'ai lu avec plaisir[我高兴阅读了]改成了 avec beaucoup de （转下页注）

[4] 第三，我的想法与戈蒂埃先生几乎完全不能达成一致，如果要指出我们之间意见不一的所有地方，那么，甚至在他对我原本表述的那些论点的转述方面，我也得被迫反驳他。这颇令我扫兴，我想尽量避免。比如，在说到文雅的时候，他相当直爽地表示，要成为好人，最好从变得虚伪开始，伪善（fausseté）是通往美德的一条可信之路。他还说，经文雅点缀后，罪恶就不会被轻易传染，但如果它们粗野地直接展示出来，就并非如此。他说，看穿人的艺术与伪装的艺术一道发展；他也说过，每个人都深信，没法信任他人，除非自己喜欢他们，或者对他们有用。

他还说，每个人都懂得该如何看待那种徒有其表的彬彬有礼的分量；也就是说，我设想，当两个人相互恭维的时候，一个人发自肺腑地对另一个人说：“我把您当傻瓜看，我瞧不起您”；另一个人也打内心里作出如此回答：“我知道您在恬不知耻地撒谎，但我会尽量同样地报答您。”

如果我曾想采用最苦涩的嘲讽，我本来也差不多会说这么多。①

[5] 第四，在他的反驳的每一页中都可以明显看到，作者一点都不理解或丝毫不愿理解他所反驳的文章，对他来说这无疑很顺手。因为不停地回答他自己的思想而不是我的思想，他自然有着世上最好的机会畅所欲言。另一方面，这虽然使我更难于反驳，但

（接上页注）plaisir[很高兴]；mes raisons[我的理由]改成了 mes objections[我的异议]；je ne puis me résoudre à croire[我没法让自己相信]改成了 Je ne puis me persuader[我不能相信]；Lisez ma conclusion et la sienne en l'un et l'autre ouvrage，si Dieu vous donne pour celaassez de patience et dites de bonne foy lequel est ou seroit（servit）（la）de reponse à l'autre[读读两篇文章中我和他的结论，如果上帝给您足够的耐心，那么请诚心说出到底哪个结论是或会是（有利于）另一个结论]改成了 enfin lisez la conclusion de M. Gautier et la mienne et vous comprendrez ce que je veux dire[最后，读读戈蒂埃先生的结论和我的，你们会明白我想说什么]。

① 戈蒂埃并不赞成虚伪，可又说“这一文雅给我们的时代带来那么多的荣耀”。卢梭很难理解这一有时有些过于微妙的区分（见 Mevius，前揭，卷一，页 129—130）。

也就使反驳变得不太必要了：因为从来没有谁曾宣称，一个要开画展的画家，需要去检查观赏者的眼睛，需要给每位需要的人配上眼镜。

[6] 何况，即使我回应了，但我的回应能否被听懂，也全然不确定。比如，我会对戈蒂埃先生说，①我知道，我们的士兵一点都不是罗默尔们（Reaumurs）、丰特奈尔们（Fontenelles），②我也会说，这对他们自己、对我们，尤其对敌人都要更糟糕很多。我知道他们什么都不懂，他们嘈杂、粗鲁；可是，我却说过，而且还要说，他们已经被他们瞧不起的科学、被他们不了解的艺术变得衰弱无力。这是培育学问的一大缺陷（inconvéniens），③它启蒙的仅是几个人，却彻底腐化了整个民族。

不过，先生，您已经可以看清楚，对于戈蒂埃先生，这只会是另一个不可解释的自相矛盾。因为这位戈蒂埃先生自豪地问我，军队和研究院又有何共同之处。他曾问我，士兵是否会因为衣着不整、饮食恶劣而变得更有勇气。他也曾问我，我坚持认为，人们在夸耀天才的同时却忽视了美德，这是什么意思。此外还有许多类似的问题都表明，不可能明白地回答问题，回答得让提问题的人满意。我相信您会同意，如果没法比第一次更让人理解，我就根本没必要再多解释一次。

[7] 第五，如果我想对反驳的第一部分作答，那将永远完成不

---

① 《洛夏岱尔手稿》：噢！不，戈蒂埃先生，不要再第一千遍……。

② 戈蒂埃说："……莫佩尔图斯们（des Maupertuis）和罗默尔们（des Reaumur）……"（见 *Mevius*，前揭，页152）。这里，卢梭用（他所知道的）丰特奈尔取代了（他不知道的?）莫佩尔图斯。罗默尔（René-Antoine Ferchault de Réaumur, 1683—1757）是当时有名的科学家；丰特奈尔（Bernard le Bovier de Fontenelle, 1657—1757）长期任法兰西研究院执行秘书，对新科学的影响很大，也是现代化的大力推行者。莫佩尔图斯（Pierre Louis Moreau de Maupertuis, 1698—1759），声名卓著的数学和自然哲学家，后来当选为柏林科学研究院的院长。

③ 《洛夏岱尔手稿》：这是艺术（arts）和文学（belles lettres）的最大坏处（maux）……它们[文学]让上万人不安，使人们懦弱。

了。戈蒂埃先生觉得自己有资格告诉我,哪些作者我可以引用,哪些作者必须拒绝。他的选择足够自然。他否认有利于我的作者们的权威,想让我诉诸那些他认为不利于我的作者。哪怕想让他明白对我有利的一个证人的观点,也肯定徒劳;同时,成百个证人都不能证明与我的想法相悖的东西,因为证人已属于评判的相关方。恳求他区分他自己援引的例子,也是徒劳。向他解释野蛮人和罪犯是两样完全不同的事物,蔑视法律的民族比拥有糟糕法律的民族更败坏,更是白费力气。① 他的反驳很容易预料:人们怎么可能信任那些竟敢赞许不会读写的野蛮人的可恶作家! 那些赤身裸体着四处游走的民族怎么可能节制,吃生肉的民族怎么可能具有美德?

这就需要来争论啦。希罗多德、斯特拉波、彭珀尼斯-梅拉(Pomponius-Mela)就要跟色诺芬、尤斯丁、昆-科斯(Quinte-Curse)、塔西佗打架;②那么,我们就要开始从事考证、研究古代史迹,就要变得博学。③ 小册成帙,书籍泛滥,问题则被忘却:这就是文学争论的结局。成卷的阐明之后,结果总是,人们不知自己身在何处。还是不要费力开始为好。

[8] 如果我想作答第二部分,大约很快就会完成。但我也没法向任何人说些新的东西。戈蒂埃先生为了反驳我而做的一切就

---

① 《洛夏岱尔手稿》:跟他白说了,有新律法的民族没有那些蔑视律法的民族败坏。在 Streckeisen-Moultou 辑录的《卢梭未刊作品及书信》(*Œuvres et Correspondance inédites*)第 228 页有份草稿写得更为粗糙:"如果他们就此问我……。"

② 与卢梭对斯基泰人、早期日耳曼人和早期波斯人的称赞(见《论科学和文艺》22)相反,戈蒂埃参照的是史学家们的著作,而不是在卢梭看来比史学家们的"史学"更真实的小说(比如色诺芬)(见《论科学和文艺》22、51)。戈蒂埃的驳文引用了希罗多德的《原史》(4.1—143)以及斯特拉波(公元前 63—公元 25 年)的《地理志》(7.300—303);1 世纪时的彭珀尼斯-梅拉对原始日耳曼人的负面说法;还有罗兰(Charles Rollin,1661—1741)被广泛阅读并翻译成多种语言的《古代史》(*Histoire ancienne*),该书批评了波斯人拥有众多妻妾及容许乱伦的现象(见《古代史》4.4)。

③ "人们说,尤斯丁为斯基泰人(Scites)写过一篇出色的赞颂,而希罗多德……"等,见戈蒂埃,*Mevius*,前揭,页 136—137。戈蒂埃的句子没说明什么。

是,凡我说不,他便说是,我若说是,他便说不。那么,凡在我曾说不的地方,我只需继续说不就够了,在我曾说过是的地方,也只需继续说是;再删去那些证据,这样,我就很合体地作答了。照学戈蒂埃先生的方法,为了对驳文的两个部分作出回答,我只能要么说得太多,要么说得太少:可是,两者,我都不愿做。

[9] 第六,我还可以遵循另一条方法,就是对戈蒂埃先生的论证和他的反驳方式分别加以考察。

[10] 如果我考察他的理由,我很容易就能证明它们都不切题。作者完全没有领会问题本身,他也完全没有理解我。

[11] 比如,戈蒂埃先生费力教导我说,有些堕落的民族并没有学问。而我早就讨论过,喀尔木人(Kalmouaues)、拜度昂人(Bedouins)、卡菲尔人(Caffres)①并不是有美德或博学的奇才。如果戈蒂埃先生细心地跟我说,哪些有学识的民族没有堕落,这本会更让我惊奇些。他在所有的地方都认为,好像我说过,科学是人类败坏的唯一源泉。如果他真是如此认为的话,我不得不敬佩他答复我的好心啦。

[12] 他说,为了获得文雅之士引以为自豪的文雅,对世事的经验就是所需要的一切;他由此得出结论说,人们没有理由为了文雅之故来尊崇科学。可是,他又允许我们为此来尊崇什么呢?人类自打从结居为社会开始,就有文雅的民族和不文雅的民族。戈蒂埃先生忘了告诉我们这种区分的原因是什么。

[13] 戈蒂埃先生处处都对我们现在的道德风尚的纯洁许以赞叹。他对[我们现在的]道德风尚的看好显得他自己很体面;但,这一观点缺乏验证。从他谈及此的语气来看,他也研究过人类,可惜如同漫步学派的人(Péripatéticiens)不走出实验室一步研究物理一

①　喀尔木人,中国西部的蒙古游牧民族。拜度昂人,北非和近东沙漠的阿拉伯游牧民族。卡菲尔人,来自的南非班图(Bantu)家族人。

般。而我呢,则合上了书本;在听到人们论说之后,我看他们如何行事。毫不奇怪的是,由于采用的方法不同,我们在结论方面也如此难以达成一致。我清楚地看到,人们不可能比我们这个时代更能讲出礼貌的语言;这正是震撼戈蒂埃先生的地方。但是我也看到,也不可能有比我们的时代更败坏的道德风尚了,这则是让我气愤的地方。① 我们是否真的相信,由于通过赋予罪恶以体面的名称而不再脸红,我们就已经变成了好人?

[14] 他还说,虽然人们可以找到事实证明,道德风尚的腐化总是与科学一道流行,但也不能得出,道德正派的命运取决于科学的发展。我用论文的第一部分证实了这两样东西[道德风尚的腐化和科学] 总是并行;我又用论文的第二部分阐明,前者的确有赖于后者。那么,我应当想象,戈蒂埃先生在此尝试回应的究竟是谁呢?

[15] 在我看来,关于我谈论学校教育的态度方面,他显得最为震惊。他教导我说,在学校中,年轻人被教给了无数好东西,能够在他们长大之后用来消遣。但是,我必须承认,我看不到这些东西与公民的各种义务有何关联,而后者才是他们首先应当被教导的东西。

　　　　我们自愿打听,"他可懂希腊语和拉丁语? 他能否用这些来写诗或散文?"但是,这个一向最首要的问题——"他变得更优秀或更审慎了吗?"却不再被问起了。关于一位路过者,如果对我们的人民喊,"噢,多有知识的人!"针对另一个,则喊,"哦,多好的人!"我们的人民不可能不把视线转向前者,并致以敬意。于是,还需要第三个人喊,"噢,好一群蠢人!"②

---

① 《洛夏岱尔手稿》:voilà ce qui me scandalise et que M. Gautier ne veut point voir[这就是让我气愤的地方,这就是戈蒂埃先生一点都不想看到的地方]。
② 《蒙田随笔集》1.25,卢梭颠倒了蒙田的句序。

[16] 我说过，好比一位母亲从孩子手中夺走危险的武器，大自然想向我们遮掩科学，我也说过，我们在学习中的艰难，可不是其中最不足道的好处。戈蒂埃先生很快便会让我说出："各民族啊，要永远认识到，大自然不愿你们以大地的产物为食；大自然让你们的劳作那么辛苦，正是指望着你们让大地荒芜。"戈蒂埃先生没有想到这个事实，稍稍劳作，人们就肯定会有面包；但是，辛劳做研究，人们能否变成有理智的人，则很不肯定。他也没有想到这一事实：这无非只对我有利的又一个观察而已，因为，如果大自然不是为了让我们避开那些无聊的消遣，它又何以会指定给我们必要的劳作？但是，就他所表现出的对农耕的蔑视来看，①我们很容易看到，如果可以只听从他的意思，那么，所有耕作者不久都要遗弃乡野，跑去学校里争论了——我相信，在戈蒂埃先生和很多教授看来，这个职业对于国家的幸福来说最为重要。

[17] 在思考柏拉图的一段话时，②我曾总结说，或许古埃及人并不如同人们认为的那样推崇科学活动。驳文的作者问我，我的这一观点如何与欧西曼底斯（Osymandias）③为他的图书馆定下的铭文协调一致呢。④ 在那位君王生前，这本可以是个值得提出

---

　　① 戈蒂埃说，"尽管你们用自己的时日来为社会服务，但你们不配成为学者、艺术家，甚至也不配成为公民。这一品质是农夫的秉性，需要我们种地才能获得它［这一品质］。"*Mevius*，前揭，卷一，页 147。对卢梭观点的戏谑难道表达了作者对他的蔑视？

　　② 指《斐德若》274c—275c，见《论科学和文艺》36。

　　③ 西西里的狄俄多儒斯（Diodore de Sicile）《史籍》1. 1. 49："所有民族中最先拥有图书馆的是埃及人。人们给图书馆起的名字激发了人们进入其中探寻秘密的愿望：人们称这些图书馆是灵魂解药宝库"（比较 Bossuet, *Discours sur l'histoire universelle*，Jacquinet 版，页 407）。刻在欧西曼底斯图书馆上的铭文是 ψυχῆς ἰατρεῖον ［医心斋］。在第 XVII 章中，狄俄多儒斯引用了欧西曼底斯图书馆的另一个更自负的铭文。欧西曼底斯，埃及的伟大君王，又称 Rameses II，公元前 1300—前 1232 年间在位。

　　④ 《洛夏岱尔手稿》：戈蒂埃先生没有忘记欧西曼底斯的图书馆的铭文。如果这位欧西曼底斯用毒药这个词取代解药的话，他不会不让哲人们对他的智慧有最坏的印象。但是，等等，……无视病人的体质……。

的好问题。现在,既然他已过世了,我反过来就要问,有何必要在欧西曼底斯君王的想法与埃及智慧者的想法之间寻求一致呢?

　　谁又能自信地说,如果那位君王曾经做过思量,尤其是如果他权衡过众人的观点,那么,毒药一词不会取代解药一词?还是来谈谈这一有名的铭文。这些药方极为出色——这我同意,而且我已多次重复过。但是,这是否就是无视病人体质、不加辨别下药的理由呢?某种食物可能自身很好,可是在虚弱的胃中,却只会造成消化不良和坏脾气。要是有位医生在赞赏了几道丰盛的肉食后,就总结说所有的病人都应如此饱食一顿,那么,人们会怎么评论这位医生?

　　[18]我曾证明,科学和文艺软化了勇气。戈蒂埃先生称,这是推理的怪法子,他完全看不到勇气和美德之间的关联。可是在我看来,这本不是一件特难理解的事。一个人一旦习惯于偏爱自己的生活超过自己的义务,他就很快会偏爱那些使生活变得容易和舒适的东西。

　　[19]我说过,科学适合少数几个伟大的天才;对培植它的民众来说,则总是有害。戈蒂埃先生说,批评科学的苏格拉底和卡图,他们自己却是极有学问的人:他认为这样就反驳了我。

　　[20]我说过,苏格拉底在雅典人中最有智慧,正是由此,我肯定苏格拉底见证的权威:这些疑点都没能妨碍戈蒂埃先生来教导我说,苏格拉底有学问。

　　[21]他指责我坚持认为卡图蔑视希腊哲人;他反驳我的根据是,是卡尔尼德(Carneade)做了个推翻原先看法的游戏,①从而让

_____

　　①　戈蒂埃《反驳文》中指的是希腊哲人卡尔尼德(公元前214/219—前129年),他创建了新学园(第三学园)。有一天在罗马一外交场所,公开支持自然法则,第二天又激烈地反驳前一天的观点。《反驳文》中提到了老卡图对这一游戏的不满以及对希腊哲学的猛烈抨击;然而,同样这位老卡图,在他年迈的时候,又努力学习希腊文好去阅读柏拉图讨论灵魂不死的那篇对话,也就是《斐多》。

卡图产生了不合理的偏见，反对希腊人的作品。戈蒂埃先生需要好好给我们解释一下，这个卡尔尼德是哪个国家的，干的是何职业。

[22] 无疑，卡尔尼德是自鸣得意支持正反两面的唯一一个哲人或学者。否则，戈蒂埃先生在这里所说的一切就都不相关了。在这个问题上，我依赖他的博学。

[23] 驳文没有多少充分的理由，这点由华丽的夸张文笔做了补偿。作者在文中各处都用精巧的装饰代替了他在文章开头允诺的可靠证据。他自己在驳文中滥用演说的浮华，而这正是他的驳文批评我的研究院论文所使用的东西。①

[24] 戈蒂埃先生说，"卢梭先生的雄辩提议到底想说些什么？"如果可能的话，要删去院士们的空虚言辞。"他说，我们有着所有美德的外表却并不具备美德自身，听到这些，谁不会气愤？"我承认，说我们仅有美德的外表，这的确有点诌媚；但是，戈蒂埃先生比其他任何人都应就此原谅我。

> 唉！我们为何不再有美德？这是因为我们发展了文学、科学和艺术。更明确点，如果我们不文雅、满身土气、无知，如哥特人、匈奴人，或如汪达尔人那般，那我们就与卢梭的称颂相称了。（[中译按]戈蒂埃文章引文，下同）

为何不呢？上面这些名字中可有哪个与美德不相容？

"难道他斥骂人类永远不厌倦吗？"他们难道对自己的邪恶永远不厌倦吗？"人们难道总会相信，当被人们告知自己一点都不具备美德时，他们就能够变得更有美德吗？"人们难道要相信，如果他

---

① 《洛夏岱尔手稿》[手稿 7872ᵇ de Neuchâtel]：特别之处是，这位在一篇反驳中滥用演说浮华的作者反过来指责我……

们被说服着认为自己已经足够好了,他们就已经变得更好?"以纯
化道德风尚为借口,他难道就可以推翻人们的自我敬重吗?"以启
蒙心智为借口,是否就应该让灵魂堕落?

> 噢,社会的宽和联结啊!真正哲人们的魅力,可爱的美德
> 们;你们凭内在的魅力支配着人们的内心;你们的统治既不归
> 功于廊下派的严酷,也不归功于野蛮人的嘈杂,更不归功于一
> 个傲慢乡下人的建议。

[25] 首先,我要指出一件相当有趣的事。在所有我所抨击过
的对美德无益的古代哲学学派中,廊下派是戈蒂埃先生唯一认可
我的一个,①他似乎还想把它归于我这边。他是对的;对此,我没
法更加引以为豪了。②

[26] 然而,让我们看看,我是否没法用另一种方式确切表达
他的这番惊呼了。

> 噢,可爱的美德们啊!你们凭自身的魅力支配着人们的
> 灵魂。你们完全不需无知和乡土气这些精心的点缀。你们
> 知道通过更简单、更自然的途径抵达内心。只需懂得修辞
> 学、逻辑学、物理学、形上学和数学,就足够获得掌握你们的
> 权利。

---

① 在卢梭提到的这句话中,戈蒂埃说的是"廊下派的严酷"。

② 卢梭和廊下派的关系,可见 G. Pire 的研究,《卢梭年鉴》,前揭,卷 XXXIII(书
评,同上,卷 XXXIV)以及《比较文学评论》,前揭,1958。卢梭的这段话,最好回到《华
伦夫人的果园》(OC,卷二,页 1124):"我为尾随卡图的脚步而道歉","爱比克泰特
(Epictète)对廊下派式自豪的控制,教会我如何承受恶与贫穷";《艾比德致帕里索》
(Epitre à Parisot)(OC,卷二,页 1140)与之则成对照:"珀尔提可(Portique)悲伤的朴
素刻苦,在我看来与他为人严厉无关。"

[27] 下面是戈蒂埃先生文风的另一个例子。

[28] 您知道, 逻辑学、形上学、伦理学、物理学、基本数学是大学里年轻哲人们研习的科学学问。

我要是知道的话, 也早就忘记了, 因为当人们到了有理性的年纪就都会忘记。"在您看来, 这些是徒劳的思辨!"一般人认为徒劳; 我则认为它在坏东西方面最为丰产。"各个大学都要感谢您, 因为您告诉他们说, 这些科学学问的真实性都掉到井底啦。"我不认为曾就此教导过谁。① 这句话完全不是我的发明; 它与哲学一样古老。而且我知道, 各大学不需感谢我什么。在拿起笔的时候, 我不是不知道这个事实: 我不能在讨好人的同时, 又能赞赏真实。"精通这些[科学学问]的伟大哲人们, 若知道自己一无所知, 无疑会相当震惊。"我相信, 实际上, 精通所有这些伟大科学学问的伟大哲人们, 如果知道自己一无所知, 的确会相当惊讶。但是, 如果这些知道这么多东西的人竟然还知道这一点的话, 我甚至会更惊讶。

[29] 我注意到, 戈蒂埃先生, 处处都以极高的文雅来对待我, 却是不错过任何机会为我挑拨敌人。在这一点上, 他的心思从研究院的摄政者们一直用到强大的君王。戈蒂埃先生真是熟谙世事, 这些世间技巧, 他丝毫都不陌生。还是让我们回到反驳来吧。②

---

　　① 参见《论科学和文艺》37。

　　② 这段话在卢梭为 1782 年新版所准备的加注信函中, 并没有被删去。1756、1764、1769 年的版本中, 这段话被换掉, 但在戈蒂埃的 Mevius 文集和另一个与 Mevius 文集几乎同时代的版本(日内瓦图书馆藏有一份样本, 馆藏号为 E424 中), 则被删去。人们试着改变印刷符号来填补文中的空白处。我们可以问, 这一删除是不是 Lenieps 的发明, 因为他发现这份信带有"些许恶意"。卢梭在一篇文章中, 曾保证, 当刊印《论科学和文艺》引发的争论文选时, 会向戈蒂埃先生致歉(参 *Musées de Genève*, 1962 年四月刊)。

（转下页注）

[30] 所有这些行文和推理的方式,与在我看来极有头脑的戈蒂埃先生毫不相符,这让我得出一个你们觉得放肆而我觉得合理的猜想。他指责我——当然自己并不相信这番指责,①[说我]并未被我所持有的观点说服。而我则有更多的理由怀疑他秘密地同意我的观点。他的任职,他的周遭环境,都迫使他面临着一种必然性,来坚持与我相反的观点。我们时代的礼节有不少用处,他本是出于礼节来反驳我;但是,他肯定做好了各种预防,用了尽可能有技艺的方式,才实现了说服不了任何人的结果。

[31] 站在这一立场,他十分蹩脚地宣布:他所捍卫的利益,关系到听取他的公民大会的幸福,关系到他在其法律下甜蜜过活的伟大君王的荣耀。这便如同在说:"先生们,你们没法不决定支持我,否则就是对你们景仰的保护者忘恩负义。而且,今天②我在你们面前辩护的正是你们自身的利益。所以,不管你们从哪个角度来看我的证据,我都有权利相信,你们不难发现它们的可靠性。"我认为,这样说话的人更希望人们闭上嘴巴而不是希望自己说服他们。

[32] 如果您认真地去读驳文,您根本不会找到一句不在期待或指明答案的句子。一个例子就足够让人明白。

[33] 雅典人征服波斯人甚至拉刻岱蒙人的胜利,都让人

(接上页注)如果被删去的文字可以被看成是致歉的开始,那么几个月后写下的《日内瓦人卢梭的最后答复》文末的一个注释,则体现不出卢梭对戈蒂埃的敬意。在这种情况下,可以推测日内瓦图书馆收藏的编号 E424 的样本和编号 E1829 样本(该样本附有Lenieps 的手写注释)之间并无确切关联。《洛夏岱尔手稿》中的这段话更加生动:"戈蒂埃先生随处都对我极为客气,但是我怀疑他会不会愤恨得要把我的脑袋献给地狱之神,因为他满怀热情地要为我招来方方面面的敌人。"

　　① Mevius,页 127;"这里并不是指那些文学悖论……",这一指责并不出自戈蒂埃之手。

　　② 手稿 R.89:aujourdui(这一更改或许出自他人之手)。

看到艺术可与军事美德相联。

　　我要问问,这难道不是一种计策,好让人想起我说过的有关克瑟尔克瑟斯(Xerxès)战败的话,好让我想到伯罗奔半岛战争的结局。①

　　　伯利克勒斯治下的政府由于变得利欲熏心,于是改头换面。享乐的爱好扼杀了他们的英勇,最荣耀的职责堕落了,不加惩罚使得坏公民加倍,战争储备金被用来滋养疲软和消遣。所有这些败坏的原因哪个与科学有关?

　　[34] 在这里,戈蒂埃先生如果不是在重申我论文的整个第二部分对这种关系的讨论的话,又在做什么呢? 看看他是如何巧妙地把败坏的结果当成原因,目的只是为了引导那些有头脑的人在所有这些所谓的原因中亲自去寻求最初的原因。再来看看,他为了让读者们自己琢磨,便假装不知道人们不可能认为他会不知道的东西,这也是所有历史学家一致认为的——雅典人道德风尚和政府的败坏是演说家们的杰作。② 所以,很明显,如果以这一方式来攻击我,显然就是在把我将会做出的回答提示给我。

　　[35] 然而,这仅是我并不宣称能够确证的一个猜想。戈蒂埃先生或许并不赞成,我愿意以他的真诚为代价来为他的学识辩护:如果他在反驳我的论文时都是真诚的,那么,作为历史教授、数学

---

　　① 克瑟尔克瑟斯(旧译"薛西斯"),波斯国王(公元前485—前465年在位),曾希望吞并希腊,公元前480年在萨拉米斯(Salamis)战败。卢梭在《论科学和文艺》中曾说,从此之后,波斯开始堕落,而雅典人在以后的几百年间也被文艺和科学所腐蚀;差不多75年之后,也就是在公元前405年,雅典人在伯罗奔半岛战争中被斯巴达人打败。

　　② 比较《日内瓦人卢梭的最后答复》19:"如果认为律法和道德风尚的变质影响了这些重要的事件……。"

教授、南锡研究院成员的戈蒂埃先生,与这些头衔岂不有些不称?

[36] 那么我就不答复戈蒂埃先生了,①这是肯定的啦。我永远没法对他的反驳逐条作出严肃回应。原因嘛,您能明白。如果仅用辛辣玩笑(ridiculum acri)、反讽和苦涩讽刺,②那显然有些浪费戈蒂埃先生对我的赞美。我害怕,他早就开始抱怨这封信的语气啦。当他写出这篇驳文时,他至少知道,③他所指责的是这样一个人——他并未积蓄足够的文雅,乃至愿意由此学会如何伪装自己的想法。

[37] 至于其他,我准备还给戈蒂埃先生应得的所有公正。他的作品,在我看来,出自一位博学而有才智的人之手。④ 其他人或许还会从中找到哲学,而我在其中看到的更多是博学。

先生,我完全真诚。先此。

[38] 又及,我新近在 10 月 22 日的《乌特勒支时报》(la Gazette d'Utrecht)上看到对戈蒂埃先生作品的一次大规模介绍。⑤这一介绍似乎有意要证实我的怀疑。一位对自己的作品有信心的作者,仅需给出个好的作品提要,就可以让别人去赞赏它了。⑥ 反驳的提要写得如此熟练,尽管它所提的尽是我文中过渡部分的那些细枝琐节,明智的读者也不会赞同驳文中戈蒂埃先生的任何

---

① 《洛夏岱尔手稿》:"无论如何,我都不会作出丁点儿回答。"

② 《洛夏岱尔手稿》:"尽是善行……很难看清戈蒂埃先生夸奖我的赞辞和他文章中充满的赞美……"

③ 《洛夏岱尔手稿》:mais n'ignoroit-il pas…[但是他难道没注意到……]

④ 《洛夏岱尔手稿》:…connoissances et qui sait écrire;d'autres…[……博学并懂得写作的人;其他……]

⑤ Tente,《风波》(前揭),页 204 以下重载了对戈蒂埃《驳难》的评价。如同卢梭在《日内瓦人卢梭的最后答复》(74)中指出的,戈蒂埃曾再次作答卢梭的这封《致格瑞姆先生书》。

⑥ 在卢梭不愿作答的《驳难》中,戈蒂埃回答说,他对《时报》(Gazette)及其他文章中人们对《驳难》一文的看法,与他无关:"如果我在《时报》上看到一篇赞美卢梭作品的文章,我并不责怪编辑将它选入;我认为那些称赞卢梭推理正确的人心智都不正常。"Mevius,前揭,页 194—195。

观点。

[39] 在他看来,历史之所以有趣是由于人类的罪恶,这一点不对。

[40] 我本可以把基于推理的证据放在一边。不过,为了在戈蒂埃先生自己的地界回应他,我来引用几则权威之言。

[41] 那些不曾名垂青史的国王们的人民有福啦。

[42] 人们一旦变得有智慧,他们的历史就一点都不会有趣。

[43] 戈蒂埃先生正确地认为,即便一个完全由义人组成的社会,若无法律,也不能延存。他由此总结认为,以下观点并不真实:如果不是由于人们的不正义,法学(Jurisprudence)就会是无用的。如此有学识的一位作者何以会把法学和法律(Loix)混淆呢?①

[44] 再次说,我本可以把基于推理的证据放在一边。不过,为了在戈蒂埃先生自己的地界回应他,我再来给他引用几则实例。

[45] 拉刻岱蒙人既没有法学家也没有律师,他们的法律甚至都没有写下:然而,他们的确有法律。我想请教戈蒂埃先生的广博才识,那些法律专家泛滥的国家难道比拉刻岱蒙人更好地遵守了法律?

---

① Jurisprudence 的意思需按文景而定。可理解为"写下的律法……"、"律法裁判实践"。该词的定义并不确定。比如福尔提埃(Furetière)解释为"法学、风俗学、法令学和所有能用来或有助于实现公义的学问";Richelet 解释为"对神圣和人类事物、对公义和不公义事物的认识";Rollin 在《古代史》(*Histoire ancienne*)中解释为"对律法的学问";《法兰西研究院词典》1740、1762 解释为"法学";帕斯卡(V,n°294)解释为"三个推翻所有 jurisprudence[法学]的极端等级"。

戈蒂埃在反驳中为自己辩解:没有一个政体能脱离律法存在,每个政体都需要由义人构成。需要认识这些律法:所以 jurisprudence 有必要。jurisprudence 是对律法的认识,在一个大国中很多,也可能会有多种解读方式。卢梭的 jurisprudence 取福尔提埃(Furetière)和帕斯卡的含义,见《致博德斯第二封信的前言》。

［46］戈蒂埃先生文中提到的，还有他在《乌德勒支时报》中炫耀的那些细枝末节，我一点都不愿触及。我将以如下评论作结，请您斧正。

［47］就算我们承认戈蒂埃先生所说的一切都有理，并且从我的论文中去掉他所指责的所有一切，我的论据还是一点都不会失去自身的力量。如果从戈蒂埃的反驳中去掉所有不触及问题本质的东西；那么［他的反驳］就几乎什么都不剩下啦。

［48］我再次得出结论，认为毫无必要答复戈蒂埃先生。

　　　　　　　　　　　　　巴黎，1751 年 11 月 1 日。

四 日内瓦人卢梭的最后答复

Dernière Réponse de J. J. Rousseau, de Genève[①]

[题解]1751 年 6 月,博德斯(Charles Bordes)在里昂研究院宣读了《论科学和文艺的益处》(*Discours sur les avantages des sciences et des arts*,见日内瓦图书馆编号 E1829 手稿藏本末尾的注释),并在同年 12 月的《信使》上刊发了这篇论文。《信使》1752年 5 月号在预告卢梭将撰文回应的同时,称博德斯的论文比所有作家就"很久以来被讨论的这一重要问题"所写的文章都要出色,云云。

几个星期后,卢梭在回复勒卡(Lecat)的信中有一条注释夸奖了博德斯:"我们可以看到,里昂论文是一个特别好的例子,符合哲人们争辩和论战时不掺杂人品和谩骂的方式。我自夸一下,人们也可以在我即将发表的答复中找到反驳的例子,即我们能够以自己所有的力量,不乖戾地反驳那些攻击自己的人,捍卫自己信以为真的东西。"

1740 年代卢梭住在里昂时曾与博德斯有过交情。那时,卢梭曾给博德斯写过两封诗体信函(*OC*,卷二,页 1130—1133),其中的第二封信说到共和国的优点和平民的独立(indépendance

---

① 手稿 R. 89 封面删去了 de Genève,但在正文前扉页的标题中则保留了。

plébéienne），还提到里昂的工业，认为它是舒适生活、财富和奢侈的根源。这封书信与致帕里斯托（Parisot）的信差不多写于同一时期，由此可以看到，卢梭的思想当时尚未成型。《忏悔录》(*OC*，卷一，页366）中涉及博德斯的章节对博德斯的批评也比较含糊。

博德斯自1745年在里昂研究院发表就职演说以来，一直热衷赞美科学和文艺。在撰文反驳卢梭之前几个月，博德斯或许和他的朋友们一起曾与卢梭谈及怀疑派和自由派哲学（la philosophie sceptique et libertine）。博德斯赞成君主制，反对平等主义，他后来还写了不少匿名文章抨击反哲学的老朋友卢梭。

卢梭对博德斯的这次回应并没有平息风波，但卢梭的第二次回应没有完成，仅写了一篇前言（见《致博德斯第二封信的前言》）。不管《忏悔录》是怎么说的，反正自此后，卢梭处处提防，并与博德斯断交。卢梭在伍同（Wooton）时，博德斯曾在卢梭的建议下到过伦敦。卢梭对博德斯的看法，可见1753年5月的一封信（*CG*，卷二，页43）。亦参 A. Rüplinger, *Un Représentant provincial de l'esprit philosophique*, Lyon, 1915; *Revue de l'histoire de Lyon*, 1914年9—10; P. Grosclaude, *La Vie intellectuelle à Lyon*, Paris, 1933。

让我们显得并非出于羞愧而是出于审慎而保持沉默。
　　　　　　　　——圣居普里安，《驳德墨特里阿努斯》①

[1] 跟那些一点都不关心真理的无聊读者争论，我原本很厌

────────

① "不要因恐惧闭口不言，假若如此，则似乎由于软弱而不是审慎才保持沉默"，圣居普里安（St. Cyprien, 210—258）在驳德墨特里阿努斯（Demetrianus）的小册子（Cyprian, *Contra Demet*）中如此说道。居普里安要说明的是，沉默有其界限，承认错误不能与无视诽谤责难混为一谈。

恶:但是他们攻击论文的方式,迫使我再次为自己辩护,以免我的沉默被许多人看成是认罪,或被哲人们看成漠不关心。

[2]我很清楚,我不得不继续重复,但公众不会就此原谅我。但是智慧之士会说:这人不需要不断寻找新的理由;因为这正是他的理由强有力的一个证据。

[**原注一**]有些极可靠的真理初看起来很荒谬,而对大多数人来说,它们则会永远显得如此。告诉一个老百姓说,太阳在冬天比夏天离我们更近;或是告诉他说,太阳在我们看到之前就落山了,他一定会嘲笑你。关于我所支持的观点也是同样。那些最浅薄的人总是最快地站到反对我的阵营一边;真正的哲人动作要慢些。如果我能有荣光,导致有些人转换观点,那么这些人也只可能来自后者[真正的哲人]。①

在表明我的观点之前,我曾长期、透彻地审思过自己的主题,也曾尝试从各个方面推敲过。我怀疑,我的敌手中有哪个人也能这么说。我至少没在他们的作品中察觉到那些闪光的真理(vérités lumineuses),这些真理之所以动人,在于它们的确凿,其程度远超过它们标新立异。它们总会既是深思熟虑的果实,也是深思熟虑的证据。我敢说,他们从来都没有针对我提出过任何一条我未曾预料并提前回答的合理反驳。这就是我为什么别无他选、总是再三重复的原因。

[3]既然那些攻击我的人从来都不会不偏离问题,并且无视那些我所强调的基本区别,我也就总是需要通过重新强调这些内容来开始。下面就是我所支持、也将一直支持的意见大纲,只要我除了真理之外不会听从其他的利益。

[4]科学是天才和理性的杰作。模仿精神创造了艺术,经验则使得艺术臻于完美。我们要感谢机械技艺,这一技艺带来大量的有用创造,为生活添加了魅力,提供了方便。这些当然是我衷心

---

① 卢梭想到的是不是杜克洛斯(Duclos)? 实际上,杜克洛斯的《关于本世纪道德风尚的思考》(*Considérations sur les mœurs de ce siècle*,1751 年 2 月)同意卢梭的观点(比如,虚假和真实的文雅——主张公民教育……,等等)。

同意的真相。但是，现在让我们来看看所有这些学识（connois-
sances）与道德风尚的关系。

[原注二] "学识使人宽和"，这位名哲如此说道。① 这位哲人的作品总显
得高深，有时也很高尚，作品中无处不带着热爱人道的气息。他用这极少的
语词，写下了文人以前从未写过的最有力的话语，而且，尤为罕见的是，他在
这么说时，丝毫未曾夸张。的确，学识使人变得宽和。然而，宽和作为最让人
喜爱的美德，有时也正是灵魂的弱处。美德并不总是宽和；面对罪恶，美德懂
得用严厉来武装自己；面对罪恶，美德燃烧着愤慨。

一位拉刻岱蒙国王，对那些在他面前夸奖他的同僚卡瑞卢斯（Charillus）
的善行的人们作出一段极为睿智的回答："义人就是丝毫不饶恕恶人。"国王
说，"如果他不知道对恶人残忍，他怎么可能善？"②布鲁图斯一点儿都算不上
是个宽和的人；但有谁敢说他没有美德？ 相反，有许多卑鄙而懦弱的灵魂，既
没有火也没有热，它们之所以宽和乃出于对善恶的麻木。这就是文人趣味在
人民中启发出的宽和（la douœur）。

[5] 假若属天的智性（intelligences célestes）孕育了科学，那
么从中只会产生好的结果。关于那些生来为了引领别人的伟人，
我也同样会这么说。有学问、有美德的苏格拉底是人类的荣耀。

---

① ［B本注］"这位名哲"指普鲁塔克，参《伦语》中的《论愿望与憎恨》（De l'Envie
et de la Haine）。比较《蒙田随笔集》3.12，页246。如 Pire 先生所指出的，卢梭这里暗
指普鲁塔克（《比较文学评论》，前揭，1958，页543）。卢梭根据普鲁塔克的说法，把蒙田
笔下没有确切所指的这个词加给了斯巴达君王。他还添加了布鲁图斯（Brutus Lucius
Junius）反对君主制这则特例，见《日内瓦人卢梭的最后答复》54。
　　［G 本注］"这位名哲"指孟德斯鸠，这是《论法的精神》15.3 谈论"奴隶制的其他根
源"时的论据。拉刻岱蒙国王的轶事出自普鲁塔克的《论愿望与憎恨》5 和《吕库戈斯
传》5.9。
　　［中译按］译者赞同 G 本的理解："学识使人宽和"出自孟德斯鸠《论法的精神》15.3
中的第三自然段（页470）：Les connaissances rendent les hommes doux；la raison porte à
l'humanité?；il n'y a que les préjugés qui y fassent renoncer[学识使人宽和；理智带来
人道。仅成见会让人放弃两者。]
② 手稿 R.89 加了一句：quod malos boni oderint, bonos oportet esse[善人对恶
人的憎恨体现了善人的正直。]

然而,平庸之辈的罪恶之事毒害了最高尚的学问,并使之为害民族。恶人从中抽取出许多有害的东西。好人从中则无所取。假若除了苏格拉底之外没人在雅典自称从事哲学,那么,就不会有一位义人的血,针对着科学和文艺的祖国发出复仇的呐喊了。

[原注三]苏格拉底因说出与我相同的话而付出了性命。在对他的审判中,有一位指控者代表艺术家提出指控,另一位代表演说家,第三位则替诗人抱怨,所有这些人都站在所谓的为诸神辩护的立场。诗人、艺术家、狂信者和演说家们赢了;苏格拉底则死去了。我很担心,当我宣称苏格拉底如今不会饮下毒芹[身亡]时,我恐怕赋予了自己的时代太多的荣耀。①

[6]正在接受考察的问题是,人们若拥有科学是否会有利,其中甚至已经假设,人们所称的科学与这一名称确实相称。但是,如果假装认为哲学的吐火女妖、哲人的错误和谎言会有某些好处,就有些愚蠢啦。我们难道总要上语词的当?我们难道永远都不明白,研习、知识、学问和哲学,仅是人类傲气培养出的虚妄假象?与人们赋予它们的夸张名称极不相称?

[7]当对这种愚蠢无知的趣味在一个民族中蔓延时,这个民族就失去对结实美德的趣味:因为,一旦人们只需做一个讨人喜欢的人,就可以不必再做一个好人,那么,与良好的道德风尚相比,只用喋喋不休的废话就可以更容易超凡出众。

[8]内里愈腐败,外部就愈镇定。

[原注四]我从来没有在看哪场莫里哀喜剧时,不曾因为观众们的精致而

---

① 手稿 R. 89 加了一句:on remarquera que je disais cela dès l'année 1752[人们会注意到,我从 1752 年开始就说过这些话。]柏拉图的《苏格拉底的申辩》(23e—24a)说,莫勒图斯(Melétos)代表了诗人对苏格拉底的憎恨,阿努图斯(Anytos)代表了手艺人(artisans),卢孔(Lycon)代表了演说家。《苏格拉底的申辩》中的"手艺人"(δημουογοί)在卢梭的笔下变成了艺术家(artistes)!卢梭在《论科学和文艺》没有提到苏格拉底对政治家的批评,所以他在这里也有意忽略了此点。见《论科学和文艺》27—29。

感到钦佩。一个稍自由的词儿，一段稍粗鲁的俏皮话，这些都刺伤了他们纯洁的耳朵。我从不怀疑，最腐败的人总是最震惊的人。然而，如果将莫里哀时代的道德风尚与我们的时代相比，谁会相信我们比前者更好？想象一旦被玷污，它就会把一切都变为丑闻的对象；当除外表外再没有什么好的东西时，人们就会加倍小心地去保护这外表。

这正是学识的教化何以缺乏头脑地孕育了文雅。趣味也诞生于同一源泉。公众的认可是文学工作的第一价值，很自然，那些从事文学工作的人费尽心思要讨公众的喜欢。正是这些心思慢慢塑造出风格、推敲出趣味，处处都表现得高雅和斯文。所有这些东西也许都可以视为美德的补充：但是，人们从来都不能说这些就是美德，这些也极少与美德相伴。这一区别总将存在，想让自己有用的人会为他人劳作，而那仅想着让自己讨人喜欢的人，仅会为自己而劳作。比如谄谀者，讨好别人时不遗余力，带来的却尽是祸害。

[9] 虚荣（vanité）和闲暇（oisiveté）孕育了我们的科学，同样也孕育了奢侈（luxe）。奢侈趣味总与文人的［趣味］相伴，文人的趣味也总是与奢侈趣味在一起。

［原注五］他们在某处用亚洲人的奢侈来反驳，这与用无知民族的罪恶之事来反驳我，属于同样一种推理方式。可惜，我的敌手们一直都很不幸，他们对事实本身没有弄清楚，根本就不能来反驳我。我很清楚，东方民族一点都不比我们无知；然而，这并不能妨碍他们与我们一样虚荣、与我们一样写出如此之多的书籍。土耳其人可说是最少培养文人的民族，但到上世纪中叶为止，他们也拥有 580 位诗人呢。

所有这些东西彼此忠诚相伴，因为它们是同样的罪恶之事的作品。

[10] 如果经验与这些被证明的意见不符，就需要去寻找不符合的特殊原因。然而，这些意见的最初想法诞生于对经验的长久冥思。要想看到经验多么充分地证明了这些意见，只需打开世界

年鉴即可。

[11] 原始人十分无知。有谁敢说，在一个败坏的源头尚未开启的时代，原始人便已经败坏？

[12] 透过远古时代的晦奥和远古人民的质朴，我们看到，他们当中许多都有着极伟大的美德，尤其是道德风尚的淳朴——这正是一道不可消磨的印记，标志着远古人民的淳真品性、信仰纯正、殷勤友好、公正，以及最重要的，对作为所有其他罪恶之母的荒淫的巨大恐惧。

[**原注六**] 我完全没有意图去向女子献殷勤；她们用书呆子这个深为我们的风流哲人们所惧怕的词来称呼我，我则是很满足。我粗俗、乏味、毫不礼貌，一点不想要他人的奉承；因此，我要完全以自己的方式道出真相。

男子和女子生来就是为了相互爱慕、相互组合；但是，除去这一合法的结合，男女之间所有的情爱交往都是让社会和道德风尚乱套的可恶来源。的确，只有女子才能使得荣誉和正派重新回到我们中间。① 然而，她们拒绝从美德之手中接过一个帝国，她们希望只凭其魅力来建立这个帝国；这样，她们所行的尽是恶事，她们自身通常也受到这一偏好的惩罚。

在一个如此纯洁的宗教[基督教]中，看到贞洁被视为一道僧侣般的低微美德，② 乃至任何自称有此美德的人——我几乎愿意说任何女人——都会遭人讪笑，这着实让人难以理解。而在异教民族中，这一美德则普遍受到尊重，被认为与伟人相称。在他们所有最有名的英雄身上都有这种美德，并被人崇敬。③

―――――――――――

① [中译按]我们的古圣先贤提倡女德，不是没有理由。读史书可知，女德沦丧之日，必是一国祸患蜂起之时。古人多重视女德，唐贞元年间，女尚宫宋若莘、宋若昭姐妹曾著有《女论语》，强调女德。自上世纪新文化运动提倡打倒"三从四德"以来的诸多风浪洗涤之后，在今天的社会中重新倡导似乎为新或(新新)女性所不齿的女德，或许有其重要性。卢梭的这一说法，意蕴深远。

② Duclos 在《关于本世纪道德风尚的思考》中把"僧侣般"(monacale)与 monastique 视为对立词。在布瓦洛(Boileau)的讽刺诗中，monacale 已有负面含义。

③ 在 1751 年给科西嘉研究院(Académie de Corse)的应征文《论英雄最为必须的美德》(并未寄出)中，卢梭对英雄美德由战士的勇敢、公义、审慎或节制构成这一观点提出异议。他所认为的英雄美德是：灵魂的力量和自我控制。卢梭认为，他的敌手们批评《论科学和文艺》有廊下派情调时的例子和引用都很差劲。

　　我可以点出其中毫不逊色于他人的三位，他们都在独立于宗教的情况下，做出了永远被人记住的节制爱欲的榜样：居鲁士、亚历山大和小斯基皮奥。① 在君王宫殿中收藏的所有奇珍异宝中，我仅想看看西班牙民族送给斯基皮奥的那块银盾。西班牙人在这块银盾上镌刻了这位领袖美德凯旋的标志。这说明了为何正该由罗马人征服其他民族，这既归功于武力，也同样归功于对他们道德风尚的敬仰。这正是法里斯科人的城邦被征服的原因，也是为何皮鲁斯尽管曾获胜，还是被赶出了意大利的原因。②

　　我记得在什么地方看到过诗人德莱登③对一位年轻的英国勋爵的一段很出色的回答。后者向诗人抱怨说，在诗人的某部肃剧中，克莱欧墨涅斯（Cleoménes）满足于与自己的情妇幽会，而没做出与他的情爱相比称的举动来。"如果我跟一位美人在一起，"年轻勋爵对德莱登说："我会更好地使用这段时间。"德莱登反驳说："我相信您的话，可是您也当然会允许自己不是一位

────────────

　　① 居鲁士不想见潘泰娅（Panthée），见普鲁塔克，《论好奇》（De la Curiosité）13。亚历山大不去见大流士（Darius）据说有沉鱼落雁之貌的妻子。卢梭是否读过 Quinte Curce（Vaugelas 译本，页 24、页 252 以下，1696 年版）？这里指的不是小斯基皮奥（Scipion le Jeune），而是大斯基皮奥（Scipion l'Ancien，约公元前 236—前 184 年）。大斯基皮奥年轻的时候，曾占领西班牙的新迦太基（Carthage la Neuve）："几个士兵带来一个美貌无比的女俘，献给大斯基皮奥做礼物。他对这些士兵说：如果我不是将军而是一个常人，我肯定会接受这位女子。"见普鲁塔克，《大斯基皮奥传》，1802，卷 15，页 357。

　　普鲁塔克《大斯基皮奥传》："对他［大斯基皮奥］的所有称赞中的首要一条，就是他的厚爱和仁慈。他是所有美德的一面镜子和榜样。有一位年轻女子被俘，可说是迦太基所有女子中最美的一位。大斯基皮奥特别嘱咐要好好看待她，不准侮辱她或对她施暴。后来，他得知这位女子曾与塞勒提巴（Celtiberians）国王 Lucceius 成婚，他就派人请来她的丈夫 Lucceius。Lucceius 是个很年轻的小伙子，大斯基皮奥把未曾被人碰过或侮辱过的女子还给了他。依然倾慕妻子的 Lucceius，当着全体臣民的面，赞叹这位罗马将军的伟大善行、稳重矜持和卓越美德，不久带领大批骑士重返罗马战营为大斯基皮奥助阵。"

　　Delaruelle 说（《法国文学史》，前揭，页 248，注 3）：据《王宫图书馆历史文集》（Essai historique sur la Bibliothèque du Roi，Paris，1782），国王的箱柜中藏有一块名为斯基皮奥的银盾，人们说，这是西班牙人献给斯基皮奥的礼物。

　　② 皮鲁斯（Pyrrus）在两次战争中（公元前 280 年和前 270 年）打败了罗马人，双方均伤亡惨重。罗马人准备不顾伤亡继续战斗。皮鲁斯不愿这么做，选择放弃他的意大利乡土。这也是"皮鲁斯式的胜利"这一说法的由来。

　　③ 指英国"桂冠"诗人、剧作家和文学批评家德莱顿（John Dryden，1631—1700）。

英雄。"

从而,美德与无知并非不相容。

[13]美德也并非总是无知的伴侣:因为众多极无知的民族也极为罪恶。无知既不是善也不是恶的障碍;它仅是人类的自然状况。

[**原注七**]看到不知道有多少极为博学的人用他们的批评来为我添光,我忍不住要发笑。他们总是用众多无知民族的罪恶来反驳我,好像这能够解决什么问题。从科学必然孕育罪恶是否就能得出无知必然孕育美德的结论来呢?这种推论的方式,对雄辩家们或那些在我的国家中被人们调教来指责我的孩童们来说有用。① 哲人们应以另一种方式来推理。

[14]同样的话却不能用于评论科学。所有有学问的民族都被败坏了,这对科学来说已构成一条可怕的成见。可是,既然细细比较每个民族很是费力,因为,在比较的时候,一大批原由都要考

———————

① E. Ritter(《卢梭年鉴》,前揭,卷三)分析了 1751 年拉丁文的颁奖对话(dialogue des Promotions)。卢梭对这篇对话仅略知一二。这篇对话中年轻的对话者赞颂了刚获得第戎研究院征文奖项的论文。作者是一位 50 出头的教师 Jacob Bernet,他有风度并信心十足地为卢梭辩护,驳斥"这位极为优雅的作家"亵渎了"神圣诗神们"的谴责。

同一时期(1751 年 8 月),Cardinal Le Moine 学院的修辞学教授勒华(Le Roi)神父在颁奖时也用拉丁文写了一篇论文,讨论教化对美德的益处(Quantum litteris debeat virtus),后刊于《索邦学院》(Ecoles de Sorbonne)。这篇论文很快被 Boudet 译成法语,文中并没有点卢梭的名(博德斯也没有),但人们不会不知道该文的意图。索邦学院开始重视卢梭对学校是知识分发者的批评。

之前一年(1750 年 7 月和 12 月),同样是在索邦校园,年仅 23 岁的杜尔哥(Turgot)发表演说赞颂基督教的教化(批评吕库戈斯)和人类心智的进步,颂扬文艺复兴,"到时候啦。欧洲,走出来吧,从将你笼罩的黑夜中走出来吧。美迪奇(Médicis)、列昂十世(Léon X)、弗朗索瓦一世(François Ier)这些永恒的名字永垂不朽"(OC de Turgot,1808,卷二,页 87)。此类文化现象还有莱比锡大学哲学学院的院长戈特舍德(Gottsched,1700—1766)组织的口头辩论,深受年轻的演说者们欢迎。1751 年 7 月,戈特舍德在《博文新讯》(Das Neueste aus der anmuthigen Gelehrtsamkeit)上发表了一篇反驳卢梭的文章。卢梭在《纳喀索斯或自恋者》序言》中也提到了格瑞姆(见 A. François,《卢梭年鉴》,前揭,卷 31,页 47;OC,卷二,页 959—960)。

虑进来,而它们总是在某些方面缺乏准确性。所以,更好的是考察同一个民族的历史,比较知识的增长与该民族的道德风尚的变革之间的关系。那么,这一考察的结果就是,每个民族的美好时刻、每个民族充沛美德之时,都是他们无知的阶段。一旦这民族成为学者、艺术家和哲人,它就失去了自己的道德风尚和正派廉洁;从这一角度看,它就降落到使得人类受辱的那些无知和罪恶民族的行列。如果人们坚持要在其中找到不同点,我就能发现一条,那就是,所有野蛮的民族,即使那些不具美德的,却也都尊重美德;而学者和哲人充斥的民族,由于过度进步,反倒来嘲笑和蔑视这些野蛮民族。当一个民族如此这般时,我们就可以说,它的败坏已达极点,无可救药啦。

[15]上面是我所推证的事物大纲,我也相信,我已经对此做了证明。下面来看看反对我的那些人的学说的概要。

[16]人天生就恶;在形成社会之前,他们就如此。那些科学火炬没有企及的地方,民众们随任本能(faculté de l'instinct)摆弄,①与狮子和熊一同退化到纯动物的生活,这些民族从此陷入野蛮和不幸。

[17]在古代,唯有希腊曾经做过思考,并靠心智而攀升到了使得一个民族值得称道的所有东西。哲人们塑造了[希腊的]道德风尚,并为之立法。

[18]的确,斯巴达因制度和选择(institution et choix)而贫穷和无知,斯巴达的法律则有极大的弊病,斯巴达的公民们强烈倾向于使自己衰败。斯巴达的胜利并不牢固,很快就失去了自己的体制、法律和道德风尚。

[19]雅典和罗马同样败坏。一个在马其顿人的财富前让

---

① 博德斯语,参见《日内瓦人卢梭的最后答复》40。

步;另一个倒在自己的伟大之中,因为一个小城邦的法律不能用来统治整个世界。如果那些伟大帝国的荣盛有时没有文学繁盛所维续的时间长久,乃因为这些帝国培养文学的时刻正好就是它们的鼎盛时代。这是人类事物不能在同样情况下维持很久的宿命。如果认为法律和道德风尚的变质影响了这些重要的事件,人们则完全没必要同意科学和文艺与此相关。相反,人们可由此观察到,文学的进步和衰落总是与帝国的兴盛和衰败成正比。

[20]这一真理也为最近的经验所证明,在一个广大而有力的君主制国家中,国家的昌盛、科学和文艺的教化以及征战的美德,这些都可以视为成就了帝国的荣耀与伟大。

[21]我们的道德风尚是人们能够拥有的道德风尚中最优秀的;我们驱逐了种种罪恶;剩下的[罪恶]属于人类,科学与之无关。

[22]奢侈也与道德风尚无关;奢侈可能导致的混乱也不应被加到道德风尚之上。另外,在大国中,奢侈是必要的;它的好处多于坏处;它能够让闲散的公民有事可做,能够为穷人带来面包。

[23]文雅更应与美德而非罪恶相关。它阻止人们表现出本性;这是人们能相互忍受的极必要的保证。

[24]科学远没有实现自己所提出的目标;但至少力求达到。人们在对真理的认识中步履维艰;这却不等于说,人们在其中没有进步。

[25]最后,即便科学和文艺的确柔化了勇气,但是,比起使得人性颤抖的那种野蛮而粗野的美德来说,科学和文艺所提供的无尽美好之物不是更好吗?([中译按]博德斯文章引文)

我不会为这些美好之物列一张无用而夸张的清单。在开始讨论以上最后一点之前,为了避免许多废话,我将先做一个声明。我将一劳永逸地宣布一次,如果因此可以对道德风俗的毁坏有什么弥补的话,我就愿意承认,科学的益处多于坏处。现在进入下一个话题。

[26] 我可以不冒多少风险地假定,所有这些论点都已得到了证明。因为,在所有这么多大胆提出的论断中,几乎没有一个触及问题的核心,能够针对我的观点提出一个牢靠的相反结论的论断就更少了,而且,如果我的事业需要的话,它们中的大多数甚至还提供了对我有利的论据。

[27] 实际上,第一,如果人生来就是恶的,①那么,科学在他们的手中诚然或许能产生些好的东西;但更为肯定的是,科学会引向更多的坏处。坚决不能把武器交给疯狂者。

[28] 第二,如果科学极少能够企及自己的目标,那么人们浪费的时间就总是会比好好利用的时间多得多。就算我们当真能找到最好的方法,我们工作的大部分也仍然会是可笑的,这就好比一个人因为自信能够准确地跟随垂直线,于是便要尝试挖出一口直达地心的井一样。

[29] 第三,完全没必要用纯动物的生活来吓唬我们,也没必要认为,那就是我们可能堕落的不幸境地;因为像一头绵羊总比像一个坏天使要好很多。

[30] 第四,希腊人的道德风尚和法律多亏了他们的哲人,也多亏了他们的立法者。我很同意。我说过不止一百次,有哲人是件好事,前提是人民不能假装也是哲人。②

[31] 第五,既然没有人敢认为斯巴达没有好的法律,于是人们便批评斯巴达的法律有很大的弊病。这么做的目的是,为了反

---

① 这里的条件从句(Si les hommes sont méchants par nature…),不是承认或让步。卢梭仅简单地指出,科学使得人类的权力更为强大。如果人生来就是恶的,那么变得更为强大的就是人的恶。

② 卢梭又一次提出,应把科学、文化留给精英。对勘《〈纳喀索斯或自恋者〉序言》(33)。

驳我关于"博学的民族总是已经败坏"的指责,人们就反过来批评那些无知民族没能趋及完善。

[32] 第六,文学的进步总与帝国的伟大成正比。就算如此吧。我注意到,人们总是跟我谈财富和伟大,我谈的则是道德风尚和美德。

[33] 第七,我们的道德风尚是像我们自己这样的恶人所能拥有的最好的道德风尚了;这有可能。我们驱逐了很多罪恶。对此,我并不否认。我一点都没指责说我们时代的人有着全部的罪恶;他们有的仅是怯懦的灵魂;他们仅是狡猾且无赖。至于那些以勇敢和坚忍为条件的罪恶,我认为他们都没能力具备。

[34] 第八,奢侈可以是必要的,以便给穷人带来面包;但是,若不存在奢侈,就不存在穷人。

[原注八] 奢侈养活了城里 100 个穷人,却使得乡下十万个穷人潦倒不堪。在富人和艺术家手中流通以用来满足他们的无用开支的金钱,却使得农夫失去生计。后者没衣服穿,恰恰因为别人需要种种[衣服]饰带。仅是那些本可以喂饱他却被浪费了的东西,就足以使得人类憎恶奢侈。我的敌手们很幸运,由于我们的语言值得谴责地要求精致,我便不能详述这个方面的真相,若听到这些真相,我的敌手们就会为他们敢于捍卫的事业而脸红。我们的烹调需要汤汁;这就是那么多的病人喝不上汤的原因。我们的餐桌上不可缺少甜酒;这就是为何乡下人仅能喝水的原因。我们的假发需要抹粉;这就是为何那么多穷人都吃不上面包的原因。

"奢侈能让闲散的公民有事可做"。那么,为何还会有闲散的公民呢?当农耕业曾受重视的时候,那时,既没有不幸也没有闲散,而且罪恶也少得多。①

---

① 关于奢侈,见《论科学和文艺》41;《论科学和文艺》中也谈及农夫的惨境。这里的口气仿佛要闹革命。财产是一项非常有害的发明,人类的不平等就此成为一种明目张胆的不公正。卢梭认为,"社会风俗中极微小的一点变化,尽管从某些角度来看有好处,却总是损害了道德风尚。"在卢梭看来,幸福需要稳定与安全。

[35] 第九,我看到,他们很把奢侈这一问题放在心上,但他们却坚持着"要把奢侈与科学和文艺分别处理"的托辞。如果他们一定要如此坚持的话,那么,我将同意,奢侈作为国家的支撑,就好比女像柱(Cariatides)能用来支撑它们所装饰的宫殿一般;或者,这就好比人们用来支撑破旧房屋的梁柱,而这些梁柱最终通常以把房屋弄倒而告终。睿智而审慎的人,从任何一所被[这么]支撑着的屋中走出来吧!

[36] 以上可以证明,我可以多么容易地把人们用来反驳我的多数事物转变为对我的有利证据。但是,坦率地说,我发现,这些说法中没有哪条创建得足够充分,能让我敢于拿来利用一番。

[37] 人们认为原始人是恶人;由此得出人生来就恶的结论。

[**原注九**]下面这一注释送给哲人们;我建议其他人跳过。

如果人生来就恶,那么很明显,科学仅会使得人更恶;这样一来,科学的事业只因为这唯一的假设便被推翻了。但是需要注意,尽管人生性本善——正如我相信并乐于感受到的,但这并不能因而得出科学对人有益的结论。因为只要一个民族开始培育科学,就必然宣布了这个民族败坏的开始,而科学会飞速地加快这种败坏。此后,宪制的罪恶就会产生与自然的罪恶所行的一样多的坏处,同时,坏成见就会发挥坏癖性的角色。①

这可不是一条无关紧要的论断;在我看来,它完全值得费番气力来证明一番。人们敢于引作证据的所有民族的编年鉴都更多地支持相反的假设。要强迫我相信荒谬,这可需要很多证据才行哦。我很希望人们能跟我解释一下,在你的、我的这些可恶的语词被发明之前,在人们称作主人的这类残忍而粗暴的人出现之前,在人们

---

① 即便《论科学和文艺》没有提出人性本善的论点,至少也不反对它。《日内瓦人卢梭的最后答复》较为明确地有一些支持这一论点的文字(也可见《论人类不平等的起源和基础》和《爱弥儿》)。受指责的并非科学,而是科学的"立场",也即一个民族教育人民的体制。

称作奴隶的另一类狡诈而虚伪的人出现之前,在那些其他人饿死、自己却敢拥有多余之物的可恶至极的人出现之前,在相互依赖关系迫使所有人变得欺诈、嫉妒并背信弃义之前,那些使人一直被谴责的罪恶(vices)、罪行(crimes)到底从何而来? 人们告诉我说,他们早就看穿了黄金时代的吐火女妖。他们怎么没有再加上一句,说他们早就看穿了美德的吐火女妖呢?

　　[38]我说过,早期希腊人在科学将他们败坏之前有美德;在这一点上,我不想让步。尽管在一番更为仔细的考察之后,对一个如此絮叨民族的诸多美德是否坚固,对于这个民族热衷对自己作出的诸多称颂是否公正,我不是没有过怀疑。尽管如此,我也不能找到其他证据来证实我的怀疑。

　　那么,人们在这点上反对我的是什么? ——他们的反对意见乃是:我所称赞其有美德的早期希腊人其实已受启蒙,并且有学问,因为是哲人们塑造了他们的道德风尚,并为之制定了法律。然而,以这种推理的方式,谁能阻止我用同样的话来描述所有其他民族呢? 难道波斯人没有他们的祆教玛戈(Mages)? 亚述人没有他们的卡尔登?① 印度人没有他们的赤身苦行僧(Gymnosophistes)? 凯尔特人没有他们的杜伊得?② 奥库斯(Ochus)在腓尼基人中难道不出众,好比利比亚人(Lybiens)中的阿忒拉斯(Atlas),波斯人中的琐罗亚斯德(Zoroastre),忒腊克人(Thraces,旧译"色雷斯")中的扎莫拉克西斯(Zamolxis)?③ 不是有很多人认

---

① [中译按]亚叙(Assyrie),兴起于两河流域的王国(公元前935—前612年)。卡尔登人(Chaldéens),生活在苏美尔(Sumer)王国(后来的巴比伦)西部的古闪米特人。

② [中译按]杜伊得(Druide),凯尔特人的祭司阶层,掌管宗教典礼、青年教育及国家司法事务。

③ 西塞罗《论预言》(De Divinatione)1. 1. 41:野蛮人中也有占卜。波斯人的祆教玛戈、亚述的卡尔登、凯尔特人的杜伊得,扮演的都是这一角色。卢梭此处综合引用了西塞罗和西西里的狄俄多儒斯。"[阿忒拉斯]星相学极为出色……,第一个用球体来代表世界";"[Zoroastre 和 Zamolxis]夸耀盖特人(Gètes)……他们[盖特人](转下页注)

为哲学诞生在野蛮人中吗？难道上面提到的所有这些民族都是如此这般的学问渊博者？

我被告知，"在米尔提阿德和忒米司托克勒斯身边，可以找到阿里斯提德们和苏格拉底们。"①如果你想要[就可以找到]；但是对我来说，这有何关系？然而，米尔提阿德、阿里斯提德、忒米司托克勒斯，这些英雄生活在一个时代；苏格拉底和柏拉图这些哲人则生活在另一个时代；当人们开始创办公众哲学学校的时候，堕落而败坏的希腊早就放弃了自己的美德，早就出卖了自己的自由。②

[39]"傲慢的亚细亚看到，自己数不尽的军队被一小群由哲学引向荣耀地位的人所击溃。"的确：灵魂的哲学能带来真正的荣耀，但这种哲学根本不能从书本中学到。"这一直就是心智知识的效果。"我恳请读者提防这一结论。"道德风尚和法律是真正的英雄美德的唯一来源。"那么，科学就与它无关啦。"一句话，希腊的一切都归功于科学，而世界上其他民族都归功于希腊。"那么，希腊和整个世界一点都不应归功于法律和道德风尚啦。我请求敌手们的原谅；但是，就是不能允许他们做出这些诡辩。

––––––––––––

（接上页注）与 Vesta 的沟通"（Diodore, 1. 2. 24；1. 3. 60；1. 1. 94）。斯特拉波《地理志》（3. 39）可能为卢梭提供了印度赤身苦行僧的信息。杜邦夫人的活页中的一段卢梭文字曾引用过斯特拉波（参见 *Journal de Genève*，1958 年 4 月 26 日）。文中绰号为 Ochus 的波斯王大流士（Darius）费解，如果相信 Ctésias（[中译按] 雅典的波斯史学家）的说法，他应是 Artaxerxès 的亲子。卢梭很可能在一本现代书籍中找到这些材料，至于哪本书，不清楚。

①　见柏拉图《王制》499c。米尔提亚德（Miltiade）率领雅典人在公元前 490 年马拉松一役击败波斯人。忒米司托克勒斯（Thémistocle，约公元前 523—前 459 年）建立了雅典港口佩莱坞，并劝说雅典人建立自己的舰队，在公元前 480 年的萨拉米斯（Salamis）之战中，他率领英勇的雅典人击败波斯军队（见希罗多德，《原史》7. 144；修昔底德，《伯罗奔半岛战争志》1. 14；普鲁塔克，《忒米司托克勒斯传》4）。阿里斯提德，别称尤斯特（Just），公元前 479 年，他率领雅典人与波斯人在普拉塔埃（Plataea）决战。两年后，他当选为雅典海军同盟的首领。

②　卢梭将英雄与哲人相对，偏向作为行动之人的英雄，但并不一定就轻视哲人，哲人是践履"灵魂的哲学"并希望制止[道德风尚]败坏的人。

[40] 让我们再来考察一下人们对希腊的这种超出其他所有民族的偏爱，这一点似乎至关重要。"如果您想要，我会敬佩那些征战民族，或是那些过着林居生活的民族，那些依地而卧、以植物为生的民族。"这一敬佩实际上与一位真正的哲人极为相配：只有一个盲目且愚蠢的民族才会钦佩这样的人们——他们不以对自由的捍卫度过一生，反而为了满足自己的疏懒或野心而倾尽一生相互欺盗、相互背叛，这些人敢于用上亿个穷苦人的汗水、鲜血和劳作来滋养他们的闲暇。

"可是，难道要到这些没有文化教养的人当中去寻找幸福？"在这些人中寻找幸福要比在其他人当中寻找美德理智得多。"如果人类仅由农夫、士兵、猎人、牧羊人构成，那将会是什么景象？"那将比由厨师、诗人、印刷工、金银匠（Orphévres）、画家和音乐家构成的人类图景美上不知多少倍。

只是士兵这个词需要从最先的图表上抹去。战争有时是一种义务，它从来不是一种职业。所有人都应该为了保卫其自由而成为一名士兵。没有人应该为了侵犯他者的自由而成为士兵：为保卫祖国而牺牲，这是一项太高贵的事业，因而不能交由雇佣兵。①

"那么，要与人类这个名称相配，就需要像狮子和熊一样去生活啦？"如果我有幸找到哪怕一位作为真理之友的公正读者，我恳请他看一看现实社会，去看看这些人中活得如同狮子和熊、如同老虎和鳄鱼的到底是谁。

"难道要把取食、繁衍和自我保护的生物本能树立为美德？"当这些本能为理性引领并能掌握住分寸时，它们就是美德，我们不要对此有所怀疑。② 当这些本能被用来帮助我们的同胞时，它们就

---

① 卢梭的"军事原理"（militarisme）强调要把服兵役的职责强加给每位公民，保卫祖国的自由是其唯一目的。他反对雇佣兵和以当兵为职业的军队。关于雇佣兵，见 OC，卷二，页 108、233 和《新爱洛绮丝》。

② 卢梭更正并补充了博德斯的说法。比较下文："理性和美德总是被人遗忘"。

更是美德。"我在这里看到的仅是动物的美德,与我们的存在毫不相称。身体受到了锻炼,但受役的灵魂却只是在匍匐和煎熬。"在读过我们所有研究院的自命不凡研究以后,我不得不承认:"我在这里看到的仅是精巧的矫揉造作,与我们的存在尊严毫不相称。心智受到了锻炼,但受役的灵魂却只是在匍匐和煎熬。"

我们又在另一处被告知:"拿走艺术,这个世界还剩下什么?生理活动和激情(les passions)而已。"注意,请留意,被遗忘的总是理性和美德!"艺术带来了灵魂的快乐,那是唯一与我们相称的东西。"也就是说,他们用其他的快乐替换了行动得好的快乐,但后者与我们更相配得多。① 如果考察所有这些说法的精神,人们就会在这里发现——如同在我的多数敌手的论证中所发现的一样——他们对那些关于理解力的奇观拥有无比的热情,乃至他们从来不会考虑另外一种能力,但是,这后面一种能力实则无尽地崇高,也更能教育和提升灵魂。这就是文字教化总是确保的成效。我相信,如今,实际上没有一个学者不是更看重西塞罗的雄辩,而非西塞罗的爱国热忱,②没有一个学者不是更无穷地偏爱他的《反喀提林演说》,而非他拯救了自己的国家的功绩。

[41] 每当需要谈到斯巴达时,我的敌手们的尴尬就不言自明。要是能让这个该死的斯巴达不曾存在过,他们有什么不能做得出来?对于那些主张伟大事迹除了被称颂外别无用处的人来说,他们该多么希望斯巴达的伟大事迹从来不曾被称颂过啊!这件事的确可怕——在这个把美德唯独归功于哲学的著名的希腊的

---

① 这是强调常识道德的首要性,也就是说它所具备的美德和它所带来的快乐。卢梭并不是要把善和幸福区分开来,而是要把智力见识与道德意识区分开来。比较下文[原注十]。

② 西塞罗在公元前63年出任罗马执政官,成功平息喀提林(Catiline)的政变图谋。西塞罗的"反喀提林演说"(Catiline Orations)成为政治演说(civic oratory)的典范([中译按]中译见撒路斯提乌斯,《喀提林阴谋》,王以铸、崔妙因译,北京:商务印书馆,1994)。

中心，其中美德最纯正、持续时间最长的那个国家，恰恰是那个没
有一位哲人的国家。

斯巴达的道德风尚一直被认为是全希腊人的典范。整个希腊
都败坏了，而在斯巴达还有美德；整个希腊都成为奴隶，仅斯巴达
还有自由。这些都让人不快。但是，骄傲的斯巴达最终还是失去
了他的道德风尚和自由，如同博学的雅典所失去的一样；斯巴达终
结了。对此，我又能作何解答？

［42］有关斯巴达，还要提及两点评论；然后我将转向其他话
题。下面是第一点。"在多次站在胜利的边界之后，雅典人还是被
打败，这是真的；奇怪的是，这种情况没有尽早发生，因为阿提卡是
一个完全开放的国家，它仅能通过压倒性的优势（supériorité de
succès）来自卫。"雅典本应因为各种各样的理由而获胜。它比拉
刻岱蒙要大得多，人口也多得多。它有着巨大的收入来源，不少民
族都向它交税。这些对斯巴达来说就都不成立。

雅典人由于自身的地理位置，有着斯巴达所没有的优势，这一
优势使他们多次打败了伯罗奔半岛人，也只有靠这个优势才能保
全住希腊帝国。雅典有一个巨大而便巧的港口；归功于忒米斯托
克勒斯这个不懂得吹笛子的乡下人①的眼光，雅典人拥有一支非
常出色的海军。人们会很惊讶，看到雅典人有着那么多的优势，结
果却是战败。

不过，虽然让希腊灭亡的伯罗奔半岛战争既没有为斯巴达
也没有为另一个共和国［雅典］带来荣誉，而且，虽然尤其在拉
刻岱蒙人看来，这场战争违反了他们的立法智者的规则，但是，
并不奇怪的是，最后，真正的勇气战胜了物资财源，同样不奇怪

_____

① 卢梭回应反驳者的嘲讽。普鲁塔克在《忒米司托克勒斯传》2.4 和《刻蒙》(Ci-
mon)9.1 中说："给我一个低微、衰败、没人知道的城邦，我会让它变得雄伟、强大、名闻
天下。"

的是,斯巴达的诸多声誉也为他提供了不少获胜的条件。实际上,知道这些东西,我其实很羞愧,现在将之言明其实是迫不得已。

[43] 另一条评论也不是不引人注目。下面是原文,我相信有必要把它公布于读者眼前。

[44] 让我假设,如果构成希腊的所有城邦都遵循了斯巴达的法律,那么这个有名的地方留给我们的会是什么呢?连它的名字都不会传到我们耳中。希腊将会不屑于培育史学家,它的荣耀也不会流传千秋。斯巴达激荡的美德景象,对我们来说也早就遗失了。那么,对我们来说,这些美德是否曾经存在就无关紧要啦。那些哲学学说,道尽了我们思想的可能要件,就算它们没有大范围延展我们精神的边界,至少也告诉了我们这些边界在哪里。那些杰出的雄辩作品、那些出色的诗歌作品,它们教导给我们所有的心灵之路。那些有用或惬意的艺术,要么保存、要么美化了生活。最后,还有所有伟人的思想行为不可估价的传统,成为他们同胞的荣耀或幸福。所有这些宝贵的精神财富,就将永远不复存在。时代的进展、人类的每个世代都将如动物般呈递,没有任何果实留给后代。留下的仅会是对他们存在的模糊回忆;世界会衰老,而人类将停留在永恒的童年之中。([中译按]博德斯文章引文)

[45] 现在,让我们反过来假设,如果一位拉刻岱蒙人被以上这些论证的力量所打动,也想将其展现给同胞们,那么,让我们来想象一下他会在斯巴达广场做的演说。

[46]公民们,睁眼看看你们向来因为盲目而未曾看见的

东西吧。① 看到你们辛勤劳作仅仅为了获得美德,为了锻炼你们的勇气,为了保护你们的自由,这真让我痛苦。可是,你们忘记了更为重要的义务,也就是为了未来世代[所享受]的闲暇提供娱乐。告诉我,如果不能在世间引起轰动,美德有什么好? 如果没人来称道,你们成为好人又有什么用? 如果你们不曾像雅典人一般留下诸多哲学学说、诗歌、喜剧或是塑像,那么,就算你们为了拯救雅典人而在温泉关②献出自己的生命,对后世来说,这又算得了什么呢?

[原注十]伯利克勒斯天资过人,善于雄辩,为人阔气,颇有品味。他用精美的雕像、雄伟的建筑还有其他所有艺术作品装饰了雅典。③ 另外,上帝才知道,那一大堆作家有多么夸耀他! 然而,我们还是要问,伯利克勒斯是不是一位好执政官:因为就治理国家而言,重要的不是树立起诸多雕像,而是如何管好人。我一点都不想浪费时间,回顾使得共和国成为废墟的伯罗奔半岛战争的秘密动机。

我也不会探究阿尔喀比亚德的建议是好还是坏,④伯利克勒斯被指责盗用公款,公正还是不公。我只想弄清楚,雅典人在他[伯利克勒斯]的统治下变好还是变坏了。我恳请人们能够告诉我,公民、奴隶甚至他自己的子女中,可有一位在伯利克勒斯的治理下成为好人。⑤ 在我看来,这本应是执政官和

---

① 手稿 R. 89:ouvrez les yeux et sortez de votre aveuglement…[睁开双眼,从你们的盲目中走出吧……]

② 温泉关(Thermopiles),斯巴达王 Leonidas 在抵抗波斯军队入侵时越过的关隘。公元前 480 年,Leonidas 得知自己被背叛后,他解散了盟军,仅带 300 同胞与敌人决一死战(希罗多德,《原史》7. 202—206)。

③ 伯利克勒斯(公元前 495—前 429 年),雅典民主政治时期的执政官。卢梭对伯利克勒斯政治领导才能的质疑,更多受柏拉图而不是修昔底德的启发。

④ 阿尔喀比亚德(Alcibiade,公元前 450—前 404),卓越而怪癖的雅典政治家。阿尔喀比亚德的"建议"指远征西西里,卢梭在这里所说的与修昔底德的说法一样(《伯罗奔半岛战争志》6. 15)。

⑤ 卢梭对伯利克勒斯的这一评价来自柏拉图的《高尔吉亚》(515a—516a)。苏格拉底对卡利克勒斯(Calliclès)说,伯利克勒斯的所为不是好的政治,他没有使得雅典人变得更加公义、成为更好的公民。

君王的第一职责。因为让人幸福的最简单也最确保的方式,不是去装饰城邦或是让城邦富裕,而是使城邦美好。

　　你们还不赶快废弃那些仅能让你们幸福、此外全无好处的法律? 还不赶紧想着身后让后人多多谈论自己? 不要忘了,如果伟人不被称颂,那么做伟人就根本没有什么用。

[47] 我想,这就是这人大概会说的内容,如果斯巴达执政者们(Ephores)①准许他说完的话。

[48] 他们不仅仅在这里告诫我们说,美德的好处仅仅在于能被人称道。还有些人继续向我们吹嘘哲人的思想,因为这些思想永恒不朽,为获得所有时代的敬仰而存在。

　　别的民族眼看着自己的思想随时日、时局消失,甚至就消失在他们看着这些思想诞生的时刻。在四分之三的人那里,还没等过去的一天留下痕迹,将来的一天就已抹去了它。

噢! 在良知的见证中,在人们帮助过的不幸者中,在做下的善事中,在对暗中助人的那位恩神(ce Dieu bien faisant)的纪念中,至少有某种东西留下。那位好苏格拉底说,无论死了还是活着,好人从不会被诸神遗忘。人们或许会回答我说,这并不是他们想说的那种类型的思想。而我呢,我要说,其他的[思想] 根本不值得谈论。

[49] 很容易想象,斯巴达既然如此被看不起,那么古罗马人肯定也没有受到更多尊重。"我们倾向于相信他们是伟人,可他们仅作出些微薄小事。"在此基础上,我承认,现如今,人们长久以来所做的全都是伟大的壮举。

---

① Ephores,斯巴达每年选出的五位执政官,对所有城邦事务有绝对的权威。

作者还批评古罗马人的节制和勇气并不是真正的美德，而是被强制的品德。

[**原注十一**] 我看到，我们时代的多数智者不怀好意地为古人们美好而宽宏的行为抹黑，对此作出些草率的解释，寻机会找他们的茬（controuvant des occasions et des causes vaines）。伟大的精巧！就算人们给我列出最卓越和至淳的行为，我也能轻易从中找出50个罪恶意图来。上帝知道，对于想要刻意夸大的人来说，可以有多少图景来攻击我们的内心深处的意志。但是，由于他们的诽谤是如此笨拙，如此粗糙而缺乏精巧，这也让他们的恶意颇为减弱了。他们颇费苦心、毫无顾忌地诽谤这些伟大的名字，我愿意以同样的辛苦来让它们重新挺立。这些稀有的人物，在历代哲的一致同意下被树立为世间的榜样。只要时机有利和有道理，我将毫不犹豫地尽我的力量去增加他们的荣耀。但是，很有可能的是，不管我们多么努力地巧妙称赞，还是远远比不上他们的德操。好人的职责在于将美德描绘得尽可能美。若我们在为这些神圣形象辩护时受制于激昂的情绪，也并非不合适。这些可不是卢梭说的，而是蒙田说的。①

然而，就在几页之后，作者又说，法比里基乌斯（Fabricius）蔑视皮鲁斯的金子；人们也不可能忽视，在罗马史上充满了这样的事例——那些如此甘于贫困的执政官、那些可敬的战士们本可以多么轻易地变得富有。

[**原注十二**] 库瑞乌斯（Curius）回绝了萨米尼特人的赠品，他说，他更喜欢指挥那些有金子的人，而不是自己拥有金子。库瑞乌斯是对的。喜欢财富的人生来就是为了服从，不喜欢财富的人则生来为了指挥。穷人屈服于富人，不是因为金子的力量，而是因为穷人们自己也想发财；如果不是这个，穷人们肯定是主人。②

---

① 见《蒙田随笔集》1.37,《论小卡图》。

② 普鲁塔克的《罗马人的格言》（*Apophtegmes des Romains*）中记有库瑞乌斯（Manilius Curius）的说法："萨米尼特人被库瑞乌斯打败后，曾给库瑞乌斯送去很大一笔钱。他们在库瑞乌斯家附近找到他，那时他正在一个锅里煮萝卜汤。库瑞乌斯对萨米尼特外交官们说，那个满足于喝萝卜汤的人不知拿来金子干嘛。在他看来，统领那些有金子的人比自己拥有金子要荣耀得多。"

关于勇气，难道不是众人皆知，怯懦不会听从理性？同样众人皆知的是，一个懦夫尽管很清楚自己会在逃跑中被杀掉，但还是不停地要逃跑。

"想要召唤大国回忆起小共和国中的微小美德，就如同强迫一个结实强壮的人在摇篮中牙牙学语。"这就是朝廷中流传的并不新鲜的一句话，这句话完全适合提贝里乌斯或美迪奇家族的卡瑟琳，①我毫不怀疑这两位曾经常说出这样的话。

[50]很难想象用土地测量员的工具来衡量道德。然而，不能说，国家的疆域跟公民的道德风尚毫无干系。这些事物之间必然存在某种比例；这一比例是否不是反比关系，我不知道。②

[原注十三]如果我继续与我的敌手们相争的话，他们的傲慢最终可能引领我变得言辞轻率。他们以为能以蔑视小国来胁迫我。他们难道一点都不担心我可能会这么问他们吗：有大国存在，是否一定是好事呢？

这是一个需要反思的重要问题。我认为，人们依旧可以认为，这一问题尚未解决；尽管人们在这里用充满蔑视的语气、而非哲学式的语气将它割成了两个词。

[51]他们继续说，"这就是[小]卡图的疯狂。承传他家族中的脾气和成见，他整整一生喋喋不休、奋斗至死，却不曾为祖国做过任何有用的事。"卡图是否为祖国做了些什么，我不清楚；但是，我知道他为人类所做甚多，他为人类提供了从未有过的最为纯粹的美德景象和典范。③他教会那些真诚热爱真正荣耀的人，懂得

---

① 提贝里乌斯(Tiberius Claudius Nero，又译"提比留"，公元前42—公元37年)，罗马皇帝(14—37年在位)，生性好疑而残忍。美迪奇家族的卡瑟琳(Cathérine de Medicis，1519—1589)，法国王后，圣巴忒洛缪(St. Bartholomew)惨案(1572)的主凶。

② 这里的疑惑语气并不能迷惑谁。日内瓦公民卢梭的对手们的"高度"触犯了他的敏感。在这里，卢梭的目光指向自己的母邦。

③ 卡图(Marcus Porcius Cato，公元前95—前46年)，别称Utican，大卡图(Cato the Censor)的曾孙。他以自己的曾祖父为榜样，一直反对凯撒的野心。凯（转下页注）

抵抗住自己时代的罪恶,懂得嫌恶时髦人物所提倡的"一定要仿效他人的做法行事"的恶劣规则。如果这些时髦人物不幸落在卡尔图克式(Cartouchiens)①的几个强盗手中,这一规则肯定还会带他们走得更远。某天,我们的后代会看到,在这个智者和哲人的时代中,最有美德的人却被视为笑柄、称为疯子,因为他不愿自己的伟大灵魂被同时代人的罪恶玷污,因为他不愿与凯撒或者同时代的其他盗贼一起成为无赖。

[52] 我们刚看到我们的哲人如何谈论[小]卡图。现在来看看,古代哲人们又是如何谈论他的。

> 看看这幅值得看护自己作品的神注目的场景吧;看看这幅神样的抗争场景,一个强健的人正与不幸的命运搏斗。我要说,在这大地上,我看不到还有什么比这更美的场景更值得朱庇特(Jupiter)注目观看了,如果他想要观看的话——当自己的一派屡屡战败之时,卡图依然直立在沦为废墟的国土上。②

[53] 以下是作者在另一个地方对我们谈及早期罗马人时的

(接上页注)撒的军队获胜时,小卡图宁愿取凯撒的性命而不想让共和国气息残喘。随后,他成为共和主义的传说性英雄,见塞涅卡,《道德书简》45.59—71。卢梭在下一段中引用了塞涅卡的《论天意》中的内容,特别是普鲁塔克的《卡图传》。卢梭称[小]卡图是"人中最伟大者"(见《论人类不平等的起源和基础》2.57及《致达朗贝尔论剧院的信》38)。在《论政治经济》(OC,卷三,页255)和《论英雄所必须的美德》中,卢梭把小卡图与苏格拉底相提并论。

　　① Cartouchien来自Cartouche(1693—1721),意指"小偷"。Ferd. Gohin,《18世纪下半叶法语的演变》(前揭)引用了18世纪时的几个例子。这个词没有保存下来。参CG,卷二,页317:"这两个强盗[Cartouche和凯撒]活了下来,我们要问:为何让他们活下来?"这不禁让人想到雨果的《惩罚》(Châtiments)。

　　② 塞涅卡,《论天意》(De Providentia)2.9[中译按]原文为拉丁文)。在为严酷而残忍的公民责任感作过一番辩护之后的这一持久的赞叹,与下文(60)遥相呼应。这里展示了卢梭精神的一种倾向,不容忽视。但是我们认为,这一赞叹可观却不可行。这是一套不合时宜的逻辑推理,一幅卢梭自己也不能付诸于自身行动的冥想图画。

观点。"我仰慕布鲁图斯(les Brutus)、德基乌斯(les Decius)、吕克莱提亚(les Lucréce)、维尔吉努斯(les Virginius)和斯凯沃拉(les Scevola)。"①——在我们所处的这个时代,这很了不起。"但是,我更仰慕强大且管理有序的国家。"强大且管理有序的国家!真的,我也希望如此。"其中,公民们不会陷入如此残酷的美德之中。"我明白了;生活在一个人人都没有义务成为好人的体制中,更为舒服。但是,如果这个受到仰慕的国家的公民们被某种不幸击中,只好或者放弃美德、或者践行这些残酷的美德,那么,如果他们有力量承担自己的义务的话,这会不会成为人们不再仰慕他们的一个原因呢?

[54] 来看看我们时代最不能接受的一个例子,看看执政官布鲁图斯(Brutus)的行为。② 这个布鲁图斯处死了自己的儿子,因为他们在一个不允许有任何风浪的危急时刻密谋叛国。的确,如

---

① 布鲁图斯(Lucius Junius Brutus),公元前 510 年发动革命,从塔尔奎努斯(Tarquins)手中夺取罗马政权并建立共和国。德基乌斯又名 Mus 或 Pulius,公元前 340 年的罗马执政官,为保全罗马军队的胜利献身于地下诸神。

吕克莱提亚是柯拉提奥斯(Lucius Collatinus)的妻子,被塔尔奎努斯(Sextus Tarquinius)抓住后自杀身亡。这一事件成为布鲁图斯推翻塔尔奎努斯政权的革命的导火索(见普鲁塔克,《普布利乌斯传》[*Publius Valerius Publicola*]开头部分)。1754 年,卢梭曾着手创作戏剧《吕克莱提亚之死》。

维尔吉努斯为拯救自己的女儿宁愿被僭主克劳狄乌斯(Decemvirs Appius Claudius)俘虏,反克劳狄乌斯的民众反抗随后爆发,并建立了共和国(公元前 449 年)。关于克劳狄乌斯,比较《社会契约论》3. 18. 4。

斯凯沃拉或"左撇子"是穆基乌斯(C. Mucius)的绰号,埃特鲁斯坎(Etruscan)国王 Porsena 在公元前 507 年企图让塔尔奎努斯重夺政权时,穆基乌斯试图谋杀 Porsena,被国王抓住并判以死刑。穆基乌斯把自己的右手插进一堆燃烧着的煤炭中,以表明他对痛苦没感觉。卢梭在《忏悔录》(*OC* 卷一,页 9)中曾提到,当他还是孩童时,听到斯凯沃拉的故事后深受感动,以至他飞奔到工坊,想重演"左撇子"把手放进火中的场景。

② 布鲁图斯的两个儿子 Titus 和 Tiberinus 想让塔尔奎努斯复政,被布鲁图斯判处死刑。马基雅利对布鲁图斯这一举动的评判不同:"无论谁抓住一个僭主而不杀死布鲁图斯,无论谁让城邦自由而不杀死布鲁图斯的儿子们,都能让自己维持一段时间。"见马基雅利《李维史论》3. 3 及 1. 16。

果布鲁图斯赦免了儿子,他的臣僚必然也会赦免其他帮凶,那么共和国必然败亡。他们必然会对我说,这又有何重要?那么,既然[布鲁图斯这样做]也没有什么差别,便让我们设想,如果共和国依然存活下来,而且布鲁图斯只是处死了几个坏蛋,犯罪的人会对他这样说:"执政官,你为何要让我死?我难道做了比叛国更糟的事?我难道不是你的孩子?"我很想知道,有谁能劳驾告诉我,布鲁图斯对此将如何作答。

[55] 我还会被告知,布鲁图斯应该放弃执政官职位,而不是处死自己的儿子。而我则要说,在这样危急的情况下,所有放弃管理邦国并辞去执政官职位的人,都是应被处死的叛徒。

[56] 折中完全不可能。要么布鲁图斯名声扫地;要么在布鲁图斯的命令下,提图斯(Titus)和提贝里努斯(Tiberinus)的脑袋滚落在扈从们的斧头之下。我不会说,在这种情况下,有许多人会作出如布鲁图斯那般的抉择。①

[57] 尽管作者并不公开表示赞同后期的罗马,但是,他足够清楚地表露出对后期罗马的偏爱。要让他透过这些早期时段的简朴看到伟人,真的很难;正如我自己也很难透过罗马后期的奢华发现诚实的人民一样。作者在提图斯与法布里基乌斯之间做了对比。但是,这个不同之处却被忽略了:在皮鲁斯的时代,所有罗马人都是法布里基乌斯;而在提图斯治下,只有提图斯一个好人。

---

① 执政官布鲁图斯坚持要绞死自己两个叛徒儿子。在这里,卢梭用古人的冷漠和近乎残酷的政治责任来描绘"美德",有些让人不解。普鲁塔克,《无史辑要……》(*Collation abrégée d'aucunes histoires*…)20.80 与《对比名人列传》9.95 都提到了一些事实,用刺杀凯撒的 Marcus Brutus 来对比 Junius Brutus。Marcus"用曾在哲学学园中学到的学识和理智来修养自身的道德"并"训练自我的本性使之变得宽和、果敢以成大事",在普鲁塔克看来"[Marcus]深具美德"。《提图斯传》(*Tite-Live*)1.2.5 透露出,在 Junius Brutus 因职责的关系必须亲临处决自己的孩子时,身为人父,他还是禁不住流露出些许怜悯之情(eminente animo patrio inter publicae poenae ministerium)。

[原注十四]倘若提图斯不是皇帝,①那么,我们从不会听人提及他。因为他会继续如别人一般过活。只有当他不再追随自己时代的例子,并让自己成为更好的例子时,他才会成为好人。"在作为一个普通人时,即使在父亲的庇佑下,他也躲不开公众的憎恨甚至谴责。但是,当人们明显发现他是个好统治者时,他的坏名声就变成了好名声,使他获得最大的赞颂。"②

如果作者想要的话,我会忘掉早期罗马人的英雄行为和后期罗马人的罪恶之事。但是,我不会忘记,前者尊重美德,后者则蔑视美德;我不会忘记,当其中一个为杂耍游戏中的胜者备有冠冕时,那个为拯救一个公民而献身的人就不会再有冠冕了。然而,不应认为这样的事仅仅发生在罗马。有段时间里,雅典共和国曾相当富有,在剧场上花大笔的开销,高额酬付那些作家、演员甚至观众;可是,也正是在这段时间,它却找不到一分钱来保卫国家,抵抗腓力的进犯。③

[58]现在,讨论终于转向了现代的各个民族;我不打算提出会被判定为与这个主题相关的论证。我将只会提出,通过并非反驳对手的理由、而是阻止对手道出理由而获得的优势,并不是非常体面。

[59]作者不辞辛劳思考奢侈、文雅、孩子们的出色教育,并且思考对扩展认知的最佳方式、科学的用途和艺术的乐趣,此外还有其他诸多内容——这些东西有的与我无关,有的自相矛盾,有的则已被驳倒。

[原注十五]不需要怀疑,父亲们或老师们会不会小心地别让他们的孩子

---

① 提图斯指 Titus Flavius Sabinus Vespasianus,罗马国王(79—81 年在位)。

② 卢梭连续引用了苏维托尼乌斯(Suétone)的《凯撒传》(Vita Caesarum)1.7 的"神样的提图斯"(Divus Titus)中的第 1 段和第 7 段。[中译按]原文为拉丁文。Divus是罗马某些伟大君王死后所封谥号,比如 Divus Julius。

③ 腓力(公元前 382—前 336 年),马其顿国王,公元前 338 年在 Chaeroneia 战役中击败雅典联军,统一泛希腊城邦。

或学生看到我的危险文字。实际上，如此这般受到良好教育的孩子，如果无视那许多美妙之物，更喜欢美德而不是知识的话，岂不是大乱条纲，岂不是有伤风化？这让我想到一位拉刻岱蒙家庭教师的回答，人们嘲笑着询问他教学生什么。他说，"我教他去热爱正派诚实的东西。"如果我在我们中间遇到了这样一个人，我会悄悄对他说，您这样说话可要注意啰！因为如果这样，您将永远不会有学生。但是，如果您说，您教他们如何讨人喜爱地闲聊，我保证您会发大财。①

对于作者以上所思考的一切，我都不想涉及。下面我将引用几段随便选取的片段，在我看来，需要对此有所澄清。既然不可能追随那些我摸不着头绪的推理，我就只能来看看片言短语啦。

[60] 据称，无知的民族"有对荣耀和美德的认知，仅是特例，不足以构成对科学的任何成见。"很好；但所有博学的民族，虽有对荣耀和美德的美妙观念，却总是遗失了爱与践行。此事无一例外：让我们来看看证据。"要让我们诚服，就请看看辽阔的非洲大陆，没有一个凡人有足够的胆量冒险进入[其腹地]，或者曾为此冒险而有幸未受伤害、全身而退。"由于我们还未能进入到非洲大陆的腹地，我们还不知道那里究竟如何，作者就下结论说，那里的人民罪恶滔天。如果我们曾找到把自己的罪恶带到那里的途径的话，倒是的确可以得出这一结论。假若我是尼格利特某个民族的首领（Nigritie），我将宣布在国家边界上竖起绞刑架；我将毫不宽恕地把第一个胆敢进入此地的欧洲人和第一个想从此地走出的公民送上绞刑架。②

[原注十六] 他们或许会问我，一个想出走且不愿再回来的公民对国家有

---

①　引用普鲁塔克《真理可教》(*Que la Vérité se peut enseigner*)；或是暗引《蒙田随笔集》1，页174，特别是页188和190。

②　对观《纳喀索斯或自恋者》序言》[原注四]。如果另外一些国家的有着不太保守的人道精神的话，那么，这些国与国之间的交流或许能得到平衡！

何不好？他通过给别人做的坏榜样伤害了他人，又通过他所寻求的罪恶伤害了自己。无论在哪种情况下，都应该由法律来预防，总之，结论都是，与其让他变坏，不如把他处死。

"美洲为我们提供的景象，对人类来说不多不少就是羞耻。"特别自欧洲人踏入美洲以来。"在无知民族中，每有一个民族有美德，就会有一百个民族既野蛮又粗野。"就算是吧，至少[有美德的民族]还会有一个。但是，既有美德又培养了科学的民族，人们却从未见过。"没有农耕的、被遗弃的土地一点都不闲暇；它生产毒药，它滋养野兽。"这就是爱好浮浅艺术使得人们遗弃农耕品味的那些地方正开始发生的情况。有人也许还会说，"当美德抛弃了我们的灵魂时，它[我们的灵魂]一点都不闲散。它创造传奇、小说、讽刺诗、韵律诗；它孕育了罪恶。"

[61]"蛮族曾去征服别的民族，这只是因为他们最为不公正。"拜托你们啦，当我们征服了美洲并洋洋自得时，我们又是什么呢？但是，这么说来，这些拥有大炮、航海图和指南针的民族，怎么又做下了种种不义呢！他们难道要对我说，结果证明了征服者的英勇？这结果中仅仅透露了他们的阴险和诡诈；这说明，一个精明而狡猾的人能通过他的工厂获得一个正派人只能从其英勇中期望获得的成功。我们说话时不应偏袒。我们该认为谁更勇敢呢？究竟是用火药、恶毒和背信弃义奴役墨西哥（Mexique）的那个最有胆量、最傲慢的柯太兹，①还是那位倒霉的、被图谋其财富的正派欧洲人绑在火炭床上的瓜提莫赞？②当瓜提莫赞属下的一位将官因为同样的酷刑而呻吟时，他骄傲地训斥属下说，"可我呢，难道我

---

① 柯太兹，Hernando Cortez，1519—1521 年间率领西班牙士兵占领墨西哥。

② 瓜提莫赞（Guatimozin），被柯太兹打败的阿兹泰克人（Aztec）首领，并被柯太兹下令处死；他自豪的忍辱故事深为人知。见伏尔泰，《风俗论》第 147 章；狄德罗和达朗贝尔《百科全书》中的"墨西哥"词条；雷奈尔，《哲学和政治史》6.9。

躺在一张玫瑰床榻上？"①

[62] "认为科学从闲散中诞生，这显然滥用了语词；科学生于空闲（loisir），却避免了闲散（l'oisiveté）。"②我一点都搞不懂对闲散和空闲的这一区分。③ 但是我很清楚，一个正派人从来都不能声称自己有空闲，因为他有那么多好事要做，祖国等着他服务，不幸的人等着他去安慰。如果有任何人向我指出，依照我的原则，空闲这个词何以能有正派的含义，我都要向他发起挑战。

"那些被生活的需要绑在犁头的公民，并不比几何学家或解剖学家们更忙。"他们甚至不比堆砌纸牌城堡的孩子更忙，但更有用。"以面包必不可少为借口，难道需要所有人都去种地？"为何不呢？如果需要的话，甚至还应该要他们去放牧（paissent）呢。我更喜欢看到人们在田野里吃草，而不是在城里相互吞噬。的确，我所请求的那些人很像牲畜；而本如其然的那些人倒更像人。④

[63] 无知的状态就是恐惧和需求的状态。对我们的脆弱而言，什么都是危险。死亡在我们脑中发牢骚：它就躲在我们

---

① 《蒙田随笔集》3.6。墨西哥国王落在敌人手中，与他的一个爵爷一起受酷刑。这位爵爷在剧痛之下，转向国王，问他可否告诉敌人他们所寻宝藏的地点。国王狠狠看了这位爵爷一眼，"仅以严厉而坚决的口气对他说了下面这些话：我，难道我在澡缸中？我难道比你更舒服？"蒙田参照了 Gomara 的编年史。Guatimozin 的这番话被卢梭改过了（而我呢，我可是处在一张玫瑰床榻上！），Didot 传记曾不甚确切地提到，这一惊呼通常是人们加给君王瓜提莫赞的。

② 手稿 R. 89 多一句：De sorte qu'un homme qui s'amuseroit au bord d'un grand chemin à tirer sur les passants pourroit dire qu'il occupe son loisir à se garantir de l'oisiveté. Je n'entends…[某人在大路边玩耍，为了过往的行人能说，这个人用他自己的空闲来保证自己的闲暇。我一点都搞不懂……]

③ 《法兰西研究院词典》（前揭）在 1740 年为 oisiveté 定义："不做任何事、没有任何事可做的状态"；loisir 的定义是："无事可做、随意消遣时间"。1762 年，对 loisir 的定义中，删去了"人们可以随意消遣时间"并加入了"也表示合适做好一件事的足够时空"。卢梭有点装腔作势。

④ 这种口气上的愤激不能被认为是赞成本能、赞成动物生活而反对理性、反对人类生活的决定。可参下文。

脚下踩着的草中。既然人们恐惧一切又需求一切,那么还有什么比认识一切的意愿更理智呢?([中译按]博德斯文章引文)

要判定知识能否让我们在我们危险面前更安心,人们只需要考虑一下医生和解剖学家对自己生命和健康的长久担忧就够了。由于知识总是向我们揭示更多的危险,而不是提供更多防护危险的方法,那么,并不奇怪的是,它们只是增加了我们的担忧,使我们更胆怯而已。牲畜们却是在深度的安全中与所有这些[危险]相伴而生,而且一点都不觉得不好。一头小母牛不需要研究植物学就知道如何挑选自己的草料,狼不用考虑消化问题就吞下了自己的猎物。有谁敢于站在本能一边来反对理性,从而反对这些反驳意见呢? 这正是我要呼召的。

[64] 我们被告知:①

农夫似乎太多了,人们担心没有足够的哲人。我要反过来问,人们是否会担心那些能赚大钱的行业会没有人去从事? 这显然没有看清贪婪的权力。从我们的童年开始,一切都把我们扔到有用的职业中。如果一心想成为笛卡尔、牛顿、洛克,又有什么样的成见不能克服,什么样的勇气不会具有呢? ([中译按]博德斯文章引文)

[65] 莱布尼茨和牛顿死得光彩而荣耀,而且他们还值得获得更多。我们难道会说,他们出于节制才不曾学种田? 我很熟悉贪婪的权力,从而知道,无论什么都能把我们拉扯入能赚大钱的行业中。这也便是我为什么说,一切都驱使我们远离有用的职业。一个赫贝特(Hebert)、一个拉夫尔奈(Lafrenaye)、一个杜拉克(Du-

---

① 卢梭这里引用了博德斯对《论科学和文艺》57 中一段话的评论。

lac)、一个马丁（Martin）一天里赚的钱，比外省所有农夫一个月挣的钱要多得多。① 针对上面引用的这段话，我要指出一个相当奇特的问题。那就是，如果抽出最初两句话，将其分开来读的话，那么请猜猜，它是从我的文字还是从我的敌手们的文字中抽出来的。

[66]"好书籍是脆弱心智的唯一防御物，也就是说，四分之三的人类需要好书保护，使他们免于被他人的例子传染。"第一，学者们写出的好书永远不如他们示范的坏例子那么多。第二，坏书总会比好书多。第三，正派人能有的最好引导，是理性和良心；Paucis est opus litteris ad mentem bonam[要造就好心智，不需要多少学识]。② 对那些心智丑陋或良心麻木的人来说，阅读从来都没有什么用处。最后，对任何人来说，只有宗教书才是必需的，唯有这些书籍我从未否定过。

[67]"我们被告知要去怀念波斯人的教育。"③注意了，这样

① 一个赫贝特（Hebert）、一个拉夫尔奈（Lafrenaye）、一个杜拉克（Dulac）、一个马丁（Martin）……金银匠和生产奢华家具的木匠，在那个时候（1750 年左右），极受欢迎。珠宝匠艾贝尔，宫廷的珠宝提供商。参 Thieme/Becker，的 Künstler Lexikon。在狄德罗的《泄密的珠宝》（Bijoux indiscrets）中，拉夫尔奈叫做 Frenicol，画家。马丁则是享有声誉的木匠兄弟马丁。见 Michel，Histoire de l'Art，卷 7²，页 864—965。

② 语出塞涅卡《道德书简》106，或许是塞涅卡的教诲之一。这句话直接引自蒙田的学生萨隆（Charron）的《论智慧》（De la Sagesse），1.3.14，巴黎，1824，页 89。卢梭在《爱弥儿》（1.II）中也引用过 Charron，"一位善良而智慧的神甫"，"他为信仰所从事的职业看起来与萨瓦的本堂助理神父（Vicaire Savoyard）并没有什么大的区别"。

萨隆的《论智慧》3.14 表达了与卢梭极为类似的观点："智慧好于世上所有的科学，好比天空好于大地"……"智慧和科学几乎从来都走不到一块儿去"……"或许有几处特例，但微乎其微。那些伟大的灵魂，富有而快乐：古时曾有，现在几乎再也找不到了"（同上，页 87）。"科学仅被用来发明细致、灵敏、机巧，所有与天真相对的东西；天真主动与简朴和无知处在一起。无神论、谬误、邪派学说还有世间的混乱都从学问家们那里走出来"（同上，页 89—90）。

我们知道，蒙田的这位学生（萨隆）经常誊抄或改写他老师的文章。那么卢梭什么时候读到萨隆的呢？1751 年与卢梭结交的 De Créqui 夫人，曾送给卢梭一本 1618 年版的萨隆文集（见 Dufour，Recherches bibliographiques sur les Œuvres imprimées de J.-J. Rousseau，卷一，页 85）。在《爱弥儿》中，卢梭引用了 1601 年的版本。

③ 见《论科学和文艺》22 和 51 及相关注解。

宣称的人可是柏拉图。我本来相信,这位哲人的权威维护了我,但是,我看到,面对我敌手们的愤恨,什么都不能保护我。Tros Rutulusve fuat[不管他是特洛伊人还是卢图人]。① 他们宁愿彼此中伤,却丝毫不宽容我,他们伤害自己则要超过伤害我。

[**原注十七**]我脑中闪过一套新的辩护计划,②而且我不确定,没准在哪天,我会因为虚弱而实施这个计划。这一辩护仅会由从哲人们那里选取的理由组成。如果他们发现这些哲人的理由不好,那么就可以得出结论,这些哲人就如同我认为的那样,都是些饶舌的人;如果他们发现这些理由不错,那么我就赢了这场官司。

　　据说,

> 　　这一教育[波斯人的教育],以野蛮人的原理为基础。因为他们有不同的老师来教导不同的美德,虽然美德是不可分的。因为美德应被启发而不可教导。要让人喜爱实践美德,而不是阐发美德的理论。([中译按]博德斯文章引文)

关于这点,我本有很多话想回应。但是,不应通过向读者言明一切而侮辱读者。我仅指出下面两点。第一,那个要培养孩子的人,并未始于教导孩子应该践履美德,因为孩子会听不懂。他[老师]毋宁先教孩子要真诚,然后教孩子要节制,然后要有勇气,等等;最后,他教孩子知道,所有这些东西的整体就被称为美德。第二,是我们满足于阐明理论;而波斯人则教导实践。请见我的论文,第22页。③

---

① 　维吉尔,《埃涅阿斯纪》10.108。宣布不喜欢两者中任何一个的是朱庇特。
② 　指对博德斯的新答复,但这一计划并未兑现,仅写下序言。
③ 　见《论科学和文艺》[原注九],卢梭在那里强调了他自己的道德教育方法。

[68]"对哲学的所有这些批评都攻击了人类心智。"我同意。"或者说,攻击了自然的创造者,因为是他把我们造成了这样。"如果造物主把我们造成了哲人,那还有什么必要不辞辛劳地去成为哲人呢?"哲人也是人;他们会犯错;这有什么好惊讶呢?"事实是,他们若不再犯错了,才应惊讶呢。"让我们为他们感到难过,借鉴他们的错处,来矫正自己吧。"是的,来矫正我们吧,别再搞哲学啦……"上千条道路通往谬误,仅一条通往真理?"这正是我说过的话。"真理总是会被误解,总会发现得如此之晚,难道有什么要惊讶的吗?"噢! 所以我们终于发现真理啦!

[69]"苏格拉底的一则意见被用来反对我们,可那条意见针对的是智术师而不是学者,针对的不是学问(les sciences),而是人们对学问的可能滥用。"对那个认为我们的所有学问无非都是滥用、我们的所有学者都是真正的智术师的人,还有何求?"苏格拉底是教导怀疑一派的头目。"我将放弃对苏格拉底的景仰,如果我相信他曾荒唐地希望成为教派的头目的话。"苏格拉底公正地审查那些认为知道一切的人的傲慢。"这也就是说——所有学者的傲慢。"真正的学问与这一病症[傲慢]无关。"的确:但我说的是我们的学问。"苏格拉底在这里是反对他自身的明证。"在我看来,这很难理解。

"希腊最有学问的人对自己的无知一点都不脸红。"希腊最有学问的人什么都不知道,这是他自己说的;至于其他人如何,您自己得出结论吧!"因此,科学并非源于我们的罪恶。"因此,科学正是源于我们的罪恶。"它们[学问]从而并不都是诞生于人类的傲慢。"对此,我已表过态。"尽是些虚妄的观点(déclamation vaine),仅能对那些有罪恶倾向的心智(esprits prevenus)有影响。"对此,我一点都不晓得该如何作答。

[70]就奢侈的界限问题,据说,不应该着眼于从过去到现在的变化来思考。

当人类赤身裸体行走时，那第一个察觉到应该穿木鞋的人，被视为好享乐之人；从每个时代到下一个时代，人们都不停地指责败坏，而不知道他们自己到底要说些什么。（［中译按］博德斯文章引文）

[71] 的确，直到现在，奢侈虽然通常占统治地位，却被所有时代的人看成是无尽罪恶的致命源泉。最先刊印那一有害理论的人当属墨隆先生(M. Melon)，而且，是他的标新立异而不是他推理的有力，为他招来了众多信徒。① 我一点都不害怕，在我的时代中独自与这些可憎的箴言相斗，这些箴言一心只想摧毁美德，想使美德堕落，想造就富人和混蛋——也就是说坏人。

[72] 作者以为，问我应将奢侈的界限定于何处，这肯定让我很难堪。我一点都不觉难堪。一切超过自然需要(nécessaire physique)的都是恶的源泉。自然给了我们足够的需求；在并不必要的情况下增加这些需求，把自己的灵魂置于过大的依赖之中，这少说也是一种极不小心的鲁莽。看到店铺里展示的东西以后，苏格拉底庆幸自己对其中任何东西都没有需要，这绝非没有原因。除非是因为他的脚疼，否则，对于那第一个穿木鞋的人，如果有一个人反对惩罚他，那么，赞成惩罚他的就会有一百个人。而我们呢，为了不必拥有美德，我们太需要拥有鞋子了。

[73] 我在别处已说过，我坚决反对推翻现在的社会，烧毁图书馆和所有的书籍，撤销学院(Colléges)和研究院(Académies)。这里我应该补充一句，我也坚决反对把人类［的需求］简约成满足

① 在《论科学和文艺》中对墨隆(Jean-François Melon)的几处暗射很明显，但卢梭没有点他的名。这里的批评更有力。墨隆是《商业政治论》(*Essai politique sur le commerce*，1734 增订版)的作者，并写过《为奢侈申辩》。在对奢侈的辩护中，墨隆主张应当以公共政策支持物质福祉及财富增长，使之不受道德制约和限奢法限制。此外，墨隆还基于经济理由，强力为奴隶制辩护。

最简单的需要。我很清楚如下事实，不应该指望这个虚妄的计划，乃至要从他们当中造就出正派人来。但是，我认为自己有义务毫不掩饰地道出人们向我寻求的真相。我看到了恶，并曾希望找到原因：而其他更大胆或者更愚蠢的人则可以去寻找解药。

[74]　我感到厌倦，我要放下笔，不再重拾这番拖得过长的争论。我听说有很多作者都曾要来反驳我。

[原注十八]　甚至那些为了让年轻人取乐的批评性质的小纸片儿，都还让我荣幸地记得我。我根本没有读过这些，肯定也不会去读。但是，如果这些批评有价值的话，什么都不会阻止我去阅读它们。我也一点都不怀疑，所有这些批评不会不有趣。①

他们提醒我说，②戈蒂埃先生给我面子来反驳我，而我没有作出任何回答，甚至还列出了不予回答的理由。看来戈蒂埃先生觉得这些理由并不充分，因为他又费力作出反驳。我很清楚应该向戈蒂埃先生让步。我全心全意

----

①　这很有可能影射弗莱隆（Fréron）和他的《当代作家通信》[见新译校，注 120]。在写给弗莱隆但并未寄出的一封信中（CG，前揭，卷二，页 56），卢梭这样说："您的小纸片儿"、"年轻的蹩脚作家批评我，仅希望被你提到他们的名字"。戈蒂埃说，实际上，卢梭不屑于与这样一位"因作品享有盛誉的"倨傲作者相斗。弗莱隆则不屈不挠地攻击卢梭；在他写于 1751 年 10 月的一篇文章中，处处与《论科学和文艺》作对；但以后在1753 年 4、6、9、11 月的一系列文章中，他认识到卢梭的才华，然而行文语气更加严厉，戏谑时不怀好意，这一变化很明显。若仅由于这一继续拖延却无甚益处的风波带来的疲劳或恼怒，弗莱隆大概不会执意争辩；他或许被卢梭的冷漠或蔑视的沉默激怒了。在 1755 年 12 月 17 日（就 Palisot 一事）卢梭写给达朗贝尔的一封信中，他说："关于弗莱隆……可以确定的是，您的蔑视肯定比您的起诉更让他感到凌辱，而不管是否成功，这些给他带来的荣誉总多于痛处"（CG，卷二，页 226）。

在 1753 年末的弗莱隆的一封信中（CG，卷二，页 58），我们发现一段话划定了对文化和文化人批评的界限："如果所有人都是孟德斯鸠、布芬（Buffons）、杜克洛斯（Duclos）等，我希望他们能培育出所有的科学，好让人类仅由贤哲之士组成社会"，并如此总结："但是您，先生，既然您批评我的倨傲，您自己肯定很是谦虚。我保证，您肯定会同意，如果所有人都是弗莱隆，那么他们的书籍不能提供有用的教化，他们的性情也不会带来一个可亲的社会"。弗莱隆对卢梭的系列批评文章，写于 1751—1753 年间，都可以在他写的《当代作家通信》中找到（卷 5、9、11、12）。弗莱隆的名声主要由伏尔泰和百科全书派们造出，我们可参考 François Cornou, *Élie Fréron：1718—1776*, Paris, 1922。

②　见《日内瓦人卢梭致格瑞姆先生书》38。

地承认，没有作答于他，是我的不对。那么，我们便已达成一致了。我的遗憾是没有能够纠正自己的错误。因为不幸的是，现在纠正已经太晚，没人会知道我在说什么。①

我实在遗憾，不能回答所有人。但是我相信，通过我对自己所回答的批评者的选择，我已表明，我不回答其他人并不是因为害怕。

[75] 我已竭尽全力想竖起一道纪念碑，这块纪念碑并不凭借艺术获得自己的力量和坚固。唯有我所献身的真理，才有权利使得这道纪念碑不可动摇。如果我又一次反击了人们加给它[真理]的那些抨击，那么，这更多是为了让我自己因为护卫它而获得荣耀，而不是为了援救它，因为它并不需要援救。

[76] 请允许我用以下的重申来结尾：只是对人道和美德的热爱让我打破了沉默；在抨击我所见证的罪恶时，我的这种激烈仅仅源于那些罪恶给我带来的痛苦，仅仅源于我希望看到人们更幸福，尤其是更能配当这种幸福的强烈愿望。

----

① "如果人们要指出他[卢梭]用心讨好所有人的地方，那将永无休止"《Mevius 文集……》，卷一，页 183。《致博德斯第二封信的前言》1："我不知道自己为何会害怕惹烦读者们，对于他们，我一点都不担心自己会惹他们生气"。把 Alceste 当成 Philinte，出于蔑视，一种非自发的嘲讽！尽管先前对卢梭的批评并非不恰切，戈蒂埃却不太愿意透过书信，与自己的对手去交流。比第戎研究院的院士们目标更明确，他从一开始就保持了与自由精神这一主题的距离："我永远都不会对君王们说：爱天才吧；保护那些培育科学、文化和艺术的人吧，因为这些[科学、文化和艺术]把花环戴到人民身上的铁链之上；让人民充满了这一从未有过的自由感，就好像他们获得新生一样，使得他们去热爱自己的奴性。我肯定让君王、人民和我自己的判断蒙羞啦"（Mevius 文集……），卷一，页 181。

五 论第戎研究院某院士对
论文的新驳难

[名叫勒卡的鲁昂外科医生]

[题解] 本文通常简称《致勒卡书》或《关于新驳难的信》,最早似乎在 1752 年以七页的八开小册子在里昂刊印(见 s. l. n. d. ,参 *CG*,卷二,页 28—29)。日内瓦图书馆(Ms. R. 89)收藏的样本中,卢梭在题目前写下:"这篇回复与勒卡先生有关(Cette réponse regarde M. Le Catt)。"

在这份样本的第一页,有从卢梭《文集》(M. -M. Rey 出版,阿姆斯特丹,1772)中剪下的一道注释:"卢梭先生作答的那部作品,是一份八开的双栏版小册子,共 132 页。双栏中的一边是卢梭在第戎研究院获奖的那篇论文,另一边是对这篇论文的反驳。里面还有旁注和卢梭先生对戈蒂埃先生的一篇回复。这一回复和其所答复的驳难,在我们看来,并不值得(ne nous ont pas paru dignes)录入卢梭先生文集。"最后一句被手改为:... n'ont jamais paru dignes[从来都不值得]。

据那部双栏版小册子封面,这篇驳难出自第戎研究院一位院士之手,这位院士投了卢梭《论科学和文艺》的反对票。但是,据《法兰西信使》1752 年八月号,第戎研究院刊文否认这篇驳难出自研究院成员。

鲁昂科学研究院(Académie des Sciences de Rouen)常任秘书

勒卡(Claude-Nicolas Lecat)也是诸多其他学会的成员,他撰文承认,这篇驳难出自他之手,并为自己辩护说,他会尽可能设法将其出版。勒卡本是卢梭的反对者中最具科学知识权威的一位,但卢梭文给他错加了研究院头衔。他不是第戎研究院的成员。对此,勒卡很激动,并"就'驳难'被错认为是[第戎]研究院某位院士所做"发出一篇责难文。在这篇责难文中,勒卡强调了那些或多或少精心挑选的例子,说在这些例子中他看到的"最终仅是罪行影子的虚假而狡猾的战争"(参 *Mevius* 中的"回应",卷二,页 170)。卢梭在这篇信函的开头弄错了对象。

[1] 先生,我刚看到一本名为《1750 年第戎研究院获奖论文,附拒绝投票的第戎科研究院某院士对该论文的反驳》的书。读这篇驳文的时候,我在想,这位拒绝投票的院士与其降低身份成为我论文的出版者,不如去出版他曾投赞成票的作品:这本会是反驳我的论文的最佳方式。

[2] 看来,这乃是一位毫不犹豫要成为我的批评者的评委,而且,对于他的同事们给我授奖一事,他很是反对。坦白说,我自己也非常震惊;我曾努力让自己与此相配,但是,我不曾努力想去获得它。① 此外,我虽然知道院士们一点都不同意获奖作者们的观点,而且也知道,他们不是把奖项颁给他们相信维护了更好立场的人,而是颁给辩说得最好的那位,可是,即使我自认为的确做到了这一点,我也远远未曾期待,某所研究院会展示这样的公道。因为,当涉及自身利益时,有学识的人可是很少遵循这种公道。

[3] 但是,我虽曾惊讶评委们的公道,我也必须坦白承认,对

---

① 参《〈纳喀索斯或自恋者〉序言》26:"所有培养了讨人喜欢的才能的人,都想讨人欢心,想受人尊重,想比别人更让人看重。公众的掌声要仅仅属于他一个人:我会说,他会不惜一切地获得它,即使不会不惜一切地从竞争者那里剥夺它的话。"

我的敌手们的鲁莽,我却更加惊讶:他们竟敢如此公开地对我获得的荣誉表示愤怒?他们怎会察觉不到,他们因此会给自己的事业造成不可补救的伤害?他们不要哄骗自己了,不要认为任何人都能被他们欺骗,乃至弄不清楚他们为何烦恼:他们看到论文获奖生气,不是因为我的论文写得不好,每天人们都给同样不好的作品授奖,他们却一声不响;他们生气,是因为另一个触及了他们职业的原因,这个原因则不容易察觉。

我当然清楚,科学败坏了道德风尚,使人们变得不公正和嫉妒,使得他们不惜一切去追求自己的利益和虚荣。但是,我曾认为这些以稍体面和灵巧的方式完成。我看到,文人们(les gens de lettres)不停地谈论公正、节制、美德,正是在这些漂亮言辞的保护下,他们自愿拜服在自己的激情和罪恶脚下,而不受惩罚。但是,我从来未曾相信,他们竟会如此不知廉耻地公开谴责自己同僚的公正。在其他任何别的地方,不顾及自身利益而实现公道的判决,都会是法官们的光荣;唯有科学竟能凭着自身利益而反对实践它们的人施行公道:这真是它们[科学]的好一项特权。

[4]我敢说,第戎研究院在给授予我荣誉的同时,也给自己添了不少光。会有那么一天,我的事业的敌手们会利用这次评判的结果来证明,学问的教化能够与公道和无私相结合。真理的拥护者将如此回答他们:这的确是一个看起来反驳了我们的特例,但是,要记住这次评判在文人圈子中所造成的混乱,也要记住他们表达抱怨的各种法子;你们要从他们的行事准则中得出正确的结论。

[5]在我看来,埋怨研究院以开放式问题的形式提出其论题,这同样不够智慧。我且不管,在如今盛行的那种普遍的热情下,如果有谁敢于宣称否定的答案,从而自愿放弃奖项,将会多不可能。但是,我不明白的是,当有了讨论的机会时,哲人们何以敢于认为这令他们反感。这是何等美妙的对真理的爱慕啊,当人们考察对错时,这种爱慕竟然会惊恐!在哲学探究中,让一种观点变得

可疑的最好方法,就是拒绝相反观点的发言机会:无论谁这么做,都给人以不真诚的印象,并且显得不相信自己从事的是一桩好事业。整个法国都在等待今年会获法兰西研究院奖项的作品;①这部作品不仅会盖过我的论文,这一点都不难;它无疑还会是一篇杰作。② 但是,这能不能解决问题呢? 一点都不能;因为每个人在读过之后都会说:"这篇论文很漂亮;然而,如果作者能够自由表达相反的观点,他可能还会写得更好。"

[6] 我仔细看完了这篇新的驳难;③可它又是差不多的一篇。而我也弄不明白,为什么我的敌手们所写下的、标题如此专横的作品,却总注定属于对我的反驳最差劲的那些作品之列。读完这篇驳难之后,我一点都不后悔地决定以后不再回答任何人。下面我来引用其中一段,读者们可以由此看看我是对是错。文段如下。

[7] 我认为,要成为正派人,可以无需天赋。但是,我们生活于社会之中,难道仅为了做个正派人? 一个无知且没天赋的正派人会是什么? 无用的负荷,大地的累赘等。([中译按]勒卡文章引文)

我肯定不会回答一个竟能如此下笔的作者;可是,我相信他能就此感谢我。

[8] 另外,除了想变得像作者这般啰嗦之外,似乎没有其他办法来回应他的诸多拉丁文引文,还有拉封丹、波尔罗、莫里哀、伏尔

---

① 1752 年法兰西研究院的征文题目是"爱学问激发了爱美德"。

② 对勘《日内瓦人卢梭的几点评析》12。

③ 在勒卡否认是第戎研究院成员所做的"驳难"中,勒卡(1752 年 8 月)承认他没有读过卢梭写给他的那份五六页的文章,他说,他不觉得有什么必要去读(《Mevius 文集……》,页 180)。卢梭对新反驳不屑一顾,他很可能没看过勒卡的这篇"驳难"。

居、雷纳尔、格雷塞的诗句，①奈莫罗（Nemrod）故事，以及这个庞卡底（Picard）农夫轶事；②因为，对于这样一位哲人，我们又能说什么呢？——这位哲人让我们确信，他厌恶无知者，原因是，他在庞卡底的一个不是博士的农夫向他支付了所有的欠款，却不能交足土地费。作者如此操心自己的土地，乃至甚至谈到属于我的土地。我自己的一块地！卢梭的一块地！我真希望他污蔑我时更有技巧些。

［**原注一**］如果作者赏脸来反驳我这封信，他肯定会用一套漂亮、博学并有极高权威的论证，来证明有块地并无罪过：别人有块地没什么罪过；我若有块地，则有罪过。

［9］如果我要对驳难中某一部分加以回答，那也是针对这篇批评中所充斥的涉及个人的问题。但是，因为这些与问题本身无关，我一点也不会背离我一向严格遵循的原则，不掺杂私人问题，而只是就事论事。不为公众删掉那些能对它［公众］有用却悲伤的真理，而是删掉作者那些漫布于论战文中的、仅能满足不光彩憎恨的卑小愤激之言（hargneries），③这才是对公众的真正尊重。

---

①　拉封丹（Jean de La Fontaine, 1621—1695），波尔罗（Nicolas Boileau, 1636—1711），莫里哀（Molière, 1622—1673），伏尔居（Vincent Voiture, 1598—1648），雷纳尔（Regnard, 1655—1709），格雷塞（Jean Baptiste Louis Gresset, 1709—1777），都是勒卡驳难文中提到的作家。

②　在 *Mevius* 卷二，页 23—24 中，勒卡说，Nembrod 是野蛮僭主的代表（参《创世记》10：8—10）；"每个人都成为 Nembrod"等；第 28 页及以下："不要到远处去找野蛮人的例子"。勒卡还说，30 个庞卡底乡下人在村里的一个节日上聚集跳舞，不久也将成为战士和杀人凶手。"您在这些文明地区（ces Cantons policés）可有一处农场？可有一块地？您的农夫跟您一样都是物主。的确，他要交租给您，但是，他不会任由您让另一个人交上更好的租费"，等。此处提到农夫，并无美化之意，而卢梭的解读（"作者如此操心自己的土地，他甚至谈到属于我的土地"）显然在戏谑，引用时对反驳文的更改，有失公允。

③　...hargneries...属于新词。Ferd. Gohin 著 *Les transformations de la langue française dans la deuxième moitié du XVIIIᵉsiècle* 提到这个词时仅举了一个例子（页 243）。Féraud《里特大词典》(1787)说，"这个词是卢梭的发明"。

[原注二] 我们可以看到，里昂论文就是一个特别好的例子，符合哲人争辩和论战时不掺杂人身攻击和咒骂的方式。我自夸一下，人们会发现，我即将出版的答复也是一个范例，其中，一位作者能够以自己所能支配的力量，捍卫自己相信为真的东西，同时不会乖戾地反驳那些攻击自己的人。①

我被指责从克莱纳尔（Clénard）②那里转引了一句西塞罗所说的话；——就算是吧。

[原注三] 如果我说，这个如此深奥的引用肯定出自某个更熟悉克莱纳尔的《希腊语初阶》而不是西塞罗《论义务》的人，他因此似乎急着去捍卫文学，但自己却并没有太多正当的理由；如果我补充说，在有些职业——比如外科手术——中，人们用着很多从希腊衍生而来的术语，这就需要从事这一行的人掌握这一语言的几个基本概念；那么，我就得采取我这位新敌手的语气来作答，并且按照他在我的立场上会回答的那样来作答了。可是，我可以回答说，当我碰巧用到调查研究（Investigation）这个词的时候，我乃是想帮语言一个忙，想试着引进一个悦耳和谐的术语，它的意思为人所知，但在法语中却还没有同义词。我相信，为了证明我对这种有益自由的实践是正当的，如下诗句是我所需要的唯一辩护：

> 当卡图和恩尼乌斯（Enni）的演说丰富了祖国的语言时；
> 为何我被剥夺这一特权，如果它能实现一些微小的益处？③

---

① 此处指博德斯的驳难和卢梭的回复。这条注释透露出"致勒卡书"的大致写作时间，因为对博德斯的回复，刊行于 1752 年 4 月。

② Clénard（Cleynaerts Nicolas），鲁汶大学的希腊语和希伯来语教授。他编著的《古希腊语中的教规》（*Institutiones in linguam graecam*）和《新方法》（*Nouvelle méthode*）在 18 世纪仍有很大影响。勒卡在 *Mevius* 卷二页 76 中说道，"我不会把法国化的克莱纳尔的这一拉丁说法，加给一位与我们的演说家一样精炼和文雅的人。Investigatio thematis。"比较《论科学和文艺》38："多么危险啊！科学探究中有多少歧途？"

investigation 一词之前在法国并不普遍使用，勒卡嘲笑卢梭引用克莱纳尔语法手册的拉丁文表述。卢梭自己已经指出，拉丁文 investigatio 的用法出自西塞罗的《论义务》（*On Duties*）（1. 4. 13；6. 19）。

③ 贺拉斯，《诗艺》55—57："人们为何不让我实现几个微小的益处，而卡图和恩尼乌斯的语言则丰富了整个民族的方言"。[中译按] 原文为拉丁文。

首要的是,我是想准确表达自己的观点;我的确知道,按规则写作是所有作家的第一标准。但是,此后,他们会提出进一步的要求,想要被认为,自己的表达符合规则、简洁明了。至于我这个丝毫不担心别人会怎么评价自己文风的人,能被人理解是我的第一标准:若能有力明确地表述,就算犯十个语法错误,我也绝不会犹豫。只要能够被哲人们准确理解,我自愿让那些语言纯正癖者们跟在语词后面跑。①

我被指责犯了语法错误;——这倒是更好。说我批评文学和音乐,自己却又对它们感兴趣;——我会承认,如果必须的话,我应该在更合适的年龄承受自己年青时代玩闹的不幸:可是,这些与公众、与科学的事业,有何关联? 卢梭的法语可能说得不好,但语法并不对美德更有用。让-雅克可能有不好的举止,可那些智者的举止不见得就好到哪里去:我相信,对这条新的驳难,这就是我会做出和需要做出的所有回答。②

[10] 我将以对敌手们的一句忠告来结束这封信函,终止这个如此长久被争论的话题。他们一定会无视我的忠告,尽管这一忠告会比他们所能想到的更有利于他们希望维护的立场。那就是,不要只是听取自己的热忱,乃至忘记衡量自己的力量,不知道自己

---

①　万森纳恍悟没有让卢梭成为一位作家,他已经是一位最终把行动付诸写作的革新者。这一区分对卢梭自己来说很重要(OC,前揭,卷二,页962、972)。这就是为什么每当人们指出卢梭所道出的感受与他的真实生活之间(他的"个人革新")存在矛盾时,卢梭很敏感的原因所在。

卢梭认为"拿人们的恶行来消遣"在今天很有必要:科学和文艺能用来干吗? 需要取乐人民。作取乐者? 这是他的权利。但是,作说教者、革新者,是他的愿望。《致达朗贝尔的信》(前揭)中谈到戏剧艺术有着正面的道德影响。当时(1752年12月)《纳喀索斯或自恋者》一剧上演失败,让卢梭看到自己并不具有他所揭示的其他作者所具有的这一自尊。

[中译按] 卢梭几乎在所有的著作中都强调,他仅为少数人写作,仅希望自己的作品为少数人(真正的哲人)理解。

②　卢梭这里的语气毫不客气。驳难文的语气也尖刻,并把"不会说法语"和"举止不良"混在一起。

的肩膀能扛多少东西（quid valeant humeri）。① 他们肯定会对我
说，我应该把这一忠告用在自己身上，这或许是真的；但至少存在
这个区别——我这一方仅我孤身一人，而他们则是一大群。那些
后来者，或者可以免于加入争论，或者就要被迫比别人做得更好。

[11] 因为担心这一忠告显得轻率或傲慢，这里权且附上我的
敌手们的一段推理，人们可以由此评判他们批评的公正和效力。
我曾经说过：

> 欧洲人民，仅仅几个世纪前，还生活在比无知更糟的状
> 态；我不知道，还有什么科学行话比这无知更可鄙，这行话竟
> 然僭取知识之名，为知识的复归设下几乎无法克服的障碍。
> 为了把人们带回到常识，必须来一场革命。②

人民失去了常识，不是因为自己的无知，乃因为凭借亚里士多
德的夸大其辞和卢勒（Raymond Lulle）③的无礼教义，他们愚蠢地
认为自己知道某样东西。需要一场革命才能让他们晓得自己什么
都不知道，也需要另一场革命来让我们知晓同样的真理。下面是
我的敌手们在这个问题上的推理：

> 这场革命是由学问所引起的；作者［卢梭］自己也承认，
> 是学问重建了常识；但是，作者又认为，学问败坏了道德风尚：
> 因此得出的结论就是，一个民族为了获得好的道德风尚，就必
> 须放弃常识。

---

① 贺拉斯，《诗艺》40：“［选一个］您的肩膀同意扛起的［题目］”。

② 《论科学和文艺》8。

③ 此处无疑影射笛卡尔（反对传统的逻辑学家），见《方法谈》第二部分。卢勒
（Raymond Lulle，1235—1315），声称运用给所有生物和知识分类的方法找到了一项“找
寻真理的艺术”。

接下来的三位作者重复了这一美妙的推理:现在,我要问问他们,他们更愿意让我指责什么,是指责他们的才智没能读懂[我的]这段话中不能再明了的意思,还是指责他们不诚实,有意假装看不懂?既然他们都是些文人,他们会选择哪条,毫无疑问。

但是,这最后一位敌手对我卷首插图的可笑解释,我们该说些什么呢?我本该想到,我如果还要为读者们解释这则意蕴如此明了的寓言的话,那便是在侮辱读者,拿他们当孩童看了。[这就是说,]我竟要跟他们解释说,普罗米罗斯的火炬乃是激发伟大天才的科学火炬;那个在第一次看到火炬时就跑过去想要拥抱它的萨图尔,所代表的是为学者的光芒所迷倒、自愿致力于学问的庸俗之众;我竟要跟他们说,大叫着向萨图尔警告危险的这个普罗米修斯,其实就是日内瓦的公民。这个寓言确实公平、漂亮,我敢认为它很崇高。对一个曾省思整个寓言却不能理解的作者,人们该怎么看待他呢?① 很有可能,这个人在他的埃及友人中不会是一位伟大的学者。②

[12] 所以,我冒昧向我的敌手们,特别是最后一位敌手推荐一位哲人③有关另一个话题的智慧教导:要知道,没有哪一条反驳比自己的蹩脚回答更能让己方理屈了;要知道,如果你们没说出什么值得说的,人们便会轻视你们的事业。他们会这样赏光于你,认为关于这项事业,其实也说不出什么更好的话了。

谨此。

---

① 卢梭再次将"伟大天才"与"庸俗之众"相对。可参《论科学和文艺》。参 *OC*,前揭,卷二,页 970:"我承认,些许个卓越的天才懂得穿透真理为几个特殊的灵魂所罩的面纱而进入其中,这些灵魂能够抵挡住无聊的虚荣",等等(《〈纳喀索斯或自恋者〉序言》33)。勒卡说看不到"这一譬喻的精妙之处"(*Mevius*,卷二,页 69)。

② "征服他族的埃及是野蛮而残忍的埃及;……被征服的埃及是博学、文明、有美德的埃及,被那般野蛮、那般残忍的民族所攻击,而埃及自己也曾经如此[野蛮和残忍]"(勒卡,*Mevius*,卷二,页 48)。

③ 也即卢梭本人,参《论写作一本书的方法》9。[中译按]见卢梭,《文学与道德杂篇》,吴雅凌译,北京:华夏出版社,2009。

六 《纳喀索斯或自恋者》序言

[题解] 这篇"序言"成于 1752—1753 年间,与剧本同时刊印。从这部剧本可能的写作时间到 1752 年公演,经历了差不多 23 个年头。在这段漫长的时间里,卢梭多次修改剧本,我们所知道的仅是最后的定稿。屡次修改,卢梭肯定受过多方影响,比如伏尔泰以及当时有名的戏剧作者马里罗(Marivaux,1688—1763)。

1742 或 1743 年,卢梭曾将《纳喀索斯》示于马里罗,后者"对它有所改动"(《忏悔录》7,*OC*,卷一,页 287)。之后,卢梭继续写戏剧、寓言片段,还谱写过一些曲。1752 年初,卢梭创作了享有盛誉的歌剧《乡村占卜师》(*Le Devin du village*),其时《论科学和文艺》的影响依然很大。1752 年 10 月,《乡村占卜师》得到宫廷器重,路易十五希望奖赏卢梭。卢梭回绝了宫廷奖赏有许多复杂原因,其中重要的一条是,卢梭担心从此失去对重要问题发言的自由。清贫但自由地度过一生,是卢梭很早就有的信念,并终其一生坚守此念(《忏悔录》8,*OC*,卷一,页 374—381)。

借《乡村占卜师》的成功,卢梭年轻时写的《纳喀索斯》走出箱柜。1752 年 12 月 18 日和 20 日两次公演,月底,卢梭着手写这篇"序言",但并非为《纳喀索斯》而作,而是针对《论科学和文艺》引发的争论风波。这篇"序言"回应了《论科学和文艺》遭受的诸多批评,雄辩和激情与《论科学和文艺》不相上下。卢梭在此后发表的有关政体的两篇重要政治作品也有相同的特色,即 1758 年的《致达朗贝尔论剧院的信》和《朱莉或新爱洛绮丝》"序言"(1761)。

格瑞姆在 1754 年 2 月 15 日的《哲学及批评文学通讯》上发表评论文章概要地点评过《纳喀索斯》,认为它是"一部蹩脚的喜剧"。格瑞姆更多谈到"序言",批评它"过于夸张"、"缺乏主题"、"除了与孟德斯鸠先生相关的几行之外,其他都不出色"(《通讯》,卷一,页112)。弗莱隆则更坦率,他说在卢梭的"序言"中看到的更多是一场新的"没有结局的争论":卢梭"总是回到那个让他出名的论题,好像他出版喜剧《纳喀索斯》的目的,仅为了在这一长篇序言中重复他说过不知多少次的内容"(《当代作家通信》,卷九,1753 年 4 月 6 日第三书,页 64—65)。

尽管卢梭似乎显得不怎么看重《纳喀索斯》,但他依然认为,他写的这篇"序言"是他最好的作品之一,并说"我开始展现比起初更多的原理"(《忏悔录》8,*OC*,卷一,页 388)。这篇"序言"较为突出的一点是对某些哲人或作家的批评,卢梭直言对认识已久的这些哲人或作家的个人感受。抨击以财产为基础的社会体制,也是这篇"序言"的特点,因此卢梭还说,"序言"中表达的原理,在他随后的一部重要作品也即同年(1753 年)所写的《论人类不平等的起源和基础》中得到更深入的阐述。

《纳喀索斯》未曾留下任何手稿。1753 年刊印过两个版本,但没有标明出版地点,两个版本仅页数、页码、标点和个别语词拼法有所不同。法国国家图书馆藏有两个版本的样本各一份(馆藏号为 Yf 7468、8°Yth 12565),获得 Condillac 赞许的是两个版本中的第一个版本,卢梭曾亲自在这个版本上修改,现收藏在日内瓦的卢梭学会(即 Ms. R. 89)。这里的"序言"采用卢梭订正过的文本。虽然《纳喀索斯》的剧本后来在卢梭生前多次刊印,但他对这些版本似乎并无兴趣。

［中译按］中译依据法文本《卢梭全集》(*OC*)第二卷,第959—974页,注释采自*OC*本和古热维奇英译本。

［1］我在18岁时①写下这篇喜剧,因顾及到自己作为作者的名誉,很久以来,我都克制自己,没有将之公诸于世。我最终觉得有勇气来出版它,但是我永远都没有勇气来评论它。所以这篇序言涉及的是我自身,而非我的喜剧。

［2］我必须来谈谈自己,尽管我讨厌这么做。我要么不得不承认人们加于我的那些错误,要么就得为自己辩护。我很清楚,我们使用的不是同样的武器。因为,人们用说笑来攻击我,而我除了理性证据之外,别无它物来自辩:但是,让我的敌手们信服是我的目的,我并不想去游说他们。

在努力获得自己的敬重的同时,我学会不去在乎别人是不是尊敬我,毕竟,这些人中的大部分也并不在乎我对他们是否尊敬。但是,虽然我不在乎别人认为我是好是坏,但我在乎的是,没人有权利来恶意地误解我。同样,我也在乎我所维护的真理,我应当确保,它的维护者本人切莫受到如下的正当指责——他本人并不热爱或认识真理,却仅仅出于一时兴起或虚荣去保护真理。

［3］在多年前就开始探究的这个问题中,我所持的立场,不是没有给我惹来许多敌人,这些人关心的或许更是文人的利益而不是文学的荣耀。

［原注一］有人告诉我说,不少人觉得我称我的敌手们(mes adversaires)为我的敌手们(mes adversaires)不好;在我们这个人们不再敢对任何事物直呼其名的时代,我很愿意相信这点。我还听说,我敌手中的每一位都抱怨说,当我回应除他以外的其他反驳意见时,我都在浪费时间跟吐火女妖交战。这证实了我的猜想,也就是说,他们不愿浪费时间彼此阅读或倾听其他人在说

---

① 　其实写于20岁出头:"我少说了几年"(《忏悔录》3,*OC*,卷一,页120)。

什么。

对我来说,我相信自己应该接受这种辛苦;而且我读过他们出版的大量反对我的文章,从我有幸收到的第一篇回应文开始,直到四位德国牧师的训诫文,其中一篇训诫文大致如此开始:

兄弟们,如果苏格拉底回到我们中间,看到欧洲科学的欣荣境况;我在说什么,在欧洲吗? 就在德国;我在说什么,在德国吗? 就在萨克森[德国南部地区];我在说什么,在萨克森? 就在莱比锡;我在说什么,在莱比锡? 就在在这所大学! 那么,在这里,苏格拉底也会开始着迷并充满敬佩,会谦逊地坐在我们学生中间;并且,在谦虚地听我们授课以后,他很快就会去除他如此有理由抱怨的无知了。①

读了所有这些之后,我仅作出少许回应。或许我回应得还是太多了。不过,我开心地看到,这些绅士们还是足够喜欢我的这些回应,乃至对我所回应的人感到嫉妒。被"敌手们"一词震惊的那些人,如果能好意提醒我用另外一个词,我就情愿放弃[敌手们这个词]。不过,另外这个词要能够用来形容所有这些人才行:其中有的人明文攻击我的观点,有人更小心、更安全地在妇女和文人圈子里指责我——因为他们相信我不会就此来为自己辩护。这个词还要能够形容那些现在假装相信我没有敌手的人,他们起初觉得我的敌手们

---

① 似乎所有卢梭研究者都没找到这里所影射的文章来源,索邦大学图书管理员 Girardin 小姐的研究指出了卢梭的这一影射。Gottsched(见《日内瓦人卢梭的最后答复》)作为莱比锡大学哲学学院的院长,曾组织一场赞扬科学(eruditionis hodiernae vindicias)、反驳卢梭对科学的批评的研讨会,并用拉丁文写出一份邀请函。这场会议以纪念萨克斯国王 Electeur 的生辰为名义,定于 1752 年 9 月 5 日召开。Gottsched 给出了四位将发言的演说者的名字:Friedrich Burscher, Wilhelm Abraham Teller, Karl Friedrich Brucker 和 Johann Traugott Schulz。之后不久,Gottsched 主编的《博文新刊》(*Das Neueste aus der anmuthigen Gelehrtsamkeit*)刊出了一份简要的会议评论。据这份期刊(1752,页 873),Breitkopf 出版社刊印了四位演说者的演说,标题如下:《学识辩:驳日内瓦卢梭先生对科学的不明阐述》(*Vertheidigung der Gelebrsamkeit und sonderlich schönen Wissenschaften gegen den Herrn Rousseau aus Genf...*)。可惜,在巴黎找不到这个版本。卢梭在这里引用的是 Johann Traugott Shulz 的演说,四位演说者的文章见 Tente,*Polemik*,页 458—547。

的反驳无可辩驳,可是一旦我做出反驳,他们就指责我这么做,因为在他们看来,我原本并未受到过攻击。与此同时,我确信,他们会同意我称我的敌手们为我的敌手们,因为尽管我们的时代极为文雅,我却是如腓力率领的马其顿人那般粗鲁。

　　我早就预料并猜到,此番情形下,他们的表现会比我所有的论文对我的事业更有利。实际上,一个研究院竟然如此不合时宜地表现出了廉正,对此,他们既没有掩藏自己的惊讶,也没有掩藏自己的恼火。由于一心要削弱研究院的评判权威,他们不惜对之加以侮辱甚至编造出谎言。

　　[**原注二**]在《信使》1752年8月刊中,①可以找到第戎研究院发表的一份关于我所不知道的一篇文章的免责声明,声明宣称,该文章的作者被阴阳差错地列为这个研究院的一员。

　　在他们的长篇演说中,我没有被忘记。有些人直接反驳我——明智之人能看到,他们的反驳是何等用力,而公众则能看到,他们取得了何等的成功。另一些人更为狡猾,他们知道迎面攻击已经成立的真理的危险,于是,当本应集中反驳我的论据时,他们却圆滑地把注意力转移到我个人身上;他们对我的这些指责就引起了诸多争论,从而使我对他们更严肃的批评被忘记了。因此,这些人就成了我必须作答的人,为的是一次了结这些争论。

　　[4]他们声称,对于我自己所维护的真理,我一个字都不相信;我虽然证明了某个观点,自己却继续相信相反的内容。这就等于说,我证明了那么多怪癖的东西,以致人们可以断言,我只是开玩笑一样地坚持它们。对于作为所有它物基础的科学,他们提供了好一番漂亮的致敬!因为,当一个人看到推理的技艺成功地被

————————

　　①　1753年两个版本上均印有"1752年《……信使》"。卢梭在他的收藏本上加入了月份(8月)。1781年之后的版本未曾收录明确的日期。

用来证明荒谬时,他肯定会确信,这项技艺更能用于发现真理!

[5] 他们声称,我不相信自己所维护的真理中的任何一个字;这显然是他们用的新伎俩,用来攻击无法攻破的论据,甚至反驳欧几里得的证明,及宇宙间所有被证实的真理。在我看来,那些鲁莽地指责我言不由衷的人,他们自己却是毫不顾忌地口是心非。因为,如同我下面将证明的,他们肯定没有在我的作品或我的行为中找到任何吻合他们这一想法的地方。他们应晓得,应当认为,一个义正辞严的人确实相信自己所说的话,除非他的行为或言辞与之不符;而且,即使如此,也不足以让人确定此人不信自己所说的话。

[6] 因此,他们尽管可以随意大声地喧嚷说,当我站出来反对科学时,我的言辞与我的想法相反。对一个如此草率、缺乏证据和合理性的断言,我只知道一句答复;这答复简短、有力,我请求他们就当它已经发布了。

[7] 他们还断言说,我的行为与我的原则不符;他们无疑用这第二道指责来确立上述的第一道指责。有不少人都能找到证据,去证明并非事实的结论。因此,他们就会说,一个本人谱曲或写诗的人没有资格诋毁艺术;而且,他们还会说,有成千上万种比写戏剧更值得称许的方式,来从事我所公开批评的文学。这个指责,也应作答。

[8] 首先,即便严格来说要承认[上述指责],我也要说,这只能证明我做得不好,却不证明我不诚实。如果允许从人的行为中找到思想的证据,那么我们就必须说,对正义的热爱已经从所有的心灵中逐出,而且这个世界上也再没有一个基督徒啦。如果能向我展示总是严格按自身准则行事的人,我就会谴责我自身的行为。人性的命运就在于,理性向我们指明目的,激情却使我们远离它。因此,即便我确实未能按自己的原则行事,只凭这一点,人们也并非有了充分的理由指责我与自己的观点相矛盾,或者认为我的原则都是虚假的。

[9] 然而,如果我曾想承认这一点,那么,为了把事情说得通,只需比较相关的不同时段即可。我可并不总是有福气持有我现在这般的想法。很久以来,被我们时代的成见所迷惑,我曾把学问当成一位智慧者唯一的职责,我对科学只有尊敬,对博学之人只有敬仰。

[原注三] 每当想到曾经的天真时,我总不禁发笑。在所有我曾读过的道德或哲学书籍中,我无不相信看到了作者的灵魂和原理。我视所有这些端庄的作家为谦逊、智慧、有美德并无可菲薄的人。我被他们的纯洁观念所滋润,当我靠近他们其中任何一位的住处时,我都觉得那是一方圣殿。最后,我亲眼见到了他们;这种孩童般的成见总算消失了,这是他们帮我治愈的唯一一处错误。

我当时不明白,人们可以一边犯着错误,一边不停地证明种种事物,也不明白,人们可以干着坏事,同时却不停地谈论智慧。只有在就近看清事物以后,我才学会正确评估它们。尽管在探索中,我总发现自己言谈有余(satis loquentiae),①智慧不足(sapientiae parum),但是,通过很多的思索、很久的观察、很长的时间,我终于在自身中除掉了科学式的浮华这种虚妄幻觉。所以,不足为怪,在那段充满成见和错误的时期,我曾如此高地评价成为一名作者这件事,因此也曾憧憬亲自成为一名作者。

正是在那时,我曾写下不少诗句和其他形式的作品,这篇短小的戏剧就是其中一篇。今天来批评我年轻时期的这些练笔,恐怕就有些苛刻,而如果指责我违背了那时还未曾成为我的原则的东西,这至少说来也是错误的。很长时间内,我都对这些

---

①　根据罗马语法学格利乌斯(Aulius Gellius,公元前165—前123年)的说法,这是语法学家 Valerius Probus 对萨卢斯特(Sallust,公元前86—前34年)的"优雅有余,智慧不足"(satis eloquentiae, sapientae parum)的批评(见《阿提卡之夜》[*Attic Nights*],1.15.18)。霍布斯在《论公民》12.12 和《法律原理》(*Elements of Law*)2.8.13 中提到过萨卢斯特的批评。

［作品］失去兴趣；而在头脑清楚地保存了很久之后，我又在如今的情况下冒险把这些作品公诸于世，这也就清楚地表明，我对这些作品将要配得的褒贬都无所谓了；因为我不再像这些作品的作者一样想问题。这是些私生子，我充满欢心去抚摸，却又为自己身为父亲而脸红；我让它们自己去闯荡，不抱多少希望它们到底会怎样。

［10］但是，所有这些，还是基于幻想的前提做了篇幅过长的论辩。如果人们关于我一边从事文学、一边又蔑视它的指责不能成立，那么，我便不需要来为此捍卫自己。而即便事实如此，其中也没有什么矛盾：这就是剩下来需要我证明的。

［11］对此，我将按照自己的习惯，继续使用与真理相符的简单、容易的方法。我将再次重新提出问题，我将再次阐明自己的观点，此后，我将等待人们向我展示，从上述的报告来看，我的行为如何违背了我的言辞。至于我的敌手们一方，他们不会没法回答，因为他们精通无论针对何种主题都能表示赞成或反对的高超技艺。他们会按照习惯，一上来就按他们的想象确立一个全然不同的问题：他们会让我以适应他们的方式解决那个问题：为了更容易地攻击我，他们会让我按照他们而不是我自己的方式来提出主张。他们会灵巧地转移读者的目光，使之离开基本事物，而去东张西望；他们会与一个虚影作战，并宣称已把我击败了：但是，我还是会按我必须做的去做，下面我将开始。

［12］科学一无是处，所做的尽是坏事，这由它的本性决定。像无知与美德不可分割一样，科学与罪恶之事同样不可分。所有有文化的民族都败坏；所有无文化的民族都有美德。一言以概之，只有有学识的人才是罪恶的，只有一位无知者才有美德。于是便有个方法能让我们重新成为诚实之人；那就是让我们驱逐科学和智者，烧毁图书馆，关闭我们的研究院、

学院和大学,重新回到初世纪的野蛮之中。

[13] 这些是我的敌手们彻底反驳的内容,可是,我从来未曾说过或想过其中的一个字。而且,与他们如此好心强加给我的这条荒谬教义相比,我想不出还有别的什么东西能够更加与我的学说体系相反了。而这才是我确曾说过的,迄今也尚未被驳倒。

[14] [真正的问题] 乃是,科学和文艺的复兴是否有助于纯化我们的道德风尚。

[15] 如同我所做的,通过指明我们的道德风尚丝毫未被纯化,问题才或多或少有所解决。

[原注四] 当我说到我们的道德风尚被败坏了,我的意思并不是我们祖先的道德风尚就有多好,而是想强调,我们的只是更糟。人类有成千上万种败坏的源头;而尽管科学在败坏的效果上大概最充分、速度最快,但科学绝非败坏的唯一源头。罗马帝国的衰亡和众多野蛮人的入侵造成了多民族的混合,这肯定不可避免地摧毁了各民族自身的道德风尚和习俗。十字军,商业,西印度的发现,航海,长途旅行,还有其他种种我不愿提及的原因,更是造成和加剧了这种混乱。所有有利于不同民族之间沟通的东西,所传播的不是美德,而是彼此之间的罪恶。这些沟通使得与各自气候和统治体制相宜的道德风尚变质。所以,科学(les sciences)并没有独自犯下所有罪恶之事,仅占了其中很大一份;科学坏就坏在给我们的罪恶之事披上好看的外表,戴上一副善良的假面具,让我们不会憎恶它们。

当《恶棍》(*Comédie du Méchant*)这部戏剧第一次上演时,①我记得,人们发现,戏中主要角色与标题并不相称。克利昂(Cléon)表现得如同寻常之辈;人们说,他就与常人无异。这个性格鲜明、穷凶极恶的歹徒,本应让所有不幸与之相似的人战栗,[剧中] 却表现得毫无个性。他最阴暗的行为也被人们认为是有魅力的文雅,因为那些所有自视正派的人都在克利昂身上原样地认出了自己。

---

① 格雷塞(Gresset)的五幕诗体戏剧,写于 1745 年,首演于 1747 年 4 月 15 日。

[16] 但是,这个问题却暗中提出了另一个更一般也更重要的问题。这个问题涉及的是,在所有情况下,追求科学会对各民族的道德风尚产生何种影响。这才是我提议认真考察的问题,而前面的那个问题仅是它的推论。

[17] 我从事实开始,证明对世界上所有民族来说,只要对学问和文化的兴趣在他们中间蔓延,他们的道德风尚就蜕化变质。

[18] 这还不够;因为虽然不可能否认这些事总是一起发生,但是却有可能否认,其中一件事引起了另一件事:我因此曾努力阐明其间的这种必要的关联。我表明,我们在这一点上所犯错误的根源,在于我们把自身虚妄和虚假的知识,错误地当成了能一眼看穿所有事物真相的最高智慧。如果抽象地说,科学值得我们的全部仰慕。可是,人类愚蠢的科学则仅仅值得嘲笑和轻蔑,此外别无它物。

[19] 对学问的兴趣总是宣告了一个民族败坏的开始,而且会加速这种败坏。因为在整个民族中,这种兴趣仅仅会来自两个根源,这两个根源都很败坏,也都会由学问所延续和增长,它们就是闲散和标新立异的欲望。在一个体制完善的国家当中,每个公民都有需要完成的义务;对他来说,这些重要的事情极宝贵,使他不能有空闲去做那些无聊虚浮的思辨。在一个体制完善的国家中,所有的公民都极平等,没有一个人会因为更博学或更机敏而能够优于他人,最多可以因为最好而超出他人:虽然这后一条区别通常很危险;因为它能养成狡猾和伪善之辈。

[20] 由标新立异的欲望所滋生的对学问的兴趣所造成的恶,远比学问所有的用处更危险;因为,屈服于这种学问兴趣的人,最终就会变得不再顾及成功的手段。最初的哲人,因为教导人们履行自身的职责和美德的准则而有极好的声誉。但是,当这些教导为众人所知之后,人们很快就开始反向而行,一心要标新立异了。这就是留基普斯(Leucippe)、第欧根尼、皮浪、普罗塔戈拉、卢克莱

修这些人的荒谬哲学体系的源头。我们中间的霍布斯们、曼德维尔(Mandeville)们，①还有成千上万这样的人，均想标新立异；而他们危险的教导获得如此之大的效果，乃至尽管今天还有些要在我们心中唤起人性和美德准则的真正哲人，我们还是惊恐地看到，我们这个爱推理的时代所崇尚的准则，已经把对人和公民职责的蔑视推到了多么远的程度。

[21] 对学问、哲学和艺术的兴趣，减弱了我们对首要职责和真正荣耀的热爱。一旦天分湮没了本属于美德的荣耀，每个人都希望成为讨人喜欢的无用之人，没人还想努力成为好人。于是，这又滋养了另外一种前后矛盾，也就是说，人们只因为并不取决于他们自身的品质而受到嘉赏；因为天份与我们一道诞生，而唯有美德才真正属于我们。

[22] 关于我们的教育，人们首先并且几乎唯一操心的东西，既是这些无聊成见的果实，也是其种子。以教给我们学问之名，我们在整个可怜的青年时代，都要遭受折磨：在听人们谈到人的义务之前，我们早已学会了所有的语法规则；在获得任何关于"我们应该做什么"的教导之前，我们已经知道了迄今为止人类所做的一切；人们只关心要把我们训练成精明之辈，没人再关心我们该如何行事，如何思考。一句话，我们的教育只要求我们认识那些一无所用的东西；我们的孩子被训练得如同古代公共竞赛的竞技者，他们永远都细心避免用强壮的四肢从事任何有益的劳作，因为这四肢要致力于无用和虚浮的训练。

---

　① 这些"怀疑派"哲人中的大多数都为人所知。英国人曼德维尔于1753年去世，他的《蜜蜂的寓言》在18世纪引发极大争议，见《论科学和文艺》34。留基普斯(Leucippus，约公元前450—前420年)，原子学说的创始人；第欧根尼史称犬儒派的创始人(公元前四世纪)；埃利斯的皮浪(Pyrrho of Elis，公元前365—前275年)是怀疑派的创始人；普罗塔戈拉(公元前480—前411年)是著名智术师；卢克莱修(公元前95—前55年)是伊壁鸠鲁的罗马追随者。

[23] 对学问、哲学和艺术的兴趣,使身体和灵魂软弱。书房中的工作让人虚弱,弱化了性情,而当身体失去了精力时,灵魂也很难保持住活力。学习磨损了[人的身体的]机械,劳神伤力,使人软弱无勇气,仅这一点就足够表明,它不是为我们而设计的:由此,人们变得懦弱胆小,既不能抵抗苦痛,也不能抵抗激情。每个人都知道,市民是多么不能承受战争的劳苦,而人们也足够熟知,文人在英勇(bravoure)方面享有何种名声。

[原注五] 人们总批评我只举古代的例子,这里就来举一个现代的例证。热那亚共和国因为想更方便地征服科西嘉人(Corses),便找到了一个再有效不过的办法——他们在那里建立了一处研究院。① 要加长这条注释,对我来说并不难,但我担心,这会有辱我唯一在意的那些读者的聪明。

同时,也没有什么比一个懦夫所获的荣誉更让人怀疑啦。

[24] 对我们本性中的弱点的所有思考,通常也只会让我们放弃勇敢的事业。我们越省思人性的不幸,我们的想象往往越会压弯了我们的腰,过多的预见总会夺走我们的信心,因而让我们失去勇气。

如果科学用新的防御方法武装我们对抗自然的灾害的话,那么,它只是更多在我们的想象中打下其伟大和重要性的烙印,而不是告诉我们它自己的理由和没法教导的奥秘,从而引导我们在其背后寻求庇护。②

---

① 确切说来,科西嘉研究院或巴斯提亚(Bastia)研究院,1749 年由 Marquis de Cursay 建立。Marquis 是法国派出的帮助热那亚共和国征服科西嘉岛的军队统领,他建立研究院的目的,正是卢梭的行文所道。卢梭后来的《论英雄最为必须的美德》正是为科西嘉研究院 1751 年组织的征文比赛所写。

② 出自《蒙田随笔集》3.12。卢梭有所改动。"奥秘"前的形容词"没法教导的"是卢梭自己增加的。

——既然如此,我们想要针对不可见的灾难有所准备,便总会是徒劳。

[25] 对哲学的兴趣松弛了使人依附于社会的所有那些由尊重和善意所结成的纽带,这或许是它所孕育的罪恶中最为危险的恶。学问的魅力很快使其他的爱好变得黯淡。而且,对人性的过多思考,对人类的过多观察,使哲人根据人的价值来评估它们,于是,他们便很难对自己所蔑视的人有好感。不用多久,他就会把有德之士与同伴们分享的所有兴趣爱好,仅仅聚集于自己一个人;他对他人的蔑视更是加深了他的傲慢:他的适己之爱［虚荣］(amour-propre)与他对宇宙中其他事物的冷漠一同增长。对他来说,家庭、祖国仅是虚妄之词;他不再是父母、公民,也不再是人;他是个哲人。

[26] 虽然对科学的追求将哲人的内心从众人那里引开,可以说,在另一种意义上,这种追求却也把文人的心引向众人,而在两种情况下,其中都带着对美德的同等的偏见。所有培养了讨人喜欢的才能的人,都想讨人欢心,想受人尊重,想比别人更让人看重。公众的掌声要仅仅属于他一个人:我会说,他会不惜一切地获得它,即使不会不惜一切地从竞争者那里剥夺它的话。由此,这一方面滋生了过分讲究的趣味和文雅,也产生了卑鄙低下的谄谀,诱人、阴险、幼稚的考究,久而久之,这些堕落了灵魂,败坏了心灵;另一方面滋生的则是艺术家们之间的嫉妒、争斗和广为人知的互相憎恨、不忠的诽谤、欺诈、背弃,以及罪恶中最卑下和可耻的一切。如果哲人蔑视众人,艺术家则很快会让众人蔑视他,最终,这两种人会共同合谋,把他们变得受人轻蔑。

[27] 还不止这些。在我提请智慧者评价的所有真相之中,如下的真相乃是最令人吃惊、最残酷的。我们所有的作家都认为,我们时代的政治的最高成就,便是科学、艺术、奢侈、商业、法律,还有所有其他的这些纽带——通过用个人利益加强了人与人之间的社

会联结,这些纽带把所有人都置于彼此依赖之中,为人们强加了彼此互惠的需要和共同利益,并强迫每个人为了自己的幸福而争相服务于他人的幸福。

[原注六]我不满哲人松弛了由彼此的尊重和善意所结成的社会纽带,同时又对科学、文艺和所有其他商业目标用个人利益加强了社会的纽带一事感到不满。不过,事实上,如果加强了这些纽带,就不可能不在同样程度上松弛另外的纽带。所以,这里不存在矛盾之处。

这些想法无疑很漂亮,而且表述得很有吸引力。但是,如果仔细且不偏袒地考察,人们就会发现,它们表面上的那些优点都有着很大的保留余地。

[28]那么,将人类置于只能通过相互排挤、欺骗、背弃、摧毁才能共同生活的境地,是一件多么美妙的事啊!从今往后,我们就必须提防起来,不能让人看到自己的真面目:因为,每有两个人利益一致,或许就会有十万人与其利益相冲突的,那么,除了欺骗或毁灭所有这些人以外,他们便别无获得成功的办法。这就是暴力、叛变、背信弃义以及这种事态所要求的所有可耻行为的致命源头——在这种事态中,每个人都假装为他人的财富或名誉出力,但同时只是想着如何让自己的财富和名誉超过别人,而且以他人的财富和名誉为代价。

[29]我们从中得到的又是什么呢?众多喋喋不休者、富人和好辩者,也就是说,美德和常理的敌人。相反,我们失去了淳朴和道德风尚。众人匍匐于潦倒惨境中;所有人都沦为罪恶的奴隶。未曾犯下的罪恶早已深藏于内心,它们之所以还没有实施,所缺的只是逍遥法外的保障。

[30]这是一种多么怪异和祸害无穷的宪制!其中,已积聚的财富总能为财富的继续增长提供方便;而那些一无所有的人要想获得点什么,简直不可能。在这种宪制中,好人没有任何途径走出

困境。在这种宪制中,最狡诈的人获得人们最大的尊敬;要成为诚实的人,必须放弃美德!我知道那些夸张的布道者已不止百遍地谈到此点;他们带着夸张来讲演这些,而我则以理性道出这些。他们看到了恶处,我则是讲清了其中的原因,尤其重要的是,我指出了一些非常让人欣慰的有用之事——我表明,所有这些罪恶并不纯然属于人,而是属于被统治得很败坏的人。

[原注七]我发现,如今世上有不少小箴言,用哲学的假象讨着头脑简单者的喜欢;另外,这些箴言还特别善于用一种权威式的专横语调结束种种争辩,而不去考察问题本身。比如:"人人有着同样的嗜好。无论在哪里,适己之爱(l'amour-propre)和自己的利益都引导着他们。他们到处都一样"。当几何学家们做假设时,如果一步步的推理把他们引向荒谬,他们就会回到起点,并推翻错误的推理。如果将同样的方法用于我们所讨论的箴言,就会轻易地指明这箴言的荒谬:

但是,让我们换个角度去推理。一个野蛮人是人,一个欧洲人也是人。半吊子哲人很快就下结论,认为一个不比另一个好到哪里去。但哲人说:在欧洲,政府、法律、风俗、利益,所有这些都使得个体不得不相互欺骗且没有休止;所有这些都图谋着把罪恶变成他们的义务;要变得智慧,就必须恶毒,因为没有比为了恶棍的幸福牺牲自己的幸福更大的愚蠢了。在野蛮人中,个人利益也同样在坚持着发言,这与我们这里的情形一样,但是,它所说的却不是同一件事物:对所聚居的社会的热爱、对共同防卫的关心是将他们团结起来的唯一关联。财产这个词在我们的那些诚实者当中造成了众多罪恶,但是在他们中间,这个词几乎没有任何意义。在他们中间,根本就没有那种会将他们分离开的关于利益的讨论。什么都不能让他们互相欺骗。

公共尊严(l'estime publique)是唯一人人追求的好东西,人人也都与之相称。一个野蛮人很有可能作出不好的行为,但是,他绝不会养成行恶的习惯,因为他不会由此获得什么好处。我相信,通过人们彼此会做多少生意,就能对人们的道德风尚作出一份极为准确的衡量:人们越是一起做生意,就越是羡慕彼此的才能和产业,于是他们就越会体面巧妙地相互欺骗,他们也就越可鄙视。我很不情愿这么说:不需要欺骗别人的人才是好人,而这个人就是野蛮人。

他不为人民的束棒、①也不为君王的绛紫皇袍所动，

也不关心粗鲁无信的兄弟间的反目为仇；

他同样不关心罗马的事物或者注定要败落的王国。

在他的不幸中，他既不悲悯穷人，也不嫉妒富人。②

[31] 这些是我所详细阐明的真相，也是我在就此主题出版的各种作品中尝试证明过的。下面是我从中得出的结论。

[32] 科学并不适宜于一般人。他［此类人］在对科学的寻求中不断步入歧途；即便他有时获得了科学，但几乎从来都会受损害。他为行动（agir）和思考（penser）而生，不是为了探索研习（réfléchir）。③研习仅会使他变得不幸福，而不是使他变得更好或更智慧。它让他追悔往昔的好处，又不能享受当下。它向他展示幸福的前景，好用想象来满足他，又用欲望来折磨他；它又向他展示不幸的未来，好让他提前感受到这种不幸。研习败坏了他的道德风尚，损害了他的健康，摧毁了他的脾性，并且总是使他的理性变质。即使研习能教会这人一些东西，但我觉得，这实在得不偿失。

[33] 我承认，有少许卓越的天才懂得穿透遮蔽真相的面纱，深入了解事物，有少许拥有天赋的灵魂能够抵制愚蠢的虚妄、低俗的嫉妒和文学趣味所造成的其他欲望。有幸拥有所有这些品质的少数人是人类的光芒和荣耀，只有他们才适宜为了所有人的好处从事研习之事，而正是这一例外才确认了规则。因为，如果所有人都是苏格拉底，那么科学对他们就没有害，但他们也不再需要科学啦。

[34] 一切具有道德风尚并由此尊重法律、一点不愿改进其传

---

① ［中译按］Fasces，对应法文 faisceau，古罗马民众权力的象征物件。

② 原文为拉丁文，引自维吉尔《农事诗》（Géorgiques）2. 495—499，第 497 行有所改动。

③ 在下一部主要著作《论人类不平等的起源和基础》（1. 9）的一个令人印象深刻的段落中，卢梭将会说，"如果自然注定让我们成为健康的人，我几乎敢于宣称，探索/反思（réfléchir）的状态是违反自然的状态，爱沉思的人乃是堕落的动物。"

统之道的民族,必须小心防卫科学,尤其要提防从事学问之人,因为他们爱卖弄的教条箴言很快就能教会这个民族蔑视其习俗和法律。一个民族若不是受到败坏,便绝不会做出此事。习俗(coutumes)中的一点更改,尽管从某些方面来看有好处,总是有害于道德风尚。因为,礼法是人民的道德;一旦人民不再尊重这些礼法,就会不再有规范、仅会有激情,不再有约束、仅会有法律——法律有时能够阻止坏人,但从来不会让坏人变好。况且,哲学一旦教会民众蔑视自己的习俗礼法,他们很快就会学会规避法律的秘密。所以我认为,一个民族的道德风尚就好比一个人的尊严;它是一份必须保管好的宝藏,一旦失去就不会再找到。

　　[原注八]我在历史中发现一个独特却令人震撼的例子,似乎与这一箴言相反。那就是罗马由一堆强盗建立,而他们的子孙不出几代就成为史上从未有过的最具美德的民族。此处不宜费劲来解释这一件事;我仅想指出,罗马的建立者们并不是那些道德风尚被腐败的人,而是道德风尚一点儿都还未形成的人。他们并不蔑视美德,只是还未曾认识美德。因为美德(vertu)和罪恶(vices)这对彼此相联的概念,仅诞生于与人类交往的过程中。而且,罗马的例子完全不能提供对科学的辩护,因为创建了共和制形式并建立习俗和道德风尚的前两位罗马国王,一位仅操心战事,另一位仅操心神圣礼法(rites sacrés)①——这是这世间最远离哲学的两样东西。

　　[35]然而,一旦一个民族在某种程度上腐败了,那么,无论是不是科学造成了这种腐败,是否应该摒弃科学或者保护人民远离科学,从而让道德风尚变得更好,或者阻止道德风尚变得更坏呢?这是另一个问题,我已明确提出过反对。因为,首先,既然一个堕落的民族从来不会回归美德,问题就不在于使得那些不再善良的

---

　　①　指 Romulus 和 Numa。"从 Romulus 而来的 Rome(罗马)是希腊语,指力量;Numa 这个词也是希腊语,指法律。罗马这最初两位君王拥有的名字与他们的所作所为是那般的相像!"(《社会契约论》4.4[1])。

人变好,而是让那些有幸还善良的人们保持其善良。

其次,败坏了某些民族的同一个原因,有时有助于避免一种更大的败坏。正是如此,由于用药的不慎而损坏了体质的人,就不得不依然求助医生以保住性命。正是因此,科学和文艺在孵出罪恶之后,反而变得必要了,为的是阻止罪恶造恶;它们至少为罪恶抹了一层清漆,不允许毒药过分自由地散发出去。它们摧毁了美德,却保留了美德的公开假象。这至少还是件好事。

[**原注九**] 这道假象是道德风尚的某种温柔,它有时补偿了道德风尚所失去的纯洁;它是秩序的某种表象,却避免了可怕的混乱;它是对美妙之物的某种仰慕,因此避免好东西完全被遗忘。在这里,罪恶戴上了美德的面具,这不同于为了欺骗和背叛的伪善,而是为了保证自己被戳穿时,通过藏在这一可爱而神圣的雕像背后,来逃离对于自身的恐恶。

它们用礼貌和仪则取代了美德,而且,由于害怕显得邪恶,它们就用害怕显得可笑来取代前者。

[36] 因此,我的看法——我已说过不止一次,就是继续保留且要细心维护研究院、学院、大学、图书馆、戏剧以及所有其他娱乐,因为这些娱乐能够在某种程度上分散人的邪恶,并能阻止他们用其闲散来追求更危险的东西。因为,在一个不再有正派之人和好的道德风尚的地方,与无赖相伴总比与强盗相伴要好得多。

[37] 现在,我要问,培育那些我认可其进步的趣味有何不可? 问题不再是教会人民善行,而仅是让他们少犯恶;为了让他们放弃那些罪恶的行为,需要让他们忙于琐细的事;要让他们高兴,而不是对他们说教。如果我写的东西感化了一小部分好人,那么,我已经尽我所能对他们做了好事——虽然,如果能为其余的人民提供一些消遣之物,好分散他们的注意,让他们不再想着恶,这对前者也会有用。就算我有一场戏剧每天被人喝倒彩,我也会高兴——如果我能够以此为代价,哪怕只是在两个小时内阻止仅仅

一位观众的恶意也好——［这样多少也能］保护他友人的女儿或妻子的荣誉，保护那些将秘密托付于他的人们的秘密，或者保护他的债主的财产。道德风尚一旦无存，就只能寄希望于政体。人们很清楚，音乐和戏剧是其中最重要的东西之一。

［38］如果我的评论还有什么未解的难题的话，我愿坦白地说，这并不针对公众也不针对我的敌手们，而只是针对我自己：因为仅仅通过考察自己，我才能评判我是否应把自己算在少数人之列，评判我的灵魂是否胜任文学写作的重任。我不止一次地感受到危险；我已经不止一次地放弃，并且再也不愿重拾起它们；抛弃它们讨人喜欢的魅力之后，为了内心的安宁，我牺牲了至今依然能够取悦内心的唯一快乐。如果我最终还是被厌倦所克服，如果在万般折磨而痛苦的一生的终结之时，我敢于将它们重拾片刻，以疏解我的痛苦的话，我至少相信，我彼时虽然对写作感兴趣并从事写作，但从其原因看，我将不至于值得受到自己曾对文人们所做的公正评判的谴责。

［39］要实现对我自己的充分认识，我曾需要一番考验，我也并未犹豫地接受了那番考验。① 当我认清自己的灵魂能够如何面对文学上的成功以后，我还需要认清，我的灵魂会如何面对挫折。我现在知道了，并且也能公开说，［这部剧］可能是我给观众带来的最差劲的作品。我的戏剧有着它理当遭受的命运，这我已预见到；但是，除了它让我觉得无聊之外，看完演出后，我反倒对自己更感欣慰了。而且，与它倘若获得了成功［而让我欣慰］相比，我现在的欣慰，反倒是出于更好的理由。

［40］所以，我建议那些急着责备我的人，在给我强加上自相

① 指获得巨大成功的《乡村占卜师》，卢梭后来表达了对该剧首演成功的欣慰。不过，卢梭却拒绝因此接受宫廷对奖赏的年金。卢梭可能夸大了《纳喀索斯或自恋者》不够成功的程度，为的是让自己无论在成功还是失败面前的平静显得更戏剧化。

矛盾和言行不一的批评前，先好好研究一下我的理论原理，先仔细审查一下我的举止。他们如果看到，我开始谋求公众的好评；为谱出些动听的歌曲自负；为写出蹩脚的喜剧而脸红；有意损害竞争者们的荣耀；他们如果看到，我妄自说同时代伟人们的坏话，在贬低他们的时候，把自己抬升到他们的位置之上；他们如果看到我觊觎研究院的职位，向有影响的女子献殷勤，或者奉承大人物的愚蠢，或是看到我不再凭自己双手的劳动而过活，而是选择无耻的行当，好赚取财富；总而言之，如果他们看到，对名誉的爱慕让我忘记了对美德的热爱——我就请求他们甚至对我提出公开警告，而我也向他们保证，我会把自己的作品和书籍都扔入火堆，并且承认他们批评我的所有过错。

[41] 与此同时，若我还有禀赋、时间、力量和意愿，我会写书、作诗、谱曲。我将继续直言我对学识和推广学识者的所有批评意见。

[原注十] 我很惊讶，大多数文人在这件事中是多么糊涂。当他们看到科学和文艺被人批评时，就认为别人针对的是他们个人。然而，他们所有人都不可以没有自相矛盾地持有与他相同的观点，认为这些东西（科学和文艺）虽然给社会带来巨大坏处，但是，现在则有必要把科学和文艺用作医治它们所造成的罪恶的疗法。这就如同对待那些有毒的虫子一样——[为了疗伤，]必须把它们碾碎，涂在它们所造成的伤口那里。

总而言之，没有一位文人，如果他的行为举止能经受住上文提及的审查，不能像我这般，说出对自己有利的话。这种推理的方式，在我看来，更与他们相称；只要科学继续荣誉有学识的人，他们就一点都不担心科学。就好比异教的祭司，只要宗教能让人尊敬，就对它虔诚。

　　而且我也相信，自己并不因此就变得更不怎么样。的确，人们某天可以说：此人是科学和文艺的公敌，自己却刊行戏剧作品。我承认，这番评论是一首最为尖刻的讽刺诗，它所讽刺的不是我自己，而是我所处的时代。

七 致博德斯第二封信的前言

[题解]《日内瓦人卢梭的最后答复》刊发后,博德斯并不满意,准备再撰文反驳《论科学和文艺》。卢梭得知博德斯的想法之后,给这位往昔的友人去了一封很友好的信。卢梭在信中对博德斯说,观点不同不会影响他心中对博德斯的印象。卢梭甚至有些讨好地说,所有反驳《论科学和文艺》的人当中,他最看重博德斯。但是,卢梭也警告博德斯,他可能会再次公开答复他的驳难(1753年5月信函,*CC*,卷二,页218注197)。

杜克洛斯①读过博德斯的第二篇反驳后认为很出色,卢梭庆幸自己碰到了一位真正的对手(*CG*,卷二,页43)。读过博德斯的第二篇驳文后,卢梭曾犹豫是否要继续争论。或许因为他发现自己与博德斯一样,都不再能引起巴黎公众的兴趣,卢梭最终仅写下了这篇短文(*CG*,卷二,页45)。文集中有封致柯来奎(Créqui)侯爵的信,可惜没有署明日期;致博德斯的信的日期肯定也不对。

1753年9月,博德斯的驳文在巴黎发行。卢梭的这篇短文应该写于1753年末或1754年初,成文时间要晚于《〈纳喀索斯或自

----

① [中译按]杜克洛斯(Charles Pinot Duclos,1704—1772),小说家、史学家,1748年入选法兰西研究院院士。代表作为 *Considérations sur les mœurs de ce siècle*,1754。

恋者〉序言》。当时，第戎研究院公布的新征文题目吸引了卢梭的注意。他开始构思《论人类不平等的起源和基础》，因此，他没有给博德斯写第二封信，而是以这篇短文代之。这篇短文带有决然的语气，似乎宣告就此了结旷日持久的论争，而他对自己的"学说体系"则有了更明晰的观念，他也因此而更自信。

1754 年 2 月 15 日，格瑞姆在《哲学及批评文学通讯》上发表文章承认，这篇前言尽管很有分量，但在当时的巴黎没有引起什么反响。这个话题拖延了很长时间，人们已经不感兴趣。其实，弗莱隆（Fréron）仍就这篇新回复写了一段很长的赞赏性评析，并称这是一场"永恒的争论"。

Streckeisen-Moultou 在 1861 年编辑卢梭的《未刊作品及书信》时收录了这篇前言，但没有尊重手稿的拼写法，有几处印刷错误。手稿今天藏于日内瓦图书馆，即 Ms. fr. 228。

[1] 迫于新的责难，我不得不打破在这场漫长争论中保持的沉默，我毫不踌躇地重新提笔，尽管我曾与它道别。如果在贤哲之士看来，我能够为自己曾建立的重要规则做出新的阐明，那么，至于公众是否因为看到我们如此长久地争论同样一个问题而厌烦，我并不在乎。因为即便此事的责任并不在攻击者一方，我也丝毫不愿因为对名誉的顾忌而牺牲自己对真理的热情。而且，既然我一点都不担心会惹读者生气，那么，我也看不到，自己为何会害怕惹烦他们。

[2] 我相信自己发现了伟大之物，并以相当危险的直率将之说出，尽管没多少必要这么做；因为独立给了我所有的勇气，长久冥想给了我禀赋。一个乐于与自己相处的孤独者，自然喜欢沉思；一个特别关心他人幸福又无需通过他人获得自身幸福的人，无需在必须告诉他们的有用的事情中掺杂他们那些虚假的精巧。由于这种情况极为特殊，而且，由于我有幸发现自己就处在这种情况之

下,那么,我便觉得有义务为了真理的缘故来利用这种情况,而且毫无保留地道出真理向我显示的有关人类淳朴或幸福的话。我在不该沉默时保持了沉默,如果这算一个错误,①我一定不能犯下一个更大的错误——在自己的义务面前,固执地缄口不言。而且,正是为了忠诚于自己的原则,我才希望,一旦发现自己所犯的错误,便要摆脱它们。

[3] 所以,我将重提自己思想的线索,如同我一直所做的那样,继续写下去。好比一个孤独的存在既不欲望也不害怕任何人。他之所以对他人说话,是为了他们而不是为了自己。这就好比一个人过于钟爱自己的兄弟,以致不厌恶他们的罪恶,他希望他们学会看到自己是多么坏,好让他们至少希望自己变得尽可能好。

[4] 我十分清楚,我白费了辛苦。我的劝勉丝毫没有给我带来任何幻想的快乐,乃至我能够希冀人们的改革。我知道,人们嘲笑我,因为我爱他们,他们嘲笑我的准则,因为它们对他们有益。我知道,他们并不会减少对荣誉和金钱的贪恋,尽管我让他们看到,这两种激情是他们所有罪恶的来源;其一使他们恶毒;其二使他们不幸。我很清楚,他们把我对其所爱恋并辛劳追求的东西的轻蔑看成胡言乱语。但是,与其跟他们一起犯错,我宁愿遭受他们的嘲笑。不管他们的义务是什么,我的义务则是向他们道出真理,或者是我所理解的真理。② 一种更强有力的声音将会让他们热爱真理。

[5] 我很平静地忍受了众多作者的痛斥,对于他们,除了勉励

---

① 《日内瓦人卢梭的最后答复》(74)说,"我感到厌倦,我要放下笔,不再捡起这一拖得过长的争论。"这一决定并未起作用,卢梭作为"改革者"的义务迫使他再次说话。

② 《日内瓦人卢梭的最后答复》(73);卢梭把"为真理献身"(vitam impendere vero)作为自己的座右铭,《孤独漫步者的梦》第四篇充分讨论了这个问题。卢梭也经常说,不是每个人都有着"把真理告诉人民这个可悲的责任",比如,爱弥儿显然就没有这个责任(见《爱弥儿》卷五;*OC*,卷四,页859)。

他们做好人之外,我没做过任何坏事。他们全都无所顾忌地乐意取笑我;他们如其所愿地让我成为笑柄;他们对我的作品甚至对我人格公开表示愤怒,而我除了依赖自己的举止以外,从来不曾指望过要击退他们的侮辱。如果我真要与他们为敌,我唯一的报复便是针锋相对地回应,但是,这场讨厌的战斗一点都不让我喜欢;我越是发现有真相可诉,我的内心就越发悲伤。如果他们的侮辱与我不符,那么,他们便已经将这些侮辱施加于自己了:或许他们的仇恨很难如同他们希望的那样影响公众,而且也丝毫影响不到我。极端的激情通常很笨拙,通常让人无法相信。也许他们的作品会让公众对我做出比我的实际更高的评价,[尤其]当人们意识到,虽然他们如此热切地想要抹黑我,但他们找到的最大一条用来指责我的罪状竟然是,找了一位杰出的画家来画我的肖像。①

[6] 看到那些人无视我的人格并圆滑地攻击我所确立的真理,我远不能保持同样的冷静。这个可悲而伟大的学说体系(Système),②这些对人类本性、能力及其目标的真诚研究的结果对我来说极其珍贵,尽管它们也让我谦恭。因为我明白,在应当用什么造就我们真正的伟大的问题上,不要让傲慢欺骗我们,这极其重要;我也明白,我们应当多么担心,在努力要让自己超出本性时,我们可能反而变得败坏,使自己低于本性之下。无论如何,对人们有用的是,人们如果不能认识真理,至少不应犯错误。而最为危险的错误便是,相比于害怕无知,却不那么害怕犯错,而且,在被迫选

---

① 参《忏悔录》(*OC*,卷一,页 437)及评注。1753 年八九月间,展出了彩粉画家德拉图尔(Maurice Quentin de La Tour,1704—1788)的一幅"卢梭坐在一张[用稻草填塞的]扶手椅上的彩粉画"。狄德罗批评说,认不出这位"文学的批评者、我们时代的卡图和布鲁图斯(Brutus)"等等(*OC*,Assezat et Tourneux 版,卷一 0,页 483)。

② 卢梭在《〈纳喀索斯或自恋者〉序言》(13)中第一次但也仅仅一次提到他的"学说体系",而在这封简要的序言中,卢梭却提到了至少有 5 次之多。他可能针对博德斯的批评而有所感发,博德斯说,"卢梭先生的第一篇论文,在我看来仅是一个巧妙的矛盾,这正是我回答他的语调。他的最后答复体现出一套已建构的学说体系……。"

择时,宁愿变得邪恶、卑鄙,也不愿变得贫穷、粗朴。

[7] 我已预料到,我的观点会被许多作家热烈地反对。到如今为止,我回答了所有我认为值得回答的人,将来我肯定也会这么做。这不是为了我自己的荣耀,因为我要维护的不是让-雅克·卢梭。他肯定经常犯错:每当我认为他犯了错的时候,我都会毫无顾忌、毫无痛苦地抛弃他,即使当他有道理时,如果涉及的只是他自己[,那么我也仍然会这么做]。所以,只要人们只是批评我出版了有害的作品,或者推理得不通、犯了语言错误、历史错误、写得差劲或不够风趣,对于这些批评,我一点都不恼火。对此,我一点都不奇怪,我也永远不会作答。但是如果涉及我维护的学说体系,我则会全力捍卫,只要我还相信,这是一个关于真理和美德的学说体系,只要我还相信,正是因为错误地抛弃了它,大多数人才败坏了自己的原初善良(bonté primitive),①堕入了所有使他们盲目的谬误以及所有压迫他们的不幸之中。

[8] 由于要与如此之多的利益交战,要克服如此之多的成见,要宣布如此之多的严峻的事,我相信,为了读者们自己的利益起见,我应该多少体谅他们的胆怯,让他们逐渐明白我要对他们说的话。如果只是第戎研究院的论文就已造成如此多的怨言并引发公愤,那么,要是我起初就把一套真实却让人沮丧的学说体系——对于这个体系来说,那篇论文所阐述的问题仅是一个推论——全盘托出,那么,将会发生多大的事啊!作为恶人暴力的公敌,我至少也会被视为公共和平之敌,如果敌对一方的狂热分子们出于哲学的更大荣耀之故,未曾慈悲地毁灭我——若是针对一个鲜为人知的人物,他们便会如此,那么,毫无疑问的是,他们至少会轻而易举地让作品和作者都成为笑料;而且,如果他们但凡开始嘲笑我的学

_____

① 卢梭在《日内瓦人卢梭的最后答复》37 中第一次提到人的原初善良,也针对博德斯。《论不平等》和《爱弥儿》中,这个问题成为主要问题之一,并得到充分思考。

说体系,那么,这一被众多经验变得可敬的手段,就本可以免去他们考察我的论据的麻烦了。①

[9] 因此,我当初曾经不得不采取了一些预防措施,而且,为了确保所有的话都有机会说出来,我也并未想要说出一切。我只是逐步发展了我的观点,并且也总是说给少数几位读者。我所保护的不是我自己,而是真理,为的是让真理更能让人接受,使得它能更有用。通常,我花费了很大的力量,努力想在一段话、一行文字、一个随便抛出的语词中,表达出长久冥思得出的结果。我的大多数读者肯定常常发现,我的几篇论文结构不合理,甚至完全缺乏条理,因为他们没能看到树干,毕竟,我只向他们展示了树枝。但对那些有能力理解的人来说,这已足够了,而且,我从来就不曾希望向除此之外的其他人说话。

[10] 这一策略把我置于这样的位置——我总是不得不回应我的敌手们,或是为了解决异议,或是为了扩展和阐明必须的观点,又或者是在智慧者的称许向我确保了公众的注意以后,为了相应地充分阐述我的学说体系的所有部分。实际上,我相信,至少在涉及我心目中的读者的方面,我在先前的几篇答复中已经留意了以上这些事情。但是,当我从里昂研究院院士的第二篇论文中看到,他还是没有理解我时,我情愿责怪自己的愚笨,而不是责怪对

---

① "真实却让人沮丧的学说体系"(système vrai mais affligeant);Triste et grand système[悲伤而伟大的体系]。这些模糊的修饰语与卢梭所揭示的现实景况相关,并不是因现实与他的愿望不符而下的结论。让人幸福(或至少不太不幸)的"改革"还有可能。我们的心智比不上宇宙,要认识一切的欲望使得我们远离宇宙。就让我们回到自身,通过公义的体制来保障并帮助我们修正自己的行为,调整我们与他者的关系吧。
　　希望赋予苏格拉底哲学以新的活力并加入更新的改革意愿,形成了卢梭哲学的新风格。卢梭很有可能夸张了这一改革的特征,需要步步审度以赢得人们的赞同。前往万森纳看望狄德罗时的恍悟让卢梭有了自己的学说,这一说法并不确实,卢梭的学说体系是逐步发展起来的。对文章风格的批评值得注意:后期论文的表达形式要更为简洁、明确。这些论文已经包含了《社会契约论》中提到的多数观点。对孟德斯鸠的看法,卢梭显然不陌生。

方缺乏善意。所以，我因此会尝试更清楚地阐述我的立场，而且，既然开诚布公的时候到了，我将会克服自己的厌恶，再一次提笔为人民而写作。

[11] 我建议考察的这部作品充满讨人喜欢的诡辩，夸耀多于圆滑，而且，由于这些诡辩能够用某种灵活的文风和精明的逻辑花招诱惑人，因此，它们对多数人就有着双倍的危险。在这篇评论中，我要采用完全相反的方法，以尽可能的准确性一步步考察作者的推理。在这篇讨论中，我将完全依赖作为真理和人道之友的质朴和热情——能向前者[真理]致敬，是我全部的荣耀；能对后者[人道]有用，是我全部的幸福。

研究文献选

龙卓婷　译

卢梭论文艺与科学

古热维奇（Victor Gourevitch）　撰

一

卢梭坚持认为，文艺与科学容易败坏道德风尚（morals/moeurs/Sitten），并与自由公正的政治社会的要求不符。

这个问题并非文艺与科学本身可能是什么，而是它们在公共生活中扮演什么角色，或我们当今称之为"文化"之物与政治社会之间是什么联系。卢梭从一个常人的视角考虑这个问题，他什么都不知道，尽管如此，却还是尊重他自己；作为政治共同体的成员，就此而言，他要分担共同体的关切和热望（《论科学和文艺》，III，页5，页30；《致达朗贝尔论剧院的信》，页126）。[1]

这是社会中人的"自然"视角（《爱弥儿》，IV，页468以下，页

---

[1]　本文所引卢梭作品皆出自 B. Gagnebin 和 M. Raymont 主编的四卷本《卢梭作品全集》（*Oeuvres Complètes*，Paris：1959）；文中的罗马数字表卷数，阿拉伯数字表页码；大部头作品划分了章节，用方括号标示在作品标题后。《致达朗贝尔论剧院的信》中的内容引自《〈社会契约论〉及其他作品》（Paris：1962）；《论语言的起源》引自 C. Porset 的考订版（Bordeaux：1970）；《致米拉波书》（Letter to Mirabeau）引自 C. E. Vaughan 编《卢梭政治作品集》（*J. J. Rousseau*，*The Political Writings*）两卷本（第二版，Oxford：1962）。为节省篇幅，附注和引文已删繁就简，并尽可能放在正文中。

509），一旦政治社会建立，社会中人的视角就是"自然"的。毕竟，人不能自由选择是否生活在政治社会，是否屈从于社会关系无法逃避的逻辑（《论人类不平等的起源和基础》注释 IX，III，页 207 以下）。这就是为什么，即便人天生不是政治动物——倘若他真的不是的话——政治问题也假定了优先权，并限定了眼界（horizon），所有其他问题均需在该眼界内进行考量。

因此，卢梭显然也以某个人的丰富视角思考文化问题，这个人超越了他自己的社会，思考所有政治秩序的基础（《论科学和文艺》，III，页 3；《致博德斯第二封信的前言》，III，页 106）。政治社会的根基就在于人们没有能力只靠自己就满足他们的需要（《社会契约论》[I. 6]，III，页 360）。在此条件下，每个人找到他人，主要是为了从他们那里或通过损害他们而获利，促使人们联合之物也让他们分裂（《日内瓦手稿》，III，页 282—289；《论人类不平等的起源和基础》，III，页 187—194）。卢梭批评和反对的所有政治解决方法，都试图监督（police）——从而保持甚至强化——事务（af-fairs）的这种状态，而非改变这种状态。

因此，如卢梭所见，核心的政治问题是阐明这种状况，这种状况要在每个人的需求与他以某种方式可支配的资源之间建立或恢复平衡。这样就没有人能够——更不用说必须——以牺牲他人为代价来满足自己的需要。在公民社会状态下，所有人依赖所有人，这种状况是可以实现的，前提是时不时从这方面评估人的行动和追求：他们是否可以在不损害他人的情况下达成所有人的利益。如卢梭所构想的，社会契约的区别性特征是道德和心理的改变，在每个个体将自己当作其政治共同体的成员时，他将经历这种改变。

这就是人们彼此关系中［经历的］最初也是最重要的改变。因此，社会契约的决定性特征在于，它培养了习性和品性（disposi-tions），在私人利益与公共利益或个体意志与公共意志的命令（dictates）不分离的情况下，这些品性能让人们一起生活。卢梭反对霍布斯式和洛克式的社会契约,这与他以公民和公民美德之名反对资产者(bourgeois)紧密相关。公民美德的所有意图和目的都与公共精神或爱国主义一致。与其说公民美德存在于同胞们(one's fellow)对个人善的私人追求中,毋宁说存在于对公共善的公共追求中。因此,美德似乎会加强对他人的依赖,因其将人置于一个努力做他人需要或希望之事的位置;事实上,美德在相当大的程度上松弛了这种联系,因为它将人置于一个做对所有人有益之事的位置。

相比个人(persons)和礼仪(propriety),美德与公共生活的品质更为相关。美德需要且可以培养灵魂的活力与卓越。这样构想的美德并未消除私人与公共之间的明显差别,而是尽可能减少它们之间的冲突,即减少利益要求和正义需要之间的冲突。在秩序良好的政治社会(civil society),在公民们的社会(society of citizen)中,美德是道德的完善。在这一点上,卢梭的思索兴许可以极好地表述为,道德是法律与美德的中间项(the middle term)。道德根本不是个体行为的问题;多数人在多数时候表现良好且正派。然而,在既定情况下,尽管我们带着善意行事,尽管我们试图避免伤害他人而成功获益,或至少公正处理那些最直接受我们偶然行为所影响之事,但我们的行为更为深远的影响,最终证明可能有害,不仅对某个人或他人有害,也对整个集体有害。

譬如,在一个小范围内看待我们所做的事,完全是公平、正派且正确的,却形成或固化为不公正的惯例或制度(practices or institutions)(《日内瓦人卢梭的几点评析》,Ⅲ,页50;《论政治经济学》,Ⅲ,页555;《日内瓦手稿》,Ⅲ,页329以下)。法律无法完全克服这些难题。法律不可能足够详尽地处理所有可能的情况。的确,从法律角度来处理问题,将太过依从外部标准来构造人的行为。法律仅仅引导人的行为,在很大程度上,仅仅规定了(state)人们一起生活的最低条件。

　　归纳我们的行为准则,也就是说,求助于普遍意志,也无法充分解决这些难题。因为卢梭在此所致力的问题,是形塑一种惯例、习性和社会观念,而非某种合理判断。这种判断涉及任何特定行为与共同体乃至全人类幸福的关系。意志、品性和道德,通过有权威的传统、惯例和信仰,简言之通过公共意见来形塑。社会通常通过意见引导和教育我们,什么是它们所称赞、尊重、嘉奖的因而是要培育的,或者什么是它们所指责、驳难和声讨的,因而是必须要阻止的。这些事物不仅关涉行为的具体种类,也关涉生活方式和〔人的〕性格类型(types of character)。

　　道德是这样一种法律:

　　　　既不是铭刻在大理石上,也不是铭刻在铜表上,而是铭刻在公民们的内心里……这个方面是我们的政论家所不认识的,但是其他一切方面的成功全都有系于此。(《社会契约论》[II. 12],III,页 394;参看《关于波兰政体的思考》,III,页 955)。①

　　这就是为什么政治不能不关心道德,也是为什么政治正义从来都不只是程序上的,或仅仅是诸制度的美德(a virtue of institutions)。这也是为什么,卢梭所关心的道德远非培养理性的问题,而是关乎健康的意见和良好的品味。

二

　　在一个文化享有无上尊荣的社会,随着文艺的发展,大量享有威望和权威的人对文艺怀有兴趣。在这个社会中,智辩(sophisti-

---

　　①　〔译注〕中译参见何兆武译《社会契约论》,北京:商务印书馆,2003,页 70。下文中译文皆参考该译本,根据英文会做相应的改动。

cation)和品味获得奖赏,礼节(manners)被打造得精巧自然。人们感到有必要具备或假装具备这些才艺(accomplishments)。盲从于"将取悦人的文艺简化成原则"的要求,会带来礼节与品味"卑劣且欺骗性的一致"(vile and deceiving uniformity)。没有人敢表明自己认同什么,在这个过程中,牺牲了个性、自主性、诚实、真正的友爱(与敌意)。

卢梭描绘了这些方面的全部差异:在高雅与粗鄙、城市与乡村、开化民族(civilized nations)与野蛮人、雅典与斯巴达之间的差异。当然,这些差异并非是为了确证粗野或朴素就是拥有好道德或美德,而是为了表明,与主流的启蒙意见的信念相反,文化的缺席完全能与甚至最普遍的道德准则、政治的卓异、自由和帝国并存;也为了表明,与主流的启蒙意见的信念再次相悖,文化的高额附加费与自由和帝国的保存并不相容,更不用说与正义相容了。

卢梭认为,这种关系具有与自然法同等的约束力。礼貌、趣味和智辩对满足社会的需求或热望毫无贡献;相反,它们阻碍了社会需求的实现。无用的职业报酬越高,有用的职业报酬就越低。人们一旦被承诺报酬的职业所吸引,社会作为整体就是失败者(《爱弥儿》[III],IV,页456以下,《论人类不平等的起源和基础》,注释IX,III,页206)。有些人本来可以成为正派的匠人,却变成了平庸的蹩脚诗人。不仅如此,文学化与艺术化的生活在其所有形式中都使得人们无法适应苦难、牺牲和勇猛。因为对愉悦的关心和关切,意见与道德受到了更深刻、更普遍的损害,上述问题仅仅是这种损害的征兆。这种愉悦归根结底是私人性的,摒弃了对有用或公共之善的关心与关切(《日内瓦人卢梭的最后答复》,III,页74)。

文艺的目标是取悦,艺术家的目标是赢得掌声(《论科学和文艺》,III,页21;《日内瓦人卢梭的最后答复》,III,页73以下;《致达朗贝尔论剧院的信》,页135,页143)。既然我们发现符合我们的趣味之物令人愉悦,艺术家们要么诉诸它们,要么失败。考虑到个体差异,那些可以进行独立判断的大多数人在趣味问题上趋于一致。也就是说,对于什么东西合不合心意、是否美丽或适当,他们都趋于一致,只要他们考虑的对象不会直接影响到他们的幸福。对趣味的知觉颇受经验和意见影响,从而与道德紧密相关,因此,卢梭经常互换使用这些术语。

诚然,好趣味不同于好道德,它们也不总是一起出现。但道德一经败坏,趣味也会随之败坏。在判断受公共意见和私人利益支配的社会中,人们不再信任自己的趣味,转而遵从那些理应更明事理之人所赞成的东西。这些人即大人物、富人和艺术家。对大人物和富人来说,文艺主要是一种满足虚荣心和炫耀欲的手段。通过向赞助商和公众的激情(passion)献媚,艺术家获得了地位和财富(《爱弥儿》[IV],IV,页 671—677;《论语言的起源》[XV],页163—167;《致达朗贝尔论剧院的信》,页 136,注释 2)。

因此,文艺既是奢侈的结果,亦是其原因。的确如此,文艺趣味与奢侈趣味总是同时出现,奢侈趣味通常伴有文艺趣味(《论科学和文艺》,III,页 19;《日内瓦人卢梭的几点评析》,III,页 49 以下,《日内瓦人卢梭的最后答复》,III,页 74)。富人与穷人是相对概念,财富的悬殊难免在穷人中产生被剥夺感和嫉妒心。这种认识是最大的快乐源泉,即那些享有快乐的人,[认为] 他们的快乐更多源于他们的财富源泉(《论人类不平等的起源和基础》,III,页175 以下,页 189)。就这样,奢侈与文艺同样地败坏了富人和穷人(《日内瓦人卢梭的几点评析》,III,页 51)。

艺术家依赖赞助商和公众,同时,也败坏了他们的趣味和道德。为了让观众保持兴趣,艺术家不得不持续不断地更文雅或更不文雅。卢梭控诉说,它们一体两面(both),在微妙精炼的面纱下,它们愈发令人震惊(《论科学和文艺》,III,页 21 以下,页 28;《日内瓦人卢梭的最后答复》,III,页 73,注释 2)。随着礼节与道德之间的鸿沟加大,公众因细微与精巧而分散精力,人们处理大事(great objects)

的能力和意愿就会大大丧失。"一旦被大量无益的心机败坏,精神就绝不可能上升到丝毫伟大的程度;即便有此力量,也会缺乏勇气"(《论科学和文艺》,III,页20;《日内瓦人卢梭致格瑞姆先生书》,III,页64)。琐碎的关切造就琐碎的灵魂,而琐碎的灵魂只适于被奴役(《论科学和文艺》,III,注释7,页29;《新爱洛绮丝》[I.12],II,页59;《〈纳喀索斯或自恋者〉序言》,II,页967以下)。

　　文艺展示崇高的典型、净化低下的情感,据说文艺因此得到扩展和提升。比起任何其他文艺,卢梭更详尽地讨论了剧院。因为他断定剧院(也可以说电影或电视)是文艺中最吸引人的(《论语言的起源》,页35,《致达朗贝尔论剧院的信》,页135)。他赞成亚里士多德,认为悲剧激发并净化同情。但他根本不关心古典戏剧,对于同情,他作出一个与古人完全不同的估价。此外,如今即便有教养的观众也很少会被古典戏剧的演出深深触动。至于现代悲剧,与戏开演前相比,既不会让他们面对罪行时更不妥协(intransigent),也不会让他们在面对危险时更坚毅。我们让观众为虚构角色的虚假痛苦哭泣,满足于我们自己这些人性的证据。如果有的话,也只是消除他们减轻身边真正痛苦的强烈愿望(《致达朗贝尔论剧院的信》,页140以下,页152,页137)。

　　同样,喜剧也不会通过唤起我们对卑鄙和邪恶的憎恶而升华。喜剧只讽刺这类事物,使其显得荒唐且不体面。喜剧是礼节而非道德的学校(《致达朗贝尔论剧院的信》,页142)。无论如何,美德很难在舞台上获胜。当我们看到罪行受惩罚时,触动我们的,常常是因为罪行的严重或恐怖,而非他们所遭受的惩罚。

　　此外,根据一部戏的结局来判定它的影响,也是错的。一般而言两者毫不相干(《致达朗贝尔论剧院的信》,页166)。恶棍和恶行留给我们的印象最深刻且最持久,尤其当我们发觉对他们有一种隐秘的同情或喜爱时,他们的受罚也只会放任我们沉溺在其魅力之中,并一点也不感到羞耻和愧疚(《致达朗贝尔论剧院的信》,

页 149,页 159)。大多数戏剧充其量是在向我们献媚,让我们以为
我们拥有自己没有的全部美德(《论语言的起源》,注释 35,《致达
朗贝尔论剧院的信》,页 142 以下)。

倘若文艺仅仅满足并证实观众主导的道德趣味与意见,倘若艺
术家是公众的奴隶,似乎可以说,文艺对有良好风尚的社会有益,对
道德败坏的社会则有害(《致达朗贝尔论剧院的信》,页 137)。但文
艺不仅通过其所描述的内容影响人们,还将人们从其他追求中抽离
出来,将善从致力于他们身边义务、从对他们家庭和朋友的关切中
抽离出来,也将恶从他们的坏主意中抽离出来。就此而言,文艺似
乎对好社会有害,而对坏社会有益(《致达朗贝尔论剧院的信》,页
133,页 168 以下;《〈纳喀索斯或自恋者〉序言》,II,页 972 以下)。

拥护和反对文艺的争论似乎相互抵消了,文艺变成社会中一
个无足轻重的问题。但卢梭没有停留于此。他在寻找一种方式,
这种方式既能保留文艺的好处,又能避免它的缺点。在道德败坏
的社会中,文艺通过维持美德的公共伪装与作秀,并通过维护礼仪
标准,可能使人们因为羞耻而至少表面正派;生活在无赖中间总好
过生活在强盗中间(《〈纳喀索斯或自恋者〉序言》,II,页 972)。

文艺无法恢复好道德,也无法阻止道德变坏。卢梭怀疑,"除
了某场巨大的变革,而变革本身与它自己或许能治好的罪恶之事
一样可怕"(《日内瓦人卢梭的几点评析》,III,页 56)。但文艺有可
能减缓变革的进程,仅延伸到少数个体身上,即使他们不能影响整
个社会。对文艺的沉迷助长对新奇事物的持续渴望。疲惫的趣味
易于发觉,描述淳朴和自然比描述最残暴的行为更令人震惊(《致
达朗贝尔论剧院的信》,页 136)。在此,一个同时具备天资和仁慈
(humanity)的艺术家可能通过唤醒观众对卓越的渴望,找到一种
既令人愉悦又有用的方式(《致达朗贝尔论剧院的信》,页 126;《新
爱洛绮丝》,第二版前言,II,页 17,页 20[II. 18],II,页 261;[II.
21],II,页 277)。当然,这些思考始终引导着卢梭,让他自己极其

智辩(sophisticated)地颠覆智辩(sophistication)。①

有关文艺在一个有良好风尚的社会中所扮演的角色,最为接近这一建议的是对日内瓦的建议。卢梭主张,日内瓦不应常设剧院,而应设立公共节日,所有人都要参加这个节日。在这个提供欢庆场合的节日中,每个人既是演员又是观众,既完全是他自己,又完全是共同体的成员,忘记了所有阶级界限,所有人一起做所有事并掌管所有事(《致达朗贝尔论剧院的信》,页225以下)。

在阅读卢梭对这些节日的召唤中,我们会不由自主想起这样一种节日,即卢梭在不同场合称之为"社会发源地"的节日(《论语言的起源》[IX],页123;参看《论人类不平等的起源和基础》,III,页169,页171)。卢梭的召唤还让我们想起一种"公民",他在确切且强调的意义上使用这个术语,这些公民既是君主又是臣民。卢梭建议将节日作为好社会的适当艺术。正如节日是享有特权的(privileged)自然状态的政治等价物,它也是公正政治秩序的戏剧等价物。节日允许公共精神表达自己。然而它无法赋予政治社会一种公共精神,政治社会的法律和道德也无法体现这种公共精神。节日只能进一步确定存有公民精神的公民权;节日无法制造公民(《关于波兰政体的思考》,III,页955,页962以下)。

三

卢梭对科学的讨论主要涉及的是哲学与哲人,简言之,涉及的是智识人和学问家。总的来说,相比他对待文艺与艺术家,他调整

---

① 　萨德侯爵(Marquis de Sade)在狱中时要求抄录卢梭的《忏悔录》,遭到监狱当权者拒绝。据说萨德侯爵告诉他们:"对像你们自己这样的极度顽固分子,卢梭可能是一个危险的写作者,但……对我来说,他是一个完美的作家。让-雅克是为我准备的,而《效法基督》(*Imitation of Jesus Christ*)是为你们准备的。"参见 R. Barthes, *Sade, Fourier, Loyola*, Paris, 1971, p. 185。

了他对这些问题的态度。从政治背景来看,文艺与科学的主要差别在于,文艺本质上是公共的,而哲学、科学与学问更局限在其直接诉求中。它们无疑比文艺更少依赖公众的掌声。

的确,区分这两类人是有意义的:一类人追求哲学、科学或学问,主要是为了获得赞赏及随之带来的声誉,还有一类人为自己而追求哲学。如果有什么意义的话,对文艺作这样一种区分却没多大意义(《〈纳喀索斯或自恋者〉序言》,II,页 967 以下)。文艺与科学这一根本差异,引导了卢梭对它们的批评以及他的改革方案。他需要更为大众化的文艺,同时,他也需要一个全然不那么大众化的科学观。

相比文艺,卢梭在谈论哲学和哲人时,给予了更严厉的批评与更慷慨的赞扬。他赞许地引述苏格拉底与蒙田。他认为培根"可能是最伟大的哲人",并把培根、笛卡尔和牛顿称作"人类的导师"。他劝诫君主,在公共事务的管理上要争取这些人的帮助。尽管仅仅在前几页,他对笛卡尔与牛顿的物理学的价值表示质疑。他以不虔敬的罪名控告留基波斯(Leucippus)和狄阿戈拉斯(Diagoras),并呼吁人们抵制霍布斯和斯宾诺莎的"危险梦想"(《论科学和文艺》,III,页 13,注释 9,注释 11,注释 24,页 29,页 18,页 27 以下)。

如前所述,为了使这些判断协调一致,必须从卢梭所能达到的最佳视角来进行考量:一个共和国公民,他什么都不知道,却仍然因此尊重他自己,并以美德之名反对虚假知识;一个不受自己社会和时代的偏见所限的人,他的抱负就是超逾他的时代而活(《论科学和文艺》,III,页 3,注释 17)。也就是说,卢梭采取一位公民哲人(citizen-philosopher 或 civil philosopher)的立场。那类卢梭赞同他们观点的哲人,苏格拉底和蒙田,与卢梭持有相似的立场。他们调和了无知之知与这一准则:一个人应当遵守自己国家的法律和道德。①

---

① 色诺芬,《回忆苏格拉底》1.2.64;比较 frg. *Sur la révélation*,IV,页 1053;《蒙田随笔集》,II,页 12;笛卡尔,《谈谈方法》(*Discourse on Method*),III,关于"临时道德"("provisional" morality)的第一箴言。

　　一方面需求正义而稳固的政治秩序，另一方面需求真实、综合和明晰，或是介于对美德或公正的需求与对知识的需求之间。尽管他们非常清楚这两者之间的张力，他们的行为和教诲还是符合公民身份的要求。然而作为公民，他们达不到要求。与卡图(Cato)或西塞罗相比，他们从本质上看来仍是避世之人(private persons；《论政治经济学》，III，页 255；《论英雄最为必须的美德》，II，页 1263；《论科学和文艺》，III，注释 9；比较《爱弥儿》[IV]）。

　　诚然，哲学缓解了个人对与之共同生活者的依附(attachment)。哲人倾向于舍弃自己的共同体，去追求由志同道合的探究者组成的更分散且更普遍的共同体(《论人类不平等的起源和基础》，III，页 156，页 133，页 213；《致爱邦者书》[à philopolis]，III，页 234)。[哲学]探究成为目的本身和快乐本身，就其本身而言，也分散了人们对有用之事或必需之事的注意力。"沉思生活使人厌弃行动"(《对话录》[I]，页 822；《〈纳喀索斯或自恋者〉序言》，II，页 967)。哲学培养了世界公民论(cosmopolitanism)。

　　与苏格拉底、蒙田或西塞罗相比，留基波斯、霍布斯、斯宾诺莎(还有培根)、笛卡尔和牛顿似乎使其探究超越了日常经验与论述的限制。他们接近休谟所谓的"精确而深奥"的哲人。他们是自然哲人而非公民哲人。现在，卢梭为了赞扬那些他称为"人类的导师"的人，他说，要成为导师，他们就不再是他们自己；他们的成就仅仅归功于自身的天赋和努力；就其洞察和发现来说，他们并不依赖对科学探究的公众支持，或是有利的意见氛围。

　　然而，在这个问题上谈到上述哲人，也应尽可能公正地谈论德谟克利特的老师留基波斯，以及霍布斯或斯宾诺莎。那么，区分人类的导师关键因素似乎是，即便他们至少有一些探究可能导向与日常经验极其不符的结论，他们也远离了日常的关切。他们的研究与结论似乎并不直接关系到人们的道德、政治意见或行为。无论是好还是不好，他们对道德没有直接影响。

然而，同所有哲人一样，为了从事探究，他们必须享有闲暇。因此，他们不可能积极参与公共事业。就这点而论，再次同所有哲人一样，从公民的视角来看，他们是无用的；因而是有害的。因为公民不承认闲暇（leisure）与闲散（idleness）的差异：

> 正如在道德方面一样，在政治方面，一点好事不做，就是一桩大恶，因此，凡无用的公民也许可以被视为一个有害的人。（《论科学和文艺》，III，页18）

因此，一个秩序良好的社会，不会奖赏即便伟大的消极之人，他们进行的探究，离人们的实际问题与事务很远。但只有秩序混乱的社会才会忽视他们。作为目光远大之人，他们免于获取认同或利益的粗俗欲望；但面对荣誉他们不会无动于衷。一个秩序良好的社会，懂得如何号召他们为人民谋幸福，从而吸引他们对配得上的荣誉的渴望。

可能令人惊讶的是，卢梭为国王物色的谋士，是那些主要致力于物理学和形而上学的哲人。而那些将这些学说与道德政治研究结合起来，甚至费苦心去教导政治家的哲人，例如，霍布斯和斯宾诺莎，卢梭却并未从中物色。相比笛卡尔和牛顿，这些人似乎与苏格拉底和蒙田有更多共同点。但卢梭对他们的评价似乎出于不同的考虑。

从公民视角来看，人类导师的深奥研究可能是无用的，因为这些研究远离了影响社会幸福之物；然而，正是因为这个原因，它们又相对无害，人类导师的探究与日常关切的对象相去甚远，使得道德、意见、习俗领域，简言之政治领域，相对未受扰乱。这是他们与公民哲人的接触点，尽管可能出于不同原因，公民哲人也从未设法改变政治领域的品质（character）。相反，像霍布斯和斯宾诺莎这样的人,通过在公民社会的管理中为哲人分配一个中心角色,设法作出改变。他们试图将公民社会置于一个严格符合理性的基础上。

然而,社会不能依靠理性或洞察力(《社会契约论》[II.7],III,页383),归根结底,不是因为美德与知识不相容,而是因为只有极少数人才被赋予了结合它们的能力。像苏格拉底这样的人,可以单凭理性实现美德,是罕见的例外(《论人类不平等的起源和基础》,III,页156)。美德、灵魂的热忱(fiber)和生气能让人放下私利,服从对公共善的考虑。大多数人获得美德、灵魂的热忱和生气,是通过教育成为一个好公民社会的好公民,成为一个爱国者(《日内瓦手稿》,III,页286以下,页328以下;比较《爱弥儿》[V],IV,页858—860)。

当然,卢梭清楚意识到,有关公共启蒙的争论可能基于对公共善的考虑。公民美德这一要求被认为过于限制对舒适生活或个人自由的渴望,因而无法充当一个公正而稳固的公民秩序的现实基础。这样的反思可能促使卢梭寻找这样的方式:通过结构和制度的设计,引导人们使利己行为变得对公众无害甚至有益的结果,从而降低或完全消除公民美德的严格要求。这种争论的模式是用经济考虑取代政治考虑的最终的成功尝试:

> 古代政治家不厌其烦地讲道德风尚和美德,我们的政治家只讲生意和赚钱。

更有甚者,

> 这个政治家会对你说,一个男人在某个国家的价钱恰等于其在阿尔及尔(Algiers)卖出的身价;另一个政治家照这个估计发现,在某个国家里一个男人一钱不值,在另外一些国

度,则竟至于比一钱不值还不值。(《论科学和文艺》,III,页
19 以下)①

　　卢梭告诉人们,个人的恶增进公共美德,只会鼓励个人的恶;
"一旦人们不惜任何代价只求发财致富,美德会变成什么样子呢?"
他声明,不必理会公共利益,因为公利与私利之间并未发生冲突。
这一声明对那些受法律偏爱的人有利,即对富人有利(《社会契约
论》[I. 9],III,注释 367,《爱弥儿》[IV],IV,注释 524;比较《论爱
尔维修》[*on Helvétius*],IV,页 1130;《论人类不平等的起源和基
础》[注释 IX],III,页 202—208)。

　　卢梭补充说,如果发生冲突,或冲突已经发生时,公利应享有
优先权。这个补充根本没用,因为到那时人们的习性已然形塑,他
们从来没有练习过这方面的想法,即便他们认识到什么应该做,也
可能因意志太过薄弱,无法根据自己的判断行事(《日内瓦手稿》,
III,页 284 以下)。用启蒙了的私利计算替代爱国主义,这种政治
理性化的尝试只会成功消除对人们情感的所有限制,尤其会让权
贵和富人自由且肆无忌惮地去追逐他们的私利。最严格的民主制
中唯一的选择是最残酷的霍布斯主义(《致米拉波书》[*à Mira-
beau*],Vaughan II,页 161;比较《论战争状态》[*Guerre*],III,页
511)。

　　并非偶然的是,留基波斯、霍布斯和斯宾诺莎是——或被普遍
认为是——唯物主义者和无神论者。卢梭坚持将哲学与无神论等

---

　　①　比较孟德斯鸠,《论法的精神》,III,页 3;XXIII,页 17。霍布斯,《利维坦》,第十
章:"人的价值或身价正像所有其他东西的价值一样就是他的价格;也就是使用他的力
量时,将付与他多少。因之,身价便不是绝对的,而要取决于旁人的需要与评价……对
人来说,也和对其他事物一样,决定行市价格的不是卖者而是买者。即使让一个人(像
许多人所做的那样),尽量把自己的身价抬高,但他们真正的价值却不能超过旁人的估
价。"比较 B. Constant, *Conquête et usurpation*, II, p. 6。

同起来。他没有将这个判断局限在同时代的哲人,而是包含自毕达哥拉斯至我们自己时代的整个传统。① 现在,卢梭认为无神论与稳固的政治秩序、与公民美德不相容(《论人类不平等的起源和基础》,III,页186;《社会契约论》[II. 7],III,页383,[IV. 8,]III,467以下;《致达朗贝尔论剧院的信》,注释201)。因为人们并不受理性,而是受意见、愉悦和情感所支配。期望奖赏和惩罚对他们的支配,也远远凌驾于他们有关善的知识。对宗教信仰的背弃,剥夺了一种无知之希望的正义和不幸,也消除了对权力与特权的有益遏制。

　　哲人啊,你的道德律令是完美的,但请你们向我展示它们的约束力。(《爱弥儿》[IV],IV,注释635;参看《对话录》[I],页968—972)

宗教信仰为道德律令提供必不可少的支撑,同时在上帝和正义的名义下,狂热者的狂热也将引起过度狂热。然而卢梭坚持,从整体来看,真实而热烈的信仰,比所谓哲学精神所培育的那种审慎和利己主义更可取(《致达朗贝尔论剧院的信》,页135,页137)。出于对善的信仰带来的过度,总好过对善漠不关心的适度(《社会契约论》[III. 9],III,注释420)。然而,在对宗教的政治捍卫中,例如,在关于公民宗教的教诲中,卢梭竭尽全力去缓和过去称为"热衷"(enthusiasm)之物的最糟糕面貌。公民宗教当然不是基督教。

---

　　① 《论科学和文艺》,III,页3,页9;《几点评析》,III,页44,页48([中译注]全名为《答波兰国王兼洛林公爵对〈论科学和文艺〉的驳难》("Oberservations sur une réfutation du Discours pur le roi de Pologne");《爱弥儿》(Sav. Vic),IV,页643;《致伏尔泰》(à Voltaire),IV,页634;《致弗兰克瑞斯书》(à Francquières),IV,页1135,页1137,页1138;论无神论的哲学神秘主义:《几点评析》,III,注释46;《对话录,或卢梭评判让-雅克》,I,页695;《一个孤独漫步者的梦》(Rêveries(3),I,页1022)。

正好相反。

卢梭对哲学的批评在至关重要的方面与他对基督教的批评重合。两者都是普遍的;两者都促使人们超离对此在世界的关注。"真正的基督徒被迫成为奴隶"(《社会契约论》[IV. 8],IV,页467),因为基督徒的忠诚是要去另一个世界。但是,相比基督教,哲学似乎与公民身份的要求不那么背离。原因在于,哲学引人超离,基督教却分裂了人们的忠心(《论人类不平等的起源和基础》,III,页119;《社会契约论》[IV. 8],III,页463)。

卢梭并未批评霍布斯、斯宾诺莎或其他人的"危险幻想",他时不时把其他人加进霍布斯们的清单(例如,《〈纳喀索斯或自恋者〉序言》,I,页965)。他们最终可能是错的(相反卢梭认为那些他称为人类导师的人是正确的),并非因为他们不道德或缺乏公民精神,而是因为他们的学说必然会被误用,因而必然损害一个自由、公正或者至少正派的政治秩序的前程。

[原注] 霍布斯是"有史以来最好的天才之一"(《论战争状态》,III,页611);霍布斯"正确地看出现代关于自然权利所作的种种解释的缺点",即自然权利不能基于理性(《论人类不平等的起源和基础》,III,页153,页124以下)。在所有基督教作家中,唯有霍布斯看到有必要"重新联合鹰的双头",即让教会权威从属于政治权威;因此"他的政治理论之为人憎恶,并不是因为其虚假可怕的部分,而是因了其中公正而正确的部分"(《社会契约论》[IV. 8],III,页463)。

然而,霍布斯没有看到,"阻止野蛮人使用他们理性的原因……恰恰也是阻止野蛮人滥用自己其能力的原因"(《论人类不平等的起源和基础》,III,页611),由此而产生的学说涉及理智与情感的关系,正中专制与一个被动服从的公民的下怀(《日内瓦手稿》,III,页154)。关于斯宾诺莎,尤其要比较《致博蒙书》,IV,页931。注意卢梭在这个语境下对马基雅维利的《君主论》的称赞,称它为"共和政体之书"(《社会契约论》[III. 6],III,页409;比较斯宾诺莎,《神学政治论》,V,页7)。据我所知,卢梭经常提到马基雅维利,总是持赞成态度。

　　显然，倘若人类的导师们被召唤加入国王的议事会，卢梭所期望的人类导师的政治，应由这样一种清晰认识所引导，即必须认识到科学的要求与公民社会的要求之间的差异。人类导师的政治，断然不是从物理学或形而上学"推论"或衍生出来的政治。他们并不作为哲人，而应成为统治者或公民；更确切地说，可以默许他们的哲人身份，前提是他们要对公民身份的要求足够留心。只有他们这样做，拥有他们才是政治共同体的有利条件。可以说，借由在谋求公利上承担很大一部分责任，他们要为谋求私利的特权付出代价（比较柏拉图，《王制》591d—521b）。

　　因此，卢梭对哲学的批评，并非批评这种或那种学说，而是批评有关哲学或科学在公共领域中的地位的构想，这一构想通常与启蒙相关联。哲人是否是唯物主义者、无神论者或世界主义者，这无关紧要。最重要的是，一旦这些观点传播开来，或更普遍地说，一旦哲学或科学已享有广泛的公众信任，公众会相信什么、做什么。

　　人类的导师不需要导师，这些极少数人仅凭自己的理性就能获得美德，或在获得知识时就能保持美德，他们不能成为我们的榜样。因为绝大多数人不会无私地追求知识，他们的道德是一种无意识的习惯。在大多数方面我们无法进行独立判断，我们相信什么、做什么，受社会意见所引导：

　　　　意见由意见而非理性传播，一个人屈服于他人的推理（reasoning）极为罕见，但他会受偏见、权威、感情和懒惰支配；他很少、可能从未通过自己的判断行事。（《致弗兰克瑞斯》[à Francquières]，IV，页 1134；比较《致达朗贝尔论剧院的信》，页 176）

理性是一种情感的造物(creature),对绝大多数人而言,理性只会激化情感(《论人类不平等的起源和基础》,III,页143)。我们通常理解的知识或哲学是他们的工具,而非他们的规则。恶人从中获得的好处远超好人(《日内瓦人卢梭的最后答复》,III,页73)。的确,大多数宣称献身知识的人,一旦发现自己处在一个没有荣誉且没有用处的环境中,他们就会失去追求知识的所有兴趣。正是因为哲学主要是虚荣的手段和原因,因此,哲学导致对公共关切的超离,削弱同胞感(fellow feeling),钝化勇气,并带来对美德与恶德同样冷漠。倘若哲学存在于辩难和论证中,整个社会的哲学精神只会培育或奖赏论证的精巧,而非好的行为(《论科学和文艺》,III,页12以下,页24—25,30;《日内瓦人卢梭的最后答复》,III,页73,83;比较《道德书简》[*Lettres morales*][2],IV,页1090)。

若哲学被认为存在于对被普遍接受之物的挑战和质疑中,那么,哲学精神使人们想要去证明的是,他们未受普遍信念所蒙骗,只不过是要去努力发现这个情形(the case)是什么。

> 出于同样的理由,今天所造就的自由思想者[大胆精神]和哲人,若在同盟时期兴许不过是狂热分子……
> 这倒不见得是他们从心底里仇恨美德或者我们的信条;毋宁说,他们与之为敌的是公共意见,要想使他们回到神坛脚下,只需打发他们到无神论者们中间就够啦。(《论科学和文艺》,III,页3,页19;比较《爱弥儿》IV,页569)

更普遍地说,哲学精神会导向对所有无法解释之物的否定,因而不免产生教条主义(《爱弥儿》IV,注释59;《新爱洛绮丝》[V.3],II,页565)。以下观念可能遭到非议:知识不断进步,今天的真理是明天的谬误,或至少会被明天的真理取代,对事实的认知会阻止人们毫无保留地拥抱任何真理的断言。的确,公共启蒙最伟大的功绩在于，它抵制了教条主义永远存在的威胁。但至少这些问题仍悬而未决：经验是否可以证实这些乐观的断言，即便它可以，从长远看，对我们的道德和政治生活的基础持普遍且广泛的怀疑论，是否与一个稳固、公正且自由的社会相容？

不管怎样，卢梭否认了这两方面的论点。卢梭并不认为，人们学到的知识越多，就会越强烈地意识到自己的无知，因而也会越适度地提出对知识的断言。这只有在极少数个体身上例外（《论科学和文艺》，III，页 18；《日内瓦人卢梭的几点评析》，III，页 41 以下）。一旦道德败坏，自由丧失，它们将无法恢复。

对进步的信念而言，它没有考虑到人们的能力相对有限而且是不变的，也没有考虑到，有得必有失，因此，我们所谓的进步只是用新的偏见替代了旧的偏见（《致米拉波书》，Vaughan，III，页 159，《爱弥儿》[IV]，IV，页 676）。总之，公众启蒙导致的教条主义，远比未启蒙的意见或偏见的教条主义更顽固，正是因为它宣称知识或科学的权威；[①] 它不会带来公众的无知之知。因为"民众中的怀疑与真正哲人中的确信（categorical），两者同样罕见"（《论英雄最为必须的美德》，II，页 1265）。

无知优于知识的教化（cultivation），因为教化可能会比真理带来更多的错误——"无疑，研究院中的错误，比整个休伦族中的错误还要多"（《爱弥儿》[III]，V，页 483）——这些错误可能比有用的真理更有害。

当然，卢梭所说的无知并非一种完全的白板（tabula rasa）。虽然卢梭偶尔夸张地赞扬无知，但也并非在谈论一种只会在原始人中出现的状况。无知是所有民族在开端时的状况，斯巴达从始至终都保留着这种无知，以及彼得大帝（Peter the Great）统治前

---

① 比较 S. Avineri, *The Social and Thought of Karl Marx*, New York, 1968, p. 251。

后的俄罗斯,卢梭生长的日内瓦,乃至波兰,科西嘉岛(Corsica)等等。这也就是这样一些民族的状况——在这些民族里,哲学或科学(如果其被追求的话),仅仅被个体在私下追求,并非一种必要因素(在这类民族中,这些因素被认为对一个公民的恰当教育是必要的),就这点而言,它们也不会受公众意见特别褒奖。无知与美德相容,但一切有学问的民族都是败坏的(《论科学和文艺》,III,页16;《日内瓦人卢梭的几点评析》,III,注释54;《日内瓦人卢梭致格瑞姆先生书》,III,页62;《日内瓦人卢梭的最后答复》,III,页74—76,页89)。

卢梭认识到,试图证实这些极普遍的命题总是困难重重。但是,若回避这种尝试,拒绝设法对一个民族(a people)的道德作出公正判断,也会把我们置于荒谬的境地。这一境地就是,我们将无法对不同的政制和生活方式作出任何政治上的重要结论。

> 要想了解人们,就必须观察周围的人;但要了解人类,就必须学会将目光放得更长远。(《论语言的起源》[VIII],页89;参看《日内瓦人卢梭的几点评析》,III,页212—214)

有些人反对去比较不同的人民。为摆脱这些反对意见,只要可能,卢梭更倾向于在特定民族的历史中比较早期和晚期:在特洛伊获胜却被菲利普和亚历山大征服的希腊人,梭伦治下和伯里克勒斯治下的雅典,共和制和帝制下的罗马(《论科学和文艺》,III,页10;《日内瓦人卢梭的最后答复》,III,页76)。

此外,卢梭认为,道德败坏总是与文艺和科学的进步携手同行。对这个问题,卢梭始终谨慎地区分了民族与个体(《致博蒙书》,IV,页967)。他的论题是,从长远来看,没有任何民族曾成功地把好道德与文艺和科学的教养结合起来。这并非坚持,民族或个人身上的无知是美德的保证(《日内瓦人卢梭的几点评析》,III,

页 54;《日内瓦人卢梭的最后答复》,III,页 79 以下），也没有否认，总会有一些既有学问或有教养又有道德的个体（《论科学和文艺》,III,页 29;《日内瓦人卢梭的几点评析》,III,页 39,52 以下,页 55;《日内瓦人卢梭致格瑞姆先生书》,III,页 60 以下;《日内瓦人卢梭的最后答复》,III,页 72 以下;《〈纳喀索斯或自恋者〉序言》,II,页 970 以下）。

若不同意一个民族的道德(the morals of a people)与个体道德之间的区分,实际上,卢梭的论题会因获研究院的奖而受到驳斥。事实上连卢梭也显然有几分吃惊,甚至可能因获奖感到些许苦恼（《论科学和文艺》,III,页 3）。有人指控卢梭运用很多学问和文艺去攻击学问和文艺。无论何时卢梭不得不回应这些指控时,这种区分就开始起作用（《日内瓦人卢梭的几点评析》,III,页 38 以下,《〈纳喀索斯或自恋者〉序言》,II,页 972—974）。再次,卢梭诉诸于这种区分,当他坚持,无论多少有学问和有教养的人对他的论点提出异议,都无关紧要,因为他们是争论中的相关方（《日内瓦人卢梭致格瑞姆先生书》,III,页 61）。

另一方面,那些赞同他的人,以及那些像他一样结合了对知识和对文艺之爱的人（《致达朗贝尔论剧院的信》,229 以下,注释）,带有这样一种意识,即知识和文艺会危害道德,因此还有这样一些人他们准备捍卫道德免受那些看似他们私利之物的侵害;换言之,那些能够不受社会权威意见或偏见奴役的人,用他们的智慧和文艺服务于公共利益。这些人才是"真正的"哲人、学者和艺术家（《论科学和文艺》,III,页 5;《日内瓦人卢梭的几点评析》,III,页 39;《论人类不平等的起源和基础》[注释 X],III,页 212 以下）。

四

对文艺与科学的政治批评,不过是更全面研究的必然结果

（《致博德斯第二封信的前言》，III，页106）。卢梭始终把人的自然
善（natural goodness）的学说视为他最重要的一个教诲。这种学
说认为，人天生倾向于尽可能少伤害他人而对自己有利（《论人类
不平等的起源和基础》，III，页156），因此，大多数恶（即便不是人
们相互施加的所有恶）都产生于一种可补救的政治安排。

要想证实这种有关人的自然善的观点，并阐述其在种族或每
个个体发展中的变迁（vicissitudes），卢梭宣称这是他作品的主体。
卢梭试图确定公民社会在根本上成问题的特征，以及实现自由而
公正的公民社会所需的条件。换言之，他试图在他所理解的自然
权利与政治权利之间、或在人与公民之间建立一种关系。这一论
题最为简明扼要地标示出公民社会从根本上成问题的特征，即它
是习俗性的（conventional），在或多或少的程度上，它建立在不可
化约的任意或非自然的基础上。一个结合了自由与正义的公民社
会的习俗基础尤其不稳定，因为自由和正义需要平等，而公民社会
中人的平等与他们无法减少的天性不平等相悖（《社会契约论》
[II. 11]，III，页391；[I. 9,] III，页367；《论人类不平等的起源和基
础》，III，页131）。

人们为满足自己的需要而相互依赖。在这种状况下，一些人
借助天生的优势获取支配权，这也增加了其他人的依赖。公民社
会的职能即纠正这种不平衡。在公民社会状态下，要是自然不平
等被允许以它的任何形式获得权威，这种权威不是因对公共利益
的贡献而由所有人自由地授予，结果就是自然状态的最坏特征与
公民社会的最坏特征相结合。

在公民社会状态下，心灵或身体力量的优势将很快成为权力、
特权和财富的优势。这帮助一些人通过牺牲其他人的利益而获
利。因此，对平等的破坏导致自由与正义的毁灭（《论人类不平等
的起源和基础》，III，页174—176，页186—190，页193以下；比较
《论科学和文艺》，III，页25；《日内瓦人卢梭的几点评析》，III，49

以下）。法律无法单独通过坚持自己的主张来约束自然的不平等。法律尤其无法控制天资、财富和权力的结盟。在文艺和科学的繁荣文化中，这种结盟表现得极其诱人。

尽管法律很大程度上能影响道德，但惟有意见可以支撑道德。只有合理意见和好道德而非法律，造就准确的洞察力。这种洞察使得公民主体只能根据同胞对公共利益的贡献，相应地给予他们以奖赏。这即是说，总是根据分配正义的原则做出判断，才能形成一个公正而自由的政治社会。

《论科学和文艺》及其子嗣

——卢梭对批评的回应

沃克勒（Robert Wokler）　撰

卢梭在《忏悔录》中谈到，他对自己在《论科学和文艺》中的灵感震惊不已。1749 年 10 月，卢梭在《法兰西信使》上看到这个征文题目，令他燃起热情。"一看到这个题目，我顿时就看到了另一个宇宙，自己变成了另一个人"，他在《忏悔录》中回忆道（*OC*，卷一，页 351）。

卢梭屏息停在一棵树前，为一种炽烈的异象（vision）激动得近乎发狂。这种想象关系到社会秩序中人性的自然之善与邪恶的矛盾，在卢梭头脑中激发了他最重要著作中的大部分主要思想，尽管他重新捕获的不过是其微弱的影子或半影：

> 如果从来没有什么东西与一种骤然的灵感相似，那么正是这次阅读活动对我来说才真正适宜（地感受到了它）：瞬间，我感受到了万般光亮耀眼的精神……我感到我的头忽然从沉醉中被震醒……如果我从来没能写出在树下我的所见所感（四分之一），我清楚明晰地看到的所有社会系统的冲突、看到的我们（政治）机构权利的滥用的强力、我所展现的人类自然之善的淳朴，以及只有通过政治机构人类才会变恶。（*CC*，卷十，页 26）

毋庸置疑,《论科学和文艺》成为这种想象最直接的表达。值得注意的是,卢梭认为,《论科学和文艺》可能是他所有主要著作中最糟糕的作品。这个文本出版于 1751 年,①从此卢梭开启他的文学生涯。但他接受了次年一位批评家的看法,即它可能"很糟糕"(mal fait)(《致勒卡书》[Lettre à Lecat],OC,卷三,页 98)。

卢梭后来痛惜,《论科学和文艺》既无次序,也无逻辑,甚至没有结构。尽管它言辞热烈、气势恢弘,但卢梭坚持,

> 在出自我的手笔的一切作品之中,要数它最弱于推理,最缺乏匀称与谐和。(《忏悔录》,OC,卷一,页 352)

1763 年,卢梭为《论科学和文艺》增补了前言,表达了同样的观点(OC,卷三,页 1237)。甚至有一些证据表明,在卢梭最初的序言中,他已经准备提醒读者,这篇作品明显缺乏文才(talent),他评论说:

> 人们很容易就会发现,[这部作品]在修辞方面操习极不成熟的作者的文笔。②

我发现很难同意卢梭自己对这个文本的评价。它展现出来的修辞富有生气(flourishes),也许配得上这个奖。但在我看来,它似乎不那么优美、不那么连贯、不那么深刻——尽管议题令人激动——也不大可能是他所有著名作品的原型。

---

① 根据一些新证据以及对一些常见资料的重新辨析,Leigh 断定,卢梭的《论科学和文艺》大约发表于 1751 年 1 月 8 日左右(见 CC,卷二,页 135—136,以及页 140)。许多学者之前认定,这个文本发表于 1750 年 11 月底。

② "Rousseau entre Socrate et Caton", Textes inédits de Rousseau 1750—1753, Claude Pichois and René Pintard ed. , Paris, 1972, p. 30.

当然，我们已经足够熟悉《论科学和文艺》的中心论题。卢梭断言，文明是人类不幸的根源，随着文艺与科学的不断完善，我们的道德也走向败坏（OC，卷三，页9）。在我们获得文明人的技能和品质前，或在我们的行为由文艺和诡计来塑造前，"我们的道德风尚质朴而自然"（OC，卷三，页8）。

然而，随着启蒙的诞生与传播，因为智辩的趣味与风俗的迫切需要，我们原初的纯洁逐渐消失。"文雅的欺骗性的同一副面孔"，"礼节"（la bienséance），"我们虚伪的纤巧"，以及时尚的"所有这些无聊装饰"（tous ces vils ornemens），直到原初美德在我们的生活中被一种同样恒久的力量所替代，而这种力量掌控着潮流的涨落（OC，卷三，页8，页10，页21）。

我们为失落了最早时期的质朴与快乐的单纯感到痛惜，卢梭接着说，当我们种族的祖先共同生活在茅屋中时，他们希望的无非是诸神见证他们的行动和行为。起初世界唯一的装饰——像海岸线的轮廓——来自自然的鬼斧神工。当人们变得邪恶起来，他们的诸神被放逐到宏伟的神庙，目的是让诸神再也没那么容易窥探他们（OC，卷三，页22）。

因此，正是最少受文艺与科学的进步所污染的文明，以及最少受累于文化与学问之矫饰的文明，被证明是最强大且最健康的文明。因为文艺与科学无法激发个体身上的勇敢和爱国精神；相反，我们对国家的献身、我们保护国家免受侵犯的力量，被文艺与科学耗竭了。譬如，中国人的绝妙发明，却无法保证他们从粗野又无知的鞑靼人中解脱。知识仅为他们博学、专业的贤人所拥有吗？那么，它对中国人又有何用？另一方面，波斯人传授美德犹如我们这里教授科学，他们征服亚洲轻而易举，而日耳曼和斯基泰民族的伟大就坚固地建立在其居民的"质朴、单纯和种种美德"上（OC，卷三，页11）。

最重要的是，与雅典的历史相比，斯巴达的历史表明，这个共同体的男女多么抗拒和抵制僭政的恶。他们的头脑从未被文化的虚假纪念碑所污染（*OC*，卷三，页 12—13）。苏格拉底，这位雅典最智慧的人，提醒他的同胞们警惕自负带来的危险后果，甚至向他们宣称无知的价值（*OC*，卷三，页 13）。在罗马，大卡图（Cato）以苏格拉底为榜样，痛斥文艺与炫耀充满恶意的诱人愉悦，削弱自己同胞的活力和勇敢。但他的告诫也被置若罔闻。学问以一种完全虚浮的形式再次盛行起来，损害军事训练、农业生产及政治上的警惕（*OC*，卷三，页 14）。①

罗马共和国本是美德的殿堂，很快堕落成罪恶舞台。这个世界首都慢慢地、却又不可避免地屈服在它曾加给野蛮人的羁轭之下（*OC*，卷三，页 10）。埃及、希腊、君士坦丁堡，这些古老帝国坍塌，与罗马共和国的衰亡具有大致相同的模式。的确，在科学与文艺进步的重压之下，所有伟大的文明必然走向衰落，这是一条普遍规律（*OC*，卷三，页 10—11）。

然而，在《论科学和文艺》中，卢梭并未真正阐释这些变化事实上是如何发生的；对于为何科学与文艺应该为人们道德的堕落全面负责，他也未作出任何明确的解释。卢梭的读者可以从文本中合理推断出的事实就是，卢梭假定，文化的进步总是与美德的堕落结合在一起。他认为，科学往往诞生于"闲暇"（*OC*，卷三，页 18）。每种特殊的科学又源于由懒惰和贪图安逸引起的恶，譬如，天文学诞生于迷信，几何学诞生于贪婪，物理学诞生于虚荣的好奇心。此外，处处滋养文艺的奢侈，"出自人的闲暇和虚妄"（*OC*，卷三，页 17，页 19）。

实际上，奢侈似乎是这场争论中最重要的概念之一。因为卢梭坚持，奢侈很少不伴随科学与文艺而行，而科学与文艺的发展则

----

① 18 世纪 50 年代早期，卢梭多次制定了"苏格拉底与大卡图之别"的写作计划（见 Pichois and Pintard，页 78—112）。

绝离不开奢侈(同上)。① 因而,道德风尚的解体是奢侈的必然后果(*OC*,卷三,页 21),反过来,奢侈本质上是虚荣的产物。腐化和奴役是所有人类文明历史中的显著特征。只要我们所做的自大的努力让我们脱离了幸福的无知状态,腐化和奴役就会成为惩罚的证据。快乐的无知是我们命定——也曾是我们祈恩——永久保持的状态(*OC*,卷三,页 15)。

现在,在《论科学和文艺》中,显然有一些重要元素,预示了卢梭后来展开的构想,甚至具体段落的几个预测(anticipation)也出现在他稍后的作品中。

[原注]举两个例子,《论科学和文艺》中描绘的束缚文明人的"枷锁"(*OC*,卷三,页 7),在《论人类不平等的起源和基础》中被描绘成"大家都前去迎接的……相信可以保障自由"的"枷锁"(*OC*,卷三,页 177),而《社会契约论》再次老调重弹(*OC*,卷三,页 351):现在的人无往不在"枷锁之中"(dans les fers)。同样,卢梭在《论科学和文艺》中评述说,我们的政治家"只讲生意和赚钱"(*OC*,卷三,页 19),而古代政治家谈论的是风尚与美德,卢梭似乎在《论语言的起源》(ed. Charles Porset, second edition, Bordeaux, 1970, pp. 197—199)第 XX 章的指控中这样概括:现在的演说家只对厌烦的听众讲"交钱"(donnez de l'argent)。

此外,《论科学和文艺》包含了他的主题写作中随处可见的首要表述。在《论人类不平等的起源和基础》中,卢梭阐述了这一论点:人们在社会中变成奴隶,并放弃了"他们似乎与生俱来的原初自由……"(*OC*,卷三,页 7)。《论科学和文艺》也包含一份《论人类不平等的起源和基础》之核心假设的草图,这一主张即是,文明的所有陋习最终得归因于社会的不平等,这种不平等并非天生的,

---

① 对《论科学和文艺》中 la grande question du luxe[奢侈这个大问题]之来源的完整讨论,见 George Havens 的出色编本(New York, 1946/1966),页 191—192,注释110。稍后涉及这部作品之处,皆引自 Havens 本。

而是人为设定的。卢梭在他的获奖文中惊叹，

> 如果不是天资的差异和种种美德的堕落在人们中间引出
> 灾难性的不平等，所有这些乌七八糟的东西又是哪里来的呢？
> (*OC*，卷三，页 25)①

最重要的是，正是在《论科学和文艺》中，卢梭首次提出了这个普遍历史论题，其大意是，我们文化和社会的表面进步只会带来真正的道德堕落。在其余著作中，卢梭更加突出且更有技巧地阐述了这个论题，尤其是在《论人类不平等的起源和基础》、《论语言的起源》和《爱弥儿》中。

诚然，早在 1737 年写作 Chronologie universelle[普遍历史编年]时，卢梭就透露出他对人类世界历史的兴趣。在 1741 年的《致博德斯书》(*Epître à M. Bordes*)中，卢梭也让我们看到，原始世界比我们自己的世界更好，因为原始人的生活更简单也更自然。② 卢梭在其更成熟的著作中对这些思想碎片详加阐述，但是，这些思想碎片很难形成他稍后对历史和道德之思考的清晰轮廓。

卢梭写于 1750 年前的作品值得我们关注，很大程度上只是因为其作者后来创作了文学与哲学的杰作。然而，《论科学和文艺》就其本身而言无疑是一部重要作品，部分是因为它引起了广泛关

---

① 原稿中很有可能没有出现卢梭呈给第戎研究院的最后两段。在刊行本前言中(*OC*，卷三，页 3)，卢梭说，他留下了"两处很容易看得出来的增补"。然而，我们没有任何证据准确证实这篇作品哪些要素是后来增补的。一些学者指出明显可能的几处，我比较赞同 Francois Bouchardy 的看法(*OC*，卷三，页 1240)，他认为，这些评述是卢梭得奖后添加的，一个表面上的细微差别在于，它们的语气比其余部分更激进。

② 即"Chronologie universelle, ou Histoire générale des temps, depuis la création du monde jusques à présent"，"Pages inédites de Rousseau"，*Annales de la Société Jean-Jacques Rousseau*，ed. Théophile Dufour, vol. 1[1905])，pp. 213—220；亦见《致博德斯书》，*OC*，卷二，页 1131。

注,让卢梭成名,但更多是因为——尽管有许多错误和含混——它最早处理这个论题:我们的历史发展与道德败坏之间的联系。在此后的 10 年里,这个论题构成他最重要作品的主要论题,也构成他余生之哲学的核心元素。

当然,这并不是说,卢梭的所有主导思想在《论科学和文艺》中都形成了初步轮廓。更不是说,他在这个文本中提出的所有要点,在他接下来的作品中得到了更充分的阐述。相反,他稍后提出的社会理论,许多决定性特征完全没有出现在《论科学和文艺》中,他很快大幅修正甚至摒弃了他的诸多判断。我应当立即回到这些问题中去,但此刻我更愿意给出几个自己的理由,即我为何赞同卢梭对其作品相当严苛的评价。

首先,《论科学和文艺》的中心论题含糊不清,令人费解。实际上,它的论证似乎至少由三种截然不同的宣称构成。这三种宣称涉及自然与我们道德堕落的进程。第一,人类从原始时期的无知状态逐渐走向衰落;第二,文艺和科学不发达的民族在道德上优于智辩的(sophisticated)民族;第三,伟大的文明会在自身文化进步的重压之下走向衰败。

然而,这些论点并不容易达成一致。尤其是在这两者之间有明显的差异:在作品的第二部分,卢梭向原始人的生活模式致敬;在第一部分,他赞扬那些未受污染的文明。这个问题造成了所有更棘手的问题,乃因为这个事实:像许多启蒙思想家一样,卢梭也坚持,我们历史的普遍进程因复辟而中断(经历了中世纪几个世纪的野蛮与迷信),退回到一种比我们原初的无知更糟的状态,因此,"为了把人们带回到常识,必须来一场革命"(*OC*,卷三,页 6)。

我们很难看出,这种对"中世纪的野蛮"的描绘(认为是"比无知更糟糕的状态"),怎样才能与卢梭在《论科学和文艺》中描绘的"原始时期的简朴"图景协调一致(*OC*,卷三,页 22)。此外,在文本的任何一处地方,卢梭都未解释我们道德史的这些中断是如何发生的,也未解释那些似乎已处于败坏状态中的个体,为何仍能形成伟大的文明。

在论证的最后,卢梭甚至提出一个全新的论题,大意是,恰恰不是文艺与科学本身,而是常人对它们的滥用,才是我们不幸的真正来源。他以这样的评论结束他的作品:为人类才智之光荣建造纪念碑是伟大的科学家和艺术家的任务;他惊呼,我们这些常人,则命定待在蒙昧和平庸中(*OC*,卷三,页29—30)。①我发现自己实在难以理解为何卢梭会思考这种命题。这个命题适合于批评文艺与科学,保卫无知、淳朴和常人的美德。

或者,卢梭完全不清楚,他所相信的文化进步对我们的衰败实际上有何作用。他的论题似乎是,文艺和科学的进步要为道德的败坏负责,然而,如上所述,卢梭也认为,科学与文艺产生于“闲暇”、“虚妄”(la vanité)和“奢侈”。因此,文化的发展是我们败坏的原因吗,或者只是败坏的结果? 在这篇作品中,卢梭主要关心的是描述“文学与艺术带来的”恶(*OC*,卷三,页19),但对于“科学和文艺的诞生得归因于我们的恶行”这一同等的声明(*OC*,卷三,页17),他似乎无法完全下定决心。

也许,卢梭的论证犹豫不决的主要原因在于这样一个事实:它的大部分要素都借鉴了早期思想家。对此,我并不仅限于说,卢梭的论证在前人构想的理念里大受启发,尽管这毋庸置疑是事实。《论科学和文艺》吸纳了一大批现代和古典作家的观点,比如孟德斯鸠,再比如费纳隆(Fénelon)、蒙田、塞涅卡、柏拉图,其中最重要的是普鲁塔克。

[**原注**] 卢梭在《忏悔录》中回忆说(*OC*,I,页9),从童年时期起“普鲁塔克就成为他最心爱的作家”,并通篇提到了普鲁塔克《对比列传》(*Lives*)中的众

---

① 我完全赞同哈文思,他注意到(p. 248 n. 298),这种论证的结论“出人意表”,尽管“极讨他那些百科全书派友人们的喜欢”。

多故事。据哈文思说(页 63),实际上,关于《论科学和文艺》的所有论证(有一处例外),几乎都能在普鲁塔克那儿找到:"[卢梭]热爱祖国、勇气、德行、朴素与乡土气,憎恨奢华与不平等,热衷辛苦的田间劳作,推崇斯巴达英雄们的'军士品质'及老罗马之初的时代。譬如,在去往樊尚城堡途中,占据了恍然觉悟的让-雅克头脑的法布里基乌斯,就来自这部作为其童年亲密伙伴的老书。几乎《论科学和文艺》通篇均出于此。"然而,哈文思也标示出那处例外(见页 63—64),它意义重大,因为普鲁塔克通常赞扬文艺和科学及有学问的世界。①

卢梭仔细阅读了普鲁塔克的著作,关于自然相较技巧的优越性,或关于淳朴的价值、不平等的压迫,或文明的衰败,卢梭在他的文本中赞同并概括了普鲁塔克的这些评述。② 狄德罗随后评论说,

> 在卢梭之前,人们已无数次用称颂无知来反对科学和文艺的进步。③

若仍需要的话,这种对卢梭之原创性怀有敌意的质疑提供了更进一步的理由,即怀疑《论科学和文艺》的主题实际上是由狄德罗所

---

① 普鲁塔克对《论科学和文艺》的影响,见 Abraham Keller, "Plutarch and Rousseau's First *Discours*", *Publications of the Mordern Language Association of America*, Vol. LIV(1939), pp. 212—222。至于普鲁塔克对卢梭思想更为广泛的影响,尤见 Georges Pire, "Du bon Plutarque au Citoyen de Genève", *Revue de littérature comparée*, vol XXXII(1958), pp. 510—547;Denise Leduc-Fayette, *Rousseau et le mythe de l'antiquité*, Paris, 1974。

② 关于卢梭《论科学和文艺》的来源,较全面的解释是 Louis Delarulle 的"Les sources principales de Rousseau dans le premier discours à l'Académie de Dijon", *Revue d'Historie littéraire de la France*, vol. XIX(1912), pp. 245—271,尤其是哈文思的解释(见页 61—82)。

③ 见狄德罗,"Essai sur les règnes de Claude et de Néron", *Oeuvres complètes de Diderot*, ed. Jules Assézat and Maurice Tourneux(以下简称 Assézat-Tourneux), Paris 1875—1877, vol. III, p. 95。

设计。在此未留任何余地去考虑一项经狄德罗的支持者们诸多讨论的指控,这项指控的大意是,狄德罗劝说卢梭在其作品中采取相反的立场。卢梭最初打算认为,文艺与科学改善了我们的道德风尚。

毋庸赘言,狄德罗自己从未作此声明;显然是他的追慕者们编造了这个谎言。若干年后,狄德罗与卢梭交恶,为了败坏卢梭的名声,狄德罗对这个文本评价很低,说它充满"诡辩"(sophisms),如果他来写作这部作品,"完全会是另外的样子"。① 狄德罗承认,他的文章会在某些方面与卢梭非常相似,即"第戎的火花使其迸发"(同上,页286;参看《卢梭评判让-雅克》,OC,卷一,页829)。难以想象卢梭如何因一个想法而激情澎湃,却仅仅在几分钟后被说服,抛弃了最初的想法,并采纳了与之相反的观点。卢梭的主张在实质上与狄德罗的观点不一致,不仅在创作这篇论文之时,而且这种差异贯穿卢梭整个一生。

就这一点而言,狄德罗当然是正确的。然而,《论科学和文艺》明显缺少原创性,并不只是因为让-雅克转向许多其他思路相似的作品寻求指导,这些作品的影响在《论科学和文艺》中打上了印记,甚至也不是因为他这篇论文的学识明显是二手的(Second-hand)。例如,他对斯基泰人的解释,实际上来自贺拉斯,他对日耳曼人的描述来自塔西坨,对波斯人的画像来自孟德斯鸠,斯巴达和雅典的对比则来自若干个作家,其中波舒哀(Bossuet)和洛林(Rollin)可能最重要。②〔我们〕指出卢梭这个文本的非独创性特征,旨在让人注意这样一个事实:他真正的言词和重要概念所表达的东西,都

---

① Assézat-Tourneux, *Refutation de 'L'Homme'*, vol. II, 285.

② 关于贺拉斯笔下的斯基泰人的画像,卢梭在《论科学和文艺》中的题辞 Decipimur specie recti〔我们被表面上的正确欺骗〕就来源于此,见 Havens,页197,注释128;关于塔西坨对日耳曼人的论述,见 Havens,页197,注释129;至于孟德斯鸠论波斯人,见 Havens,页195,注释126,以及 OC,卷三,页1244;关于波舒哀和洛林论斯巴达和雅典,见 Havens,页200—201,以及 OC,卷三,页1245—1246。

借鉴了他的权威们(authorities)。

在《论科学和文艺》中,除了引文和注释有清晰的出处外,至少有一段未注明的情况,引自孟德斯鸠的《论法的精神》,①还有一处未注明的转录,来自波舒哀的《论普遍历史》。② 有数个段落来自普鲁塔克的《对比列传》,③有 15 处以上是从蒙田的《随笔集》(*Essais*)中摘录的,④其后几乎都未注明出处。此外,卢梭文本的最后一行,也是同时从普鲁塔克和孟德斯鸠那儿改编的。⑤

在《评卢梭的第一篇论文》中,卡偌(Dom Joseph Cajot)指责卢梭剽窃,总的来说过于苛责,在一些特定情况下也并不正确。⑥没有任何证据证实卡偌的这一断言(页 362):卢梭有一段内容完全是从"拉布吕耶尔那里一字不漏"(La Bruyère 'mot à mot')抄来的。也无法证实,卢梭是否如他所说,阅读了吉拉尔迪(Lilio Gregorio Giraldi)的系列作品,并引为权威,抄袭了他的作品。卡偌的文本大部分论述的是《论科学和文艺》与《蒙田随笔集》的相似

---

① 参看《论科学和文艺》,*OC*,卷三,页 19—20,以及《论法的精神》,XXIII, xvii,见 *Oeuvres complètes de Montesquieu*(ed. Andre Masson, Paris, 1950—1955, vol. I, ii),页 57。

② 这一段属于卢梭对埃及的评述(见 *OC*,卷三,页 10,页 1243,以及 Havens,页 189—90)。

③ 尤见 Havens,页 199,注释 135;页 201,注释 140;页 207,注释 160;页 209,注释 167;以及 *OC*,卷三,页 12,页 14,页 15,页 17,页 1246—1247。卢梭后来声称,他最先拟定法布里基乌斯的演说词(prosopopeia)(见 *OC*,卷三,页 14—15),很大程度上也是受普鲁塔克激发。在这个个案中,卢梭是受普鲁塔克的《皮鲁斯传》(Pyrrhus)的激发。

④ 尤见 Havens,页 65;页 187,注释 88;页 195,注释 126;页 199,注释 133;页 200,注释 136;页 202,注释 145;页 211,注释 175;页 216,注释 189;页 229,注释 232;页 230,注释 235;页 235,注释 250;以及 页 236,注释 255;以及 *OC*,卷三,页 9,页 11,页 12—14,页 18—19,页 22,页 24,页 1243—1246,页 1248,页 1251—1253。

⑤ 见 Havens,页 66 以及页 251,注释 309;以及 *OC*,卷三,页 30,页 1256。

⑥ Cajot 的 1765 年的"Observations touchant le [premier] Discours de Rousseau"写于 1765 年,以《卢梭论教育的抄袭》(*Plagiats de Rousseau sur l'Education*)为题首次出版(La Haye, Paris, 1766)。

之处,有些恰当,有些却不大恰当。不过,即便卢梭最严厉的批评家也可能发现,要接受卡佲的全部评价颇为困难(页356)。卡佲认为,卢梭是"一位嘴杂的人:文人共和国中十足的旧货贩卖者"。

然而,《论科学和文艺》只是卢梭的主要著作中可以坐实这些怀疑的其中一本,正是这个事实令人不安。尽管带有辩论语气和论证特征,《论科学和文艺》没有特别针对任何作品。让-雅克求助于这些[文献]来源,与其说是为了让自己的想法更有说服力,毋宁说是在其中找到了重述这些主张的方式。

就这一点而言,卢梭的《论科学和文艺》和《论人类不平等的起源和基础》之间差异不怎么显著。这可以衡量《论人类不平等的起源和基础》的才气:卢梭驳斥了几乎所有提到的主要人物的观点;同时,这也标志着《论科学和文艺》的平庸:它不过是反映了许多前辈已提出的、有时甚至是完全不同的观点。

一篇如此劣质的作品搅起轩然大波,这似乎有点奇怪。尤其是因为,它一方面攻击卢梭在启蒙运动者中的朋友,另一方面,启蒙运动之敌人中的批评家却赞同他的观点,把这篇论文看作"一篇炫耀论说"(un discours de parade),没有表达他真实而诚挚的信仰。① 而随着《论科学和文艺》的出版——这是他签上"一个日内瓦公民"的第一个文本——卢梭几乎立即成为那个时代的重要名人之一。

一定程度上,卢梭无疑要保持他在[征文]比赛期间甚至以后的匿名性,第一次发行的版本的署名并非卢梭的真名。在我看来,卢梭也采用"日内瓦公民"(citoyen de Genève)的措辞以证实他的共和国身份,可能很荒谬。在《致博德斯书》中(*OC*,卷二,页1130),卢梭惊呼:"我,自豪的共和国人,被傲慢而无礼的富人所伤

---

① 哈文思提出这一点令人钦佩,见 Havens, "Diderot and the Composition of Rousseau's first Discourse", *Romanic Review*, vol. XXX(1939), pp. 379—380。

害,我拒绝支持这种傲慢。"在他 1750 年 1 月 30 日写给伏尔泰的信中,署名也是"日内瓦公民",他再次提到自己是"热爱自由的共和主义者"(*CC*,卷二,页 124)。然而,利(Leigh)提出一个有趣的观点,卢梭在 1750 年已改信天主教,他清楚自己因此失去了日内瓦公民的身份。

十多年后,卢梭回忆说,他的《论人类不平等的起源和基础》和《爱弥儿》也经历了同样的灵光一闪,正是这样的灵感,在他的头脑中迸发出这些作品的主要论题(*CC*,卷五,页 26)。毋庸置疑,通过设计,正如通过名声,卢梭的主要作品大部分包含对一个核心论题的阐述。卢梭在 1750 年提出这个论题,即文化和社会的发展会导致人类道德的堕落。

然而,卢梭对自己的哲学起源的回忆,多少带有误导性。并非第一篇论文自身,而是围绕它的论争,卢梭首次严密、条分缕析地阐明了他的观点。"我并非总能有幸如我所做的那样去思考"(Je n'ai pas toujours eu le Bonheur de penser comme je fais),这话为其作品作出最出色的辩护(《〈纳喀索斯或自恋者〉序言》,*OC*,卷二,页 962)。的确,相比各种各样借来的需要为之辩护的命题,卢梭针对《论科学和文艺》的毁谤者提出的许多观点,作了更敏锐、更清晰的论辩。卢梭读到第戎研究院的征稿启事,犹如晴天霹雳,此时,尚未全副武装的雅典娜从他脑袋中蹦了出来。实际上是一些更小的震动激发了卢梭真正的禀赋,这些震惊是由这篇获奖文的批评家们所激发的。在余下的讨论中,我宁愿思考卢梭如何发展并提炼自己的想法,以及如何让这些想法的细节更精确、更犀利,直到最终形成关于文化和社会之起源的系统理论的基础。

卢梭并未试图回应这篇作品的所有挑战,有一些批评,甚至是在《论科学和文艺》刊行后立刻发表的言论,可能都没有引起他的注意。1751 年到 1752 年期间,不仅法国,也遍布普遍启蒙的欧洲,出现了许多评论,卢梭很可能忽略了其中一些评论。例如,1751 年 4 月,莱辛(Lessing)在其《来自笑话王国的最新消息》(*Das Neueste aus dem Reiche des Witzes*)中的评论,似乎完全没有引起卢梭注意。卢梭无视莱辛的评论,尽管事实上卢梭意识到其作品在德意志已经引起了怀有敌意的兴趣。①

卢梭认识的其他人或多或少未作评论。卢梭致意达朗贝尔撰写的《百科全书》序言——这些作品中最出名的文章。在这篇序言中,卢梭的宣言受到挑战,达朗贝尔的文本看似谴责启蒙运动,实则是整个启蒙运动的宣言。卢梭说,

> 我不禁欣然想到,后人将会在这样一部纪念碑中看到您对我的肯定。(*CC*,卷二,页 160)

达朗贝尔实际上将卢梭描绘成"一个雄辩家和哲人"(《百科全书》,第一卷,1751,页 xxxiii)。尽管达朗贝尔的评论在语气上不失礼貌和尊重,本质上却批判多过赞赏。让-雅克与他的批评家争辩时相当有选择性,他甚至并不打算回应针对他的《论科学和文艺》的一些攻击,例如勒罗伊(Le Roy)神父和德波勒瓦(René de Bonneval)的攻击,无疑他读过这些评论。然而,卢梭的确继续为他在作品中表达过的许多观点辩护,甚至在主要争论结束之后仍然如此。

卢梭在 1755 年 9 月 7 日写给伏尔泰的信和 1756 年 7 月 15 日写给舍贝(Franz Christoph Scheyb)的信,构成继 1751—1753 年这段时期之后所有辩护中最为重要的辩护。在那些年中,几部收录《论科学和文艺》的作品集(不全)已经出版,第一部也是最全

---

① 见《〈纳喀索斯或自恋者〉序言》,*OC*,卷二,页 960 注释,页 1865—1866;以及 Havens,页 34。

面的作品集是：*Recueil de toutes les pièces publiées à l'occasion du Discours de Rousseau sur* [*les sciences et les arts*]，2 vols，1753 年由 Gotha 出版。此外，这部作品集考虑到了所有文本（博德斯的《再论科学和文艺的益处》除外），收录在劳奈（Michel Launay，Paris，1967—）编辑的 Rousseau's *Oeuvres complètes*（以下简称 Launay），我引用的即是这个版本。至于博德斯，我查阅了其《再论科学和文艺的益处》的原版（Avignon，1753）（以下简称 Bordes）。关于 Havens 本的主要贡献，也有一个非常有用的讨论。

对《论科学和文艺》的攻击中有六种与其余攻击有较大区别，至少在某种意义上，这六种攻击都受到了卢梭的直接反驳。

这些攻击中的第一种是一篇匿名作品（作者可能是雷奈尔），[①]以《对夺冠第戎论文的评析》（"Observations sur le Discours qui a été couronné à Dijon"）为题刊登在 1751 年 6 月的《法兰西信使》上。其中出现的三个主要观点是卢梭必须要考虑的。第一，这个作者指控，卢梭并未充分阐明我们道德败坏的精确点，卢梭似乎倾向于认为，"欧洲在科学革新之前的景况"是一种比无知更糟的状态，因为它受经院行话和错误认知所支配（Launay，卷二，页69）。第二，他注意到，关于奢侈问题，卢梭"不是不知道这些意味着什么"（[qui] n'ignore pas tout ce qu'il y aurait à dire là-dessus，同上），但他的判断却过于含糊且草率。第三，也是最重要的一点，他表示很遗憾，卢梭随后无法从他的论题中得出任何实际结论，并忽略了为其描述的状况提出任何补救措施：

　　人们从作者坚持的论点中能得出怎样的实际结论？若人

---

　　① 雷奈尔以《法兰西信使》编辑的身份，在《日内瓦人卢梭的几点评析》出版前给卢梭寄了一份样本。卢梭致函雷奈尔，并刊登在同一期《信使》上。

们同意他对为数众多的博学之士（du trop grand nombre de savants）[……]或相反对极少数劳动者（le trop petit nombre de laboureurs）的偏见；我要说，人们可以毫不费力地赞成他：但人们又能从中获得怎样的用处？君主或个人那里的此等无序，又如何补救？（同上）

第二种攻击是由波兰国王斯塔尼斯拉斯一世起草的《回应文》（"Réponse"），无疑是在他的告解神父德梅诺克斯（Joseph de Menoux）的帮助下撰写的。这篇驳文发表在1751年9月的《法兰西信使》上，其要旨包含三条进一步的指控。对此，卢梭也给予了答复。

第一，对恶的无知并不等同于美德（同上，页73），居住在文艺和科学出现之前的世界的人一点都不质朴，反而相当凶狠、残暴，且"为隐蔽的激情裹挟"（transportés par des passions voilentes）（同上，页75）。

第二，与第一条直接相关，卢梭描绘了一幅全然虚构的图景，"一个没有缺点/没有欲望也没有激情的人"，不过是"一个制造幻想的理念"（同上，页73）。

第三，文艺与科学无需为这些在人类历史中实际发生的道德败坏负责，是财富的膨胀而非学问造成这种变化：

> 不是科学，而是财富滋生了所有时代的疏懒和奢侈；在任何时代，财富都不曾是学人的特权。（同上，页74）

其中一些观点在稍后的评论文章中再次出现，例如在第三种攻击中，1751年10月的《法兰西信使》刊登了数学家戈蒂埃（Joseph Gautier）撰写的《驳文》（"Refutation"）；以及在第四种批评中，即博德斯（Charles Bordes）的《论科学和文艺的益处》一文，刊登在 1751 年 11 月的《法兰西信使》上。① 18 世纪 40 年代早期，卢梭在里昂和博德斯有过交情，卢梭曾写过《致博德斯书》。此外，戈蒂埃也是史学家，他发表了一些批评性意见，向卢梭的学问发起挑战。他声称，别的不谈，卢梭的确不应该赞扬斯基泰人，他们实际上凶残而野蛮，其特征是"天性残暴"（font horreur à la nature）（Launay，卷二，页 95）。戈蒂埃补充说，卢梭赞颂的一些古人，尤其是塞涅卡，主张"美文滋养美德"（同上，页 99）。② 这一论点与卢梭归于他们的论点完全相悖。

戈蒂埃作出的一个评论彻底激怒了卢梭。戈蒂埃指责《论科学和文艺》的作者应该为他的无知道歉，因为他似乎赞成毁灭文化、焚毁图书馆、全面退回到建立在文明废墟之上的质朴的野蛮状态中去：

> 我要反对的作者是无知的辩护者。他似乎希望人们烧毁图书馆；他承认，他与今天人们所崇尚之物针锋相对；他等待的仅会是一场普遍的抨击；但他期冀来世的拥护。无疑，当欧洲重陷入野蛮，他会获胜；在忧伤的艺术废墟上，无知和粗鲁会趾高气扬。（Launay，卷二，页 94）

博德斯则重申了最先由斯塔尼斯拉斯一世提出的这个观点，卢梭关于未败坏状态的图景纯粹是一种幻想。博德斯如此评论道：

> 人们早就看穿了黄金时代的吐火女妖；各地的蛮族均为社会所代替；这是所有民族的编年史证明的真相。（同上，页 134）

---

① 戈蒂埃在里昂研究院 1751 年 6 月的会议上已宣读过这篇文章。
② 在《论科学和文艺》中（见 *OC*，卷三，页 14，页 1246），卢梭有一段援引自塞涅卡，实际上是从蒙田那儿抄来的，见 Havens，页 203，注释 151。

博德斯也重复了这一指控，即奢侈"直接产生于财富，而非科学和文艺"（同上，页137）。他声称，文化的进步和帝国的兴盛遵循着同一条路，文艺与科学非但不会促成我们政治制度的衰退，相反：

> ……人们可由此观察到，文学的发展和衰落总是与帝国的兴盛和衰败成正比。（同上，页136）

除了这些声明外，博德斯紧随其后还更深入地提出了许多异议。第一，他注意到，既然民族的衰败不能归咎于文化的发展，就必须解释成其他因素的影响。在他看来，根本原因只有政治上的品格：

> 这些残酷的革命与文学的进步（progrès des lettres）可有相通之处？我看到的尽是政治原因。（同上）

第二，博德斯坚持，卢梭赞扬未开化的民族在军事上的勇武，实在有欠明智，因为野蛮民族进行征服并非因为他们无知，而是因为他们道德不正义（同上，页140）。卢梭喜爱的"战士品质"（qualités guerriéres；*OC*，卷三，页14），对博德斯而言无非是"粗野的道德风尚"（les moeurs grossières）："我在这里看到的仅是动物的美德，与我们的存在毫不相称。"（Launay，卷二，页134）博德斯总结道，恰恰只有"落伍的野蛮人"才会"假定人是为相互毁灭而生"（同上，页140）。

最后，博德斯的《再论科学和文艺的益处》（*Second Discours sur les avantages des sciences et des arts*）出版于1753年，①构成

① 博德斯的《再论科学和文艺的益处》实际上可以追溯到1752年，这一年8月，在里昂研究院的两次会议上，博德斯已经宣读过文章。第二年春天，博德斯的文章在阿维尼翁（Avignon）刊印，这时他是有机会读到《纳喀索斯或自恋者》序言》的，并有机会在他的《再论科学和文艺的益处》的刊行本上加上一条关于《〈纳喀索斯或自恋者〉序言》的评注。

对卢梭第六种攻击，并得到了卢梭的答复。博德斯提出最后一点：原始人的野蛮更普遍。他主张，我们现在加于公民社会中个体行为的恶，是我们早期野蛮的遗迹，不能认为它们源自文化的过度发展。他宣称，不完善的知识只会产生有缺陷的美德（见博德斯，页116—117）。

　　第五种攻击是勒卡的《驳难》（Refútation），刊行于 1752 年春（见 CC，卷二，页 194，以及 Havens，页 48）。勒卡是鲁昂研究院的常任秘书、解剖学与外科学教授。这篇作品是对《论科学和文艺》最长的驳难之一，当然也最具欺骗性，因为勒卡谎称自己是第戎研究院的成员，投票否决过卢梭的获奖论文。① 勒卡几乎概述了先前的批评家提出的每个观点。诚然，勒卡重点论述的是他所谓的“这个黄金时代的［……］一个美妙童话”，并宣称卢梭的失败在于，他没有恰当区分“勇敢”和“凶残”；勒卡认为“奢侈是财富的滥用，能为科学和理性所纠正”（Launay，卷二，页 162、163、167—168）。

　　这一切都意味着勒卡欠博德斯的《论科学和文艺的益处》一笔相当特殊的债。尽管卢梭回应了勒卡的文章，但它没有任何新的实质内容能困扰或激励卢梭。然而，勒卡大约在同一时间准备了另一篇《驳文》（Refútation）。在这里，他驳斥了卢梭对斯塔尼斯拉斯一世《回应文》的答复。勒卡为让-雅克发展自己思想开辟了一条全新的战线。正如第一篇《评析》的匿名作者所提出的那样，卢梭应该详细说明道德衰退的时间点；同样，勒卡支持斯塔尼斯拉斯一世的论文，他提出，卢梭应该指明［道德堕落］归咎于文化的哪些领域。卢梭当然并不打算把音乐纳入导致道德堕落的文艺与科学。他惊呼，《百科全书》中音乐辞条的主要撰稿人一定比其他人更懂得他的主题对人类的用处和益处，以及为何在他的普遍论

---

① 第戎研究院声明，雷奈尔是冒名顶替的，见 CC，附录 73，卷二，页 298—300。

题中至少包含一处例外：

> 我们请他指明作为这些责难对象的科学和文艺[到底是
> 哪些]。希望他不会把音乐列入其中，文艺批评者们将之视为
> 最无价值的一门科学[……]。卢梭先生比别人更懂得音乐的
> 用处、益处，既然他研究音乐，既然他曾负责编撰百科全书中
> 此项引人瞩目的内容。（同上，页93）

1751年至1753年，卢梭以多种方式对这些攻击作出回应：
《致雷奈尔书》刊登于1751年6月的《法兰西信使》；《日内瓦人卢
梭的几点评析》以小册子形式于1751年10月刊印（CC，卷二，页
173）；斯塔尼斯拉斯一世的"回应文"匿名出版，卢梭无疑知道作者
身份（OC，卷三，页1257—1258）。卢梭在答复中提及斯塔尼斯拉
斯一世，甚至成功加入下述委婉之辞：

> 欧洲有一位伟大的君王，他更是一位有美德的公民，他最
> 近在他治理有方的幸福国度中，为文人建立了好几所研究院。
> 他的这种做法，与他的睿智和美德极为匹配。（同上，页56）

同月，《日内瓦人卢梭致格瑞姆先生书》以同样的形式出版
（CC，卷二，页175）；卢梭向格瑞姆提出书面陈述，谎称戈蒂埃实
在不值得他回应。因此，卢梭在信中评论说："我不会回答戈蒂
埃先生，这一点是肯定的（OC，卷三，页68）。"10年后，卢梭与格
瑞姆疏远，他将此文收进自己的作品集时，吩咐编者迪歇纳（Du-
chesne）删掉标题上格瑞姆的名字。卢梭的《答戈蒂埃书》手稿，
现存洛夏岱尔图书馆（以下简称 Neuchâtel，Ms. R 50，原页码
7872b）。

1752年4月，《日内瓦人卢梭的最后答复》与博德斯的《论科

学和文艺的益处》同时出版;①1752 年 5 月或左右,《致勒卡书》单独刊印;尽管《致博德斯第二封信的前言》直到 19 世纪才正式出版,这封信大约起草于 1753 年秋末。② 此外,大概在 1752 年年底,在卢梭为其喜剧《纳喀索斯或自恋者》撰写的序言中,他为《论科学和文艺》的观点作了全面的辩护。有一个对这部剧的创作及大意的解释,认为序言是在最后添加的(*OC*,卷二,页 1858—1865)。卢梭甚至可能在 1730 年前就已经有写作这部剧的构想,也无疑在 18 世纪 30 年代期间以及后来拟定了若干次。1752 年 12 月它在法兰西剧院(Comédie Francaise)首次登台。

因此,在这个时期,卢梭实际上对批评家们作出了七次重要答复,篇幅加起来几乎是《论科学和文艺》的三倍,其论证都是为增援获奖论文而设计。此外,卢梭为其作品所作的辩护,采用许多不同风格和语调进行论证与表达,例如,为了表示对斯塔尼斯拉斯一世的尊敬和对戈蒂埃的蔑视,它们发挥了最大的优势。然而,正如批评家们的观点相互借用,卢梭回复这些作者的观点时,也将其视作粗略的互换。对那些不切题的批评,他也设法作出几点反驳。

对于戈蒂埃提出的历史观点,卢梭似乎相当不安,甚至可能力有不逮。他完全未注意戈蒂埃对他关于塞涅卡和斯基泰人的观点的反驳,尽管对于古代史阐释的几个问题上,他的确短暂地正视戈蒂埃。③ 他声称,他不会追求这种学术(scholarship)问题,原因

---

① 《日内瓦人卢梭的最后答复》的部分手稿见于 Neuchâtel,Ms. R 45(原页码 7869,见 *CC*,附录 84,卷二,页 321—322)。

② 《致博德斯第二封信的前言》构成 Genève 的一部分(The 'Préface d'une seconde lettre à Bordes),Bibliotheque publique et universitaire,Ms. fr. 228。这篇文章首次刊印在 *Oeuvres et correspondance inédites de Rousseau* 上,Georges streckeisen Moultou 主编,Paris,页 861(以下简称 streckeisen-Moultou)。

③ 例如(见 Launay,卷二,页 96;*OC*,卷三,页 65),戈蒂埃与卢梭之间的争论,关涉 Carneades 在激起卡图质疑希腊哲学价值的过程中所起的作用。

是,它们需要解决的问题或者它们需要阐明的问题,只会变得更复杂、更含混。① 戈蒂埃自然要进行一场辩护。在对《答戈蒂埃书》的回应中,他总结说,让-雅克的整个案例只不过是"一套虚妄的宣言,建在错误的形而上学之上,以运用史实为基础,而上千条反面事实又让它站不住脚"(《对〈日内瓦人卢梭致格瑞姆先生书〉的评论》,Launay,卷二,页110)。

然而,卢梭没有注意到这个更进一步的指控,因而戈蒂埃的第二次攻击没有得到答复。不管怎样,在《致雷奈尔书》中,卢梭已经公布了他忽视复杂的历史叙事的主要原因。《评论》的作者提出,卢梭应该准确阐述哪些历史处境标志着我们道德堕落的开始。卢梭反驳说,他的真正目标是提出一个普遍论题,这个论题即文艺和科学的进步与道德堕落之间的联系。他根本没考虑过去追溯任何特定的系列事件的进程。

> 他们还说,作者应给出他所称作的败坏时代的根据。我所做的远不止这些,我让自己的提议具有普遍性。我肯定世界上所有国家的文字教化的开端正是道德风尚败坏的起始。而且我发现,这两者的发展总彼此相应。(*OC*,卷三,页31—32)②

《评论》的匿名作者吸收了"一个善意的人"(des personnes bien intentionnées)的一些想法,这人同样未被认出来(大概又是雷奈尔自己)。卢梭《致雷奈尔书》一些评述是针对这个人提出的。

在《论人类不平等的起源和基础》中,卢梭进一步谈论这个普遍性论题。在此,卢梭并未关注古典时代未被污染的文明,而是关

---

① 见《答戈蒂埃书》(Réponse à M Gautier),*OC*,卷三,页61。
② 比较 Launay,《评论》的第四段出现的这一节,卷二,页69。

注原始人的天性,亦即人类的状况。这种人类状况如此久远以致任何历史研究都不可能揭开它真正的面纱。《论科学和文艺》出版后,卢梭逐渐变得更关心我们堕落的最终来源,却更少关心不同文化中的特殊表现形式。他采用的确实是一种颇具矛盾特性的方法:尽管卢梭逐渐将目光投向我们最遥远的过去,他的证据却更多是从当代世界中获取。居住在这个世界中的都是野蛮人,因此,与其说他们远离了古代的英雄和贤哲之士,不如说远离了人类历史中的苦难。即是说,在这些年里,卢梭对普鲁塔克珍贵的《对比列传》的忠诚,终于得以均衡。我们也许会说,通过他对普雷沃斯特(Prévost)的《漫游通史》(*Histoire générale des voyages*)的热情,以及在他的早期社会理论的发展过程中,他的古典学问的缺陷很快被一种对人性的思辨性洞察的全面与深刻所取代。

关于卢梭论题的普遍性的论点,对我而言,对理解卢梭关于人的原初状态的概念似乎很重要。这些概念形成于《论科学和文艺》和《论人类不平等的起源和基础》的创作期间。例如,博德斯和勒卡加入斯塔尼斯拉斯一世的行列,控诉卢梭对黄金时代的构想是一个假想的怪物,然而,他们实则是将哲学抽象与历史错误混为一谈。卢梭提出原始状况的观点,并在《日内瓦人卢梭的最后答复》中为之声辩(*OC*,卷三,页80)。的确,这一观点事实上并非空想,而是美德自身的概念:

> 人们向我保证说,他们早就看穿了黄金时代的吐火女妖。他们怎么没有再加上一句,说他们早就看穿了美德的吐火女妖呢?(《日内瓦人卢梭的最后答复》37)

在《致勒卡书》中,卢梭答复了《评论》的作者首先提出的问题。卢梭重申,他并不认为中世纪的野蛮状态优于后来的文艺与科学复兴;相反,他再次坚持(*OC*,卷三,页101),这种状态"比无知更糟糕"(pire que l'ignorance)。① 然而,批评家们未能理解他的目的。他们以为,卢梭将过去和现在的时代并置,是为了辨认出一个可能复制或复兴的更好世界。事实上,卢梭的设计论证,旨在证实我们走向败坏的原因,而非为挽救我们失去的无知作出辩护。在他的《日内瓦人卢梭的几点评析》(OC,卷三,页56)和《〈纳喀索斯或自恋者〉序言》中(OC,卷二,页971—2),他注意到,人一旦堕落,就永远也无法回到一种有道德的状态中去。这是卢梭终其一生都坚持的论题。②

最重要的是,卢梭认为戈蒂埃的指控是对他极大的冒犯。戈蒂埃认为,卢梭为无知辩护,似乎相信应该摧毁文化、烧毁图书馆。卢梭在《〈纳喀索斯或自恋者〉序言》(OC,卷二,页971)中问道,

　　一旦一个民族不管是不是由于科学而腐败到一定程度,那么,应该摈弃科学让道德风尚变得更好,还应把科学储存保护起来,好阻止道德风尚变得越来越坏呢? 这是另一个问题,我已明确反对。

在《日内瓦人卢梭的几点评析》中,卢梭声称,我们不能让欧洲陷入野蛮状态中;在《日内瓦人卢梭的最后答复》中(OC,卷三,页95),或这两篇作品的其中一篇中,他坚持,他并非主张破坏我们的图书馆、研究院或大学——更不用说毁灭社会本身:

　　我坚决反对推翻现在的社会(bouleverser la société actu-elle),烧毁图书馆和所有的书籍,撤销学院和研究院。这里我

---

① 比较《论科学和文艺》中的这一节(OC,卷三,页6),上文引自页254。

② 见《论人类不平等的起源和基础》,注释 ix(OC,卷三,页207),以及《让-雅克评判卢梭》,OC,卷一,页935。

应该补充一句,我也坚决反对把人类[的需求] 简约成满足最
简单的需要。①

批评家们作出诸多反驳,其中一些的力度给卢梭留下了深刻
印象。至少有两次,卢梭完全为他们的中肯所说服,从而修正甚至
摒弃了他的理论的某些特征。斯塔尼斯拉斯一世质疑卢梭对美德
与无知之联系的解释,他坚持认为,卢梭所赞扬的古代未开化之
人,其行为实际上野蛮而残暴,而非无知而良善。让-雅克认同,这
一论点在很大程度上是正确的,为了应对这一论点,他提出区分两
种无知。只有其中一种才可厌可憎(斯塔尼斯拉斯一世已简述了
其原因),另一种无知则合理、适度且纯洁(见《日内瓦人卢梭的几
点评析》,OC,卷三,页 53—54)。因为卢梭并不试图解释这两种
形式的无知之间的差异是如何形成的,他的答复完全没有说服力。
在他后来的作品中,他犹豫地把原始人在道德上的无知仅仅归结
成他们没有学问。②

博德斯批评卢梭过分强调野蛮人在军事上的勇猛,卢梭在其
《传记残篇》(Fragment biographique)中(OC,卷一,页 1114)回忆
说,在他的《论科学和文艺》的所有批评家中,只有博德斯"懂得思
考和写作[……] 他并不像其他人那般发表文章来反对我[……]
而是反对我的感受,两篇论文意蕴隽永,很耐读"。

卢梭作了一个相当站不住脚的区分:这次,他区分了为征服而
投入战争与自愿为保卫自由而战。尽管卢梭开门见山,但他同意,
就对人类的贡献而言,像艺术家和文人一样,士兵跟猎人、劳工或
牧羊人(shepherds)相比,并不那么值得我们钦佩(见《日内瓦人卢

---

① 《日内瓦人卢梭的几点评析》和《纳喀索斯或自恋者》序言》中类似的段落分
别出现在 OC,卷三,页 55—6 和 OC,卷二,页 972。
② 他在《日内瓦人卢梭的几点评析》的一条笔记中断言,这甚至也并非他在《论
科学和文艺》中的意图。

梭的最后答复》,*OC*,卷三,页 82)。此外,在博德斯发表批评后,卢梭不再像《论科学和文艺》一样以闪耀的色彩去描绘勇武的理想。在《论科学和文艺》中,他评论了古罗马显赫的"战士声誉"(réputation guerriére)和"武德"(*OC*,卷三,页 23)。在《论人类不平等的起源和基础》及后来的作品中,他认为所有战争都罪恶、残酷且恶劣,对参战者自身而言,战争毫无意义。①

卢梭在面对这些攻击时作出了些许让步,与此同时,在其理论发展过程中,他更有效地使用了其他指控。在卢梭对斯塔尼斯拉斯一世和博德斯的回应中,这一点尤为真实:他们宣称,是财富的膨胀而非学问造就了人们道德的堕落;这一点也同样适用于卢梭对博德斯的答复,博德斯声明,民族的衰败最终应归咎于政治因素。在《日内瓦人卢梭的几点评析》中(*OC*,卷三,页 42—43),卢梭认识到这一"值得重视的反驳"(Objection considérable)的意义。这一重要意见来自达朗贝尔,大意是,除科学之外若干因素的影响,诸如不同民族的习俗、他们的气候、法律、经济和政府等因素,在其特殊的道德特质的形成过程中必须考虑在内。卢梭评论说,达朗贝尔以这种方式提出的问题仍需更多的考虑:

> 对于这个重要的反驳,我可不能置之不理,而且有个哲人也曾如此指责我。
>
> 他们对我说,难道不是气候、性情、条件的缺乏、物品的或缺、政府的经济、风俗、法律以及其他种种原因,而并非科学,造成了有时我们在不同国家和不同时代的道德风尚中看到的区别?
>
> 这个问题可说的太多,详述起来过于宽泛,本文不宜展开。[中译按]参《日内瓦人卢梭的几点评析》27、28)

---

① 尤见《论人类不平等的起源和基础》(*OC*,卷三,页 178—179),以及 Havens,页 44,页 205—206。

在这一段中，卢梭相信达朗贝尔有一个比他实际提出的要丰富且详尽得多的反对意见，注意到这一点很有趣。在为《百科全书》撰写的《序言》中(第一卷，页 xxxiii)，达朗贝尔仅请他考虑，是否"[卢梭]加给科学和文艺的大多数坏处并非是由完全不同的原因造成的，要列举起来则过于冗长且琐碎"。

事实上，卢梭也注意到，对这些问题的充分讨论可能会让他走得"过远"(《日内瓦人卢梭的几点评析》，*OC*，卷三，页 43)。然而毋庸置疑，在对批评家的回应中，他开始致力于"详细说明"，这些观点以及斯塔尼斯拉斯一世和博德斯的那些观点引起了他的注意。因此，相比以往任何时候，卢梭开始将他的目光投向了经济、政治和败坏的社会动因。

例如，在《日内瓦人卢梭的最后答复》中(*OC*，卷三，页 79)，卢梭先前谴责奢侈是导致我们堕落的主要原因。然而他注意到，就奢侈本身而言，主要是因为现代社会中农业的衰落。在《论科学和文艺》中，卢梭关于农业的观点相当不直率(见 *OC*，卷三，页 26—27)。另一方面，随后在《论人类不平等的起源和基础》中(尤见 *OC*，卷三，页 171—172)，他坚持，农业的增长导致我们的败坏。

同样在《日内瓦人卢梭的最后答复》中，以及随后不久在《〈纳喀索斯或自恋者〉序言》中，卢梭开始关注私有财产的重要性，并将其视为人类历史中苦难的主要来源。在前一篇作品中(*OC*，卷三，页 80)，他主要论述所有权的概念和主奴之间土地的残酷分化。这一概念使得分化成为必需，很大程度上是为了挑战博德斯的论题——博德斯主张，在最原始的状态下，个体已是凶猛好斗：

> 在"你的"、"我的"这些可恶的语词被发明之前；在人们称作主人的这类残忍而粗暴的人出现之前，在人们称作奴隶的另一类狡诈而虚伪的人出现之前；在那些其他人饿死、自己却敢拥有多余之物的可恶至极的人的存在之前；在相互依赖关

系使得所有人变得狡猾、嫉妒并背信弃义之前;我很希望人们能跟我解释一下,他们义正辞严加以谴责的那些罪恶、罪行到底是什么?

另一方面,在《〈纳喀索斯或自恋者〉序言》中(*OC*,卷二,页969,注释70),他宁愿专心于这个事实:野蛮人的道德属性显然优于欧洲人,因为野蛮人没有受到贪婪、妒忌和欺骗这些恶习的伤害,在文明世界中,这些恶让有产者相互轻视、彼此为敌:

> 一个野蛮人是人,一个欧洲人也是人。半调子哲人很快就下结论,认为一个不比另一个好到哪里去。然而……在野蛮人中……对集居体的热爱、对集体防卫的关心是团结他们的唯一关联。财产让我们的那些诚实者以众多罪恶为代价,这个词在他们中间不会因任何利益纠纷而离间。什么都不能让他们互相欺骗。……很遗憾,我认为,不需要欺骗别人的人才是好人,而野蛮人就是这人。

这几段直接针对的是《论科学和文艺》的批评家们,因此,我们发现,在卢梭关于财产的社会影响这一论题的写作中,首要声明无处不在。他随后在《论人类不平等的起源和基础》中详细阐述了这个论题。

卢梭现在也开始更切近地审视政治因素所扮演的角色。先前已有许多人描述过同时代社会的恶,在《〈纳喀索斯或自恋者〉序言》中,卢梭反思了这种恶(*OC*,卷二,页969)。但其他人仅察觉到这个问题,只有卢梭揭露了其原因。1753年,卢梭已经认识到,基本事实在于,我们所有的恶归根结底并非源于我们的天性,而是来自对我们进行糟糕统治的方式:

　　我知道那些夸张的演说者已不止百遍地谈到此点；他们带着夸张来讲演这些，而我，则以理性道出这些。他们看到了恶处，我则是发现了原因，我尤其想让人们看到一件让人快慰的有用之事，所有这些罪恶并不独属于人，而是因为那些不曾好好治政的人。

　　大概两年后，在为《百科全书》撰写的《论政治经济学》辞条中，卢梭提出了同样的观点（*OC*，卷三，页 251）。接下来的十年中，卢梭在《致博蒙书》中再次强调这一点（*OC*，卷四，页 966）。1770 年左右，卢梭甚至在他的《忏悔录》中反思，将近三十年前他被派驻威尼斯时，当他亲眼目睹威尼斯人民接受这个城市政府的缺陷带来的可怕后果时，也当他事实上构想出在一部作品中详尽探讨人性和政治主题的计划时，这条原则的真理已对他显而易见。最初卢梭打算把这部作品称为《论政治制度》，随后以其精炼形式取名为《社会契约论》。于是，在《〈纳喀索斯或自恋者〉序言》中，我们发现，这个观点的首要声明，在多种语境中被详细阐述，并以不同形式占据了卢梭生活和作品的重要部分。

　　关于道德堕落史中财富和财产的贡献，让-雅克证明自己至少与斯塔尼斯拉斯和博德斯的观点部分一致。1750 年代中期，日期不详，卢梭在一篇短文《论财富》（*Discours sur les richesses*）中直接处理这个问题，谴责那些"自诩为智者，是无耻谄媚财富者，再加上无耻诽谤贫穷者 ［……］ 他们懂得如何巧妙地投合那些愿意为其买账的人的趣味"（Launay，卷二，页 331）。[1]

　　此外，在一个起草于 1753 年左右的关于"奢侈、商业与文艺"

---

[1]　《论财富》(Discours sur les richesses)构成 Neuchâtel Ms. R 31 的大部分(原页码 7855)。它于 1853 年首次发表在 Félix Bovet 所编的《瑞士评论》(*Revue suisse*)上。

(Le luxe，le commerce et les arts)的残篇中，卢梭断言，我们的贪婪很大程度是我们渴望超越邻人的表现。所以，人类事务中黄金的使用不可避免地伴随着黄金分配的不均等。他总结，因此产生了贫困的恶以及富人对穷人掠夺性的羞辱(OC，卷三，页 522)。①

　　即便我们认识到财富的积累对人的败坏所起的作用，我们也不能认定这是我们道德堕落的主要原因。相反，卢梭在《日内瓦人卢梭的几点评析》中宣称，财富和财产是相关术语，它们取决于天性以及社会中不平等的程度。因此，在所有情况下，决定性因素事实上是这种不平等的普及程度，而非可用的财富总额。正是通过这种方式，卢梭着手重新建构恶的谱系。他在《论科学和文艺》中描述过这些恶，此刻他提出，在可怕的败坏秩序中，首要地位应该授予不平等。不平等总是伴随着财富，财富转而促进奢侈和闲散的增长。一方面，奢侈和闲散产生了文艺与科学，另一方面，"我没说过，科学滋生了奢侈"，卢梭断言(OC，卷三，页 49—50)，

　　　　但是，它们两个一齐出现，彼此不可分离。下面我来展示一下这幅谱系图。罪恶之事的最初源泉是不平等，不平等源自财富。贫穷和富有这两词相互对应。人人平等，即是既没富人也没穷人。财富滋生了奢侈和闲暇：奢侈滋生了文艺，闲暇滋生了科学。

　　因此，这是《论科学和文艺》中观点的一种新版本。在这篇论文中，卢梭将文艺与科学放在末位——而非首位，像他的批评家认定的那样。

　　卢梭修正他的观点，至少一部分原因可以在《〈纳喀索斯或自

①　这个片段构成 Neuchâtel Ms. R 30 的一部分(原页码 7854)，在 Streckeisen-Moultou 本中首次发表。

恋者〉序言》中找到。在这篇作品中,卢梭认为,从根本上来说是我们对学问的渴望,而非博学之士的文艺与科学成就,侵蚀了我们在文明社会中的道德基础。因为我们的文化追求,首先是我们对区别自己与邻人和同胞之愿望的表达。与其说我们在追求卓越,毋宁说我们希望获得他人的尊重。这种意愿促使我们制造先进社会的人工制品(artifacts)。

因此,在此意义上,文明(civilisation)仅仅是我们试图建立的一种公共名望(public esteem)的不平等分配的实现。让-雅克主张,道德上的美德并不真正存在(《〈纳喀索斯或自恋者〉序言》,*OC*,卷二,页 965),除非个人天资的份额大致均等。

> 对学问的兴趣总是宣告了一个民族败坏的开始,而且败坏得极迅速。因为这一兴趣,仅会促发所有民族产生两种不好的源泉,学问一旦发展了,就要享受闲暇,就有了标新立异的欲望。在一个体制完善的国家当中,每个公民都有需要完成的职责;对他来说,这些重要的事情极宝贵,使他不能有闲暇去做那些无聊虚浮的思辨。

卢梭在《日内瓦人卢梭的几点评析》中提到(*OC*,卷三,页56),针对道德败坏,我们曾经拥有的唯一保护措施是"原初的平等"(cette première égalité)——"无知的储存地、所有德行的根源"(conservatrice de l'innocence et source de toute vertu)——现已无法挽回地失去了。当然,卢梭随后在《论人类不平等的起源和基础》中主张,在自然状态下,我们祖先身体上的不平等不是通过他们道德上的平等,而是通过道德的缺乏加以平衡。因此,我们对文艺与科学上获得殊荣的热望,与在政治上占支配地位的渴望一样,是一种勇敢的人为情感的体现。后一种欲求将是卢梭在《论人类不平等的起源和基础》中集中关注的问题。

因此,在所有这些方面,让-雅克对《论科学和文艺》的批评家的答复,将他的论证引向更政治、更社会也更经济的路线。这是他在《论人类不平等的起源和基础》及其他作品中将进行的论证。《评论》的作者批评《论科学和文艺》,部分是因为卢梭那时忽视了在最原始状态与今天盛行的道德准则之间做一个适当的比较(Launay,卷二,页69)。在《致雷奈尔书》中(OC,卷三,页32),卢梭这样回应他的异议,"我本该再用一卷四开本详加阐述。"此外,卢梭在《日内瓦人卢梭的几点评析》中表明,他已经着手研究以下主题,并将借其他时机进一步思考它(这个问题与卢梭的这一评论相关,即联结政府的性质(nature)与公民的习俗和行止之间模糊而深远的关系,具有重要性):

> 然而,政府特性与天才、道德风尚及公民认知之间深深隐匿但极为真实的关系,则需要考察。这些把我卷入一个颇为棘手的讨论之中……况且……上文提到的所有这些问题,可以在日内瓦及其他背景中做出很好研究。

第一个主要时机发生在《日内瓦人卢梭的几点评析》出版刚逾两年。此时,卢梭在围绕《论科学和文艺》进行论争期间播种的"好的研究"(recherches bonnes à faire)的种子,将成为《论人类不平等的起源和基础》的成果。

卢梭循着一条更宽广的社会路径,着手处理人的道德堕落[问题]。尽管如此,在他答复《论科学和文艺》的批评家时,他仍未放弃他关于文艺与科学作为重要病原的早期观点。相反,他继续保有贯穿这一论争的最初论题,即便在拓展他的主张以适应其他因素时,他也始终如一地重申他在获奖论文中的主张,即自负、懒惰、奢侈与文化之间的互联(例如,见《日内瓦人卢梭的最后答复》,出处同上,页74)。在后来的作品中,卢梭实际上将他哲学的这一方面发展得更远,这主要表现在他的《论剧院》(*Lettre sur les specta-cles*)中,他声讨剧场所扮演的作用,尤其是被设计成奇观(specta-cle)的文艺所扮演的角色。

要是勒卡在 1752 年的《驳文》中还在设想,至少音乐领域一定能免除卢梭的声讨,次年言辞犀利的《论法国音乐的信》(*Lettre sur la musique francoise*)出版后,他将大失所望。毋庸置疑,勒卡会更加沮丧地阅读《论语言的起源》中有关我们的音乐发展与道德堕落之关系的章节。或许卢梭开始将这些内容拟为《论人类不平等的起源和基础》中的一部分。① 在卢梭的解释中,毫无意义的和声音乐迷住了现代世界的人,它们有自身的"道德关系",就像败坏的(debased)政治制度有其相似的"计算区间",我们也受制于这种政治制度。②

直到 1753 年初,随着《〈纳喀索斯或自恋者〉序言》完稿,卢梭创作了一部作品,在这部作品中,他早期社会理论的原则比以往得到更好的贯彻——无疑比在《论科学和文艺》中更明晰且更具连贯性。让-雅克自己在《忏悔录》中作出这样的声明(*OC*,卷一,页388),与《〈纳喀索斯或自恋者〉序言》试图支持和捍卫的文本相比,他似乎对《〈纳喀索斯或自恋者〉序言》评价更高:

> 前面那篇序言是我的佳作之一,在这篇序言中,我开始阐述我的许多原理,比我到那时为止阐述的还要多一些。③

---

① 对这个题目的讨论,参见我的 Rousseau's '*Discours sur l'inégalité*' and Its sources : *Studies on Voltaire and the Eighteenth Century* (1980)一书附录,以及我所编卢梭的《旋律原理》(Rousseau's *Principe de la mélodie*)的导言(Geneva, 1980)。

② 比较《论人类不平等的起源和基础》(*OC*,卷三,页 152)以及《论语言的起源》,第十九章,页 187。

③ 然而,格瑞姆曾认为,"这个序言言过其实,并不太出色[……][论及]孟德斯鸠的几页文字例外"。见 Maurice Tourneux ed., *Correspondance littéraire*, *philosophique et critique*, Paris, 1877—1882, vol. I(2), pp. 321—322。

1753 年秋，那时卢梭正在起草《致博德斯第二封信的前言》，它很快被《论人类不平等的起源和基础》所取代。卢梭在 1753 年 11 月左右写给柯雷奎（Créqui）侯爵夫人的信中评论说，

> 博德斯先生的论文，我经过仔细权衡，尚不会予以回应[……] 或许之后我还有机会更好地表达自己的观点，而非直接作答。（*CC*，卷二，页 231—233）

这关系到博德斯在其《再论科学和文艺的益处》中的一些论述，大意是，自然的不平等为政治和公民的不平等提供基础。①

卢梭反思道，他所有围绕《论科学和文艺》的核心主题展开的作品，已经形成了一个清晰的思想体系。此后，只要他仍然相信这个体系是建立在真理和美德之上，他就会坚持下去：

> 这个可悲而伟大的学说体系，作为人类本性、特质及终极的真诚审查的结果，尽管让我出丑，对我来说却极其珍贵。因为我感受到，傲慢不会教给我们获得真正的伟大，这点多么重要；努力要让我们超出终极的本性，结果总会使得自己低于本性，这又多么让人害怕。……只要我仍然相信它属于真理和德性，我就将竭尽全力去捍卫它。

在下一页中，卢梭又两次提到他的"体系"（Système），甚至他"真实却令人痛苦的体系"（Système vrai mais affligeant）。然而，我极其不赞同马斯特（Roger Masters）的说法（《卢梭的政治哲

① Leigh 声称（同上，页 233），"卢梭本应在《论人类不平等的起源和基础》中持相反立场，那样才是对博德斯评论的真正答复"。亦见 Havens, "The road to Rousseau's *Discours sur l'inégalité*", *Yale French Studies*（vol. XL, 1968），pp. 29—30。

学》,1968,页206—207,页248),他解释说,这几页为如下主张提供支持:"没有任何理由假定,从《论科学和文艺》的出版到《爱弥儿》和《社会契约论》开始出现期间,卢梭的基本哲学立场有过彻底改变",至少我认为这个主张是一种误导。依照让-雅克对其批评家的答复,我试图在此展示,1750年后,他的立场的确以多种重要方式改变过,并向一种事先无法预料的方向发展,所以,正如博德斯自己将这种改变放在他的《再论科学和文艺的益处》中一样(页3),卢梭最初的"巧妙的自相矛盾"(paradoxe ingénieux)被最终揭幕的"坚定体系"(un système décidé)所取代。

此外,在一个可追溯到1750年代中期的"传记残篇"中,卢梭甚至暗示,他所揭开的体系实际上并非他自己的,而是人的天性本身的(OC,卷一,页1115,页1836)。在《忏悔录》的一个段落中,他的确记录了"我的伟大体系"(mon grand système)(OC,卷一,页368),适用于围绕《论科学和文艺》的论争时期——"一个伟大的体系"([un] grand système)。接着,卢梭投入到对其要素一点一点的收集中。

将近生命的最后时刻,卢梭仍然认为他的整个哲学刚好基于一种伟大的原则:实质上,自然让人幸福且美好,而社会让人不幸且堕落。卢梭在《卢梭评判让-雅克》中评论说,他的所有作品在《爱弥儿》中到达顶峰,即是"这种学说"(cette doctrine)的例证(OC,卷一,页935)。在他的早期作品中,他试图展示,与我们同时代的社会相比,我们的祖先一定生活在好得多的状态中。我们致以敬意的制度,正是将我们束缚在永久绝望的生活中的制度。

在后来的作品中,卢梭试图解释,我们世界的恶是如何可能变得不那么难以忍受,要是我们对其理解有所改善?他的作品自始至终致力于战胜某种欺骗和假象的任务,因为这些欺骗和假象让我们看重我们的境况,就好像这种境况是唯一值得我们尊重和钦佩的目标(OC,卷一,页934—935)。

让-雅克暗示,他的主要作品详细阐述了一个核心主题。然而,这个暗示同样指向他早期与晚期社会思想的一个重要差异。他的"学说"(doctrine)的各个部分,并非同一时间组装完成,激发《论科学和文艺》的灵光一闪也并非所有方面都是隐蔽的。尤其是关于这篇作品的论争,以及卢梭 1750 年代早期的其他作品中,没有任何一处是在应付《评论》的佚名作者提出的问题。从他提出的关于道德败坏的论题中,他会作出什么样的实践性的总结? 在《日内瓦人卢梭的最后答复》中(*OC*,卷三,页 95),他只做出这样的答复:他看到了恶,并试图找出它的来源。他留给其他人寻找解药的任务:"我看到了恶并努力寻找原因:其他更大胆或更疯狂的人可以去寻找解药"——亦见下述来自卢梭《日内瓦人卢梭的几点评析》的方针:

> 除非来一场大革命,再没有任何解药。革命与它要诊治的恶同样可怕。渴望革命,受人指责;预知革命,则不可能。(*OC*,卷三,页 56)

当然,这正是卢梭在他随后的作品中将承担的责任。在《论剧院》中,他将赞扬一种艺术形式——被认为是一种节日而非表演(spectacle)——在这种艺术形式中,参与者的道德情操(moral sentiments)将会提高而非下降。在《社会契约论》中,他将设计一套政治权利的原则,根据这套原则,人们为了共同利益而非共同的绝望聚在一起;在《爱弥儿》中,他将展示如何使得德育计划与自由相容。因而,只有在 1750 年代中期以后的主要理论著作中,让-雅克才转向这个他在关于《论科学和文艺》的争论中避而不答的问题。因为这个问题所提出的问题并不能占据他早期作品之"伟大体系"的至关重要的部分。

然而,即便考虑解药也可能不得要领,除非人类的道德困境一开始就能正确界定。1750 年代早期，卢梭全神贯注于这个主题——人的天性在文化和社会的影响下走向败坏。他的《论科学和文艺》绘制了这个问题的初步草图，而《论人类不平等的起源和基础》则形成对这个问题的起源和结果的深刻描画。这个问题并非最早作品内在逻辑的展开，而是第二篇作品的改进。相反，卢梭通过修订他的提纲的错误，来填充他的画布细节。只有等卢梭看到对其社会理论在最初形式中的不足的批驳后，他才准备将其重组并重新设计成一部伟大作品。

卢梭与反对(或拥护)文艺的个案

凯利(Christopher Kelly)　撰

无论谁注意到当代有关文艺的公共角色的辩论,都不免为辩论者们提出的大相径庭的宣称而震惊。那些批评对文艺进行公共支持的批评家们常常认为,受到这种支持的艺术家代表的是精英、反美者(anti-American)、特权群体,通过削弱维系我们的传统价值,这些人的艺术活动给我们的政治生活当头一棒(strike a blow)。其余批评家则关心文艺对大众文化的影响,他们声称,通过培育盲目的因循守旧与关心社会认同,文艺侵蚀个人自治的基础。另一方面,文艺的捍卫者们声称,文艺活动并非无趣的(uninspiring)政治原则,而是我们共同生活的最高表达,正是我们的文化而非乏味的政治原则,给予共同体深刻而真实的意义。

其他捍卫者认为,文艺是我们独特个性的发展与表达手段,这一职能远比纯粹的政治或社会关切重要。简言之,文艺以牺牲社会为代价促进个性发展,或者以牺牲个性为代价促进社会发展,因而有害;要不然文艺正好因为同样的原因,是有益的。我们常常看到,人们提出的这些要求难以达成共识。令人不安的是,我们发现它们全都是由同一个人提出的。然而,卢梭提出它们中的每一个[观点],他这样做并不是因为他是一个极不一致的思想家,而是因为他是前后一致的思想家。此外,他的一致性将他敏锐的眼光引向某种文艺和政治的视角，这种视角导致一种竞争性宣称的奇怪混合。

反对文艺的政治个案

卢梭之主张最著名的部分可以称作他对文艺的政治批评。这种批评是抨击现代文化的一个重要部分。随着 1751 年《论科学和文艺》的出版，这些批评让他享有盛誉。这些政治批评——主要产生于《论科学和文艺》和卢梭对这篇作品的捍卫，以及《致达朗贝尔论剧院的信》中——有两个基本要素。第一，卢梭认为，当一个社会推崇文艺，这是不健康政治和社会不平等的症候；第二，他声称，文艺无法以提倡者们想当然的方式为道德提供支撑。这些抨击的第一点关涉艺术活动的间接影响，第二点则更直接地关切到我们艺术经验的本质。

首先，卢梭认为，从社会作为整体、作为实践事务的立场出发，几乎无法把文艺作品与诸如珠宝、专门设计的服装或假发的奢侈商品区分开来。卢梭在谈论这些商品的供货商时，提到"这些称之为艺术家而非匠人的重要成员，他们仅仅为了懒汉和富人制造东西"。① 发型设计师、珠宝商与画家、雕刻家以及诸如此类的人所共有的，在于他们的顾客都是由这样一些人组成：这些顾客想要显出自己和众人的差别，并愿意为此付钱。他们对差别的兴趣比对美的兴趣要浓厚得多。对这些顾客及其社交圈而言，文艺仅仅是基于金钱或地位的不平等的象征。

当然，艺术家可能会因他们的世界与奢侈世界之间的联系而

---

① 卢梭，《爱弥儿或论教育》（*Emile, or On Education*），trans. Allan Bloom, New York, 1979, 186。（［中译按］参见卢梭，《爱弥儿》，李平沤译，北京：商务印书馆，1978，页 247。根据英文原文略有改动）18 世纪的法国并不总是区分艺术家（artists）和匠人（artisans），两者都称为艺术家。在此，卢梭特地作此区分。

困扰,甚至蔑视这种联系,即便他们试图从中获利。无疑,那些不得不寻求资助的艺术家,总会对其潜在的金主缺乏艺术敏感心怀不满。从个人经历出发,卢梭自己很清楚,追求艺术生活很少会获得财富。因此,他认识到,艺术家可能受某些除财富以外的事物所激发。如他所言,"每个艺术家都想要得到赞赏。自己的同时代人的赞誉乃是艺术家的酬报中最珍贵的部分"。① 艺术家对赞誉的兴趣表明他们可以灵活多变,适应不同观众的不同品味。从一种政治或道德的视角,我们可能试图区分这两类人:那些卑劣地迎合堕落趣味的人与那些有助于培养更健康趣味的人。

然而,卢梭坚持,连最具公共精神的艺术家都会造成公民美德的堕落。这是因为,甚至最严苛的道德家,也会更喜欢一个艺术作品中对道德的有趣而美好的描绘,而非对同样道德的无趣而朴素的描绘。因此,即便在艺术家创造出在道德上值得赞誉的作品时,他们所接受的赞誉也更多是源于他们的天赋而非道德品性。甚至一个以健康品味为特征的社会,也在鼓励卢梭所称的"天资的差异和美德的堕落在人们中间引出灾难性的不平等"。② 简言之,任何给予艺术天赋的赞誉,都要从给予道德行为之赞誉的总数中扣除。

卢梭并未停留于此。给予那些具备取悦观众之才能的人以奖赏,激励所有人都学着如何取悦。文艺的高地位倾向于赞同对文雅和精湛之礼节的普遍关切。尽管礼貌和文雅的捍卫者——从1751 年的《论科学和文艺》③到今天的"范儿女士"(Miss Manners)——主张,这些东西让生活更愉悦、增加社会和谐、使人们更

---

① 《论科学和文艺》(*Discourse on the Sciences and the Arts*),*Collected Writings of Rousseau*,ed. Roger D. Master ;以及 Christopher Kelly,Hannover,N. H. ,1900—1993,卷二,页 15。亦见《日内瓦人卢梭的最后答复》,*Collected Writings*,卷二,页 113。

② 卢梭,《论科学和文艺》,*Collected Writings*,卷二,页 18。

③ 对礼貌的捍卫,尤见于《戈蒂埃驳难文》("Refutation by Gautier"),*Collected Writings*,卷二,页 70—71,另见《论科学和文艺的益处》("Discourse on the Advantages of Sciences and arts"),*Collected Writings*,卷二,页 100—101。

仁慈，他们却必须承认，文雅和礼貌伴随着大量虚伪。这种人热衷于引用拉罗什富科(La Rochefoucauld)的著名格言，"伪善是邪恶向美德的致敬。"①尽管他们承认礼貌不能等同于好德行，他们仍坚持，礼貌优于公开的坏德行，况且，它要求即便不道德的人也应把道德看作他们需服从的标准。尽管卢梭通常认为，比起隐藏的恶，他宁愿公开它，但他偶尔也会承认，"在一个不再有正派之人和好的道德风尚的地方，与无赖相伴总比与强盗相伴要好得多"(《〈纳喀索斯或自恋者〉序言》，*Collected Writings*，卷二，页196)。

然而，卢梭答复说，精通礼貌与社交协作的规则，使坏人成功，甚至更糟糕，使坏人成为可敬的人。淳朴的人(the unsophisticated)偶尔会发现自己身处公开的敌意中，但对艺术品的欣赏与一种礼貌的虚饰并不会为敌意带来和平和人道的结果，只能掩盖这种敌意。卢梭这样描绘礼貌交易下的隐藏真实：

> 一个人发自肺腑地对另一个人说：我把您当傻瓜看，我瞧不起您；另一个人也打内心里作出如此回答：我知道您在恬不知耻地撒谎，但我会尽量对您好。②

文艺所培育的礼貌，取代了基于暴力的间续战争状态，带来了基于欺骗的持久战争状态。在卢梭看来，这种替代是真正和平的拙劣伪装。

这一部分反对文艺的个案，或多或少攻击的是文艺的间接后果。卢梭乐于承认，文艺是这类败坏形式的症候而非原因。在他思考一种特殊的艺术即剧院时，他极为明确地致力于文艺更直接

---

① 见卢梭，《日内瓦人卢梭的几点评析》("Obeservations by Jean-Jacques Rousseau of Geneva on the Reply Made to His Discourse")，*Collected Writings*，卷二，页49。

② 卢梭，《日内瓦人卢梭致格瑞姆先生书》，*Collected Writings*，卷二，页84。

的道德影响。这例个案尤其重要,因为其捍卫者引用了一个可以追溯到亚里士多德的久远传统。他们声称,剧院是能产生良好道德影响的一类艺术中最清晰的个案。

卢梭同时代的剧院捍卫者的常见说法来自亚里士多德的宣称,即剧院可以通过净化情感以维持道德风尚。对此,他们补充,剧院可以为摹仿提供好行为的榜样。这些提倡者很清楚,特殊戏剧可能产生不良影响:它们会激发不正当的情感,鼓舞人们模仿坏行为。因此他们原则上并不倾向于反对审查制度。他们只是主张,一部适当净化(purified)的戏剧——像从古典时代起的法国戏剧——可以满足任何合理的审查制度最严格的标准。①

卢梭的立场比任何传统的事前审查制度(pro-censorship)都更彻底,因为他坚持,对于剧院所造成的危险,审查制度并非恰当的解决方案。他坚持,即便一个严格净化了的戏剧,也不可能带来它的拥护者所宣称的良好影响。因此,在他与达朗贝尔关于在日内瓦建设立剧院的争论中,恰恰是卢梭驳斥了审查制度,理由是,由剧院引起的问题,这种解决方案不足以胜任。

卢梭并未否认戏剧可能涵括道德内容,尽管他相当怀疑这种内容的可能性。道德无法通过给予恶棍不愉快的结局而彻底实现;戏剧的结局对其道德而言是最无关紧要的贡献。戏剧中一个恶人在[前]四幕中往往表现得有魅力且机敏,但这也于事无补,因为他武断地干出令人难以置信的愚蠢行为,这些行为在最后一幕中会将他引向毁灭。②当具有一个真正的道德角色的戏剧被写作出来,与不道德的戏剧相比,它们可能不那么有趣,也就不那么成功,因为它们的作者为了乏味的说教而舍弃了取悦观众的目标。

---

① 关于剧院的论争最终要回到卢梭身上,见 Moses Barras, *The Stage Controversy in France from Corneille to Rousseau*, New York, 1933。

② 见《致达朗贝尔论剧院的信》,*Politics and the Arts*, trans. Allan Bloom, Ithaca,1960,页 28—29。

　　诚然，卢梭并未否认，极富天赋的剧作家可以将娱乐目标和道德内容结合起来。实际上，他承认，同时代的法国剧作家已经成功实现了这种结合。然而，他的政治批判的本质在于，即便真正的道德内容也无法给予文艺以道德影响。在卢梭对戏剧鼓励观众认同好角色之方式的分析中，可以找到他的剧院批评的核心。卢梭又的确主张，只有在最好的个案中，这才能成真。人们往往认同辉煌的成功而非善行，尤其在他们看喜剧时。① 卢梭完全不否认这种认同经验的真实性，以至于他坚持，即便最声名狼藉的暴君和冷酷的恶棍，也常常会一看见剧中描写的好人的不幸遭遇而感动落泪。②

　　卢梭主张，剧院中的认同经验比日常生活中的类似经验更有力量，实际上，卢梭通过这一点超越了他的许多同时代人。他断言，对戏剧中角色的认同之所以如此强烈，是因为我们对他们的认同很纯粹，未被掺杂着我们日常认同经验的自私关切所污染。当我们进入剧院，我们摆脱自身的关切，自由地发泄我们高尚的冲动。

　　然而，正是因为卢梭坚持剧场认同的真实、力量和纯粹，他否认它能塑造更好的人。恰恰是剧场认同经验的纯粹性使得它无效。③其中一位《论人类不平等的起源和基础》的批评家提出这样的问题：为什么民众"如此贪婪地欣赏这种在死刑架上垂死挣扎的不幸场景"。卢梭在《致达朗贝尔论剧院的信》中对这一观点作出答复，

　　　　你在剧院悲叹落泪，与你看到赛德（Seide）杀死他的父亲

---

　　① 见《致达朗贝尔论剧院的信》，页34—35，以及《爱弥儿》，页115—116。
　　② 见《致达朗贝尔论剧院的信》，页24—25。卢梭在《论人类不平等的起源和基础》初版后有所增补，他运用同样的例子表明，自然的同情即便在最堕落的文明人中也不会完全丧失。*Collected Writings*，卷三，页36。
　　③ 见《致达朗贝尔论剧院的信》，页24—25。

或蒂耶斯特(Thyeste)啜饮他儿子的血,是出于同样的原因。
怜悯心是这样一种令人愉快的感觉,我们寻求这种经验,这并
不奇怪。(*Collected Writings*,卷三,页125,页131)

在这个个案中,正如卢梭在信中所说,卢梭完全不否认怜悯心
的真实性。此外,他似乎是在暗示,民众感受不到去帮助公开绞死
的遭难者的冲动,却有冲动去帮助剧中的遭难者。正是因为同情
这种感觉如此纯粹,除了壮观场面中的强烈快乐之外,没有带来任
何结果。

戏剧表演除了需要其观众沉溺在他们纯粹的、无掺杂的情感
中,别无它求。这就是为什么他们更多是因戏剧中的受难而非出
于慈善的要求(solicitation from charities)而落泪。同样,人们时
常对英雄生活的戏剧性描述比对活着的英雄有更深的钦佩之情。

剧场认同的力量和纯粹激发出一种懒散的道德骄矜(smug-
ness),一种错觉,以为通过认同某个好人便完全尽到了他的责任。
因为观众在剧院感到如此纯粹,他们为拥有精致的敏感而暗自庆
幸,实际上这种敏感充其量只需要花上入场券的价钱。卢梭的评
论包含他对文艺进行政治批判的本质,“人们认为他们在剧院中聚
集在一起,而正是在这儿他们最与世隔绝。”①简而言之,剧院只是
制造了一种虚假的社交氛围。

卢梭对剧院的批评尤为重要,因为它包含了对文艺经验之本
质的理解,这种经验也能扩展到其他艺术。将所有好文艺理解为
某种戏剧性方式,为增进这种理解,卢梭并未孤军奋战。狄德罗文
艺批评的杰出研究是众多个案之一:卢梭和狄德罗对一个问题作
出了极为相似的诊断,他们试图以极端不同的方式并在不同的领
域中解决这个问题。1750年代末,他们争吵强烈的个人性质遮盖

---

① 《致达朗贝尔论剧院的信》,页16—17。

了其范围,对这种范围而言,意见的哲学分歧加剧了他们的争吵。①

　　对卢梭论文艺的诸多作品的一项调查表明,在卢梭看来,对情感的认同不仅是剧院的本质,也是所有文艺经验的本质,包括那些像音乐一样并未明显涉及到摹仿的艺术。通过与一个卢梭颇为熟知的同时代表述进行比较,可以展示出卢梭之理解的独特特征。这一表述是由达朗贝尔在为狄德罗的《百科全书》撰写《序言》时给出的,与卢梭的《论科学和文艺》同年出版。

　　达朗贝尔的解释表明 18 世纪理解艺术的一些困境。他既支持把文艺理解为摹仿自然的传统学说,又拥护现代自然科学。② 现代自然科学对自然的解释几乎没有给予美以支持。达朗贝尔根据两条标准划分艺术的等级:摹仿与原型的相似有多精确,它是否能直接唤起感觉。③ 根据这些标准,绘画和雕刻位居榜首:它们直接呈现了与视觉形象的精确相似。达朗贝尔降低了诗歌的等级,因为它"更多谈论想象而非感觉"。他的等级体系的末位是音乐。当音乐试图以一种精确的模仿(simulation)唤起感觉——例如,鼓声再现雷声或用喇叭发出马嘶声——它只能摹仿少数事物。达朗贝尔同时代的读者颇为熟悉这种等级体系的精确次序。④

---

　　① 见 Michael Fried, *Absorption and Theatricality*: *Painting and Beholder in the Age of Diderot*, Berkeley, 1980。

　　② 为了避免对丑的事物的精确摹仿所带来的问题,达朗贝尔诉诸于 la belle nature[美的自然] 的概念,这在 17 和 18 世纪的法国是一种对美的老生常谈。见 Marian Hobson, *The Object of Art*: *The Theory of Illusion in Eighteenth-Century France*, Cambridge, 1982, 159。

　　③ 见 Jean Le Rond d'Alembert, "Discourse préliminaire", in Denis Diderot, *Encyclopédie, ou Dictionnaire raisonné des sciences des arts et des métiers*, Paris, 1986, 1:103。

　　④ 1700 年前后主导性的等级体系中解释音乐的相同表述,见 Etienne Haeringer, *L'esthétique de l'opéra en France au temps de Jean-Philoppe Rameau*, Oxford, 1990, 11。

　　然而,在达朗贝尔对诗歌和音乐的解释中,呈现出某种张力。尽管精确性和直接性的标准迫使他将这两种文艺置于等级体系的末位,他还是对它们表达了极高的赞赏。例如,他认为诗歌"看起来创造而非描述"其客体。至于音乐,他认为,它扩大了范围,在某种程度上,放弃了直接的摹仿。他对音乐的大多数极简短的讨论,都是由他对作曲家和批评家的劝诫组成。达朗贝尔劝诫他们完善音乐教化不力的资源。音乐能在没有客体的情况下,激发人的情感甚至感觉(sensations)。在通常意义上,客体才能产生情感与感觉。因此,通过极小的改动,他为音乐引进了新的目标,一种可能与他的标准大相径庭的目标,而这些标准是他等级体系的基础。

　　在阅读这些讨论时,卢梭发现了其新奇和隐秘之处,并写信给达朗贝尔,为他对音乐的评论表示庆贺。① 在卢梭自己对文艺的讨论中,他采纳了一种新的视角,以一种完全颠覆达朗贝尔所遵守的传统等级体系的方式。卢梭这样做在于他认为,唤起想象而非感觉,才使得艺术成为真正的摹仿。在卢梭对音乐的解释中,就可以清晰地看到这一点。

　　卢梭同意达朗贝尔的观点,即有两种类型的音乐,一种直接唤起感觉,另一种则唤起想象。他称第一种为"自然的"音乐,并提出,它的吸引力很少来源于摹仿的准确性,更多来自对声音的身体愉悦。② 对自然的音乐和摹仿性音乐之间差异的关注,这些段落出现在英文文本的页 258—259。[我们]亦应考虑到来自"和声"(Harmonie)这个辞条的评论,

---

　　① 见卢梭 1751 年 6 月 26 日的信,载于 *Correspondance complète de J. J. Rous-seau*,R・A・Leigh ed., Geneva, 1964—, 2:160。Hobson 将卢梭的信视为达朗贝尔持新颖立场的证据。见 Hobson,*Object of Art*,页 283。

　　② "音乐"(Musique),见 *Dictionnaire de musique*,Paris,1768,页 308。这个版本的翻译均由我自己译出。*Dictionnaire* 已经翻译成英文,即《音乐全典》(*A Complete Dictionary of Music*, trans. Willian Waring, New York, 1975)。引用这个版本作为对法文本引文的补充。

和声并未提供摹仿的原则，通过这种原则，音乐，不管是塑造形象还是表达感觉，都可以提升至戏剧性或摹仿性的类型，这是艺术最高贵的部分，也是唯一充满活力的部分。一切仅仅属于物理声音的东西，恰恰限制在它能带给我们的愉悦上，而对人的心灵的力量极为渺小。(*Dictionnaire*，页 242；*Dictionary*，页 191—192)

卢梭称另一种音乐(那种非自然的音乐)为"摹仿性的音乐"。然而，倘若摹仿性的音乐并不能准确摹仿其再现之物的声音，它摹仿的是什么？根据卢梭的说法，音乐模仿人类情感而非事物。他说，一个作曲家"不会直接再现事物，但他会在灵魂中激起相同的情感，这种情感是我们在看到这些事物时所体验的"。[1] 因此，音乐并不过多摹仿事物，而更多使得摹仿出现在听者的想象中。音乐的目标不是直接的摹仿，而是激动人心(excitement)。

这种激发想象的力量给予音乐非凡的广度和深度，使之成为文艺中最主要的也是最重要的艺术，并为音乐家的热望提供一个全新的维度。正如卢梭所说，作曲家

不仅在他的念头中掀起巨浪，煽起热情的火焰，让溪水川流不息，大雨滂沱，洪流滚滚，他也会平添恐怖沙漠的惊悚，加深地下牢狱的墙垣，令风暴平静，令空气静谧，令天朗气清，在树林中、从乐团中传出一种新的气息。[2]

卢梭并不认为，音乐应以一种由视觉艺术所设定的摹仿标准来衡量。他主张，视觉艺术在唤起想象力时，运用其力量作为一种通向表

---

① "摹仿"(Imitation)，见 *Dictionnaire*，页 251；*Dictionary*，页 198—199。
② "歌剧"(Opera)，见 *Dictionnaire*，页 350；*Dictionary*，页 198—199。

现力、暴力与活力的手段,以此来吸人眼球,仅在这个意义上视觉艺术可与音乐匹敌。在作出这一声明时,卢梭显然推进了对视觉艺术的理解,视觉艺术以表现为名,从根本上舍弃了对外部世界的真实再现。

总之,卢梭对文艺的理解是摹仿,但并非对自然的摹仿。毋宁说,它们摹仿人类情感,通过激发观众的情感来进行摹仿。① 卢梭将所有艺术的经验与我称为戏剧性或音乐性摹仿的东西联系起来的方式,促使他将达朗贝尔所拥护的文艺与自然之联系推向边缘。因此,卢梭认为绘画"更接近自然,而音乐与人类艺术联系更紧密",②言及于此,卢梭称赞音乐甚于绘画。③

反对文艺的自然案例

卢梭,这个自然的倡导者,我们不希望听到他以自然为代价颂扬文艺,也不希望听到,卢梭这样做意味着,他到目前为止对文艺的解释不是他的全部内容。实际上,卢梭准备或已经制造了艺术与自然之间的断裂,这成为他对文艺进行第二层批判的基础。在这种批判中,他抨击文艺,不是因为文艺让我们变得不合群(unsocial),就像他论剧院时所说的那样,而是因为让我们变得依赖他人而太过合群。

尽管文艺摹仿并非自然的,但根据卢梭的说法,它显然具有自然之根。在提到暴君面对一出肃剧流下眼泪时,卢梭借此证明,甚至最堕落的文明人身上,也遗留了天生的怜悯心。卢梭将怜悯看

---

① "间奏曲"(Entr'acte),*Dictionnaire*,页 201;*Dictionary*,页 201—202。

② 卢梭,《论语言的起源》,*The First and Second Discourses Together with the Replies to Critics and Essay on the Origin of Languages*, ed. And trans. Victor Gourevitch, New York, 1986, 287。

③ 卢梭如何处理语言和音乐,极具政治重要性,对此的一个广泛解释见 Victor Gourevitch, "The Political Argument of Rousseau's *Essay on the Origin of Laguages*", *Pursuits of Reason：Essays in Honor of Stanley Cavell*, ed. Ted Cohen et al, Lubbock, 1993。

作人类灵魂中两种基本原则之一,并称之为"替受苦人设身处地着想的情感"。①

　　显然,人天生具有认同感(identify with feelings),这是艺术经验的本质特征。尽管这种能力是天生的,它仍需进一步发展。在这种能力的原初形式中,它只是一种"天生的厌恶之情(repugnance),在看到脆弱的事物(sensitive being)毁灭或受苦时感到厌恶"。② 因为自然人只懂得身体的痛苦,他们无法想象俄狄浦斯发现他杀父娶母时遭受的痛苦。他们当然不能理解奥赛罗(Othello)的妒忌或麦克白(Macbeth)的野心。尽管自然人不会被索福克勒斯或莎士比亚打动,他们仍然会被这样一些作品所感染,这些作品生动地展现纯粹身体的痛苦。然而,在卢梭的术语中,这种作品几乎没有资格成为摹仿性艺术。真正的摹仿艺术必须摹仿超越于身体疼痛的情感,从而也就依托于对这种情感的获取。

　　总之,摹仿艺术取决于两种事物:认同他人的能力,以及体验和辨别情感之复杂维度的想象力。前者是自然的,第二点则是非自然的。进一步来说,我们所称的戏剧性情感,诸如野心、自负、复仇的热望、妒忌等,卢梭把这些情感的发展看作对自然人之独立的威胁。这些戏剧性情感将我们与他人联系起来,使我们依赖于他们。因此,在《爱弥儿》的前半部分,卢梭所描述的教育想要维护自然的独立,所有艺术看起来是对这种独立的威胁。

　　例如,爱弥儿学习绘画,但卢梭说,他这样做,"恰恰不是为了艺术本身,而是为了让他眼睛更熟练,手更灵活"。③ 如果原型不摆在他面前,他从不作画。他也从不替代"真实事物稀奇古怪的样子"。作出的所有努力,是为了压制我们今天所说的"创造力"的发

---

　　① 　见《论人类不平等的起源和基础》,*Collected Writings*,卷三,页 15,页 37。
　　② 　《论人类不平等的起源和基础》,同上,页 15。
　　③ 　《爱弥儿》,页 143。[中译按] 卢梭,《爱弥儿》,李平沤译,北京:商务印书馆,1978,页 180。

展。同样,教爱弥儿唱歌,是为了让他的声音"准、稳、柔和而响亮",但卢梭说,"最重要的是,绝不唱荒唐怪诞的歌、热烈的歌和富于表现力的歌"。[1] 在此,精确的"自然"标准不包括表达情感的摹仿标准。年轻的爱弥儿是一个自然的艺术家,因此对这个术语全部的意义而言,他并非一个真正的摹仿艺术家。

在《爱弥儿》抨击诗歌的语境中,卢梭限制文艺的理由变得更为清晰。他批评拉封丹寓言的其中一个方面,就关系到读者总是倾向于认同那些获胜的角色,而非受教训者。在更深的层面上,卢梭的观点完全抨击这些认同。后来,卢梭对历史研究,特别是对普鲁塔克《对比列传》的研究表达了有条件的赞成,卢梭说,

> 就爱弥儿来说,万一他也这样,不愿意做自己这样的人,而愿意成为某个人——是苏格拉底也好,是卡图也好——那么,一切以失败告终。他只要开始与自己疏离,过不了多久他就会完全忘掉自己。[2]

显然,文艺比历史更可能导致这种疏离(alienation)。[3] 卢梭在对文艺的政治攻击中宣称,文艺使我们忘记了邻居和义务,使我们过分放纵自己。现在似乎是,他对文艺的自然攻击表明,文艺让我们忘记自我,变得过于合群。

拥护文艺的政治个案

卢梭从政治和自然视角进行的大相径庭的批判并不矛盾,而

---

① 《爱弥儿》,页149。[中译按] 李平沤译本,页188—189。

② 《爱弥儿》,页243。

③ 卢梭在《忏悔录》的第一章谈论了阅读小说和传记对他自己的影响,见《忏悔录》,*Collected Writings*,卷五,页7—8。

是相互补充。从自然的视角,人在根本上是独立自主的,完全不受文艺影响,更进一步说,他们的独立就是因为他们不受文艺影响(immunity)。同时,他们的独立自主阻止他们成为公民。卢梭最独特的宣言之一就是,人生来自给自足,因此对人而言,全然没有任何理由以任何持久的方式相互协作。

再者,卢梭坚持认为,一个人对个人私利的理性考量,只能带来他与同伴协作的短暂尝试,并鼓励他作出利用他们的持久努力。卢梭声明,试图把社会纽带建立在私利的基础上,实际上是说,履行社会义务要付出一定代价。但那些为成为好公民(good citizenship)而被给予一定价钱的人,也会理性地设想他们能否在别处获得更好的报酬(offer)。正如卢梭所说,"无利可图,无论多合法,也绝比不上非法获利"。① 因此,人能成为公民,除非他们被给予一个社会身份,这个身份使得他们以集体的方式谋划他们的私利。取得这个社会身份,在文艺的意义上意味着摹仿。实际上,对卢梭而言,社会化本质上等同于摹仿。

卢梭通过处理社会身份之获得的决定性步骤——语言的习得(他称之为"第一社会制度"②)时,阐明了社会化与摹仿之间的这种同一性。这种第一制度如何起源最终是难以理解的,但卢梭很清楚其主要前提。他说,"一旦一个人被他人看成是有感觉、有思想的存在,看作与他自己一样的人,并有跟他交流感觉和想法的意愿与需要,他就会想方设法这样做"。③ 注意这种提法的特点。卢梭并没有说,"一旦一个人认可他人,他就想要交流"。他说的是,"一旦一个人为他人所认可,他就想要交流。"这种交流的意愿显然取决于是否认识到其他人承认我们与之相似。我们必须像其他人

---

① 《论人类不平等的起源和基础》,*Collected Writings*,卷三,页75。

② 《论语言的起源》,页240。

③ 同上,译文我稍作改动。

认识我们一样认识他们。这里需要的是对他人有一种更深、更进一步且更复杂的认同,而非怜悯心的自然形式。

我们也需注意到卢梭区分了两种目的不同的语言:交流思想的语言和交流感觉的语言。他将语言定义为"表达思想的感觉符号体系",这更适用于书面语言而非口语(同上,页240)。如他所说,"人们通过说话传达感觉,在书写中表达观点"。① 作为第一社会制度,语言是认同他人的手段,相比交流思想,语言与交流感觉的关系要密切得多。卢梭与亚里士多德不同,譬如,亚里士多德把语言和理性考量之间的联系看作人的政治本质的要素,卢梭则认为作为交流思想之手段的语言是次要的,也不能满足政治生活的需要。简言之,通过我们所认为的文艺摹仿之物,社会生活开始于交流感觉的制度。真正的社会生活与艺术生活共存。

卢梭认为,第一语言是唱出来的而不是说出来的。通过这一论断,卢梭使得社会生活和艺术生活的联系变得清晰起来。正如音乐对卢梭而言是典型艺术,音乐性言辞(musical speech)是交流的典型形式,甚至是社会生活的典型形式。他认为,古代立法者懂得这个事实,或者至少表现得他们懂得。② 卢梭评论道,

> 在以前的时代,所有人法和神法,美德劝诫,与诸神和英雄相关的知识,卓越人物的生活和行动,都写在诗中,并由合唱队用乐器声公开传唱。③

简而言之,最伟大的古代立法者能在立法艺术上取得成功,是

① 同上,页253,译文我稍作改动。

② 对这一点的详细阐述,见我的文章"To Persuade without Convincing: The Language of Rousseau's Legislator", *American Journal of Political Science* 31(May 1987):321—335。

③ "音乐",*Dictionnaire de musique*,页311;*Dictionary*,页261。

因为他们懂得文艺对立法的重要性。

卢梭赋予文艺摹仿和音乐以政治重要性,可以看到他思想中的柏拉图要素。毕竟,在《王制》(*Republic*)中,最佳城邦基于音乐教育。音乐教育看看上去像是卢梭原则的一个预兆(prefiguration),用旋律、和谐的调式与节奏,以恰当的方式引导公民的灵魂。当然,卢梭和柏拉图这两位哲人对于音乐和好公民之间的联系给出了最强有力的论证。尽管如此,他们的重点却有极为重要的差异。

在《王制》的解释中,旋律、和声和节奏具有疏导情感的力量,这种力量在重要性上无疑从属于这样一种需要,即歌曲的这些要素要服从言辞,进一步说,言辞要服从城邦的理性要求。[1] 简单地说,苏格拉底提出一种由理性到言辞再到音乐的下降。在卢梭之前的现代音乐中,从蒙特维尔蒂(Monterverdi)到鲁利(Lully),基于这种等级秩序的柏拉图式灵感仍有迹可循。[2]

另一方面,卢梭把旋律放在比理性或有声语言重要得多的位置。的确,卢梭试图恢复音乐和言辞之间的联系,然而在拉莫(Rameau)的音乐中,或者至少在拉莫关于音乐的理论中割裂了这种联系。[3] 不过,卢梭要努力恢复的是音乐和言辞之优美音调(melodic accents of speech)的关系,而非音乐和理性言辞之表达的关系。柏拉图的兴趣在于驯化音乐的力量,使之听从于理性;卢

---

[1]　见柏拉图,《王制》,398d,400d。

[2]　Monteverdi 宣称,人们应该"让语词成为和声的女主人而非其仆从",在这个宣称中他运用了柏拉图的权威,见 Gary Tomlinson, *Monteverdi and the End of the Renaissance*, Barkeley, 1987, 25. 至于在 Lully 那里,音乐对抒情诗而言处于次级地位,见 Catherine Kintzler, *Jean-philipe Ramèau: Splendeur et naufrage de l'esthétique du plaisir à l'âge classique*, Paris, 1983. 亦见 John Neubeuer, *The Emancipation of Music from Language: Departure from Mimesis in Eighteenth-Century Aesthetics*, New Haven, 1986, 22—23.

[3]　有关这种观点见 Kintzler, *Jean-Philipe Rameau*, 99—132.

梭则更感兴趣于利用旋律未被驯化的力量。或许是因为卢梭将社会化的生活看成是非自然的，他认为需要动用音乐的全部力量来使人们社会化。这并不是说，卢梭不愿意使用理性的论辩讨论哪一种音乐对政治目的（civil purposes）更有益。他的确写过一篇有趣的散文——《论军乐》（"On Military Music"），并创作了一首与其原则一致的欢快的进行曲。不过，总的来说，卢梭完全颠覆了柏拉图式秩序，给予理性以超越感觉的首要地位。

现在，卢梭对文艺的首次批评可以放到一个更合适的视角中去。在攻击文艺和奢侈之关系后，卢梭对剧院的严格控诉，关涉到剧院认同的贫乏性（sterility）。这种贫乏源于戏剧经验真正的纯粹性，在此，观众遗忘了他们作为公民的正常存在。在此公民身份受到关注，卢梭的攻击针对的是这种认同形式的贫乏性，而非认同本身。真正的公民身份取决于对某种认同的发现，这种认同可以避免这种贫乏和健忘。在同时代人耕耘着戏剧艺术和音乐艺术时，卢梭对这两种艺术的两种表面上对立的批评，可以与他的这一批评结合起来，即他认为，这些艺术太具摹仿性而不能保留自然性，又因缺乏摹仿性（或不能以合适的方式［摹仿］），而无法支撑公民身份。

在《致达朗贝尔论剧院的信》中，卢梭有保留地赞扬了古希腊戏剧，因其实现了更高形式的摹仿。他认为古希腊戏剧以多种形式超越现代戏剧，包括露天举行、没有入场费。这些因素都缓解了其支持不平等表演的倾向。更重要的是，希腊戏剧依赖于唤起民族传统的政治主题。[①] 更进一步说，当希腊人走进剧场时，他们所认同的是公民，而非那些不切实际的英雄、情侣或败坏的世故之人，这些老于世故的人在法国古典主义戏剧中走向舞台。卢梭显然认为法国的美狄亚（Medea）和斐德娜（Phaedra）是对希腊原型

---

① 《致达朗贝尔论剧院的信》，前揭，页33—34。

的人为衍生物。

卢梭攻击古典主义戏剧的道德贫乏,其后的剧作家对此耿耿于怀。卢梭的一部分艺术遗产是一系列克服这种贫乏的尝试。在写《致达朗贝尔论剧院的信》之前,卢梭自己也考虑过写戏剧,那种向法国舞台介绍公民共和论(civic republicanism)的戏剧。① 兴许是因为对戏剧限度的分析,他放弃了这个方案。即便如此,在《致达朗贝尔论剧院的信》中,卢梭敦促同时代剧作家将他们的注意力从崇高的主题中移开,转向"受难中的淳朴人类"。② 通过这样做,他至少部分赞同狄德罗的感伤剧(sentimental drama)方案,感伤剧以资产者英雄为基础,比如那些在他的戏剧《一家之主》(*The Father of the Family*)和《私生子》(*The Natural Son*)中出现的人物。更进一步说,卢梭对戏剧内在限度的诊断,至少为后来的尝试提供遥远的灵感,譬如,在 20 世纪,布莱希特(Brecht)和阿尔托(Artaud)通过消除观众和演员的界限,克服这些限度。

希腊戏剧在它的形式和内容两方面都最大限度地缩短了观众和演员的距离。然而,甚至希腊戏剧也无法获得卢梭无条件的褒奖。卢梭需要的是一种娱乐,在这里能够完全克服观众和演员的分离。他推崇公共节日、比赛和舞蹈。最终,他的目标是要把整个共同体变成一种持续的表演(spectacle),公民都是其中的参与者。他说,

> 让观众们也登上舞台,让他们自己当演员,让每一个人都觉得自己同别人是互相爱护和紧密团结在一起的。③

---

① 见《忏悔录》,第 8 章,*Collected Writings*,卷五,页 331。

② 《致达朗贝尔论剧院的信》,前揭,页 32。

③ 《致达朗贝尔论剧院的信》,页 126。[中译按]卢梭,《致达朗贝尔论剧院的信》,李平沤译,北京:商务印书馆,2011,页 168。

最终,现代共同体的问题不是过度关注文艺,而是一种贫乏,这种贫乏起因于无法准确懂得文艺多大程度能成为共同体的基础,而非仅仅是它的矫饰,以及文艺多大程度能充当相互认同的基础,而非促进有害的不平等。

卢梭认为,在现代社会,文艺无法实现其在古代社会已实现之事。把卢梭这一分析看作恢复文艺之适当重要性的召唤,是很吸引人的。当然,卢梭对追随他的艺术家的影响之一,就在于鼓舞他们试着恢复文艺与政治生活的古老联系。卢梭激励他们将自己看作共同体的真正创建者而非富人的仆从。席勒从《爱弥儿》中为他的《审美教育书简》(*Letters on the Aesthetic Education of man*)找到了灵感,也有人在雪莱的宣言中听到了卢梭的回声:

> 然而诗人,或者那些想象并表达这个不可破坏之秩序的人,不仅是语言和音乐、舞蹈和建筑学的作者,以及雕塑、绘画的作者;他们是法律的制定者,公民社会的创建者。①

不仅在雪莱的诗歌中,在拜伦、席勒、荷尔德林以及其他浪漫派诗人的诗歌中,卢梭的名字也占显赫地位就不足为奇了。这些诗人追求用文艺建立一种新文化的目标。②

最现代的社会是否可能彻底重建,卢梭自己比他的追随者的疑虑要多得多。然而,他的确考虑过许多方案,这些方案在当代社会将给予文艺一个更有用的角色。这些方案中最重要的是他赋予小说以动力。小说作为一种文学形式,不会引导现代人进入一种

---

① Percy Bysshe Shelley, "A Defense of Poetry", *The Complete Works of Percy Bysshe Shelley*, ed. Roger Ingpen and Walter E·Peck, New York, 1965, 7:112.

② 卢梭对英国浪漫派诗人的神话和文化形成之方案有重要作用,见 Paul A. Cantor, *Creature and Creator: Myth-Making and English Romanticism*, Cambridge, 1984。

戏剧观众的竞争性炫示中,因而可以满足现代人的非政治性情感。阅读小说是家庭活动,而非公共活动,好的小说有助于让家庭生活成为避风港,远离败坏的公共生活。①

在卢梭看来,最伟大的小说家是理查德森(Richardson)。卢梭试图隔绝和完善的,正是理查德森式敏感或感伤这一关键要素。卢梭的一项批评是,理查德森没有充分依赖这种要素。狄德罗称赞理查德森具有描画多种角色和环境的能力(并含蓄地暗示卢梭在《朱莉或新爱洛绮丝》中的失败)。卢梭对此的回应是,他认为突转和邪恶的人物是低级伎俩,只有最没天赋的小说家才会使用。卢梭自己的小说很成功:没有此类手段,并专注于相对简单的故事及其主人公的美好灵魂。② 正如布鲁姆(Allan Bloom)所示,卢梭对爱的探究为19世纪最伟大的小说家们设定了议题(agenda)。③ 这些议题是在腐化世界中提升私人生活的价值,而非重新建立古代的健康政治。

在第二种方案中,卢梭孜孜不倦地与法国主流音乐传统争辩,他认为这一传统以纯技术性的专门技能之名放弃了表现力。特别是卢梭与拉莫展开了一场对音乐本质的持久而激烈的争论。④ 卢梭对音乐的处理最有趣的方面之一,是他试图提请人们关注其他国家的音乐。这一点开始于他在法国拥护印度音乐,并进而尝试在他的《音乐词典》复制中国和南美的音乐,最后他创作了一个相当不寻常的曲子——"黑人之歌"(chanson negre),用克雷奥耳语(Creole)写成,以适用于抒情诗。卢梭的兴趣至少有两个原因。

---

① 见《致达朗贝尔论剧院的信》,前揭,页82。

② 见《忏悔录》,第11章,*Collected Writings*,卷五,页456—457。

③ 见 Allan Bloom, *Love and Friendship*, New York, 1993。布鲁姆也主张,《朱莉或新爱洛绮丝》(*Julie*)有助于完善卢梭之前的18世纪小说家的议题。这种观点见 William Ray, *Story and History:Narrative Authority and Social Identity in the Eighteenth-Century and English Novel*, Cambridge, Mass, 1990。

④ 对这场辩论的解释,也清楚地阐释了吕利、拉莫和卢梭截然不同的立场,见 Kintzler, *Jean-Philippe Rameau*, 前揭。

第一，他愿意探索各种类型的音乐，这些音乐可能重新夺回一些在现代法国音乐中已然失去的东西。第二，他认为最重要的一点在于对独特文化的鼓励。

对我们称之为原始主义和文化多样性的强调，源于卢梭的这一坚决主张：艺术经验不是自然的，因为我们在文艺经验中所认同的激情、感觉、情绪，并非自然经验。正是因为这些感觉是非自然的，则易受不定变数影响。由于性情、气候、饮食、历史事件或许多其他原因，这些感觉因人而异，甚至会因民族而异。在这些人中，有些人可能会受到人类活动的影响，另一些人则不会。因此，不同种类的文艺将会影响不同的文化。

为了阐明这一点，卢梭提到一个传统故事，歌曲可以治愈狼蛛咬伤。在暂时接受这一治疗事实的同时，卢梭还是否认它们有直接的身体影响。更确切地说，他断言，歌曲影响情绪，转而影响身体。因此，他坚持，每个民族都需要有自己的歌曲。卢梭以此总结他的解释，

> 巴尼(Bernier)的清唱剧被认为治愈了法国音乐家的热病；它会让任何其他国家的音乐家患上热病。[①]

正如许多现代父母沮丧地发现，对一个观众仅仅是噪音的东西，对其他人却充满了深切动人的联系。

立法者必须要意识到艺术力量中的可变性。他们丝毫没有自由去使用任何手段。他们必须学会诊断他们自己人民的文艺或文化性格，从而使用合适的方法把这种性格导向正确的方向。在某种意义上，所有幸福的政治共同体与幸福的家庭一样，都是相似的；即是，这些共同体全部建立在艺术经验之上，这种经验能让公

---

① 《论语言的起源》，前揭，页284。

民彼此认同。但对每个共同体而言,这种形式相似性与最大可能的独特性相容,并且的确需要这种独特性。

　　卢梭对同时代音乐的分析产生了实际影响,对此,他再次作出适度的预期。卢梭当然希望把同时代音乐从它已经发生的错误转变中解救出来,但他有两种宣称:音乐必须基于语言的旋律性;现代欧洲语言本质上是无旋律的。这使得卢梭比他的许多追慕者更悲观。[①] 在这个个案中,与其他众多个案一样,卢梭激发了其追慕者一种敏锐的感觉,即感觉到他们自己的社会已经决然出错了。卢梭努力灌输他对重回正轨之方案的悲观主义,却较少获得成功。

独立与艺术生活

　　总之,在卢梭的同时代人耕耘文艺之时,卢梭对文艺的政治批评最终让他得出这样的断言:健康的政治生活与文艺完全不矛盾,且必须建立在文艺的基础上。现在我们可以询问,卢梭从独立这个视角出发对文艺的批评,是否经历了同样的逆转。的确,如上文所示,自然生活在其更纯粹的形式中——要么在纯粹的自然状态下,要么在年幼的爱弥儿更文明的(civilized)生活中——本质上是一种非艺术的(inartistic)生活。当然,美简约成好,好简约成愉悦,而愉悦则被简约成感官的愉悦。好的品味从字面意思来说等同于味道好的东西。尽管这种生活是可能的,其中有对人的自然最真实的表达,然而,正像我们所知道的那样,对社会中的人而言,这种生活当然是不可能的。我们不能回到在森林中与熊共存,即便爱弥儿在长到 15 岁并发现其他人后,也不能完全保持自然的独立。

　　为过一种独立的生活还有其他选择吗? 或者,卢梭在背离自

---

　　① 从旧传统到将音乐浪漫地理解为典型艺术,卢梭走出了决定性的一步,对此的解释见 Neubauer, *Emancipation of Music from Language*,前揭。

然、社会依赖性与艺术之间建立的联系,是否意味着独立生活仅仅是一个虚幻的梦? 在传统意义上,独立生活可以等同于哲学生活,而哲学生活被认为区别于艺术生活和政治参与。当然,这个立场的经典表述是柏拉图《王制》中的洞喻。在《王制》中,哲学生活的吸引力主要在于从捆绑其他人的链条中获得独立或解放这个方面。在这一表述中,这种枷锁很大程度上是由文艺或诗歌锻造的。有强有力的证据表明卢梭对文艺的批评很大程度上归咎于柏拉图的解释,[①]但他与柏拉图的结盟终止于这个批评,正是因为他不能接受这一观点,即哲学从根底上比文艺有更自然的基础。

这并不是说,卢梭完全不能从独立或自由这个方面理解哲学。实际上,尽管以公民的身份说话,他却屡次带领哲人从事破坏社会纽带(bonds)的工作。从更积极的角度,同样的过程可以说成是将哲学从社会束缚(bonds)中解放出来。卢梭对此的回答是,哲学仅仅象征一种不完全的解放。卢梭这样描述一位哲人研究其他人的方式:

> 对人性的过多思考,对人类的过多观察,使哲人根据人的价值来评估它们,自然很难对他们瞧不起的人有好感。有德之士与追随美德者分享的所有兴趣爱好,很快被他一人独享;他对他人的蔑视更是加深了他的傲慢:他对自身的爱恋,与他对天下它物的冷漠,一同增长。[②]

对卢梭来说,哲人的特点不是爱智慧,而是骄傲(pride)。摆

---

① 要特别考虑他对《王制》和《法义》中的摘录——称为《论戏剧摹仿》(On Theatrical Imitation)——这篇文章创作于卢梭写作《致达朗贝尔论剧院的信》时。[中译按]见贺方婴编,《卢梭的梦》,温玉伟等译,北京:生活·读书·新知三联书店,即出。

② 《〈纳喀索斯或自恋者〉序言》,Collected Writings,卷二,页192。[中译按] 中译文引自冬一译本,根据英文略有改动。

脱了其他人的卑劣品性的确值得骄傲，但这种骄傲不是一种完全的独立，因为它基于一种不断的对比。因此，最终哲学活动只不过是所有非自然人的特有恶行中最文雅的版本。

卢梭的确认同求知欲的自然来源，这种欲望区别于不自然的基于骄傲的（pride-based）欲望。好奇心的自然形式基于"对幸福的天然渴望"，[①]并带来对所有与自身兴趣相关的事物的求知欲。卢梭敦促我们想象"一个流落荒岛的哲人"。有一处明显提到牛顿，卢梭认为这个哲人将丧失对事物的所有兴趣，诸如世界体系、引力定律，以及微积分（differential calculus）。相反，他将探索他的岛屿的每个部分。

这并不是说，求知欲的这种特殊形式不能无限延伸。毕竟，"人类的岛屿是地球，我们视野中最醒目的物体是太阳"，我们可能需要学习微积分和引力定律，并学习如何运用这些事物；然而，天生的求知欲总是或多或少基于知识和我们利益之间的明确联系。此外，这些利益局限于一种物质的（material）方式，而非依据某种我们所拥有的设定利益，满足一种求知的爱欲望。

这带来一个问题，卢梭怎样理解自己的哲学活动？它是以骄傲或效用（utility）为基础，还是有某种东西被排除在这种解释之外？卢梭留给我们的关于他自己形象的很大一部分都是一个孤独之人的画像，他从事他热爱的活动，对他人的意见和利益考量都漠不关心。此外，其中一些活动，比如研究音乐和植物学，看起来显然像传统意义上的哲学。

非功利的认知具有令人满意的品性，卢梭对此最著名的解释出现在他对植物学的描绘中。如他所述，植物研究是一种沉思的追求，有别于基于骄傲和基于利益的哲学。他亲自从事这种活动，不关心其他人的意见。最重要的是，他坚持，植物学不应被当作一

①　《爱弥儿》，前揭，页 167。

种实用的研究。他的植物学词典以此评述开篇，"植物学最初的不幸在于，自诞生以来它就被视作医学的一部分"。① 这种功利的方法将植物学限制在一个狭窄的领域里，使那些为植物真正的美而研究它的人变得盲目，从而使植物学变形。沉思植物的结构或"组织"可以发现那种美。而且，只有通过研究才能欣赏这种美。要经验它，必须成为认识者。②

是什么导致卢梭在沉思植物结构时感到满足？他是否清楚地认识到内在于植物的美，以及超越于植物所指向的宇宙之美？植物的结构之美是否有些像古典哲学的形式或理念？对这些问题的回答有些复杂。

首先，把植物学与对存在的终极关切联系起来，卢梭对此只作出过相当敷衍的努力。我们能体验到植物结构是美的，根本不用涉及它们与某种超越它们之物的关系。③ 更重要的是，他主张，植物研究的愉悦不能直接增加所获得知识的比例。他这样描述自己强烈的愉悦：

> 在树林和田野里漫不经心地溜达，无意识地在这里那里有时来一朵花，有时折一个枝，差不多遇到什么就嚼点什么，同样的东西观察个千百遍而永远怀着同样的兴趣，因为我总是看过什么马上就忘记掉的——这就足够使我历经千万年而不会感到片刻的厌烦了……由于我的记忆力不好，我经常处于这种神妙的状态：我掌握的必要的知识，使我对一切都能够感知。④

---

① 《卢梭全集》（*Oeuvres complètes*），ed. Bernard Gagnebin and Marcel Raymond，Paris，1959—，卷四，页 201。

② 见《忏悔录》，*Collected Writings*，卷五，页 537。

③ 此种观点见 Paul A. Canter，"The Metaphysics of Botany：Rousseau and the New Criticism of Plants"，*Southwestern Review*，70，summer，1985，362—380。

④ 《忏悔录》，*Collected Writings*，卷五，页 537。

植物研究的愉悦需要一定程度的知识,但它更多存在于不断发现特殊的美的新奇感中,而很少存在于对永恒原则的沉思中。遗忘作为一个重要要素,在卢梭的解释中,至少与理解力同样重要。在传统的解释中,在哲学沉思所必需的品性清单上,人们从未发现糟糕的记忆力如此重要。

最后——在筛选了诸多证据和诸多条件之后——必须作出总结,对卢梭而言,哲学被理解为努力理解关于存在的永恒真理,简单地说,至少就成功实现其目标来看,哲学是乏味的。若他乐于践行,沉思则更类似于一种审美活动,一种愉悦的想象力的刺激,一次在美术馆的漫步,赞美一幅画作之美,却在产生不可避免的厌倦之前向另一幅走去。

这种对新奇感的需要,很大一部分理由来自这一事实,即在卢梭对美好事物的结构或组织的解释中,给予美之经验而非美之所在更多机会。如前所述,艺术经验对感觉的一种认同,那些有过此类经验的人,只会认同他们有能力辨识的感觉,或以某些方式已经有过的感觉。文艺作品或自然事物被体验为美的,仅仅是激发这些感觉的媒介。卢梭在不同语境下至少说过两次,

　　　　除非单一存在本身存在,不然除了我们对美的经验,没有任何美的事物。①

因为他坚持,我们无法接近本身存在的单一存在,这等于说,除了我们对美的经验,没有任何美的事物。因此,对卢梭赞扬植物学的总结——对美德的爱必须与对自然秩序性的欣赏联系起来——是一个错误。暴风雨的失序和瀑布的野性可以同样完美地反射出灵魂的感觉,就像植物结构那样。

---

① 《爱弥儿》,页 447;《朱莉或新爱洛绮丝》,*Oeuvres complètes*,卷二,页 693。

　　贯穿卢梭作品始终的有诸多他对这种新型的非哲学式沉思经验之满足所作出的解释。卢梭试图说明,与大多数熟人对他的看法相反,他过着幸福而非不幸的生活。① 他所描述的快乐的一天分三个阶段。

　　第一,早早离开家,避免为拜访者所扰,去观察植物之美。第二,他设想一个有朋友和爱人分享其愉悦的社群(society)。即便是一种对想象的同伴的认同,对完全的愉悦也是必需的。他展示了这种愉悦多大程度来自想象的行为而非真正的同伴,他说,

> 　　要是我所有的梦想都已变成现实,我并不满足于此;我仍然会想象、梦想、渴望。我在自己身上发现一种难以解释的虚无,任何事物都无法填补这种虚无。

　　很自然地,这种难以解释的虚无促使他考虑传统的哲学关切。他的心智转向"所有自然的存在,事物的普遍体系,以及包含一切的无限存在"。但当他面对这些终极关切时,他说,"我不思考,不推理,不进行哲学探讨。"相反,他沉溺于混沌之中,任自己的想象力遨游。他以一种最终的反哲学的言论总结这种经验:

> 　　我相信,面对那种茫然的狂喜,我毫无保留地抛却了自己的心智,与之相比,要是我揭开自然的所有神秘面纱,我将感到自己处于一个不怎么愉快的境地。

　　最终的明晰反而不如茫然的狂喜那般令人愉快。

　　在何种意义上,在最精确意义上对人类情感的摹仿或认同中,

---

　　① 这种描述见 "Letters to M · de Malesherbes", *Collected Writings*,卷五,页579。

这种特殊的独立生活是艺术生活？在下述方法中：卢梭面对存在的独特形式，是要看到他自己映射在宇宙本身的无法满足的渴望。在思索宇宙时，他所认同的是自己的感觉。宇宙成为卢梭自己的一个隐喻。因此，卢梭将自足的生活描绘为人类的最高快乐，然而，这是一种审美沉思、想象再造以及茫然的狂喜的生活；这是诗性的而非哲学的生活。哲学于它起了最大的作用。

　　考察卢梭关于文艺的复杂观点，我们可以得出什么结论？可以看到，卢梭把文艺看作人的依赖性和独立这两者的来源，也是健康和不健康的社会生活的来源。兴许卢梭的思索最有意义的实践结果，在于激发了对文艺和政治之现状的深刻不满，也激发了对其未来可能的改进的巨大希望。文艺正如它们现在所培育的那样，破坏了我们的自治，让我们成为彼此的剥削者；但文艺可能像其所培育的那样，成就作为个体的我们，并将我们团结成一个共同体的成员。这种奇怪的观点极大地提升了文艺的抱负，但就像我们今天在我们周围所看到那样，这种抱负很容易分裂成关于文艺的不同争论。

卢梭对自由主义政制的批判

布鲁姆（Allan Bloom） 撰

在制宪者们（Framers）写下"我们美国人民……"的时刻，卢梭已经使"人民"这个词变得有问题了。① 你怎么使个人成为人民？即是说，从只在乎自己的特定好处的人们转变成公民的共同体，使个人的善服从公共的善。

在［宪法］序言中，作为集体的"我们"完全可能是拥有权力和财富的少数人的声音，他们强迫并欺骗多数人，使得多数人的同意变得毫无意义。或者，多数人赞同使用"我们"这个词语可能出于天真，并未认识到他们的"我"必须作出多少牺牲；或者他们缺德地企图从社会契约的好处中获利，并规避这个契约要求作出的牺牲。

因此，如卢梭所教导的那样，超越早期现代思想家，把依据自然而自由和平等的人转变成服从法律及其执行者的公民，是困难的。卢梭说，"人生而自由，却无往不在枷锁之中"。② 卢梭的任务不是让人返回他的原始状态，而是使强迫和欺骗的结果合法化，并说服人们：还是存在一种可能的社会秩序，既是有益的又是正义的。

---

① 卢梭，《社会契约论》，bk. 2, chaps. 8—10。
② ［中译按］卢梭，《社会契约论》，何兆武译，北京：商务印书馆，2003，页 4。

基于以上述初步论述，可以明显看出，在人的天性以及公民社会的起源和目的［问题上］，卢梭与制宪者及其老师们达成了全面一致，卢梭开始于这种一致。人生而自由，即是说，人能遵从自己的倾向，去做任何有益于自我保存和舒适的事情。人生而平等，就是说，不再有位居其上的人（superiors）用正当的要求来命令他。他没有义务。因此，统治不是自然的而是人为的构建，法律也完全是人为制造之物。

自然状态与公民状态全然两分，从自然状态过渡到公民状态的唯一方式就是同意。所有其他具有合法性的条款，不管是神的还是人的，不管是来自祖传或是独有（exclusive）智慧的诉求，这些条款既不具约束力也不可信。在自然状态中，权利是原初的，义务是衍生的，并只在自由达成社会契约后才具约束力。

所有这些和更多的东西提供了现代性的共识。在这里，卢梭与他的自由派先驱及同时代人齐头并进。他没有拒绝这些新原则，但他从最广阔的视角思考这些原则，从而使其激进化。在他眼里，他的启蒙同道们对抗王权和圣坛、已持续了两个世纪的史诗般的斗争，业已完全取得胜利。他正确地预言，君主制与贵族制的欧洲已濒临绝境。不久将会发生巨大的革命，而即将出现的政治秩序的面相令他深感忧虑。

面对溃败的贵族和国王（尽管很少对神父们），卢梭甚至能表现出些许慷慨的认同姿态。那些和他们一起困在这场战斗中的人，不可能认可他们在道德和政治上的卓越。新世界居住着这样一些个体，他们知道自己被赋予了诸多权利、自由和平等，不再踩在由神来指定权利和义务的受迷惑之地。现在，他们不再承认比他们的意志（wills）更高的来源的合法性。他们理性地追求自己的利益。不管愿意与否，他们会成为新专制的牺牲品吗？他们难不成会像无头脑的爱国者或狂热的信徒那样，在其方式上有道德疑问？这些爱国者和狂热分子是现代批评的特殊对象，难不成他们要采取这些人的立场?

卢梭的反思具有从左翼击败制宪者的效果,在这个立场上,他们曾以为是无懈可击的。他们的敌人是旧欧洲的特权秩序,这种特权秩序垄断了财富及获取财富的方式,并得到教会的支持。他们的革命是由偏见到理性、专制到自由、不平等到平等的运动。这是一个进步,但没有什么会是无限制的,至少原则上如此。危险被理解成来自王权与圣坛的各种形式的复辟(revanchisme)。存在着很多启蒙及其政治方案的反对者——以传统或祖先之名,以国王和贵族之名,甚至以古代城邦及其美德之名。

卢梭是第一个在我们称之为左派的党派内部制造分裂的人。借此他建立了一个舞台,在这个舞台上政治戏剧至今都还在上演。相比美国革命,法国大革命中的因素要极端得多,无需中间人,就可以直接追溯到卢梭对其主角产生的影响。正是因为凭借卢梭的标准,法国革命被判定为一次失败,仅仅为下一场革命,或可能是最后的革命做准备。激进的自由平等派阵营极少有政治上的成功可供自己展示,但它包含所有不满和渴望,这些不满和渴望在获胜的自由主义后还要打上一个问号。

卢梭为反现代性作出最现代的表达,并开辟了极端的现代性。仅仅将他看成左派的天才人物是错误的。他专注于人民,即个体的集体存在,为 19 和 20 世纪的国家宗教奠定了基础。他抨击世界公民的文明(cosmopolitan civilization),为宣称独特并由个体成员组成的民族文化开辟了道路。

人类幸福的整全感(unity)已然失去,这令他感到遗憾。这种遗憾是浪漫主义的来源,它在右派中所起的作用,至少与在左派中一样大。他坚持宗教对人民生活的中心地位,这赋予了神学新的内容,并为宗教虔诚(religiosity)提供了冲动,而这一冲动是 19 和 20 世纪的突出特征之一。卢梭明确表达了对自由社会新型人的轻蔑,这种轻蔑适用于政治领域中的两个极端所谋划的方案,他的左派为新右派提供信息，而新右派在老右派智识混乱之上建构自身。

卢梭影响巨大，完美地融入了西方的血脉之中，以至于在不知不觉中对每个人起了作用。甚至连自由民主制度的中流砥柱也受卢梭影响，卢梭批判了现代国家政治和经济关系所特有的冷酷（harshness），他们对此印象深刻，并在卢梭的提议的基础上设法纠正它们。这种影响直接体现在托克维尔（Alexis de Tocqueville）身上，通过华兹华斯（Wordsworth），也影响了密尔（John Stuart Mill）。梭罗（Thoreau），他为美国描绘了对文明的抵制和一种免于现代社会之扭曲的生活方式。这些不过是再次展示了让-雅克思想与生活的一部分。

卢梭无处不在，而且常常在保守派或左派人士很不情愿承认他的地方出现。他是所有那些学派和运动的温床，这些学派和运动丰富、修改、保卫或者暗中破坏宪政自由主义。他的宽度与广度使得他不可能完全归入任何单个的派别中去。继承他的学派全都是"主义"（all isms）和智识的力量，它们赋予强有力的政治或社会运动或多或少的目的单一性。卢梭反对这种限制。对他来说，人的问题在政治层面上不可解决。

然而，与苏格拉底不同，卢梭提出了实际的解决方案，这些方案都是试验性的，并由其他解决方法和诱惑加以均衡。人们时常可以在卢梭那里发现反对每个学派的理据，这些学派又仰赖卢梭。因此，卢梭并非制造一种他自己的主义，而是确实提供了真实的现代视野。他关切一种更高的、非唯利是图的道德（morality），这是康德唯心论的基础。他对现代经济的批判和对私有财产合法性的质疑，是社会主义特别是马克思主义的根基。

卢梭强调人的起源而非他的目的（ends），使人类学成为一门核心学科。对人而言，从自然状态向公民社会过渡的运动史似乎比人的自然更为本质——因此［产生了］历史主义。人的本性在社会化进程中所遭受的创伤，成为新兴的心理学的主题，这种心理学尤其以弗洛伊德为代表。对美的浪漫之爱以及对现代社会与精神上的崇高与纯洁是否相容的怀疑，给"为艺术而艺术"式的崇拜、给波西米亚式的生活提供了正当理由。对扎根（rootedness）与现代形式的共同体的渴望是卢梭感性的一部分，对自然的热爱和对征服自然者的憎恶也同样如此。所有这些和更多的东西从这个永不枯竭的源泉中流出。卢梭拥有非常卓越的思想明晰性，并伴随着激动人心而且极富魅力的修辞。

资产者

"资产者"一词（the Bourgeois）是卢梭的伟大发明，鉴于这类人是由现代政治所造就的人的主要类型，一个人对此类人的态度决定了他与现代政治的关系。这个词蕴含了强烈的负面指控，事实上没有人愿意仅仅是资产者一分子。艺术家和知识分子几乎普遍蔑视他，他们很大程度上为了维护自身而反对资产者。资产者没有诗意、没有爱欲、没有英雄气，他既非贵族亦非平民。他不是一个公民，而且他的宗教苍白而属于此世（this-worldly）。只需援引他的名字就足以让左派和右派的革命合法化；并在自由民主的界限中，各种改革的持续提出就是为了修正他的动机或牵制他们。

这种现象——资产者——正是卢梭的考察现代性中人的条件的真正出发点，从这里出发，他诊断了什么使得现代陷入困境。资产者处在两个值得尊敬的极端之间——好的自然人和有道德的公民。前者独自生活，关心他自己、自我保存以及满足，不关心他人，也因此希望他们对他无害。后者则完全为他的国家而活着，只关注公共的善，只作为它其中的一部分而存在，爱自己的国家，憎恨它的敌人。

这两种类型的人以自己的方式都是整全的，摒除了倾向与义务(inclination and duty)之间的消耗性冲突。这冲突削弱了资产者,使他变得虚弱且不可靠。资产者是社会中的个人主义者,需要社会及其保护性的法律,但仅仅将其作为他实现个人目的的手段。这种需要无法提供足够的动机,让他在国家需要的时候,做出最大可能的牺牲。这也意味着,资产者向他的同胞们说谎,向他们做出有条件的承诺,却期待同胞们无条件地履行他们的承诺。资产者是一个伪君子,将他的真实意图隐藏在公共精神的伪装之下。因此,他需要所有人,却不愿在别人有需要时做出任何牺牲相应地去帮助他们,他在心理上与所有人都处于交战状态。资产者的道德是唯利是图,他的每个社会行为都要求报酬。不管是自然的真诚,还是政治的高贵,他都无能为力。①

　　这种新的主导性品性有诸多缺陷,原因在于,从自然状态到公民社会的路途中,他走了捷径。卢梭思考了新的政治科学,这门政治科学教导人们,人天生不具有政治性(通过它,卢梭的思考比他的前辈们更深入地引到自然和社会两个方向,后者已经认为这有必要且有可能),这表明自然动机不足以造就社会人。把自然情感用作公民社会的基础,一旦社会败坏了这些自然情感,这种尝试失败了。一个从来不说"我承诺"的人,也用不着说谎。一个没有足够动力信守诺言的人,他说"我承诺"就是在说谎。这就是由霍布斯和洛克提倡的社会契约,要求来自参与者的有约束力的承诺。这些参与者则仅仅关心他们自己的好处,因此他们的契约是以自身利益的考量为条件的。此种社会契约趋向混乱或僭政。

　　在本质上,卢梭的资产者等同于洛克的理性和勤劳的人,这种关心财产的新型人,给社会提供一种更清醒且更牢固的基础。卢梭从道德、公民身份、平等、自由和同情等角度多方面地理解资产

---

① 《社会契约论》,bk. 1, chap. 6;《爱弥儿或论教育》,trans. Allan Bloom, New York, 1979, 39—41。

者。理性、勤勉之人可能会成为一个稳定的工具，但是依托他的代价是人的尊严。这两种理解现代性主角的方式之间的比照，概括了过去两个世纪持续不断的政治争论。

启蒙与美德

卢梭是在他的《论科学和文艺》最早提出关于现代性批判的构想，这个批判在欧洲爆发出一股令我们今天都难以置信的力量。在这篇论文中，卢梭正是基于激发启蒙的诸多原则，第一次攻击了启蒙。简单地说，他认为，科学与文艺的进步与普及以及摆脱政治和宗教控制，对正派的共同体及其基础和美德有害。在他看来，美德意味着共和派公民忘我地献身于公共的善。这种公共的善是由自由人建立和保存的，它旨在保证平等关心和对待全体公民。

在这种美德的定义中，卢梭跟随了孟德斯鸠。孟德斯鸠将美德称为情感，说它是古代的民主政制原则，或其精神的主要动力，正如畏惧之于专制或荣誉之于君主制。在任何古代关于美德的解释中，它当然不是一种情感，它当然也并不特别与民主制有关。卢梭显然接受孟德斯鸠关于美德的解释，是因为他像其他现代人一样，相信情感是灵魂中唯一的真实力量，并且相信灵魂中没有其他力量能够控制情感。情感必须控制情感。美德必须被理解为一种特殊的复杂情感。然而倒有可能，卢梭公然捍卫古代的"民主制"（早期共和制下的罗马，尤其是斯巴达），这与孟德斯鸠恰恰相反。孟德斯鸠与启蒙运动的普遍倾向一致，他偏爱商业共和国或者君主制（他不大在意在这两者之间作何选择），因为他认为古典美德的代价太高了。

卢梭选择爱国主义，一种带有狂热色彩的动机，因为只有爱国主义能够均衡爱自己胜过其他人的自然倾向。这种倾向因为人的社会条件被极大地增强并败坏了。在社会条件下，人们相互依存，自爱变成适己之爱（amour propre），一种在众人之中争先的情感，要使自己被人们尊重就像他尊重自己一样。爱国主义是适己之爱的一种升华形式，为自己的国家争先。没有这样一种平衡，社会将变成联合起来操控全体的个人或者集团之间争夺首位的斗争。

因此，正是作为爱国主义的溶解剂（solvent），卢梭才反对启蒙运动。共同体的织体是由情感的某些直接习性编织而成的。它们经不起理性［推敲］，理性只能看清私利的计算。理性透过情感的面纱，强有力地提出保存与舒适的要求。理性也变得个性化（individualizes）。在此，卢梭重拾古典政治哲学的古老断言：在沉思生活与实践生活之间存在张力，这种张力至少使得它们的共存不够稳定。或换句话说，启蒙运动认为理智的与道德或政治的发展并行不悖，而古人认为这颇值得怀疑。

卢梭重述和加重了这种怀疑，在斯巴达和雅典的明显对比中，他表达了他的反对意见。当然，毫无疑问他更喜欢斯巴达。启蒙运动意图改变人在自然状态下的自私，将其变成一种开明的自利。这样的人基于自然情感和可依靠的自然情感，能够理性地加入公民社会。卢梭认为，这种转变有害，并且是道德混乱和人的不幸的来源。他最初作为古老道德秩序的捍卫者亮相，反对哲学精神，这一定程度上在先前任何哲人那里都绝无仅有。

卢梭之所以这么做，或许是因为现代性比任何先前的思想都更系统地攻击了道德秩序。卢梭是第一个以道德卫士的身份反对理性的哲人。他坚持认为，从自然状态过渡到社会状态，不可能像启蒙所宣称的那样，是直接和几乎自发的道路。

更具体说来，文艺与科学只能在大而奢靡的国家欣欣向荣，这意味着，从一开始他们所要求的条件就与那些小的、朴素的、紧密凝聚在一起的共同体截然不同。在这些共同体里，道德的纯正（moral health）盛行，个人没有任何热望的目标超于共同体之上。因为一些人的懒散，其他人必须劳作以提供剩余的必需品给他们。为了少数的特权阶层，劳作者被剥削，这些特权者不再对他们的处境或他们所关切的事感同身受。不必要欲望的满足,以一种享乐开始,最后倒成为一种必需品;真正的必需品却遭到忽视,其供给者轻视它们。解放的欲望无穷无尽,并召唤经济为之供给。

享乐是排他性的(exclusive),它令人愉悦,很大程度是因为它的排他性。优越感随由文艺与科学的实践产生,也是人们追求文艺与科学的部分原因。根据现代性的普遍原则,值得怀疑的是,智性的愉悦是自然的,而不是虚荣心的结果。智性的愉悦几乎总是混入虚荣,这足以使它们变成反社会的(antisocial)。启蒙哲学的精神,也许是所有哲学的精神,都贬低共同人性的素朴情感,因为这种感情使人们忘记了他们的一己私利。

总之,文艺与科学倾向于增加不平等,并将其王权宝座固定在社会中。它们给予强者更多的力量,并使得弱者更依赖于强者,没有任何共同的善能够弥合这两派。在自然状态下,人能够选择看起来对他自己有利的东西,这种行之有效的自由,已经被加于其上的专断权威(arbitrary authority)所取代,而这个权威根本不关心他的利益。自由曾是自由之善中首要和最重要的,只要人愿意,它是生活的手段,也是[生活]目的。

平等曾意味着,没有人有命令别人的权利,实际上也没有人愿意这样做,因为人们独立自足。公民状况,首先意味着相互倚赖,身体上的和精神上的,但没有秩序,暴力或权力关系就会取代自由,每个保持原初自由的斗争都会失败。生活的目的变成在人造的体系中努力寻找一个有利位置。自由丧失了,不只因为有主人和奴隶,最主要是因为它热衷于命令和服从,去左右他人的意志,而非去满足自己的意志。不平等的事实是自由丧失的最好表现,有些人强壮,另一些人虚弱,有些人富有,而另一些人贫穷,有些人命令,而另一些人服从。如自然状态的所有教师们所描写的那样,自然状态的首要事实在于,人自由而且平等。然而资产者等级(state)在言辞中确认自然的自由和平等的优先地位,在实践中却没有反映出这种优先性。自然正确，作为习俗正确的对立面，要求延续和恢复人的原初平等。

在此，所有的政治制度都失败了，但卢梭判定，在所有的政治制度中，古代城邦最为接近真正的平等和共同的自由。古老的城邦有其所有的管制、传统、俭朴、严厉的责任等等，看起来比自由社会离自然状态远得多；在自由社会里，人们貌似很大程度上可以按照自己的喜好生活，古老城邦却更接近人之为人的本质的东西。

对自然状态的研究使得卢梭得以窥见这个本质，但这项研究不能导向一个构建公民状态的计划，以保护这种本质。这项计划是个纯粹人为的造物，看起来保存自然或是最忠实于自然的轻松的解决方法，实则徒有其表。比起洛克或孟德斯鸠的思想，卢梭的分析导致在公民社会内更为严格地坚持自由和平等。与他们的宽和（moderation）相反，卢梭为现代政治增加了一剂极端主义，现代政治再不能轻易从其中复原。以简化政治的尝试开始，往往结束于比先前的任何事都更为复杂、更命令式的改革方案。

卢梭在朝向自由平等的现代运动中引入了小而有美德的共同体的品味（taste）。在此，自由更少是关乎每个人按照自己的喜好行事，更多关乎每个人平等地制定和保存城邦的法律。古代政治把自由当作一种实现美德的手段；卢梭及其追随者则使自由、自然的善、目的与美德成为通向自由的手段。

然而，无论如何，美德、道德和品性会再次成为政治的核心问题，而且对于统治机构和制度来说，它们不可能像现代人所希望的那样，变得无关紧要。统治机构和制度不会教育、改造或者克服人的情感，而是引导人的情感。

财　　产

这一点在卢梭对于经济的反思，或者更准确地说，是对财产的

反思中得到了最有力的确证,而财产则是现代政治的基石。"古代
的政治作家们不断地谈论道德与美德;我们只谈论商业与金
钱。"①一个人对他的财产的依附,总是受穷人和贪婪的人(rapa-
cious)威胁。在洛克和他的跟随者那里,恋财是用来取得人们同
意的最特别的动机,用以立下社会契约并建立统治。通过这种手
段,可以达成来自有能力惩罚入侵者的共同体对财产权的共识和
保护。理性而勤勉的人是公民社会的基础,他们通过劳动而非战
争自给自足。公民社会的目标也通过他们的需要得到高雅的规定
和限制。他们舒适地保存自己,听从他们最有力的倾向,为整体创
造和平和繁荣。他们的意志同意他们的理性决定的安排,最有利
于他们的利益。这样的安排显然优于契约前盛行的战争状态,以
致它得以完整地占据那些从中获利人的心灵和头脑。

　　财产的正当权利是社会的金线(golden thread),这个权利是
作为自由和平等的人们在同意的基础上而出现的。"工作,你将享
有劳动果实。"对于霍布斯来说,公民社会是在对孤独死亡的恐惧
中产生。财产权留给了主权者(sovereign)的审慎,他能够以某种
方式安排财产权,这种方式看起来适合最牢固地建立和平。但洛
克教导道,财产是通向和平的真正手段。对他来说,财产权更加绝
对,而支配财产增殖的经济体系——今天称为市场——必须尽可
能地得到主权者的重视。政府保护个人的最好方式是保护他的财
产,并让他尽可能自由地照管它。财产的自然性和政府对保护财
产之追求的特别关注,是洛克的发明,这成为政府变革中严肃方案
的特点。

　　卢梭注意到,对所有看似可信甚至在实践中行之有效的方案
而言,这样的断言有一些直接令人震惊的东西,即平等的人们应该
同意财产上极大的不平等。富人过着自由得多、舒适得多的生活,

――――――――

① 卢梭,《论语言的起源》,pt. 2;对比《社会契约论》,bk. 1,chap. 9。

有多得多的机会享受生活。他们也强有力得多。他们可以收买法律，还可以购买人口。为什么穷人应该心甘情愿地接受这些？不，穷人一定是被强迫同意的，或者他们一定是被蒙蔽了。这不是自然正当。这些民族中盛行的财产关系有如此众多针对穷人的暴力行为，而穷人太过弱小，不能阻止这些行为。这里没有正当性（legitimacy）可言。洛克和卢梭的分歧可由私有财产的确立这个事实来衡量。对于洛克来说，私有财产是解决政治问题的开端，然而对于卢梭，它是人的持续不幸的根源。①

　　这并不意味着，卢梭是一个共产主义者，或者他相信废除私有财产是可行或可取的。卢梭极其"务实"（realistic），他不会跟随柏拉图的《王制》，抛弃爱自身事物的坚定动机。然而，这的确意味着，卢梭强烈反对解放贪欲（acquisitiveness），坚持反对自由放任。对他来说，政府事务必须监管对财产的追求，以限制财富的不平等，缓解经济竞争的残酷，并减缓公民的欲望增长。亚当·斯密的《国富论》大量吸取了洛克的精神，很大程度上显示了财产增长的金规玉律。

　　卢梭《论政治经济学》是一篇致力于道德教育的专文。一个现代读者拿起《论政治经济学》会不知所措，想知道这到底跟经济学有何关系。就我们所知，经济学基于欲望的解放，而这种解放是卢梭致力于反对的。与对自由平等含义的分析相比，卢梭在财产问题上与洛克有更多的差异。自由主义政治所遭受的最具实践意义的激进反对，就来自这个方向。洛克希望稳固建立的财产权，成为所有事物中最不可信的。

　　然而，这种差异是以卢梭与洛克之间最初的重要一致开始的。财产在最原初的形式中是人将其劳动施加于其中的东西。上帝和

────────────

① 卢梭，《论科学和文艺》，*Two Discourses*，ed. Roger Masters and Judith Masters (New York: St. Martin's Press, 1964)，51。

自然都不能直接给人他所需要的东西。他必须自给自足,他为了
自我保存而占取的必需品,也是所有人在身体中拥有的、一种对原
初所有物的扩展。人们普遍认为,种豆并想要吃豆的人,比那些坐
享其成的人更有权吃豆。这是简单正义的原型,是通情达理的人
都能理解的。洛克遵循这种正义,直至其在商业社会中得到最充
分的发展和最复杂的呈现。对人们为之劳动的东西的相互承认构
成了财产,这种解决方法将一己私利与正义联合起来。人之劳动
所得之物与人能合理使用之物这两者的结合,就构成了财产,这就
是古代的观点;这种观点被简化为单一的原则,因为古典准则意味
着,财产以政治决断为基础,而这政治决断被认为是出于主观和
随意。

　　卢梭在匮乏问题上与洛克分道扬镳。卢梭更关心那些没有豆
子的人。经济学家回答说,"他没有种任何豆子,所以他不配享
有"。然而他的饥饿使他拒绝承认他人的财产权,但权利的本质就
在这种承认中。那些拥有或继承豆子的人联合起来控制这个不满
者,这些人希望安全地活下去,远离不满者及其同类人的攻击。因
此,必须借用暴力,用来强迫懒惰和心怀不满者(contentious)远离
其他人的财产,并为供给自己而劳动。公民联合(civil union)实际
上由两个团体构成:那些自愿承认双方财产权的人,以及那些被迫
去遵从财产所有者统治的人。后者是为前者集体的私利而被加以
利用的。在公民社会中,阶层是决定性的,没有彻底的改革就不会
有共同的善。

　　因此,再言之,自由主义认为,社会由两种人的对立组成,即理
智勤勉的人和懒惰而好惹是生非的人。前者为所有人制造和平和
繁荣,后者则制造贫穷和战争。理性的人必须承认并同意秩序,这
种秩序促成有产者的统治。然而,卢梭的经济学认为,社会对立存
在于自私贪婪的富人和受苦的穷人之间。前者为了他们个人财富
的增长,剥削自然和人们;后者则无力为自己供给所需,因为富人

垄断了土地和其他生产手段。随着视角的转换，那些一度被诅咒的对象变成了值得同情的对象。

洛克在劳动对自然赋予物的改造中发现了繁荣的来源。对需要、对舒适的欲求以及对未来的担忧激发这种劳动。对人可能欲求的一切来说，从来不会有满足的时候。一旦想象打开，超越最纯粹的身体需要，占有的欲望将永无止境。卢梭从中总结出，那些最有能力得到土地和金钱的人，最终会占有全部获取财富的手段。他们创造大量财富，但他们不会与人分享。对那些未取得成功的人而言，将面临更大的匮乏，他们必须依赖富人的仁慈（mercy）过活。一开始他们的简单需要并不要求太多就能满足，但这些极少的东西也消失了，例如，当所有的土地被圈住，他们连种植豆子的地方也没有了。他们力所能及的是向那些拥有土地的人出卖他们的劳动力以维持生存，因此，他们的生存也不再取决于他们自身的努力，而依赖于富人的意志或非人的市场。

洛克所断言的匮乏确实存在于初期。卢梭则断言，匮乏是欲望的极度膨胀带来的结果。洛克的解决方法在财富内部增加了匮乏，这种匮乏本可以通过节制加以修正——回归一种以真实需要为目的的简单经济。扩张的经济从来都跟不上扩张的欲望，或对满足将来欲望的种种手段的渴望。设立经济是为生活服务，却改变了生活的目的，社会活动也从属于这种目的。为了繁荣的将来，人们牺牲了现在，而繁荣的将来总是遥不可及。实际上，自然是并不像现代人所认为的那样，是一个继母，也并不像他们所教导的那样，依照自然而生活会如此不合理。

当政治学变成经济学，经济学所要求的品质也就规定了享有特权的人类品性。自私和算计优先于慷慨与同情。人与人之间的交往充其量是契约关系，总是着眼于获利。赚钱天分上的差异确实存在，然而，卢梭问道，一个正派的社会是否会崇尚这种差异，而以善和正派（decency）之间的差异为代价？卢梭坚持，财产的社会安排,应当从对人的自然状况的研究中推断出来。这种安排不是商业社会的安排,而是农业共同体的安排。在农业共同体中,生产只需要简单的技艺,没有极端的劳动分工,交换是直接的,金融专家(virtuoso of finance)的作用微不足道。土地和金钱的不均等,即便不是废除,在这里也必然受到限制。在此贪婪缺乏行动的良机,劳作的动机来自直接的需要。钱是真实的而人变成抽象概念,不应该形成这种标准。政治经济学的目标是商品的适度充裕和一种节制的品性,而非对财富及其持续增长的渴望。人的自然平等只能容许社会造成极小的不平等。

洛克认为,自由经济会让社会的所有成员都变得更富有,因而显然比他们处在自然条件下的境况更佳。卢梭反驳说,自由绝无可能恰当地与富裕和舒适一道达到平衡。或许英国的日班工人要比一位美洲国王穿、住、吃得更好。洛克在英国日班工人身上发现了道德品质,卢梭不认为这种道德品质是好东西,他转而回到国王骄傲的尊严和独立。洛克认为他的论证足以说服理性的穷人去接受社会不平等的现状而不是自然状态下的匮乏。卢梭使用同样的论据,让人们去反抗一种由文明社会的经济体系所造成的依附和焦虑状态。卢梭走得更远。在描绘资产者的堕落时,卢梭将这种新型统治者,与古老城邦民的卓越相比照,他使得自由社会中强势者的生活看起来与弱势者的不幸生活一样卑劣。

宣告财产脱离政治即所有人意志之控制的去合法化(delegitimation),这是卢梭思想中最有影响和最具革命性的方面之一。他极善修辞,使得对穷人的同情成为人类关系的中心,并将对其境遇的义愤置于政治行动的中心。带着最初创见的所有新意,并在这类分析变成陈词滥调之前,卢梭勾勒了对自我保存及其确保手段的过分关注带来的所有负面结果。

然而,总的来说,洛克在一个关键方面完全正确。每个人,不仅仅是富人,在自由经济体系内都变得更富足。巨大的财富不平等继续存在,或者由自由经济体所助长,但所有人的绝对物质福利都得到了极大的提高。卢梭教导说,占有的内在逻辑将会导致财富集中在越来越少的人手上,完全剥夺了穷人的财产,使他们远离致富的手段。这一点马克思追随了卢梭。洛克的大卖点证明是真的。加入公民社会以寻求保护和舒适,是一项良好的投资。美国人很久以前就广泛地接受了这个事实,并且直到现在欧洲人才完全认可这一事实。

献身于革命的知识分子是最后使自己听从这些事实的人。那种折磨人的强烈迫切感得到缓和,并且大部分的革命热忱也随之磨平。像冷静的批评家那样,人们可能继续相信,这样的社会生活方式令人厌恶,而联合的动机既不充分而且腐化。但这与人类总体上不断加剧的贫困和奴役并不完全相同。最重要的是,穷人、多数人、民众——无论他们是否有资格——成为“这个体系”的支持者,纯粹出于个人利益,破坏了革命运动。生活的人性(humanness)可能减少,却不伴随着饥饿。

洛克倡导,基于同意的政府保证了财产的保护和增长,这既有效率又公正。这种公正是粗暴的自然正义(natural justice)——保护占有能力的自然不平等,以免受到懒惰者、无能者、善妒者和野蛮者的损害。关于效率的争论仍在继续。但由于卢梭的全面影响渗入了西方思想的血脉之中,几乎再也没有经济学家,即便是对资本主义最坚定的拥护者,为由资本主义导致的不平等的正义(justice)辩护了。资本主义充其量是一种增加集体财富和个人财富的有效方式。卢梭对于自然平等重要性的论证被证明是有说服力的。公民社会的建构基于创富天赋的不平等,这种建构看起来与最基本的东西相抵触。

事实上,任何形式的自然不平等——不管是力量、美丽或者智力——在公民社会都不能拥有任何特权,因为它们在自然状态中就没有特权。这是卢梭在远离自然的影响时率先迈出的一步。自然授权给政治发明,来实现公民社会中的平等。粗俗的实用主义可以与一个"运转"的体系共存,只要它还在运转。然而,至少部分因为卢梭的原因,我们发现我们自己处在一个有趣的境况之中:我们并不完全信任我们的政治制度的正义。

公　意

既然人生而自由,对卢梭来说,依照自然的唯一政治解决办法就是人自己统治自己。① 这并不意味着人同意让他人替他统治。实际上,他不会接受他人的命令。他体会到这些命令是违背他的意志的意志。其他人可能强迫他违背自己的意志行事,但这是强迫,不是权利。法律本质上不是强迫。法律之为法律,一个人遵守法律,必须要获得他的意志的同意;在缺乏少一个完全智慧和公正的统治者的情况下,其他人不可信任。值得遵守的人类法律是人为自己制定的法律。只有这个方案能使自由和义务合为一体。自我立法(self-legislation)是一个正派政治秩序的真实含义。

与自由主义的准则相反,卢梭认为人要放弃一点点自由,才能享受到其余的清静。这什么都没有解决。这个一点点正好是多少呢? 调解个人欲求与集体需要之间的对立永存的可能性是多少呢? 这种安排没有包含任何道德或义务的成分,只有对直接利益的适时考量。功利主义的道德根本没有道德,充其量是通过分析将其化简为长远的自身利益。真正的义务是不利己的道德行为,是一个空想。倾向与义务之间顽固而不能调和的斗争,是为自由社会的契约所偿付的心理代价。只有那些个人意志只想到公共利益的人,才不会在个性与社会、自由与义务之间体验到一种紧张。

这个分析是公意学说的来源,公意则是卢梭最著名的创新。

---

① 《社会契约论》,bk. 1, chap. 6。

他试图建立一种道德政治,既不会降低人[的品格]也不会剥夺人的自由(《社会契约论》8)。个人意志据其定义就是个人的,因此也不会关注他人的善。然而人能够普遍化,他的理性就在于此。用"我们想要……"替换"我想要……"的简单转换是理性的人的典型特征。如果人只意愿所有人都意愿的东西,那么一个有着共通的、协调的意愿的共同体是可能的。若人们拥有共同的意志,他们构成社会才能消解所有人对抗所有人的实际战争,对于这场战争,自由社会只是一场休战。公意即共同的善。

人的分裂无法通过公意来克服,然而这种分裂的性质转变了。它不再被体验为自我与他者、内在与外在之间的对立。现在的冲突存在于人的特别欲望与他的公意之间,后者则被认为既不独断而且善好。自我克服(self-overcoming)是道德经验的本质,这就是卢梭相信他所发现的能力。古代政治朦胧地意识到了这个发现,而在现代政治中它完全丧失了。在普遍的意愿中形成了一种新型的人的自由——不是动物性倾向的满足,而是真正的选择。与对个人利好的算计相反,它是一种优越而且深刻的理性形式。这是对自然的一种改造,保存了有关自然的本质的东西。服从公意是一种自由的行动。这就是人的尊严(dignity),一个良好的社会使之成为可能并激励这种尊严(《社会契约论》8)。

从特别意愿的野蛮人过渡到普遍意志的公民,是文明(civilization)的胜利,正是人的历史活动在两者之间建造了桥梁。两者之间距离遥远。灵魂并没有这种自然秩序,它的发展不是一种生长,而是一种有意的制造,在一定时期内,也是将人无序和混乱的占有欲置于秩序之下。教育正是这种建构行动,卢梭在其最伟大的著作《爱弥儿》中,呈现了教育所有的复杂和丰富。将教育置于政治实践之中,的确是立法者的工作,这个立法者必须是一位艺术家。一个狭隘和自私的生物,从首要的需要和欲望开始,经历所有诸如如何保存自己的必要经历,最终他把自己完全看成这样一个人:他可以为所有人通过他们迫切的可能性,控制他自己的愿望。

　　所有这一切都很抽象。要是这样一个人真的存在,也必须有一个共同体能将他如此紧密地编织进去,使得他难以撤开共同体而只为自己考虑。他的存在正是作为整体的一部分来形塑的。公共事务等同于他的私人利益,在他早晨醒来和夜晚入睡时,他都会想到它。以祖传方式统治不足以让他成为一个传统社会的绝对无疑的一分子。他必须这样理解自己,他将指导自己的命运,就像一个立法者为他的城邦从而为他自己立法。城邦的每个决策、行动或者法令,都必须理解为他自己意志的结果。只有以这种方式,他才是自治的,他才能保持他不可剥夺的天然自由。卢梭所理解的公民结合了扎根和独立自主这两种竞争性魅力。

　　因而可以立即断定,公民必须选择践行最严格的自我控制的美德,因为如果他有很迫切的私人的身体需要或欲望,他就会忙着照顾它们。由于自由的缘故,节制是他的原则。这不同于资产者对满足的延迟。这种延迟仍然以个体的私人需要作为动机,同时,以指向无限增长的满足作为目的。公民的努力是与当下的满足联系起来的,这些满足构成他们自己的报酬。在公民集会上,关心公共事务是他的生活的核心。他为自己的财产而付出劳动和关心,以期保有一种适当的技能,将强大的个人放纵和对未来的个人忧虑置于一旁。共同体生活的整个组织使他在很大程度上倾向于多数人。个体性的选择难以作出,但在商业社会中,具有公共精神的生活方式得不到任何支持。卢梭的城邦极少为私人消费者提供消费的机会,还要对城邦征收抑制奢侈的(sumptuary)重税。

　　因此,健康政治最简单的政治必需条件是小国寡民。① 全体公民必须能经常见面。此外,他们必须相互认识。人的柔懦情绪的蔓延受到限制,而且关怀需要相互熟识才能做到。对国家和他

------

① 《社会契约论》,bk. 2, chap. 9; bk. 3, chap. 12。

的同胞的爱绝不流于抽象；他必须不断地去体验它们。或许，卢梭的政治与启蒙政治之间最显著的差异和这个规模（size）问题有关。商业共和国倾向于偏爱大规模领土和大规模人口。大型市场鼓励生产和交易，因此鼓励净财富的增长。

此外，只有大国才能与大而强的敌人相抗衡。大国为现代统治机构提供各种各样的有利条件。现代统治极少依赖人的良好品性，而是依赖各种相互牵制的力量，依赖审查（check）和制衡。在卢梭看来，这样牺牲的是自治与人的联结。对本土的共同体和责任的专注是卢梭遗产的一部分，这种专注反对现代商业共和国中所有主导性趋势。卢梭把大面积（large size）与专制联系起来。孟德斯鸠把英国这样的大国看作旨在自由的现代政体的典范。卢梭则重视像日内瓦这样的现代城市以及斯巴达，用以证明他所规定之物的可能性。

为了避免现代民主的代议制设计，小国寡民（small size）也是必要的。对于卢梭来说，代议制体现了对自由问题的半吊子的（halfway）现代解决方案。① 在未将自然自由转换为公民自由的情况下——就是说，不抛弃按照自己意志而活的习性，也不做必要的事情以成为主权体的一部分——人们却希望他人为自己担负起治理的责任，同时还要忠诚于他们的意志。判定公意的努力留给了那些代表们，却没有形成一个达成公意的公民体。这是为利益政治的一项规定，或是对特殊的、自私的意志的妥协。公共善的理念消失了，党派之争取而代之。最糟糕的是，代议制使得分裂的现代人制度化，不再有真正的自由了，他们无望地依赖于他人的意志，相信自己会成为主人，却无法作出实现道德自治的努力。

因此，总体来说，卢梭反对现代宪政论的大部分要素，包括那些构成美国宪法的要素。在他看来，诸多开明的私利原则与

---

① 《社会契约论》，bk. 3，chap. 15。

有限代议制政府机构一样，只会加剧个人与社会之间的紧张状态，而且会导向越来越自我本位的个人主义，并伴随着中央政府权力遭到随意和危险的滥用。正是审查与制衡的观念助长了局部利益的自私。在这个意义上，良好的制度以人的恶为依据。不管这些制度起作用与否，它们都让位于道德堕落，而且助长了道德堕落。

卢梭希望鼓励建立这样一种政府，可以使全体公民的美德成为其发挥职能的必要之物，而这些职能都是极为复杂的事务。在马基雅维利之后大部分现代政治哲学中，很少谈论建国者和立法者。吕库戈斯、梭伦、摩西、忒修斯、罗穆卢斯、努玛和居鲁士，都曾是讨论政治制度之起源时的通用货币（common currency）。人们理所当然地认为，把迥然相异的个体联合成拥有诸善与目标的共同体，是最为艰难的政治行动，需要异常伟大的人才能完成。一种可以吸纳所有成员的生活方式必须建立起来。

然而，新的政治发现似乎表明，公民秩序的建立更像是签订一桩交易合同。这里的全部需要是那些个人，他们了解自己的私利所在，在这里他们与他人的利益交汇。向公民状态的过渡被认为几乎是自动的，当然不需要对好的生活达成一致认同。这种几乎不能觉察的过渡表明了新政治学的自然性。建立一个政治秩序，所必需的是启蒙或一种教导指南。霍布斯认为，公民秩序可以在其建立之前向人们表明它的优势。古人认为，只有最富远见的治邦者才知道这些优势，个体公民只有后见之明。创建活动需要说服、欺骗与强力，也需要精心筹划一种适合特殊民族的生活方式。正义的终极目标可能是普遍的，但通往它们的道路却千差万别。立法者必须把特殊与普遍、品味与原则结合起来。审慎（prudence）而非抽象的理智才是立法者的工具。这是古代政治的观点，卢梭部分地回到这种观点，尽管他让立法者负担了现代合法性（legitimacy）的抽象要求。所有这些都加强了卢梭的这种观点，即在自然状态与公民状态之间距离遥远。①

　　这种对立法者的处理对考虑美国制宪者很有用处。制宪者们的地位在现代政治思想中是反常的。他们的角色至少处在启蒙分子与卢梭之间。他们的立国行动并不基于洛克或孟德斯鸠哲学中任何关于立国的明白教诲。没有任何权威，他们就像卢梭的立法者，行动于法律还未建立任何权威之前。他们的任务几乎没有边际。当然，他们不仅考虑抽象的契约，而且考虑契约如何适合他们为之立国的人民。他们反思过——立国者团体中的个体成员或多或少都曾清楚地反思过——为取得方案的成功必需的公民道德品质与民族生活。在一段时期内，他们以自己的方式几乎就是君主，但为平等的统治立法，他们准备好了废黜自己，他们出于宽广而无私的动机行事，这远远超出了他们在公民身上所期望的。卢梭讨论了所有这一切，而且它们为琐碎的自负与高尚的道德提供了一个纽带。卢梭将前者归于古典自由主义的政治模式，而寻求与坚持后者。

总　　结

　　卢梭对立法者的成就的描述，可能让现代读者以为他在谈论文化而非政治。正是"文化"这个词，康德第一次在现代意义上加以使用，源于对卢梭意图的阐释。卢梭要在自然与文明之间寻找一种协调，文明意味着人在历史上获得的所有需要和欲望，以及他所发现的满足这些需要和欲望的手段。文明破坏了人的整体（unity）。尽管公民社会的基础与科学文艺的发现，可能看起来全然是一种进步，如果进步是由实际的幸福而非追求幸福之手段的作品来衡量，文明的优势就值得怀疑了。

　　恢复人的整体是广泛采取的政治方案。政治在其狭隘的现代

---

① 《社会契约论》，bk. 2, chap. 7。

意义上关系到国家(the state)，是人们交往的最低限度的规则，并不关系到人的幸福。文化是我们认为的人作为一个整体而生活的地方；它设计并形塑人可能的生活方式及其获得幸福的方式。文化被认为是更为深刻的现象。在我们看来，卢梭似乎结合了对文化和政治的关切。对他来说，它们确实是不可分离的。

19世纪的文化观念则完全与政治分离。它不再被理解为一种人力所能及的有意识的建构。它逐渐被理解为一种生长，被理解为历史神秘进程的一个结果。但不管这个概念离它的卢梭根源有多远，它都在继续表达着卢梭对人类交往方式的"有机"性（"organic" character）的关切。使用"文化"这个词的习常方式——作为某种令人钦佩之物，与纯粹普世性的、肤浅的"文明"截然相反——曾反映了也仍在反映着卢梭对资产者社会和现代自由主义政制的蔑视，也反映了他在《论科学和文艺》中所发起的对文明的批判。

因此，把卢梭的立法者描述成一种文化的奠基者，这可能是有益的。这有助于突出卢梭强加在立法者身上的任务之巨。为了成功，立法者至少必须用神圣权威的面相去吸引人们，以弥补他所匮乏的人的权威，他必须给予人们顺从法律的动机，而这是自然所不能提供的。立法者不仅需要来自神的权威，他还必须建立一种公民宗教，支持并奖赏人们对公共善的意愿［献身］（willing）。今天称作神圣的东西和被理解成文化的巅峰的东西，跟在自由主义立法（liberal legislation）中模糊的位置相比，在卢梭的方案中找到了一个更为中心的位置。在自由主义立法中，宗教被认为是不必要的甚至会危及公民秩序。当一个人着眼于立法者必须做的事情时，很难抵制住诱惑，说这是不可能的。①

对西方意识来说，这种印象已经被一种极其明显的试验所证

_____

① 《社会契约论》，bk. 2，chap. 8。比较 "Profession of Faith of the Savoyard Vicar"，*Emile*，266—313。

实,即罗伯斯庇尔的立法行为或恐怖暴政(the Terror)。构建公民身份(citizenship)的尝试是一桩血腥的事情,这足以击退大部分观察者。如若洛克和孟德斯鸠是亚当斯、麦迪逊、汉密尔顿和杰斐逊进行宽和建制的主导天才,卢梭则是法国大革命的过度行为(excesses)的主导天才。伯克对这些事件来势汹汹的描述与卢梭对它们的影响都令人难忘。[①]

虽然卢梭的不切实际很危险,但又不能仅仅像其他失败一样将他弃若敝屣。卢梭关于民主政治问题的清晰阐述简直太有说服力了。我们很难洞察他的这些观点,即他会认为他的思想对实践政治有何影响。洛克和孟德斯鸠当然大体上会赞成他们伟大后学们的工作,而卢梭绝不会赞成罗伯斯庇尔。尽管他的教诲充满了炽烈的渴望,也充满了关于修正现代性趋势之可能性的悲观宣言。

我们不确定卢梭是否会认为自己的那种城邦可能成真。但如若可能,这种城邦也只会出现在一些具有特殊环境的小地方,比如科西嘉岛。那种普遍的现实化的适用性和可能性是现代政治科学的标志,在卢梭这里它们消失了。在此卢梭更像柏拉图和亚里士多德,而非一个现代人。但柏拉图和亚里士多德区分了正义的政制和可接受的政制,后者允许人们不那么完美地生活,然而卢梭坚持只有完全正义的政制才是合法的,几乎导致所有现实的政治生活都变得无法接受。他以某种方式结合了古人的高标准和现代人对好政制要现实化的坚持,因而产生了超现代性的政治品性(disposition)。

这种品性的来源是马基雅维利的一个转向,他背离了古代哲人们想象中的城邦,转向人们实际生活的方式。马基雅维利意图

---

① Edmund Burke, "Letter to a Member of the National Assembly", *Selected Writing and Speeches*, ed. Peter J • Stanlis (Garden City, N. Y.; Doubleday, 1963), 511—513.

减少事实与应该之间的不均衡，他更偏好事实，依据人们的实际需要来实现最适度的目标。他降低且简化了对人之自然的理解，这使得满足那种自然成为可能。但不知何故，这种道德的简化论法（moral reductionism）却不奏效。人们渴望正义与尊严，就不会接受这种简化。而且在卢梭这里，古老的紧张以现实与理想对立的形式重申自己。自然状态的学说是对马基雅维利意图的详细阐述，它教导说，人天生是一只野兽，仅仅关心自我保存。

在这些学说中，公民社会只是一条更审慎的道路，用以实现最原始目标。仅仅在这个意义上，而非在从兽性向人性进展的意义上，公民社会的建立是一个进步。自然状态下的自由只是自我保存的手段，而平等也只是不再有一些人超于另一些人的权威，阻止他人实现自由。公民社会使用自由和平等，仅仅作为手段以达到舒适的自我保存这个基本目的。然而，在服务于这个目的时，它们可能会极大地遭到削弱。自由和平等让渡给公民社会，公民社会则负起更有效地完成这些目标的责任。对这个目标而言，自由和平等是不完美的自然工具。

看起来似乎如此。但经验和反思告诫我们，一旦人知道自己生而自由和平等，就绝不可能避免社会中的人们在最绝对意义上对自由和平等的要求。人的自由被认为是他的本质，而没有事实的平等，公民自由就绝无可能。实际上，所有的社会法律仍然是值得怀疑的，除非它们能被真正理解为自愿承担的责任；所有的不平等也看起来令人无法忍受。对更大的自由平等的持续需求颠覆了这种满足基本需求的轻松的解决方法。

这些要求在实践中会变得迫切，一旦人们被告知他们拥有自然权利，而且充当了改革与革命的永久的刺棒（goads）。① 后来被称为辩证法的东西发动起来了，自然自由趋向公民自由。只有当

---

① ［译按］刺棒（goads）原意是指一种驱赶牲畜的工具。

法律成为理性之普遍性（rational universality）的表现，当所有人都能被所有人平等地看成是道德主体、看成是目的本身，这个进程才会完成。卢梭在《社会契约论》的一个章节中描绘了自然的动物性自由与道德自由之间的区别，也描绘了这个进程的两个时期。①

无论结果如何，一旦原则看起来是自明的，对越来越多的自由和平等的渴望就接踵而至。这些渴望倾向于挑战所有审慎的停留点或努力，通过其他的准则或传统来加以平衡。这个问题可以用社会契约的观念来概括。所有思想家都一致认为，同意是制定法律的必经之路。然而，卢梭争论说，在他之前，他们中没有人找到任何一种依据同意的统治来约束个人，当这个人认为法律与他的利益相悖——在极端的情况下，［就是指］与他的生命、自由和财产相悖。只有卢梭为之寻找到一个公式，区分自身利益与道德义务，在公意之中分辨出一种独立的道德旨趣。他发现了现代政治原则中道德之善的来源，并提供了一面旗帜，民主制可以在这面旗帜下前进，至少可以这么来理解。只致力于人的保存的政治制度，不具备激发道德敬意的尊严。

法国大革命过后，对清醒的人们来说，将道德的民主政制具体化在现代国家中践行的尝试，比空想更糟糕。尽管如此，他们也都同意，卢梭必须要加以考虑，他的思想必须整合到现代国家的理论与实践之中去。② 康德和黑格尔仅仅是其中两个最著名的例子，他们在卢梭的基础上阐述了自由中的道德尊严，用以重新解释资产者社会并使之升华。因此，他们希望协调卢梭与现代性的现实，却不允许他所传达的冲动导向更大的极端，去反抗获胜的现代性。

自然与社会之间显然无法解决的冲突撕裂、击碎了人性，卢梭

---

① 《社会契约论》，bk. 1，chap. 8。

② 空想社会主义的一些人仍然期待建立这种由卢梭规划的小型共同体。他们最著名的表现是以色列的集体农场（kibbutzim），由受托尔斯泰影响的俄罗斯犹太人建立。托尔斯泰是卢梭最热心的推崇者。

对此作出了极具说服力的描述。若没有上述那种调和，卢梭的这些描述将授权各种各样的、捡拾这些碎片的尝试：在政治左派那里，新的革命和新的恐怖试图安装具有民主美德的政治制度；而在右派那里，没有理性普遍性的正当理由，他们沉浸在地方文化的扎根之中；然后还有这样一些人，像梭罗，逃离堕落的社会，试图恢复自然的自给自足。

然而，严肃地对待卢梭，并不必然意味着蔑视和反对美国的政制，被卢梭影响的那些有思想的人中最严肃的一个人就是明证。那就是托克维尔。托克维尔极其明显的卢梭主义，在同时代的目光中，被他的保守派钦佩者们蒙上了一层面纱。这些保守者拒绝承认他和左派极端分子卢梭之间会有任何关联。托克维尔从欧洲平等主义的无序场面转向了美国，并将其看作有秩序的自由的典范。他毫不犹豫地坚持用平等的正义反对过去不正义的特权。他将美国解释为一项巨大的教育事业，教导公民在政治上运用他们的权利。他认为立国者们的品格表现了一种更高的道德，但他们的原则可能并不包含这种道德。

当然，托克维尔不可能相信美国完全解决了政治问题。他关于美国民主的观点沾染了卢梭所引入的那种人们研究现实的政治实践时的忧郁色彩。对美利坚野蛮人（savages）和一些贵族的伟大灵魂，托克维尔投下了恭敬的一瞥。他认识到这种政治制度的危险在于，它可能走向物质主义，一部分公民趋向于单纯的私利，趋向单子化（atomizing）的个人主义。他专注于地方自治的重要性，这种自治接近于独立城邦的参与。

托克维尔把新英格兰镇看成美国自由的真正建立，围绕这个中心，一个更大的政府聚集起来。此外，他引入同情，借以修正商业社会经济关系的冷酷。对洛克和孟德斯鸠来说，同情是一种陌生的感情。托克维尔把同情看作是民主情感的核心和某种超出人们之间利益关系之外的东西的根基。他也关注男人和女人之间以及他们与子女之间的共通感（自由主义者没这么做），以此建立一个居间的共同体，一座个人与社会之间的桥梁。他完全重现了卢梭在《爱弥尔》中关于家庭的反思。而且他期盼一种宽和民主的宗教，以缓和对物质福利的美国式激情。卢梭使得托克维尔对自由主义社会的危险有所警觉，使得他重新解释自由社会，用以激励公民美德。公民美德是被正确理解的自由与平等原则的产物。

我举出托克维尔的例子，是为了表明，具有卢梭式敏感的人可能保有这种对政治的沉思。卢梭的具体方案很快被推翻了。然而他感染了我们中的大多数，让我们怀有对难以企及的自由与美德的渴望。卢梭是那种思考民主的现代思想家，他对人的洞察既有深度又有广度。这种深度与广度在柏拉图那里可以看到，但那些宣扬我们原则的人显然缺乏。卢梭并没有把人简单化以获取结果。在揭露人的可能性的完满时，他会谈论爱、上帝以及崇高。

最重要的是，卢梭并不那么关注什么威胁到生命，而是关注什么让我们的生活值得一活，他从积极方面而非消极方面作为方向。他超越了他所有的前辈，基于现代人所相信的人之真实，他试图描绘并恢复生存根本上的甜蜜（sweetness）。这使事情复杂化了，却向所有寻找善好的人证明，它是无法抗拒的。这一代人也必须虚心接受卢梭对我们的民主生活的理解，一如那些生活在卢梭写作之后的人们所做的那样。

最重要的是，卢梭对自由主义的批评，必须要用自由主义的原初而真正的声音来检验，才能看到自由主义是否能应对他的挑战。卢梭与马基雅维利相似吗？马基雅维利隐晦地戏仿柏拉图，并使柏拉图在后世看起来像一个理想主义者（idealist）。自由主义是否像卢梭宣称的那样是粗俗的现实主义？或者洛克、孟德斯鸠和联邦党人可曾预见到了卢梭的反对意见？获胜的自由主义是否已经遗忘了自己深刻的道德来源，并用有利于自身的过分简单化的论据代替了这种道德来源，从而将自己暴露在卢梭的攻击之下？我们是否会因为不接受卢梭对我们的刻画，进而就削弱了我们的自尊？卢梭与伟大的自由主义者之间的对峙，将会提高我们的自我觉识（self-awareness），并使我们认识到对手的深刻以及卢梭之影响的丰富。卢梭可能是一个要去克服的魔力，但［我们若］要克服它，必须先体验他的魔力。

卢梭的苏格拉底主义

欧文（Clifford Orwin）　撰

卢梭是采取"苏格拉底"立场最伟大的现代作家之一，因而，卢梭在自己的方案与这位政治哲学奠基者的方案之间建立起了一种联系。

《论科学和文艺》成就了卢梭的声名。在这篇作品中，卢梭诉诸柏拉图的《苏格拉底的申辩》以及苏格拉底所宣称的对美德的捍卫——"淳朴灵魂的崇高科学"，用以反对"启蒙运动"的自负。然而，经审查，若暗地里将柏拉图的版本换成卢梭的版本，卢梭对苏格拉底的赞同却显得含糊其辞。同时，卢梭对社会中的哲人角色的描述，也比柏拉图更"平民主义"（populist）且更"精英主义"（elitist）。卢梭为无知辩护，将"无知"视为美德的基础，这更为平民主义；其提议是，甚至对无知的捍卫也需依靠哲人的先锋队，则更为"精英主义"。

苏格拉底活过两次，其中较长的一次作为支配性的象征符号（reigning symbol），指示着理智与美德的生活。卢梭在后来的作家中间采取了苏格拉底的立场。有关卢梭对苏格拉底的引用，特鲁松（Trousson）提供了一项有用的研究。[①] 但他认为，卢梭开始为苏格拉底着迷，最后却支持基督。特鲁松未能证实，卢梭最初没有对苏

① Trousson, *Socrate devant Voltaire*, *Diderot*, *et Rousseau*; *La conscience en face du mythe*, Paris, 1967, 67—103.

格拉底保持批判的距离;他轻易就作出假定,萨瓦本堂助理神父对基督的偏爱超过苏格拉底,是卢梭自己的偏爱。另一方面,特鲁松正确地看到,卢梭的理论立场从未与柏拉图的苏格拉底达成一致。①

　　然而,诉诸传统圣像,表明卢梭与传统之关系的含糊性——他那些彻底的政治改良方案同样含糊。尤其是他对苏格拉底的描述,传达出那种民主的平民主义(democratic populism)的强硬与限度所在。这种平民主义伤害了卢梭的同时代人,却激发了他的后继者。② 这是因为,卢梭坚持认为多数人的理解优于少数人(指智识人),同时他也表明这些理解依赖少数人(指真正的哲人)的引导。

　　卢梭坦率地以苏格拉底的继承人自居,以此开始他的第二篇论文《论人类不平等的起源和基础》:德尔斐-苏格拉底箴言"认识你自己""比伦理家们的所有大部头著作更重要也更难懂"(页122)。③ 然而,德尔斐探求的困境,尤其表现在苏格拉底及其学生柏拉图和亚里士多德未取得任何进展。④ 卢梭在这个语境下所赞

---

　　① 有关这些立场之间的差异,透彻的讨论见 Marshall, "Perception politique et théorie de la connaissance dans l'oeuvre de Jean-Jacques Rousseau", *Revue francaise de Science politique*, 29, 1979, 622—664。卢梭的同时代人既友好又怀有敌意地将他等同于苏格拉底,对此的解释见 Trousson, *Rousseau et sa fortune littéraire*, Paris, 1977, 47—48; Huliung, *The Autocritique of Enlightenment:Rousseau and the Philosophes*, Cambridge, 1994, 225—227。

　　② 卢梭鼓吹的大众统治遭到哲人反对,参见 Hulliung 1994, 131—137。

　　③ 括号中的所有注释皆引自卢梭,1959(Rousseau, *Oeuvres complètes*, Paris, 1959, 5 vols);若未注明卷数,指第 3 卷(*Oeuvres politiques*)。翻译则出自我之手。好几个译本中都收录了两篇论文,在这些译本中,最准确的两个本子标注了 Rousseau 1959 的页码:Rousseau 1986 和 Rousseau 1964,后者近来以 Rousseau 1992a 和 Rousseau 1992b 再版。[中译按]《论科学和文艺》参照刘小枫译本。《论人类不平等的起源和基础》的原文参照高煜译本,见卢梭,《论人类不平等的起源和基础》,高煜译,桂林:广西师范大学出版社,2002。

　　④ 在阐述自然权利问题时,卢梭不再考虑"古典哲人,他们似乎已经开始在最基本的原则上互相矛盾"(124)。在《论人类不平等的起源和基础》中,卢梭赞扬苏格拉底的道德理性主义,同时也宣称其不足之处(156—157)。卢梭对他所推进的道德理性主义的抉择,是一种以同情为基础的道德,与苏格拉底派毫无关系。

颂的作为可靠权威的思想家,准确的说是现代科学博物学家布丰(Buffen)(页122,注释II)。第二篇论文赞同对自知之明的苏格拉底式探求,却并未呈现苏格拉底的辩证法,而是忠诚于现代科学方法,将其作为这种探求中进步的关键。

第一篇论文(即《论科学和文艺》)与其后继者不同,它既未打破苏格拉底传统,又未离苏格拉底太远。在这篇论文中,苏格拉底看似是最重要的发言人之一,但卢梭展现了一种对苏格拉底的全新阐释。若是说第二篇论文撇下苏格拉底不管,去拥抱(方法的)进步,第一篇论文则让我们看到一个"进步的"苏格拉底。在此我是指,一个代表进步的人不仅超越了启蒙,也(因此)超越了柏拉图式的起源。

苏格拉底:对启蒙的批判

正如《论科学和文艺》的其他主角,苏格拉底清楚地表达了卢梭对启蒙的批判。在前言中,卢梭即已大声疾呼这种批判。他透露了一个重要观点,即他赞同柏拉图和柏拉图的苏格拉底。这部分证明他随后的引证是正当的。问题是决定性的政治进步是否可能,即是说,我们是否能寄希望于一个理性的社会。

> 任何时候都会有人天生受自己的时代、国家和社会的意见的支配。出于同样的理由,今天所造就的自由思想者[大胆精神]和哲人,若在同盟时期兴许不过是狂热分子。要想超逾自己的时代而活,就得决不为这号读者写作。(页3)

有能力进行思考的"几个睿哲之士"(同上)与不能思考的多数人的差异无法摒除,这一点卢梭赞同柏拉图及其他古代思想家。"启蒙"的致命悖论在于,为结束偏见之统治所进行的斗争本身变成了一种统治偏见。褊狭伪装成其反面控制了舞台；意见装作对意见的超越。

倘若每个社会中占统治地位的不是理性而是意见，接踵而至的是，我们不必依据优势意见在其基本含义上的合理性来判断它们——譬如，它们是否与理性的结论一致。准确地说，意见所暗含的标准即是其合理性，例如，意见是否足以担当社会任务。健康而非真理才是意见的检验［标准］。而就像卢梭在论文中所声称的，启蒙运动提升意见氛围，与虚假意见一样有害。因此，他表明，有必要为其设计一个可行的替代方案。这即是卢梭改造他的苏格拉底主义的目的。

在《论科学和文艺》开篇，卢梭首次秉持苏格拉底立场。在复述完研究院提出的问题后，他询问自己，这篇论文应采取何种立场。

> 当然是适合一个正派人的那一方，先生们，虽然他什么都不知道，而且并不因此认为自己就不怎么样。

卢梭表现得丝毫不为自己一无所知而羞耻。但他真的不应为其感到羞耻吗？即便精神气十足，卢梭重新演绎古老的苏格拉底式曲调，却如此走调。尽管《苏格拉底的申辩》中的苏格拉底以知道自己无知为荣，却并未显得自己什么都不知道。更确切地说，苏格拉底声称他知道他知道什么和不知道什么，他称之为真正的人类知识（21c—23b）。卢梭的苏格拉底比柏拉图的苏格拉底更粗鲁、更野蛮，也更像一个什么都不知道的苏格拉底。①

在接下来的几页中（页 6—13），卢梭准备了苏格拉底式的引

---

① 悖谬的是，较之柏拉图的苏格拉底，卢梭的苏格拉底更有学问且更有文化（也更富修辞），他带来博学和一种崇高风格用于捍卫无知的任务（为这个观点，我要感谢 Roger D. Master）。

言：苏格拉底不仅是《论科学和文艺》的叙述者，也是叙述中的一个
角色。在此，卢梭颂扬无知，并坚持无知优于虚假知识。卢梭以一
段动人的颂词开篇，赞颂知识经野蛮世纪后的现代重生。同时，卢
梭谴责中世纪的黑暗是"比无知更糟的状态"：

> 　　我不知道，还有什么科学行话比这无知更可鄙，这行话竟
> 然僭取知识之名，为知识的复归设下几乎无法克服的障碍。

　　因此，对于知识与无知，卢梭提出他关于人之可能性的等级秩
序。最好的是真正的知识，最糟的则是虚假知识，而虚假知识的一
个当前版本演变成启蒙运动（参看《致雷奈尔书》，页 31）。中间状
态即是无知。若真正的学问是极少数人的特权，对于我们其余的人
来说，最好的就是无知。要遵从真理并服务社会的善，一个作家必
须设法在少数人面前捍卫真正的知识，并在多数人面前捍卫真正的
无知。这个两难困境解释了卢梭的苏格拉底主义的诸多独特之处。
　　苏格拉底出现在《论科学和文艺》的舞台上是为了反驳一种对
卢梭展开之论题的挑战——一种来自苏格拉底自身事例的挑战。
就在前几页，卢梭认为，一方面是科学的进步、文艺与学问，另一方
面是社会美德，历史揭示了这两者之间逆关系（inverse realtion）
的基本法则。① 卢梭预见了这种挑战："还真有那么几个睿哲之士
（参看页 3）抵制过这个总潮流，在缪斯女神的住所保障自己免于

---

① 　晚近对这个著名论题之合理性的捍卫，包括 Lévi-Strauss, "Rousseau fonda-
teur des sciences de l'homme", in *Jean-Jacques Rousseau*, Neuchàtel, 1962, 239—
248; Gourevitch, "Rousseau on the Arts and Sciences", *Journal of Philosophy*, 69,
1972, 737—754; Goldschmidt, *Anthropologie et Politique: Les principes du système de
Rousseau* [1974], Paris, 1983, 45—104。《论科学和文艺》中有大量文献，可以看作文
化史的一个片段。Hulling 1994 强调卢梭攻击启蒙运动的根源。至于《论科学和文艺》
及其对后来有关启蒙运动之诠释的影响，晚近的一种女性主义批评见 Goodman, *The
Republic of Letters: A Cultural History of the French Enlightenment*, Ithaca, 1994。

恶行。"在承认这一点的同时，卢梭仍劝诫我们：

> 不妨听听他们中间的第一人且最不幸的人对自己时代的
> 博学之士(Savans)和艺人们所作的审判吧。

苏格拉底上场了，并发表最长篇的演讲。卢梭将这些演讲归于作品中的角色。

我们说"归于"，是因为卢梭在这个过程中不够诚实。卢梭逐字逐句地引证苏格拉底，因此他表明自己完全是在引用材料。①我们很快就能看出，这是柏拉图的《苏格拉底的申辩》。实际上，卢梭提供了一种对《申辩》21c—23b 的倾向性释义。在此，与原文的共同特征很重要，对原文的背离也同样重要。

卢梭要为他的疏忽和过失所致的曲解负疚。柏拉图的苏格拉底最先探问雅典政治家的智慧，后来才转向诗人，而卢梭的苏格拉底则从诗人开始。的确，若我们在《申辩》中找到第三段、最后一段以及卢梭归于苏格拉底的突出段落，我们会发现这个突出段落在原文中与卢梭所放的位置不同。卢梭的段落位于对"艺人"[artists]的考察之后，但在原文中，这一段放在苏格拉底对政治家(statesman)的诘问之后。柏拉图的苏格拉底由诗人到匠人，而卢梭的贤哲之士(sage [译注] 指卢梭的苏格拉底)却在质疑艺人的宣称。

特鲁松(1967，页 105—124)指出，卢梭对《申辩》的释义得益于他的密友狄德罗未出版的法文译本，狄德罗被监禁在樊尚城堡期间完成了这一译本，此时卢梭正在创作《论科学和文艺》。然而，对原文的主要曲解仍要归咎于卢梭，只有一处例外。这一例外即是将希腊文

---

① 对比这篇作品中的其他伟大演讲，法布里基乌斯的演讲(页 14—15)，卢梭表明这是他自己的自由创作：我让那位伟人说的话([ce] qu'ai-je fait dire a ce grand homme)(页 15)。

cheirotechnai[手艺人] 翻译为 artistes[艺术家] 而非 artisans[匠人]。特鲁松既否定狄德罗的翻译是犯了一项错误，也否定卢梭对它的采纳有其用意。第一点特鲁松想错了：实际上希腊人并未区分那些我们称之为艺人和称之为匠人的手工艺人，这是因为他们认为"艺人"(artistic)可以换成"手工艺人"(arstisal)（反之则不然）。Cheirotechnai 的意思仍然是"匠人"(artisan)，显然苏格拉底通常谈论的是匠人。卢梭采纳狄德罗的错译是否有其用意，应该取决于他是否知道这是一个错译。他完全可能不知道——他不懂希腊文，尽管有其他可靠译本正确翻译了这个词。因此，卢梭对柏拉图的重新解释很大程度上来自一个无知的错误。可以肯定的是，将"匠人"替换为"艺术家"，在另一方面构成了卢梭对柏拉图教诲的明显偏离。①

由于卢梭擅自改动了柏拉图的原文，苏格拉底对"同时代学问人和艺人们"作出的论断，最后证明是柏拉图的苏格拉底从未发表过的。此外，这个论断取代了《申辩》中苏格拉底对同时代人的真正批评。柏拉图的苏格拉底尊敬民主雅典的政治家，在那些可能比他更智慧的人当中，他最先接触的就是政治家。他所揭露的自负，是那些流行的宠儿们的自负；在对政治家（就像对稍后的匠人）的驳斥中，他也激怒了诸多旁观者（《申辩》21c—e；参看 22e—23a）。相比之下，卢梭的苏格拉底仅仅责难学问人和艺人，避免指责人民及那些被授予其权威的人。②

---

① 参看 Leo Strauss, "On the Intention of Rousseau", *Social Research* 14(4)，1947，455—456 和 Hulling(1994, 225)。Hulling 浅尝辄止，但他注意到了 Trousson 这个发现。

② 同样，在《日内瓦人卢梭的最后答复》第 7 段的注释中，卢梭把苏格拉底的三种指控者说成是艺术家、演说家和诗人："诗人、艺术家、迷信者、演说家赢了；苏格拉底被遗忘了。"因为苏格拉底（在他的卢梭版本中）并未说什么得罪人们的话，所以他们对他的死也没起什么作用。参看柏拉图《苏格拉底的申辩》23e—24a（这里控告者 Anytus 被认为既代表政治家也代表匠人；比较《美诺》，93b—95a），以及色诺芬的《苏格拉底的申辩》29（在此 Anytus 的敌意，在苏格拉底指责他把他儿子培育成像他自己一样的制革匠人）时，就已经产生了。

卢梭对苏格拉底的进一步修正,也同样"平民主义"。让我们对比柏拉图的苏格拉底对匠人们的表述(《申辩》,22e)与他对艺人的卢梭式表述。柏拉图的苏格拉底这样描述自己:他不通晓匠人的知识,但也不会对匠人的无知全然无知。他声称,匠人们的无知(对高贵与善,他们自以为知道自己所不知道的)遮蔽了他们精巧的(技艺)知识。因此,对柏拉图的苏格拉底而言,最好的就是秉其本心,既不像他们那样智慧,也不像他们那样无知,与他们不同,他知道自己知道什么与不知道什么。但卢梭的苏格拉底比较了通晓艺人们的知识与知道他自己无知(页13;《日内瓦人卢梭的最后答复》,页94)。因此,卢梭恳请他的读者看看"诸神判定的最智慧的人,也是整个希腊都认为雅典最有学问的人对无知的赞颂!"他描绘的苏格拉底可以说既智慧(贤哲之士)又有学问(博学之士),因而在《论科学和文艺》中,他把苏格拉底与他自己的人物角色融为一体:一个可敬的人,他什么都不知道,而且并不因此认为自己就不怎么样。①

卢梭:对苏格拉底的批评

为领会卢梭的苏格拉底的含义,我们必须更全面地对比他和他的原型。柏拉图的苏格拉底的智慧在于,他认识到他对高贵与善的无知,因此他必须终其一生追求真理。他部分的无知意味着部分的知识,关于人知道什么与不知道什么的知识,以及这样一种知识,即他们的部分无知赋予了他们最好的生活。这种生活展示了经由他人意见的辩证冲突、从意见上升到知识的尝试。

因此,对于何种意见有益于人,柏拉图的苏格拉底仔细了审查每种意见,不管根据常识它们多权威或多站得住脚。他大肆夸耀

---

① 参看 Goldschmidt,1983,99—100。

的美德并不在于与他的同胞对所谓美德之物的实践之中,而在于对其进行持续的批评性讨论。苏格拉底的确驳斥了智慧方面的自负,但就像我们看到的那样,这里既包含普通人(the people)的自负,也包含"精英"(elites)的自负。

即便在驳斥诗人时,苏格拉底也在最重要的主题即诸神的主题上审查了流行意见的来源。① 在《申辩》中,尤其是在与控告者莫勒图斯(Meletus)的交流中(24b—24e),苏格拉底重述他被指控的罪名,且因太过论辩性而颠覆了雅典人作为公民与家长的权威。在《申辩》中,苏格拉底随即将自己比作一只无处不在的(universal)牛虻,毫不留情地诘问那些声称关心美德的雅典人(29c—30c,参看 34d—35b)。正是这个口号——未经省察的生活是不值得过的(38a)——在上下文中暗示,唯独苏格拉底的生活(在他的生活中,省察代替了其他一切行动)是值得过的。无论我们是把他的美德理解成完全异于常人的美德,还是仅仅比常人的美德更严格,这都意味着对常人之无知的一种责备。

相反,卢梭的苏格拉底"颂扬无知",即是说,他捍卫流行意见免受知识优于意见的伪装侵害。他反对理论,赞同公共意见和成规(established practice)而非相反的方式;他不会劝诫人们爱智慧,而是阻止他们这样做。他完全不鼓励他的听众设法从意见上升到知识。他的工作格言显然是:经过省察的生活不值得过。

两者的苏格拉底都推翻了那种知识优越性的自负,两者的苏格拉底都是美德的教师。但柏拉图的苏格拉底教导的美德是哲学生活,他揭穿了那些不引导哲学生活之人的自负,其中包括普通人。卢梭的苏格拉底捍卫的是一种完全不同的美德,是卢梭从孟德斯鸠那儿学来的,并在《论科学和文艺》的前几页中捍卫过它。

---

① 参看《游叙弗伦》6b—c;《王制》362e—67e,377a3—83c;《伊翁》530b,533c—35a;《法义》624a—25a,886c—d;《米诺斯》318d—20d。

这种美德不是哲人的美德,它是一个小而封闭、好战、古老的共和国之公民的美德,一种强烈的爱国主义,一种由对城邦及其法律的情感所激发的爱国主义。卢梭的苏格拉底颠覆的是这些人的自负,他们试图挑战这种严格的政治德性的完满性。卢梭的表述中出现了一个反讽,即这些人当然包含柏拉图的苏格拉底。

不管是否有对这个论证之含义的怀疑,卢梭在紧随其后的段落中消除了这种怀疑。

> 苏格拉底在雅典开了头,在罗马,大卡图继续激烈反对那些虚伪而又精巧的希腊人,这些人诱拐自己同胞的美德,削弱自己同胞的勇敢。然而,科学、文艺和论辩术还是流行起来:罗马充斥着哲人和演说家;人们忽略军事训练,瞧不起农业,结成小宗派,忘却自己的祖国。伊壁鸠鲁、芝诺、阿克希拉斯的名字,取代了自由、大公无私和安分守法这些神圣的名称。连他们的哲人们自己都说:自从我们中间开始出现学人,好人就消失啦。在此之前,罗马人一心一意践行美德,一旦他们开始研究美德,一切都失去啦。(页14)

卢梭把苏格拉底比作大卡图——将政治哲学的创建者比作它难以和解的敌人,前者是辩证法之父,而在后者死后,辩证法盛行起来,罗马"充斥着哲人"。带着这种修正柏拉图的热情,他发明了一个反哲学的(anti-philosophic)苏格拉底。

于是,卢梭的苏格拉底主义表达了他对柏拉图版本的批评。卢梭要挑明他的不满,一种方式即是认为柏拉图的苏格拉底是个过度启蒙分子。就像我们看到的,人在追求智慧的能力方面存在根本的不平等,这一洞见是卢梭与柏拉图所共有的。然而,正是基于这个一致,卢梭察觉到,在柏拉图的实践与他的苏格拉底之间仍存在严重矛盾。柏拉图承认,尽管大众反对哲学,哲学已享有足够的地位,因而能吸引到不相称的人们,他们试图从人群中脱颖而出(参看《申辩》23c—d;《王制》495e)。即便如此,柏拉图试图(尤其是在他对苏格拉底的记述中)缓和城邦对哲学的敌意,从而进一步提升哲学的地位。

在卡图的时代(卢梭暗示),柏拉图的错误颇为明显。哲学已在古代社会成功确立自身;它的确享有极高的地位,正像后来随着启蒙运动的到来一样。这被证明对哲学和社会而言都是灾难性的。正是哲学的声望使其腐化,哲学已经堕落为宗派主义(sectarianism),堕落为智识人中对立派系的争吵。哲学获得其地位,却丧失了公民美德。每个人都妄图成为哲人,或者至少被看成是哲人。① 鉴于哲学不幸在大众中获得成功,我们必须理解卢梭对传统哲学秘传的(esotericism)严厉批判(la distinction des deux doctrines or la doctrine intérieure[双重教诲的区分或内传教诲],《日内瓦人卢梭的几点评析》46):欧洲与中国的古代哲人远远没有保持他们的"秘传"教义奥秘,都轻率地加以散播,结果出现了"一群无神论者或哲人",类似于卢梭自己时代的"自由思想家",他们"兴许不过是在成为[神圣] 同盟时代的狂热分子而已"(括号中的内容系本文作者所加)。②

因此,卢梭对苏格拉底的修正不只是对启蒙运动新的迫切要求的答复。对所有时代的睿哲之士而言,它都是一种警示和一种

---

① 卢梭对古代哲学的批判极有可能来源于霍布斯;见 Kraynak, *History and Modernity in the Thought of Thomas Hobbes*, Ithaca, 1990, 21—25。参看休谟在他的 *Dialogue* 中有关哲学在古代的政治角色的讨论:Hume, *Dialogue*, in *Enquiries concerning the Human Understanding and concerning the Principles of Morals*, ed. Selby-Bigge, Oxford, 1902, 341—342。

② 参看 Strauss 1947, 468; Goldschmidt 1983, 92—98。对上述观点有一种不同的发展,认为卢梭把苏格拉底看成一个过度的启蒙分子,这种看法基于他死后出版的《虚构或关于启示的寓言残篇》(*Fiction or Allegorical Fragment on Revelation*),见 Kelly,"Rousseau's Philosophic Dream", *Interpretation* 23(3), 1996, 427。

范例。

若启蒙运动并非一种全新现象,则是常见现象的一个加剧版本。只有这样我们才能理解卢梭在一个特别的方面背离了苏格拉底的实践,这个方面还得到了卢梭的高度赞扬。卢梭称赞苏格拉底述而不作,并表达他的质疑:要是苏格拉底在卢梭的时代复活,他会不会出版作品(页13—14)。接着就突兀地提出卢梭自己为何写作的问题,而非追随苏格拉底仅仅用事例进行教育。

为找到这个问题的答案,奇怪的是,我们必须转向卢梭对出版业的攻击(页28—29),以及他对印刷术的发明带来的可怕后果的阐述。过去的"启蒙"与其腐化的社会一同消逝,发动启蒙的危险写作,仅通过口传耳闻(hearsay)为我们所知。然而,印刷术的发明确保"霍布斯和斯宾诺莎的危险梦想永久留了下来"(页28)。这种作品留存下来将会产生更深的堕落,最终人们被迫向上帝祈祷,把他们从印刷术的灾难中解救出来。

在此,卢梭清晰地阐释了技术问题,生活中物质条件的一种全然转变,其政治含义非常普遍且不可逆转。人类第一次面临永久启蒙的梦魇。这就是卢梭对他关于出版的非苏格拉底式决断的隐性捍卫。永久的危险需要永久的解毒剂:卢梭必须穿越于后世,以挽救腹背受敌的美德。

卢梭从未背离自己的立场,即"无知"优于虚假知识,而知识优于无知。然而,若无知要抵制虚假知识的诱惑,它必须认为自己甚至不劣于真正的知识。因为无知容易被那些自我标榜为知识人(knowers)的人所败坏,实际上他们只是假知识人。因此,若卢梭要否认虚假知识及其位置(perch),他就必须剥夺真正知识的地位(standing)。若理论只应为少数人所有,并会对社会具有灾难性的影响,理论就必须在面对多数人的关注时隐藏自身,而非将自身施加在多数人身上。既然无知易受理论伤害,理论只能通过站在无知这边,并驳斥所有挑战无知的人,从而帮助捍卫无知。

　　这即是卢梭的苏格拉底主义的任务:以唯一负责任的方式连接起隔开哲学和人民的鸿沟——通过使哲学扩大化。在推翻了柏拉图和他的苏格拉底的实践后,哲学必须反对自身的声望,并提升普通人的声望。可以说,理论家除了攻击理论外无事可做。

　　　　希腊人的道德风尚和律法多亏了他们的哲人,也多亏了他们的立法者。我很希望如此。我说过不止一百次,有哲人是件好事,但人民不能掺和着也要成为哲人。(《日内瓦人卢梭的最后答复》,页78)

　　哲学的好处取决于一个附加条件,即这种好处的宣言必然推翻这个附加条件,尽管卢梭夸张地宣称,他已经"一百次"断言哲学这种有条件的好处。① 因此,卢梭将"无知"称为一种赐福(页15,页17,页28),一种荣耀而非羞耻,从而被迫激化——并驳斥——苏格拉底的传统。

结语:卢梭的苏格拉底主义

　　《论科学和文艺》标志着西方思想的一个新纪元。它象征着我们的智识传统在民主化进程中的一个关键时刻:哲学与人民的结盟。由于"站在人民这边",现代思想从一开始就背离了古典和中

---

　　① 参看《致雷奈尔书》,页31,《〈纳喀索斯或自恋者〉序言》(Rousseau,1959,卷二,页563—641)。卢梭似乎经常这样谴责哲学(页17—18,页27—28;《日内瓦人卢梭的几点评析》,页41—42,页46,注释46,页47—49,页55;《日内瓦人卢梭的最后答复》,页73,页81)。参看Strauss,1947,61—63:"同时代的批评家……有这样的印象大可以理解:卢梭否认科学或哲学有任何价值……","不能否认,卢梭是自相矛盾的。"同上,468—475,484—485;Goldschmidt,1983,94—98;Philonenko,*Jean-Jacques. Rousseau et la pensée de malheur. Tome I:Le Traité du mal*,Paris,1984,128—129。

世纪的模式。通过"依赖人的状况"（relief of man's estate）和保卫生命、自由和财产，现代思想默许了大众的关切；它试图颠覆根深蒂固的等级制度的权威，无论这种权威根植于此世还是彼世；它将人民奉为最高政治权威。

不过，卢梭之前的现代思想者仅仅在"启蒙"的背景下支持人民的事业，一种运动的事业，这种事业不仅蔑视人民的意见（"无知"），并篡夺了对这些意见的教导权。仅仅因为卢梭，现代思想采用了平民主义的伪装，遵从"淳朴灵魂的崇高科学"（页30）充当向导。卢梭预示康德的那一观念，即把"苏格拉底的智慧"看成捍卫良好意愿免受智术（sophistic）的挑战。①

我并不认为卢梭最终是个康德主义者。这种新的平民主义的哲学立场也不意味着人民的解放来自于对哲学的依赖。事实正好相反。大众美德事业仍在"精英"手中。卢梭进一步确证这一点，通过稍后（且令人吃惊的）对少数真正哲人的强制令（injunction）——培根、笛卡尔、牛顿这些"人类的导师"，跻身于国王的宫廷，在那里"把智慧传授给人民，增进了人民的幸福"。这听起来太像启蒙了（参看29页提到的 éclairer［启蒙］），甚至像是"启蒙的僭政"。这个背景作为一个整体呈现在《论科学和文艺》中，教导我们以不同的方式去阅读它。

卢梭意图让这些哲人教导人们道德而非理论。否则，他不会将其描述为睿智（sagesse）或正确的行为（bien faire），或暗示，它会将人们从"邪恶、败坏和不幸"的状态中解救出来。通过强调科学的无用，阻止平常心智接近科学（页18—19），与此同时，他也声称，科学事业以研究我们的义务为归宿（页6）。因此，卢梭诉诸于

---

① 参看 Velkley, "On Kant's Socratism", *The Philosophy of Immanuel Kant*, ed. Richard Kennington, Washington, 1985, 101—105；以及 Velkley, *Freedom and the End of Reason：On the Moral Foundation of Kant's Critical Philosophy*, Chicago, 1989, 115—116。

培根、笛卡尔和牛顿，这些对自然进行现代研究的天才们，以表明这类哲人在政治上有用。①

卢梭对思想家的选择，清晰地展示了他对理论现代性的忠诚，并警醒我们，不要带着束缚把现代性本身与启蒙的错误混淆起来。卢梭采纳了支持大众美德事业的"苏格拉底式"任务，从而号召一流的现代哲人驳斥这些错误（参看《日内瓦人卢梭的最后答复》71）。

在卢梭的时代条件下，教育人民的任务实属不易。的确，有诸多理由可以有意识地把这种提议看作乌托邦。几乎所有文明人都在君主制下受苦（甚至成为"快乐的奴隶"，在君主制下眉开眼笑［页7］）。按卢梭自己的方式，即便最伟大的哲人，也很难相信他们会成功重振一个已经"邪恶、败坏和不幸"的民族。② 当然，这正是我们可以期待的，如何寻找国王的臣民。卢梭建议君主培育大众美德（页29—30），很明显与他早期的主张相背离。他早期认为，君主的兴趣在于鼓励其臣民的恶（页6—7）。若美德依托于国王的良好意愿，似乎前途黯淡。卢梭先前的解决方案仅仅是为了阐明问题的难解性。

然而，这也提醒我们，当我们等待美好未来，在那些由国王统治而人民"邪恶、败坏和不幸"的地方，维持大众美德的事业就降临到了哲人身上。卢梭更多是要厘清启蒙的复杂性，很少去解决启蒙的困境。他希望在他的时代所做的，似乎仅仅是把美德问题摆

---

① 苏格拉底和其他古代思想家被排斥在这个精选的集合（assembly）之外，卢梭在随后称赞西塞罗为"雄辩之王"时强调了这一点（页29）；不管古人在说服的艺术上多有技巧，为了其他知识，政治家们需要的模式并非古典哲学的提坦（Titans），而是现代科学的提坦。

② 不妨考虑卢梭在《论科学和文艺》中以及其他地方的断言，即败坏不可能逆转：页10（德摩斯忒涅的失败）；《致雷奈尔书》页33谈到，对败坏的人禁止奢侈的法律是无用的（"我不是不知道：人死了，就完全没必要再叫医生"）；《日内瓦人卢梭的几点评析》，页55—57；《〈纳喀索斯或自恋者〉序言》（Rousseau 1959, 2; 971—974）。

到台面上来谈。无论如何,他一提醒我们哲人捍卫美德的义务,他自己就着手做这些事情——但他并未伪装成哲人,而是伪装成常人(homme vulgaire)。

> 对于我们,平常的人们啊,上天绝没分配如此伟大的天资,也没命定[给我们]如此多的光荣,待在我们的蒙昧中吧。……让别人去操心教诲人民关于他们的义务吧,我们只管持守住咱自家的充实,我们压根儿不需要知道更多的东西。

在这里,卢梭作为一个常人向他人发言。然而,我们从前言中得知,在整篇作品中,作为真正自由的心灵——作为一流的心智,他向超逾时代的另一个人说话。这也是作为一个普通人,向那些一流的人说话的一部分吗?兴许是在提醒他们做同样的事?现在卢梭作为一个常人说话,他认为这个阶层的成员位于伟大的天才和人民之间。与伟大的人不同,他们没有资格进行教育;然而,与人民不同,他们也没有必要接受教育。卢梭认为这种立场能站得住脚吗?

在《论科学和文艺》中,卢梭不断重复——不应出现有智性的中间人;一种是哲人,一种是(或应当是)人民中淳朴的人。这些中间人追求教育,却无法上升到哲人的高度,反而比(大众的)"无知"更低。[1] 现在卢梭给予读者一个最后的慰藉(sop),若读者抛却他们作为启蒙者的自负,就可以既把自己视为被启蒙者,并认为在自身知识的限度之内,分有苏格拉底的知识的美德。

然而,这并非卢梭的最后一句话,也不是常人的最后致辞。

> 哦,美德!淳朴灵魂的崇高科学啊,为了认识你,难道非

---

[1] 《论科学和文艺》,页 3,6,12—14,15—16,18—19,26—27,28—29。

得花那么多艰辛和摆设？你的原则不就铭刻在所有人心里吗？要认识你的法则，难道不是返求诸己，在感情沉静下来时谛听自己良知的声音就够了吗？真正的哲学就在于此，让我们学会满足于此吧。①

卢梭力图制止其他人教导人民，如今他却擅自这样做。然而，他让人民确信他们不需要教导，在这种伪装下悄悄教导人民。因此，卢梭违背了他不久前对常人的吹捧，他们即便事关己责，也疏于受教，所以并不优于人民（《日内瓦人卢梭的几点评析》，页36—37）。正如已经提到的那样，没有任何中间人：常人唯一能容忍的概念被证明是人民公仆的概念。对启蒙运动的抵制如今被解释为良知的内在声音的要求。我们就这样被说服，当我们满足于仅仅留心自己时，我们会留心到卢梭。

第一部分的第一段与第二部分的最后一段之间的差异是解释《论科学和文艺》的问题关键。卢梭一方面声明，知识作为我们的义务，规定了一个比自然科学最伟大的成就（页6）"还更伟大且更艰难"的任务，另一方面，他把美德描述为"淳朴灵魂的崇高科学"，这两者之间存在着差异。这个矛盾展现了卢梭的苏格拉底主义的两面性：一种美德是苏格拉底的专有之地，另一种则是他称赞的人民的美德。真正的美德只会在人的两端——卓越者和常人中才能找到，亦即只能在真正的哲人和真正的公民或淳朴的人中，在最复杂的人和最简单的人中找到。任何居间的东西都对哲学有害，对公民有害，对有疑惑的人有害。

苏格拉底的智慧不可能与那些他从启蒙中解救出来的淳朴之人一致。考虑到虚假的知识与美德带来的挑战，"淳朴灵魂的崇高科学"需要复杂灵魂的保护。然而，就像我们看到的，要这样做，睿

---

① 参看《日内瓦人卢梭的几点评析》，页42；《日内瓦人卢梭的最后答复》，页81。

哲之士必须向淳朴的灵魂解释,他们是自足的,否则,一旦他们失去自信,就会变成启蒙的猎物。在对人民讲话时,卢梭必须坚持,人民的美德不需要任何引导——正如对哲人讲话时,他必须坚持哲人的美德担负着引导人民的责任。

因此,卢梭的苏格拉底主义预示了其政治思想的中心张力,正如他在《社会契约论》与《论政治经济学》中构思的那样:在大众统治权的法律至上与立法者和法官的事实至上之间的张力。[1]卢梭作为思想家初次登台时,就已阐明其回归古典的含糊性。与柏拉图的苏格拉底相比,卢梭的苏格拉底显得更"反动",因此他能扮演更"进步"的角色,这是大众统治而非其挑剔的批评家的必要保障。

《论科学和文艺》是政治哲人卢梭最初的但还不是最终的言论。但他从未否定其基本内容,而是一直坚持,他的思想在写下这篇作品时已经成熟。《论科学和文艺》展示了卢梭为什么以及如何向少数人说话,与此同时,他也尊敬多数人的需要:作为少数人中的一员与作为多数人中的一员,他必须设法同时向他们说话。

当然,卢梭常常以"康德主义者"或"平民主义者"的说法来表达自己。《论科学和文艺》暗示了这样一种可能性:这些表达方式在他后来的作品中与其在《论科学和文艺》中扮演了同样的角色。[2]《论

---

[1] 参看 Shklar, *Men and Citizen:A Study of Rousseau' Social Theory*, Cambridge, 1969, 154—164; Melzer, *The Natural Goodness of Man:On the System of Rousseau's Thought*, Chicago, 1990, 114—232。

[2] 关于萨瓦本堂助理神父的信仰自白——卢梭后来诉诸"淳朴灵魂的崇高科学"最有技巧的表达——见 Macy, "God Helps Those Who Help Themselves:New Light on the Theological-Political Teaching in Rousseau's Profession of Faith of the Savoyard Vicar", *Polity* 24(4), 1992;以及 Melzer, "The Origin of the Counter-Enlightenment:Rousseau and the New Religion of Sincerity", *American Political Science Review*, 90, 1996, 344—360。

科学和文艺》对我们阅读随后的作品必不可少的贡献在于,它提供了卢梭写作方式的实例,以及证明其合理的论据。①

---

① 参看《致雷奈尔书》(3:33)和《孤独漫步者的梦》四;Marshall, "Art d'écrire et pratique politique de Jean-Jacques Rousseau", *Revue de Métaphysique et de Morale*, 89, 1984, 232—261, 322—347; Marshall, "Poésie et praxis dans l'Emile de J.-J. Rousseau:Les droits de l'homme et le sentiment de l'humanité", *Revue des Sciences philosophiques et théologiques*, 76, 1992, 589—606。

图书在版编目(CIP)数据

论科学和文艺/(法)卢梭著;刘小枫编;刘小枫,
冬一,龙卓婷译. --上海:华东师范大学出版社,2021
ISBN 978 - 7 - 5760 - 2164 - 6

Ⅰ.①论… Ⅱ.①卢…②刘…③冬…④龙… Ⅲ.
①卢梭(Rousseau, Jean Jacques 1712—1778)—哲学
思想 Ⅳ.①B565.26

中国版本图书馆 CIP 数据核字(2021)第 193247 号

华东师范大学出版社六点分社

企划人 倪为国

本书著作权、版式和装帧设计受世界版权公约和中华人民共和国著作权法保护

经典与解释·卢梭集

论科学和文艺

著　　者　[法]卢梭
编　　者　刘小枫
译　　者　刘小枫　冬　一　龙卓婷
责任编辑　彭文曼
责任校对　王寅军
封面设计　吴元瑛

出版发行　华东师范大学出版社
社　　址　上海市中山北路 3663 号　邮编　200062
网　　址　www.ecnupress.com.cn
电　　话　021 - 60821666　行政传真　021 - 62572105
客服电话　021 - 62865537　门市(邮购)电话　021 - 62869887
地　　址　上海市中山北路 3663 号华东师范大学校内先锋路口
网　　店　http://hdsdcbs.tmall.com
印　刷　者　上海盛隆印务有限公司
开　　本　890×1240　1/32
插　　页　2
印　　张　11.25
字　　数　300 千字
版　　次　2021 年 11 月第 1 版
印　　次　2021 年 11 月第 1 次
书　　号　ISBN 978 - 7 - 5760 - 2164 - 6
定　　价　88.00 元

出版人　王　焰

（如发现本版图书有印订质量问题,请寄回本社客服中心调换或电话 021 - 62865537 联系）